Christos Axelos

Die ontologischen Grundlagen
der Freiheitstheorie von Leibniz

Christos Axelos

Die ontologischen Grundlagen der Freiheitstheorie von Leibniz

1973

Walter de Gruyter · Berlin · New York

Gedruckt mit Unterstützung der Deutschen Forschungsgemeinschaft

ISBN 3 11 002221 4
Library of Congress Catalog Card Number 72 — 81544
ⓒ
1973 by Walter de Gruyter & Co., vormals G. J. Göschen'sche Verlagshandlung · J. Guttentag, Verlagsbuchhandlung · Georg Reimer · Karl J. Trübner · Veit & Comp., Berlin 30, Genthiner Straße 13.
Printed in Germany.
Alle Rechte, insbesondere das der Übersetzung in fremde Sprachen, vorbehalten. Ohne ausdrückliche Genehmigung des Verlages ist es auch nicht gestattet, dieses Buch oder Teile daraus auf photomechanischem Wege (Photokopie, Mikrokopie, Xerokopie) zu vervielfältigen.

Satz und Druck: Franz Spiller, 1 Berlin 36

„... Eine Freiheit, als Fähigkeit der Wahl ohne Grund, ist unmöglich und streitet wider das große Prinzip des Warum, wie es auch das Leere, die Atome, das vollkommen Harte und das vollkomen Flüssige tut; und dieses Prinzip setzt uns instand, eine allgemeine beweisende Philosophie aufzubauen" („Si vous prenez la liberté pour une faculté de choisir sans sujet, j'avoue qu'elle ne saurait être conciliée avec la providence, et j'ajoute qu'elle ne saurait être conciliée non plus avec la raison et la vérité. Je l'ai expliqué dans ma Théodicée. Une telle liberté est impossible et combat le grand principe du pourquoi, comme font aussi le vide, les atomes, le dur et le fluide parfait: et ce principe nous met en état de former une philosophie générale démonstrative": Brief Leibnizens an Nicolaus Hartsoeker, Hannover, den 7. Dezember 1711, GP III 529 ff).

Inhaltsverzeichnis

Vorwort

Zur Methode 1
Abriß der möglichen Einstellungen zu dem Freiheitsproblem und seiner Lösung 2
Bestimmung des Standorts der vorliegenden Arbeit innerhalb der Leibniz-Rezeption und Leibniz-Forschung 21

Einführender Essay

Das harmonische Universum von Leibniz. Eine Auseinandersetzung mit Diltheys „Leibniz und sein Zeitalter" 35
  I. Vorbemerkung 37
  II. Die Präzisierung des Begriffs der Mannigfaltigkeit 39
  III. Die Überwindung der stoischen Bejahung alles Gegenwärtigen 52
  IV. Zusammenfassung 66

Erstes Kapitel

Die vier Hauptmöglichkeiten, das Mögliche zu definieren 73
  I. Einleitung 75
    1. Die Möglichkeitstheorie vor dem Hintergrund der drei Momente der Freiheit 75
    2. Die formale Definition des Möglichen 78
  II. Die vier möglichen Bestimmungen des Verhältnisses des Möglichen zum Wirklichen 84
    1. Die Möglichkeit als Vorhandensein der Totalität der Bedingungen des Wirklichen (Leibniz contra Hobbes) 84
    2. Die Möglichkeit als Vorliegen eines Teils der Bedingungen (Leibniz contra Spinoza) 88
    3. Die Gleichsetzung von Possibilität und Potentialität im engeren Sinn .. 96
    4. Die Gleichsetzung von Possibilität und Virtualität 120
    5. Die nur logische Wirklichkeit des Möglichen (Leibniz contra Arnauld) 142

Zweites Kapitel

Die Gradualität der Möglichen 153
  I. Vorbemerkung 155
  II. Die Verbindung der These von der Pluralität der Möglichen mit dem Satz vom Grund: Der Mechanismus Metaphysicus determinans 161
    1. Die Veranschaulichung des metaphysischen Mechanismus 168
    2. Die Interpretation der Gradualität als Unterschied der intensiven Größe und die Pluralität des Individuellen (Leibniz contra Arnauld) 176
    3. Die Funktion der Leibnizschen Lehre von der extensiven Größe (= von dem Raum) bei der Begründung der maximalen Hervorbringung von Möglichen 195
  III. Die Parallelisierung von Vollkommenheits- und Möglichkeitsgraden 205
    1. Vorbemerkung 205

2. Die Kritik an der Gleichsetzung von perfectio und realitas als Kritik an dem spinozischen Pantheismus 208
  3. Die Affinität zwischen dem Etwas (realitas) und dem Möglichen (possibile) 222
 IV. Der durchgängige Anspruch der Möglichen auf Verwirklichung.......... 226
  V. Der Leibnizsche Möglichkeitsbegriff als Weiterführung des aristotelischen Ansatzes 231

Drittes Kapitel
Die Vereinigung von Kontingenz und Determination 235
  I. Die Auffassung der Freiheit als Spezialfall der allgemeinen Kontingenz (Vorbemerkung) 237
 II. Die unechten Weisen der Verbindung von Kontingenz und Determination 247
   1. Die Verteilung von Kontingenz und Determination auf verschiedene Zeitabschnitte 247
   2. Die Ansetzung der Freiheit als Lücke im kausalen Geschehen und der dichotomische Seinsentwurf der Zweiweltentheorie 251
   3. Leibnizens Distanzierung von dem Dualismus als die komplementäre Seite der Kritik an dem pantheistischen Monismus 267
   4. Die Verteilung von Kontingenz und Determination auf verschiedene Blickpunkte 271
III. Der durchgängige Zusammenhang der Dinge (nexus universalis) als Grundlage der Vereinigung von Kontingenz und Determination 273
 IV. Die in dem Gedanken des nexus universalis implizierte Kritik an der effizienten Kausalität 284
  V. Ergebnis der Vereinigung von Kontingenz und Determination: Die Überwindung der Alternative von libertas contradictionis und libertas contrarietatis 293

Viertes Kapitel
Die Freiheitstheorie 301
  I. Vorbemerkung 303
 II. Die vierfache Abgrenzung des Leibnizschen Freiheitsbegriffs 306
   1. Die Kritik an der fatalistischen Einstellung der argos logos 307
   2. Die Kritik an der unmittelbaren Evidenz des Freiheitsgefühls (Leibniz contra Descartes) 311
   3. Die Kritik an dem pragmatistischen Freiheitsbegriff (Leibniz contra Locke) 314
   4. Die Kritik an dem dezisionistischen Freiheitsbegriff: Die Auseinandersetzung mit der Äquilibrium-Theorie 317
III. Die Freiheit als Revolution der Denkungsart 332
   1. Die Lösung des gordischen Knotens der Freiheit durch die steigernde Wechselwirkung von Wille und Verstand 332
   2. Die Herausstellung der Selbstbestimmung des geistigen Wesens in der Kontroverse zwischen Leibniz und Clarke 350
   3. Die Selbstbestimmung als Umkehrung der unmittelbar gegebenen Rangordnung der Bestimmungsgründe des Willens 359

Literaturverzeichnis 374
Sachregister 379
Namenregister 383

Vorwort

Zur Methode

Wir unternehmen den Versuch, zwei Weisen der Darstellung einer philosophischen Lehre miteinander zu verbinden: Die systematische mit der historischen. Die Verbindung der beiden Betrachtungsweisen bedarf einer Begründung, denn es ist unleugbar, daß sie der möglichen Perfektion der rein historischen und der rein systematischen Behandlung in irgendeiner Hinsicht abträglich ist. Jene Verbindung ist aber immer dann erforderlich, wenn sich eine Diskrepanz zwischen Chronologie und Grad der Relevanz für das zeitgenössische philosophierende Bewußtsein auftut. Eine solche Diskrepanz besteht in geistigen Situationen, in denen zentrale Dilemmata in der jeweils gegenwärtigen Diskussion nur durch den Rückgriff auf zeitlich entfernte philosophische Werke — und somit durch einen Schritt zurück — überwunden werden können. Die historische Komponente, die bei diesem Rückgriff zur Geltung kommt, hat eine dreifache Gestalt. Sie besteht erstens in der Rekonstruktion eines Teils der Gedankenwelt, innerhalb welcher der auch heute tragfähige Ansatz erarbeitet wurde; zweitens in der Konfrontation späterer Etappen der Bearbeitung der in Frage stehenden Lehre mit früheren und somit in einer Darstellung eines Aspekts der Entwicklungsgeschichte des Denkens des betreffenden Autors; und drittens in dem Vergleich der aufgegriffenen Position mit Positionen von Vorgängern, Zeitgenossen und Kritikern, insbesondere mit jenen Positionen, die in der damaligen République des lettres als abweichende Lösungen und Antithesen bekannt waren. Durch diese Beimischung der dreifachen historischen Betrachtung und die Einbeziehung der Genesis und Entstehungsgeschichte der Theoreme werden zu starren Formeln verfestigte Resultate aufgelockert, die Spuren des Dialogs rekognosziert und die Akzente richtig gesetzt. Es ist hinzuzufügen, daß nach einem Gedanken, der im Verlaufe dieser Untersuchung thematisch und gerechtfertigt werden wird, nämlich nach dem Gedanken der nur auf Umwegen sich vollziehenden Entwicklung der Dinge, des Denkens über die Dinge und des Problembewußtseins der Denker, geistige Situationen von der angegebenen Art sich stets ergeben werden. Denn die jeweils geglückte Erörterung eines Segments des globus intellectualis wird immer wieder von Erörterungen abgelöst, in denen das Bisherige in zwei extrem voneinander verschiedenen Richtungen überstiegen wird. In der einen von ihnen wird die Eindeutigkeit, Präzision, Akribie und Differenziertheit, in der anderen wird die Integration in große Zusammenhänge und das Aufzeigen von theoretischen und praktischen Konsequenzen bis zu noch nie dagewesenen Höhepunkten geführt. Wegen der disparaten Zunahme dieser zwei Weisen der Vervollkommnung wird sich aber zu gewissen Zeiten immer wieder auch das durchaus berechtigte und die Setzung des neuen Marksteins ankündigende Bedürfnis einstellen, zwischen den Spitzen der zwei Denkrichtungen, die sich auseinander entwickelt haben, den Kontakt herzustellen. Die Herstellung der neuen Einheit ist das, was in diesem Fall das Motiv für die Zuwendung zu vergangenen philosophischen Leistungen abgibt, da einige von ihnen als Modell für die mittlerweile verloren gegangene Verbindung der Differenziertheit mit der Konzentration auf das Grundsätzliche dienen können und auf diese Weise die Zusammenführung der beiden Extreme, die sich inzwischen herausgebildet haben, zu leiten vermögen. Die Behauptung, daß der Freiheitstheorie von Leibniz diese Funktion zugemutet werden kann und daß sie eine besondere Relevanz für das heutige philosophierende Bewußtsein besitzt, ist allerdings vorerst nur eine Versicherung. Der Nachweis, wenn nicht der Beweis, muß erst erbracht werden. Dies kann jedoch nicht anders geschehen, denn durch das Zurücklegen der Strecke, welche die Reihe der Denkschritte der vorliegenden Untersuchung ausmacht. Die Beantwortung der Frage, ob die Thesen und Intentionen eines Philosophen des ausgehenden 17. und des beginnenden 18. Jahrhunderts hier richtig herausgearbeitet wurden, und zwar derart, daß auch das heutige Problembewußtsein durch diese Interpretation geschärft wird, muß freilich dem Leser überlassen bleiben. Es darf jedoch nicht verschwiegen werden, daß diese Arbeit den doppelten Anspruch erhebt.

Abriß der möglichen Einstellungen zu dem Freiheitsproblem und seiner Lösung

Jede philosophische Systematik, sei sie unterwegs zu einem mit dem Anspruch auf Endgültigkeit auftretenden System oder sei sie lediglich auf eine Reflexion über die Kohärenz zwischen den verschiedenen, zunächst disparat aufgestellten Lehrstücken einer Welt und Mensch, Natur und

Geschichte, Lebloses und Lebendiges umspannenden Besinnung ausgerichtet, sieht sich irgendwann mit dem „großen Gegensatz der Notwendigkeit und der Freiheit" — wie ihn Hegel in der Einleitung zu den Vorlesungen über die Philosophie der Geschichte nennt — oder, allgemeiner formuliert, mit der Antinomie zwischen absoluter Notwendigkeit und Kontingenz konfrontiert. Die Notwendigkeit wird durch die Betrachtung von Welt, Natur und Naturwissenschaft nahegelegt und in dem theoretischen, spekulativen Teil der Philosophie bejaht. Die Kontingenz und Freiheit wird in erster Linie durch die Betrachtung des eigenen Selbst, des Menschen überhaupt (und zwar sowohl des individuellen als auch des gesellschaftlichen), der Geschichte und ihrer Revolutionen nahegelegt und in dem praktischen Teil der Philosophie bejaht.

Die Beseitigung der Diskrepanz zwischen theoretischer und praktischer Philosophie und der Antinomie zwischen Notwendigem und Kontingentem läßt sich auf einem grundsätzlich zweifachen Weg erreichen. Der seit Kants Vernunftkritiken geläufigste scheint die Trennung von zwei Bereichen zu sein: eines phänomenalen und eines intelligiblen; eine Dichotomie des Alls durch Ansetzung einer der Erfahrung und dem Erkennen zugänglichen Welt der Erscheinungen und einer durch das Denken und nur für das Denken bestehenden Hinterwelt oder eines Dinges an sich selbst. Auf Grund dieser Trennung wird der Grund der Unmöglichkeit gezeigt, die für die phänomenale Schicht der Wirklichkeit geltenden Kategorien und Grundsätze auf die intelligible Tiefenschicht anzuwenden. Anschließend wird auf die Selbsterkenntnis, das eigene Gewissen und die gewissenhafte Beobachtung und Erforschung des eigenen Bewußtseins rekurriert, wobei sich die Feststellung des evidenten Gefühls der Freiheit oder des (einzigen) „Faktums der praktischen Vernunft" ergibt. Durch einen dritten Schritt wird dieses „Faktum" in dem intelligiblen, der Ebene des Dinges an sich entsprechenden Charakter des Menschen verankert.

Die zweite Lösung hat zwei Spielarten. Die erste kann negativ als der Versuch gekennzeichnet werden, den Dualismus — sowohl den durchdachten und systematisierten in der Kantschen Philosophie, als auch den vorphilosophischen und unreflektierten in dem alltäglichen Umgang mit den Dingen, den Menschen und sich selbst — abzulehnen und keine Kluft zwischen Natur und Mensch, keine Lokalisierung der menschlichen Praxis (insbesondere des moralisch-praktischen Verhaltens des Menschen) auf einer Insel, auf die ergebnislos die von allen Seiten anrollenden Wellen der Naturnotwendigkeit branden, aufkommen zu lassen; und positiv: als der Versuch, die für die Erfassung, Zusammenfassung und Interpretation des Geschehens in der Natur tauglichen Gedanken auch an dem Geschehen, das die menschliche, moralisch ausgerichtete Praxis ausmacht oder von ihr ausgeht, abzulesen, ohne jedoch zu leugnen, daß sich in dem Umkreis des für das moralisch praktische Verhalten des Menschen relevanten Geschehens ein Novum, zumindest eine neue Intensität bereits in der Natur vorliegender Prozesse manifestiert.

Die zweite Spielart der zweiten Lösung besteht, umgekehrt, in dem Durchlöchern des die Welt umspannenden Geflechts der Naturkausalitäten und naturnotwendigen Reihen und Folgen. In den aus aneinander gereihten Ursachen und Wirkungen, die wieder Ursachen weiterer Wirkungen sind, bestehenden Ketten werden plötzlich eintretende Lücken, grund- und ursachlose Unterbrechungen angenommen. Eine Unterbrechung solcher Art ist die Abweichung der Atome von der geraden Linie (declinatio atomorum) in Epikurs Lehre, und zwar hat Epikur dieses Lehrstück eingebaut, um die Freiheit des Menschen zu sichern und um der Bejahung dieser Freiheit ein festes Fundament und ein kosmologisches Pendant zu verschaffen.

Diese Art des Vorgehens bei der vereinigenden, einheitlichen Deutung der kosmischen und natürlichen Prozesse auf der einen Seite und der menschlichen und moralischen auf der anderen ist aber mit dem Natur- und Weltbild der Einzelwissenschaften (insbesondere der neuzeitlichen Naturwissenschaft), dem auch bei der Aufstellung einer philosophischen Systematik Rechnung getragen werden muß, unvereinbar. Es ist nicht ohne Bedeutung, daß die epikureische Lehre, die nicht das Zufällige im Sinne des Kontingenten oder im Sinne des Wirkens der (von den causae cohibentes in se efficientiam naturalem unterschiedenen) causae fortuito antegressae mit dem Naturnotwendigen verbindet, sondern das Zufällige im Sinne des in jeder Hinsicht grundlosen Vorgangs, das heißt im Sinne des casus in das Gebiet der Naturkausalität einführt (cf. Cicero, De fato 19), keine Tradition in der Philosophie- und Geistesgeschichte begründet hat und unfruchtbar geblieben ist, obgleich der demokritisch-epikureische Atomismus durch Gassendi im 17. Jahrhundert erneuert wurde und über Gassendi hinaus weit verbreitet war. Sie ist als doxographisches Detail und als Kuriosität stehengeblieben. Erst Karl Marx hat in seiner Doktordissertation Epikur ob dieser Lehre überschwenglich gefeiert und versucht, ihr eine grundsätzliche und zugleich für das moderne Bewußtsein aktuelle Bedeutung zu verleihen, wenn er ihren Sinn angibt, indem er sagt: „Dem Determinismus wird so ausgebeugt, indem der Zufall, die Notwendigkeit (es müßte eigentlich heißen: d e r Notwendigkeit wird so ausgebeugt), indem die Willkür zum Gesetz erhoben wird".[1]

In diesem Zusammenhang entwirft Marx, in der Hegelschen Sprache noch ganz befangen, eine Metaphysik der geraden Linie und des physischen Punktes (Atoms) und parallelisiert die gerade Linie mit dem bloßen Sein, dem Unmittelbaren, der Räumlichkeit und der Ausdehnung und das punktuelle Atom mit dem Fürsichsein. Das Ausbeugen des Atoms von der geraden Linie wird als der sinnliche Ausdruck der Tatsache verstanden, daß sich das absolute Fürsichsein gegen die Räumlichkeit, gegen das Unmittelbare und somit auch gegen das Dasein in sich verschließt: „Die declinatio atomorum a via recta ist eine der tiefsten, im innersten Vorgang der epikureischen Philosophie begründete Konsequenz... Die gerade Linie, die einfache Richtung, ist Aufheben des unmittelbaren Fürsichseins, des Punktes, sie ist der aufgehobene Punkt. Die gerade Linie ist das Anderssein des Punktes. Das Atom, das punktuelle, welches das Anderssein aus sich ausschließt, absolutes unmittelbares Fürsichsein ist, schließt also die einfache Richtung aus, die gerade Linie, es beugt von ihr aus. Es weist nach, daß seine Natur nicht die Räumlichkeit, sondern das Fürsichsein ist. Das Gesetz, dem es folgt, ist ein anderes als das der Räumlichkeit. ... Das Atom ist gleichgültig gegen die Breite des Daseins ... es ist gerade im Unterschiede zum Dasein, es verschließt sich in sich gegen dasselbe, d. h. sinnlich ausgedrückt: es beugt aus von der geraden Linie."[2]

Selbst vor dem durch die neuzeitliche Naturwissenschaft und die Neubelebung der atomistischen Theorien mitbestimmten Zeitalter ist der Gedanke des Zufalls im epikureischen Sinne, d. h. des völlig grundlosen Geschehens, auf Ablehnung gestoßen. Cicero führt richtig in der Schrift „De fato" die Annahme eines solchen Zufalls auf die stillschweigende Annahme der Entstehung aus dem Nichts zurück, denn das völlig grundlose Geschehen ist dadurch gekennzeichnet, daß weder eine bewirkende Ursache, noch ein auslösender Anlaß, noch eine strebende Kraft als in dem zufällig und plötzlich stattfindenden Ereignis kulminierende Vorstufen angesetzt werden, woraus sich ergibt, daß der Zufall (casus) mit dem

---

[1] Karl Marx, Texte zu Methode und Praxis I, Jugendschriften 1835—1841, Hamburg 1966, S. 101.
[2] a. a. O., S. 100.

absolut Plötzlichen und dieses mit dem Entstehen aus dem Nichts, in der Terminologie der christlichen Dogmatik gesprochen: mit der creatio ex nihilo gleichzusetzen ist. Und ein solches Entstehen kann, wie Cicero hinzufügt, keinesfalls von den Physikern (gemeint sind die Naturphilosophen und in der Verlängerung die naturphilosophisch orientierten Philosophen und alle Menschen überhaupt, die die Intelligibilität, die Erkennbarkeit des Seienden behaupten und beweisen) theoretisch akzeptiert werden.

Ciceros Kritik an Epikurs Theorem von der Abweichung der Atome vom geraden Weg wird vom jungen Marx mit Hohn bedacht; „Cicero hat gut darüber lachen" schreibt dieser in den Vorarbeiten zu seiner Dissertation, „ihm ist die Philosophie ein so fremdes Ding, wie der Präsident der nordamerikanischen Freistaaten"[3]. In der Dissertation selbst bringt Marx eine Argumentation, durch die er die Kritik Ciceros zu entkräften trachtet, die aber daran krankt, daß sie ein binnenweltliches Geschehen (= Atom plus Deklination) als ultima ratio rerum, als (ursachlose) Ursache von Allem ansetzt; Marx schreibt hier: „Ferner tadelt Cicero[4] und, nach Plutarch, mehrere Alten[5], daß die Deklination des Atoms o h n e U r s a c h e geschehe; und etwas Schmählicheres, sagt Cicero, kann einem Physiker nicht passieren[6]. Allein erstens würde eine physische Ursache, wie sie Cicero will, die Deklination des Atoms in die Reihe des Determinismus zurückwerfen, aus dem sie gerade erheben soll. Dann aber ist das Atom noch gar nicht vollendet, ehe es in die Bestimmung der Deklination gesetzt ist. Nach der Ursache dieser Bestimmung fragen heißt also, nach der Ursache fragen, die das Atom zum Prinzip macht, — eine Frage, die offenbar für den sinnlos ist, dem das Atom Ursache von Allem, also selbst ohne Ursache ist."[7]

Zur Vergegenwärtigung der Bedeutsamkeit, die trotz dieser leichtfertigen Bemerkung des hegelianischen jungen Marx der ciceronischen Kritik an Epikur zukommt, zitieren wir zunächst ihr zentrales Stück wörtlich. „Obwohl dem nun so ist", schreibt Cicero, indem er an die vorher referierten Argumente gegen die fatalistische Unabänderlichkeit der Weltbegebenheiten anknüpft, „besteht kein Grund, es wie Epikur zu

---

[3] a. a. O., S. 100.
[4] Cicero, De fato, X, 22.
[5] Plutarch, de an. procr. 1015 C.
[6] Cicero, De finibus bonorum et malorum I, VI 19.
[6] Cicero, a. a. O. I, VI 19.
[7] a. a. O., S. 150.

machen: Aus Furcht vor dem Fatum bei den Atomen Hilfe zu suchen, sie obendrein noch aus ihrer Bahn springen zu lassen und so gleichzeitig zwei unauflösbare Schwierigkeiten auf sich zu nehmen, nämlich: erstens, daß etwas ohne Ursache geschieht, woraus sich ergeben wird, daß etwas aus dem Nichts entsteht — eine Aussicht, die weder er selbst, geschweige denn ein Physiker vertreten kann; und", wie Cicero anschließend sagt, um die zweite Schwierigkeit anzuführen, die aber eigentlich nichts Zweites, sondern nur die Konkretisierung der Irrationalität des grundlosen Geschehens ist, „zweitens, daß beim Fall durch den leeren Raum sich von zwei Atomen das eine in gerader Linie bewegt, das andere aber seine Bahn verläßt."[8]

Nach der Formulierung dieser von außen herangetragenen Kritik geht Cicero in dem zweiten Teil der Erörterung des epikureischen Zufallsbegriffs dazu über, Epikurs Lehre immanent zu kritisieren. In der Diskussion zwischen den philosophischen Schulen, vornehmlich in der Auseinandersetzung mit dem durch Diodor aufgeworfenen Problem des Verhältnisses der Möglichkeit zur Wirklichkeit, kurz als die Frage Peri dynaton berühmt geworden, wurde die streng fatalistische Auffassung von der unabänderlichen Notwendigkeit allen Geschehens als mit der Gültigkeit des Satzes vom Widerspruch und den ihn begleitenden Satz vom ausgeschlossenen Dritten gekoppelt angesehen, wie auch aus dem uns ebenfalls durch Cicero überlieferten Gedankengang der „faulen Überlegung", des mit ignava ratio ins Lateinische, mit „faule Regel" durch Leibniz, mit „faule Vernunft" durch Kant ins Deutsche übersetzten argos logos hervorgeht.

Die Bejahung des Gegensatzes zu dem absolut Notwendigen, nämlich der Kontingenz, der Freiheit und schließlich des im Sinne des grundlosen Geschehens verstandenen Zufalls ging demzufolge mit der Verneinung des Satzes vom Widerspruch und der (in der Hegelschen und Nachhegelschen Dialektik wieder aktuell gewordenen) Ablehnung der Gültigkeit des Satzes vom ausgeschlossenen Dritten einher. In Epikurs Lehre wurde bezeichnenderweise nicht nur die These von der völlig grundlosen, rein zufälligen declinatio atomorum aufgestellt, sondern auch der Satz vom Widerspruch massiv bestritten. Auf diesen Aspekt der Lehre bezieht sich nun Cicero, wenn er in seiner immanenten Kritik die Bemerkung macht, daß es Epikur möglich gewesen wäre, einzuräumen, daß jede Aussage entweder wahr oder falsch ist, und, wie man in Gedanken ergänzen muß,

---

[8] Cicero, De fato, X 18.

daß ein völlig grundloses Geschehen nirgends angetroffen wird, sogar genau besehen, für den an dem Satz vom Widerspruch orientierten menschlichen Verstand völlig undenkbar ist, ohne deshalb fürchten zu müssen, daß damit alles sich gemäß einem Fatum ereigne.

Leibniz geht sogar noch einen Schritt weiter und behauptet, daß Epikur sich bereits selber durch eine reductio ad absurdum widerlegt hat, als er gezeigt hat, daß die These, gemäß welcher die zukünftigen Ereignisse (futura contingentia) weder hinsichtlich ihres Eintreffens noch ihres Nichteintreffens festgelegt sind und somit die Verwirklichung einer dieser beiden Möglichkeiten als reiner Zufall im Sinne des völlig grundlosen Geschehens aufgefaßt werden muß, logisch notwendig zur Aufgabe des größten der Vernunftprinzipien führt, nämlich des Grundsatzes, nach welchem jede Aussage entweder wahr oder falsch ist. Chrysipp könnte sich nach Leibnizens Ansicht die Mühe ersparen, den Satz vom Widerspruch zu beweisen[9].

Die Behauptung, daß die Akzeptierung des Satzes vom Widerspruch mit der Abwehr der Lehre von der Herrschaft eines alle Begebenheiten absolut festlegenden Fatums vereinbar ist, stützt Cicero durch die Einführung einer neuen Unterscheidung, nämlich zwischen zufällig vorausgegangenen Ursachen (causae fortuito antegresse) und eine in dem eigenen Wesen begründete Wirksamkeit in sich tragenden Ursachen (causae cohibentes in se efficientiam naturalem). Diese, und nur diese, können als Ursachen gelten, die ein Ereignis oder einen Zustand mit fataler und absoluter Notwendigkeit festlegen und seit Anbeginn am Werke sind. Eine Begebenheit jedoch, die etwa der durch den Satz „Karneades steigt

---

[9] „La question de la possibilité des choses qui n'arrivent point, a déjà été examinée par les anciens. Il paraît qu'Epicure, pour conserver la liberté et pour éviter une nécessité absolue, a soutenu après Aristote que les futurs contingents n'étaient point capables d'une vérité déterminée. Car s'il était vrai hier que j'écrirais aujourd'hui, il ne pouvait donc point manquer d'arriver: il était déjà nécessaire; et, par la même raison, il l'était de toute éternité. Ainsi tout ce qui arrive est nécessaire, et il est impossible qu'il en puisse aller autrement. Mais cela n'étant point, il s'ensuivrait, selon lui, que les futurs contingents n'ont point de vérité déterminée. Pour soutenir ce sentiment, Epicure se laissa aller à nier le premier et le plus grand principe des vérités de raison; il niait que toute énonciation fût ou vraie ou fausse. Car voici comment on le poussait à bout: Vous niez qu'il fût vrai hier que j'écrirais aujourd'hui, il était donc faux. Le bonhomme, ne pouvant admettre cette conclusion, fut obligé de dire qu'il n'était ni vrai ni faux. Après cela, il n'a point besoin d'être réfuté; et Chrysippe se pouvait dispenser de la peine qu'il prenait de confirmer le grand principe des contradictoires": Theod. § 169.

zur Akademie hinab" angezeigten entspricht, oder in ähnlicher Weise zur Zukunft gehört, wie die durch folgende Formulierung angegebene: „Epikur wird im 73. Lebensjahr und unter dem Archontat des Pytharatos sterben", unterliegen nicht den „fatalen Ursachen", obwohl sie nicht völlig grundlos sind, da sich sinnvoller- und berechtigterweise zufällig vorausgegangene Ursachen anführen lassen.

Der eben wiedergegebene, die immanente Kritik Ciceros an Epikur ausmachende Gedankengang läuft auf die These hinaus, daß das Geschehen nicht durchgängig von jeweils einer einzigen Ursache abhängt, da die Begebenheiten in unserer Umwelt von jeweils zwei Gründen bestimmt werden, von denen der eine vorläufig als der auslösende Anlaß, oder in der ciceronischen Terminologie, als die causa fortuito antegressa definiert werden kann; und von denen der andere als der Grund, der die tatsächlich eingetretene Begebenheit in ihrer allgemeinen Gestalt wesensnotwendig (d. h. kraft der necessitas naturae) bedingt, aber erst durch das Zusammenwirken des auslösenden Anlasses in aktualer und bestimmter Weise hervorbringt, aufgefaßt werden kann. Zwischen Leibnizens Auffassung von der Kontingenz, dieser konsequentesten Form der rationalistischen Theorie der Kausalität und der rationalontologischen Grundlegung der Freiheit, auf der einen Seite, und Ciceros Unterscheidung zwischen zufällig vorausgegangenen Ursachen und Ursachen, deren Wirksamkeit eine wesensnotwendig verrichtete Wirksamkeit ist, besteht, wie wir noch genauer sehen werden, eine starke Affinität.

Leibniz nimmt allerdings bei der Aufstellung dieser Theorie ausdrücklich nur auf Chrysipp Bezug. Die Lehre des stoischen Philosophen und die Art und Weise, in welcher er die wechselseitige Abhängigkeit aller Dinge (la connexion inévitable et éternelle de tous les événements)[10] und somit das Fatum mit der Verantwortlichkeit, der Rechtfertigung von Lob und Tadel und dem Imperativ, an sich selbst zu arbeiten, vereinigte, hatte Leibniz nicht direkt aus Ciceros Bericht in De fato (§ XVIII), sondern vermittelt durch den Artikel „Chrysipp" des Bayleschen Wörterbuches und aus dem Erneuerer der stoischen Philosophie Justus Lipsius — der sich seinerseits auf Gellius' Attische Nächte (6. Buch, 2. Kap.) beruft — kennengelernt. Um der erwähnten Vereinigung willen führte Chrysipp die Unterscheidung zwischen Hauptursachen (causes principales, causae principales et perfectae) und mithelfenden Nebenursachen

---

[10] Theod. § 332.

(causes accessoires, causae adiuvantes et proximae) ein: Die Ereignisse werden zwar durch vorausliegende Ursachen determiniert (omnia fiant causes antepositis), aber diese causae antepositae, die nicht in unserer Macht liegen, sind lediglich die mithelfenden, provozierenden und sollizitierenden Nebenursachen. Der willentliche Impuls (adpetitus) und der Entschluß des Willens stehen jedoch in unserer Macht (in nostra potestate), denn sie sind (auch) von den Hauptursachen abhängig, die zugleich das sind, was die Art und Weise determiniert, in der die vorausliegenden Nebenursachen das geistige Wesen und seinen adpetitus determinieren. Zur Veranschaulichung bringt Chrysipp eine Metapher. Er vergleicht den gefaßten Entschluß oder die Wollung des Begehrungsvermögens mit dem Rollen eines Zylinders. An die Unterscheidung zwischen in unserer Macht stehenden Hauptursachen und nicht in unserer Macht stehenden vorausliegenden Nebenursachen anknüpfend, kann er jetzt sagen: Die volubilitas, das heißt die Leichtigkeit des Zylinders, sich um die eigene Achse zu drehen und die Geschwindigkeit seines Rollens sind in der Hauptsache von ihm selbst abhängig; sie beruhen nämlich in erster Linie auf seiner eigenen Form und auf der Tatsache, auf der Frage, ob diese Form genau zylindrisch ist oder ob sie eine irgendwelche Verlangsamung mit sich bringende Krümmung aufweist; obgleich der Zylinder die Rollbewegung erst dann durchführt, wenn er von außen gestoßen wurde, wobei dieser Stoß als die Nebenursache anzusehen ist, von der das Rollen und seine Geschwindigkeit in zweiter Linie abhängig ist. Mit anderen Worten: Obzwar die Seele auf die Ermunterung und Sollizitierung der Gegenstände, auf die sich die Sinne beziehen, zum Verrichten der ihr eigentümlichen Bewegung angewiesen ist, so bleibt es doch wahr, daß die Art und Weise, in der sie den von außen kommenden Eindruck bzw. Anstoß und Stoß rezipiert, von ihrer eigenen Konstitution abhängt, auf die sie einen Einfluß ausüben kann[11]. Die Ansicht Ciceros (zu der auch Bayle neigt), daß Chrysipp die dargestellte Vereinigung letzten Endes auf Kosten der Verantwortlichkeit des Menschen und zu Gunsten des absolut nötigenden Fatums bewerkstelligt, teilt Leibniz nicht. Den Grund dieser Divergenz und die Berechtigung der Rehabilitierung Chrysipps durch Leibniz werden wir erst dann deutlich sehen können, wenn wir zuvor die Grundlagen der Leibnizschen Theorie im Einzelnen durchgesprochen haben.

Nach der Vergegenwärtigung der spätantiken Kritik, die an dem epikureischen Zufallsbegriff mit Hilfe von sowohl das Ursachlose als

[11] Cf. Theod. § 332.

auch die Negierung von Verantwortlichkeit und Freiheit zurückweisenden Begriffen aus der alten Stoa geübt wurde, und die im Grunde unwiderlegt geblieben ist, muß der Versuch, durch die Einführung des Zufalls in das natürliche Geschehen die Freiheit zu retten und zu einer einheitlichen Theorie von Welt und Mensch zu gelangen, trotz der neuen Aktualität, die dieser Versuch durch die — übrigens umstrittene — indeterministische Deutung der Quantenmechanik im Rahmen der neueren Forschungen in der Mikrophysik gefunden hat, für alle Zukunft als gescheitert gelten. Von den zwei ersten Lösungsversuchen, die übrigbleiben, befriedigt das dualistische Modell, das in der Kantschen Philosophie seine klassische Ausprägung gefunden hat, das heutige Bewußtsein nicht mehr. Weder die Abstempelung des dualistischen Modells als „offizielle Lehre der bürgerlichen Universitäten" ist jedoch gerechtfertigt, noch waren die Versuche, Variationen an diesem Modell anzubringen, völlig sinnlos, wie entgegen der Meinung Garaudys gesagt werden muß. Garaudy behauptet nämlich: „Die Natur ist Gesetzmäßigkeiten und einem strengen Determinismus unterworfen; das schließt jedoch nicht die Freiheit des Geistes aus, denn wenn es eine Ordnung in der Welt gibt, so ist es der Geist, der sie geschaffen hat. So ist ‚von innen', von der Seite des Geistes her gesehen, die Welt das Werk der Freiheit; und ‚von außen', vom Standpunkt der wissenschaftlichen Erfahrung aus, ist die Welt einem strengen Determinismus unterworfen. Seit Kant ist diese Auffassung die offizielle Lehre der bürgerlichen Universitäten. Nach Kant haben Zwerge immer neue Variationen zu diesem einzigen Thema abgehandelt. Wenn die bürgerlichen Philosophiehistoriker diesen Zwergen einige Wichtigkeit beilegen konnten, so kommt das daher, daß sie den großen Stil in der Philosophie nicht kannten. ... Kant hat die Illusion einer Überwindung des Gegensatzes von Subjekt und Objekt, Mechanismus und Idealismus, Materie und Geist, Kausalität und Freiheit geschaffen."[12] Das heutige Bewußtsein verspürt in erster Linie das Bedürfnis, zum mindesten in Ansätzen, echte theoretische Synthesen, Zusammenfassungen, Integrationen und Weltformeln auszuarbeiten, bei welcher Bemühung es freilich den reichen Bestand an Texten, Begriffen und Theoremen, die die bisherige Philosophiegeschichte angehäuft hat, sichten und auswerten muß. Gleichzeitig macht es die Erfahrung, daß diese neuen Festlegungen des allen Gemeinsamen, sofern sie sich bewähren (und sie bewähren sich dann, wenn sie kohärent sind

---

[12] Roger Garaudy, Die Freiheit als philosophische und historische Kategorie, Berlin 1969, S. 161, Originaltitel: La liberté, 1955.

und wenn sie dank der Plausibilität und Nachvollziehbarkeit mit dem bon sens — nicht unbedingt mit dem common sense — und den Einsichten der Einzelwissenschaften verbunden bleiben), bei der Sichtung des überlieferten Materials, zu dem selbst die gediegensten Schöpfungen der menschlichen Erfindungsgabe und die größten Autoritäten vergangener Zeiten hinzugezählt werden müssen, Hilfe zu leisten vermögen. Wegen der dominierenden Ausrichtung auf das Gemeinsame und Allgemeine, wenn auch vorwiegend auf das Extrakt-Allgemeine, dessen Verwandtschaft mit dem Naturgesetz größer ist als die mit dem formal-logischen Gattungsbegriff, wenden sich die heute Philosophierenden bei ihrer Argumentation von der Berufung auf das Gefühl der Freiheit, mag dieses eine noch so evidente und unmittelbare Gegebenheit des Bewußtseins sein, ab, während in der geistigen Situation, die von der Mitte des 19. Jahrhunderts bis etwa zu der Mitte des 20. herrschte, der Rückgriff auf unmittelbare Gegebenheiten des Bewußtseins, wie aus den Ausführungen unter sich sehr verschiedener Autoren (z. B. John Stewart Mills, Henri Bergsons und Karl Kautskys) über den Begriff der Freiheit ersichtlich ist, als zulässig, völlig legitim und überzeugend galt. Die philosophischen Bemühungen unserer Zeit können infolgedessen nicht umhin, die an zweiter Stelle genannte Lösung anzusteuern und sich auf diese Weise der rationalen Freiheitstheorie, die zugleich die Freiheitstheorie des Zeitalters des Rationalismus, das heißt des 17. Jahrunderts ist, zu nähern.

Von dieser Tendenz zeugen zeitgenössische Denkversuche, die den verschiedensten Schulen und Strömungen angehören. Die Koppelung des Freiheitsproblems mit dem Wahrheitsproblem durch Heidegger (s. Heidegger, Vom Wesen der Wahrheit, vgl. dazu die Kritik, die E. Tugendhat in „Das Wahrheitsproblem bei Husserl und Heidegger" an dieser Verbindung geübt hat), Nicolai Hartmanns Anspruch, die Freiheit ohne Indeterminismus, ja umgekehrt: als ein Plus an Determination dargestellt zu haben[13], Sartres Lehre von der „Faktizität" der Freiheit, aus der die Worte „Nous sommes une liberté qui choisit mais nous ne choisissons pas d'être libres: nous sommes condamnés à la liberté ... jettés à la liberté ou, comme dit Heidegger, ‚délaissés'"[14] von der allgemeinen Bildung rezipiert wurden, die marxistische Formel von der Freiheit, die nichts anderes als die Einsicht der Notwendigkeit sei, weisen in eine und dieselbe Richtung. Die eben zitierte marxistische Formel ist übrigens, wie

---

[13] S. z. B. Hartmann, Neue Wege der Ontologie, S. 101.
[14] Sartre, L'être et le néant, S. 564 f.

hier noch hinzugefügt werden muß, von Hegels Satz „B l i n d ist die Notwendigkeit nur, insofern dieselbe nicht begriffen wird" inspiriert. Dies geht aus folgender Stelle in Friedrich Engels „Anti-Dühring" hervor: „Hegel war der erste, der das Verhältnis von Freiheit und Notwendigkeit richtig darstellte. Für ihn ist die Freiheit die Einsicht in die Notwendigkeit. ‚Blind ist die Notwendigkeit nur, insofern dieselbe nicht begriffen wird'. Nicht in der geträumten Unabhängigkeit von den Naturgesetzen liegt die Freiheit, sondern in der Erkenntnis dieser Gesetze, und in der damit gegebenen Möglichkeit, sie planmäßig zu bestimmten Zwecken wirken zu lassen. Es gilt dies mit Beziehung sowohl auf die Gesetze der äußern Natur, wie auf diejenigen, welche das körperliche und geistige Dasein des Menschen selbst regeln — zwei Klassen von Gesetzen, die wir höchstens in der Vorstellung, nicht aber in der Wirklichkeit voneinander trennen können. Freiheit des Willens heißt daher nichts andres als die Fähigkeit, mit Sachkenntnis entscheiden zu können. Je freier also das Urteil eines Menschen in Beziehung auf einen bestimmten Fragepunkt ist, mit desto größerer Notwendigkeit wird der Inhalt dieses Urteils bestimmt sein."[15]

Am deutlichsten zeigt sich das Streben nach der erneuten, auf dem Boden der marxistischen Philosophie stattfindenden Durchdenkung der Zusammengehörigkeit von Notwendigkeit und Freiheit, oder wie man auch — allerdings irreführend und den Weg zur Klärung verbauend — formuliert: von Determinismus und Indeterminismus, in der Frage, die in der die Revision des Marxismus postulierenden Zeitschrift „Praxis" gestellt wird, in welcher folgende Sätze zu lesen sind: „Wir haben auch das Problem von Determinismus und Freiheit in Angriff genommen. Aber da sind wir ebenfalls nicht weitergediehen. Es heißt, dem Marxismus entspräche weder ein absoluter, rigoroser Determinismus noch ein totaler Indeterminismus, sondern ein relativer Determinismus. Doch was heißt das konkret, philosophisch gesprochen? Was heißt das, allgemein theoretisch gesprochen und im Hinblick auf die Gesellschaftsgeschichte und die Politik?"[16] Die im Bereich des Marxismus aufgestellten Postulate und Desiderate für die Erarbeitung einer genaueren, konkreten Formulierung der Freiheitstheorie sind jedoch nicht die einzigen Symptome des heutigen Bedürfnisses, mögen sie auch den status quaestionis am besten durchschauen und den Hiatus zwischen (von dem Gesichtspunkt der historischen

---

[15] Zitiert in: Garaudy, a. a. O., S. 170.
[16] Praxis, Internationale Ausgabe, Zagreb Nr. 4, 1967.

Zeit aus gesehen) zeitloser Ontologie und reflektierter Praxis am wenigsten dulden können.

Die Verbindung von Freiheit und Notwendigkeit, die das zentrale Anliegen der überall Gründe und vorbereitende, das Spätere ankündigende Stufen annehmenden rationalen Theorie überhaupt, daher auch der rationalen Theorie der Freiheit ist, hat zwei Aspekte. Da aber diese zwei Aspekte sich zueinander wie der Teil zum Ganzen verhalten, handelt es sich streng genommen nicht um zwei, sondern nur um einen. Der erste Aspekt betrifft die punktuell betrachtete freie Entscheidung, die von dem ihr vorausgegangenen Geschehensverlauf isoliert wird, um auf ihre Struktur hin untersucht zu werden. Der zweite Aspekt betrifft die Genese der Freiheit. Er ergibt sich, wenn die Frage nach dem Woher, nach dem Ursprung der (hier als Ganzes aufgefaßten) freien Entscheidung gestellt wird. Zu dem ersten Aspekt gehört der Begriff der Autonomie. Und nur auf Grund der Abtrennung dieses ersten, die Autonomie thematisierenden Aspektes kann N. Hartmann sagen: „Kant war es, der hier als Erster einen neuen Weg beschritt, indem er die Freiheit ohne Indeterminismus zu fassen suchte", um erläuternd hinzuzufügen: „Er (Kant) führte dazu einen neuen Freiheitsbegriff ein, den er als das Einsetzen einer positiven Bestimmung höherer Ordnung definierte."[17]

Der zweite Aspekt läßt von sich aus zwei Modifikationen zu, von denen die eine durch Sartres Begriff der Faktizität der Freiheit angedeutet wird; die zweite und maßgebende erweist sich bei näherem Zusehen als die den ersten Aspekt enthaltende Modifikation des zweiten Aspekts. Die erste Modifikation nämlich besagt: Die Freiheit kommt aus dem Nichts, wobei dieses im Sinne des Anderen zu der Freiheit, d.h. des Gegenteils der Freiheit, das man Notwendigkeit nennt, verstanden wird; und zwar kommt sie daraus nur plötzlich, nur sprunghaft, nur diskontinuierlich, auf eine nicht nachvollziehbare Weise und somit zufällig. Nach der zweiten Modifikation entsteht die Freiheit aus dem im eben definierten Sinn vestandenen Nichts stetig, graduell, nachvollziehbar, wenigstens streckenweise. Während wir es in dem ersten Fall mit einem Entstehungsvorgang zu tun haben, der wegen seiner Plötzlichkeit und Unvermitteltheit als strukturell gleich mit der creatio ex nihilo angesprochen werden kann, liegt in dem zweiten Fall eine Entstehung aus dem jeweils relativen Nichts vor, wobei die Relativität nicht nur als Relationalität

---

[17] N. Hartmann, Neue Wege der Ontologie, S. 101.

verstanden wird, sondern auch und in erster Linie als Gradualität, und diese als das Durchlaufen von Intensitätsgraden, die ein unräumliches und unzeitliches Kontinuum von Qualitäten bilden. Aus dem eben Gesagten geht allerdings hervor, daß die Entstehung aus dem relativen Nichts, für die man auch den Terminus „Entwicklung" geprägt hat, sich in gewissem Sinne mit der Entstehung aus sich selbst, die in dem spinozischen Gedanken der causa sui anklingt, trifft. Denn die jeweils niedrigere Stufe, die beim Durchlaufen der Intensitätsgrade (immer wieder) verlassen wird, nimmt eine Mittelstellung ein und trägt einen Januskopf, der es gestattet, das Geringere (in unserem Fall den geringeren Grad der Freiheit bzw. die von der Freiheit weniger durchsetzte Notwendigkeit) einmal als das — relative — Nichts zum Höheren, zum anderen als die Vorform des resultierenden Höheren, das heißt als das Resultat selbst anzusehen, das sich in einer Phase befindet, in der es noch nicht zu sich selbst gekommen und noch nicht bei sich selbst ist.

Nach der Angabe des Unterschiedes zwischen den oben erwähnten zwei Modifikationen des zweiten Aspekts der Verbindung von Freiheit und Notwendigkeit, und nach der Explikation der zweiten Modifikation muß auch die Gemeinsamkeit genannt werden. Das Gemeinsame in ihnen ist die Auffassung der Freiheit als Resultat, ihre Einordnung in einen Prozeß, der zu ihr hinführt und wodurch sie zu einer historischen Kategorie wird; der Unterschied beschränkt sich auf die Art und Weise, in der das Auftauchen des als kategoriales Novum sich präsentierenden Resultats jeweils erklärt wird, genauer gesprochen auf die Tatsache, daß in der zweiten Modifikation versucht wird (wir werden noch sehen: wie) jenes Auftauchen zu erklären, zumindest zu verstehen, während in der ersten Modifikation dieser Versuch gar nicht unternommen wird und nicht einmal als mögliche Aufgabe anvisiert wird, was auch zur Folge hat, daß sich die Sartresche Lehre von der Faktizität der Freiheit weder ihre eigene philosophische Intention durchsichtig machen, noch ihre wichtige, mit dieser Intention inhaltlich zusammenfallende ontologische Implikation auf den Begriff bringen kann.

Im Hinblick auf das, was wir die zweite Modifikation genannt haben, ist jedoch hier noch anzumerken, daß für die rationale Theorie, die das spontane Entstehen aus sich selbst zu begreifen sucht, ein Entstehen rein durch sich selbst aus dem Nichts ebenso unannehmbar wäre, wie auch die Hervorbringung von Etwas aus dem reinen Nichts durch einen binnenweltlichen oder einen außer- und überweltlichen Verstand und das im

Sinne des völlig ursachlosen Geschehens verstandene zufällige Entstehen, das, wie Cicero richtig bemerkt, die Naturphilosophen immer bestreiten würden. Bei genauerem Zusehen zeigt es sich übrigens, daß die eben genannten drei Weisen des Entstehens, die insgesamt von der rationalen Theorie zurückzuweisen sind, drei nur scheinbar selbständige Existenzformen der irrationalen Theorie des Werdens sind, das heißt, daß die Ausdrücke „Entstehen rein aus sich selbst", „Entstehen aus dem reinen Nichts" und (im Sinne des völlig ursachlosen Geschehens verstandenes) „zufälliges Entstehen" hinsichtlich ihres Bedeutungsgehaltes identisch sind und daher gleichgesetzt und insgesamt von der rationalen Theorie des Werdens abgelehnt werden müssen.

Die direkte und eindeutige Gleichsetzung der drei Fassungen des zugrundeliegenden einzigen Bedeutungsgehaltes bzw. die Zurückführung des rein zufälligen Entstehens und des reinen Entstehens aus sich selbst auf einen Gedanken, der beiden gemeinsam zugrundeliegt, nämlich auf das Entstehen aus dem reinen Nichts, und die gleichzeitige Zurückweisung aller drei findet man im § 320 der Theodizee von Leibniz. In diesem Paragraphen kritisiert Leibniz die Annahme eines völlig grundlosen Ereignisses, indem er an einem falschen, von Schülern des Duns Scotus und des Theologen des Jesuitenordens Molina[18] aufgestellten Freiheitsbegriff Kritik übt. Nach diesem Begriff, den wir noch ausführlicher zu behandeln haben werden, besteht die freie Entscheidung in der vagen absoluten oder völligen Indifferenz, das heißt in der reinen Unbestimmtheit, so daß die freie Entscheidung und Tat ein völlig grundloses Geschehen darstellt; ein Geschehen, das wegen des Ausbleibens von jedweden bestimmenden Ursachen, Gründen, Motivationen und vorbereitenden Stufen mit dem rein zufälligen Geschehen sich deckt.

Leibniz eröffnet seine Argumentation, indem er darauf hinweist, daß die Behauptung, eine Determination, das heißt hier die Festlegung eines Bestimmten durch Abhebung von dem es Umgebenden (inhaltlich gesehen: das Sichereignen des Entschlusses, diese Tat zu vollbringen und nicht die andere, oder sie zu vollbringen und nicht sie nicht zu vollbringen bzw. umgekehrt) komme aus einer absolut unbestimmten, in diesem Augenblick das ganze menschliche Dasein durchwaltenden Indifferenz, oder aus einem absolut unbestimmten, nicht als vorbereitende Zwischenphase eigens hervorgerufenen Gleichgewichtszustand (pleine indifference abso-

---

[18] Vgl. dazu Leibniz, Theod. § 330.

lument indéterminée) gleichbedeutend mit der Behauptung ist, daß jenes Ereignis, obgleich es ein in dem Kontext der Ereignisse dieser Welt und somit ein natürliches, natürlich entstandenes Ereignis ist, aus dem (reinen) Nichts kommt. Die Verfechter jener absoluten Indifferenz, fügt Leibniz erläuternd hinzu, nehmen an, daß Gott nicht als die bestimmende Ursache dieses Ereignisses angesehen werden kann, und zwar weder unmittelbar noch mittelbar, woraus sich ergibt, daß weder in der von Gott geschaffenen Seele, noch in dem geschaffenen Körper, noch in den geschaffenen Umständen die Wurzel oder Quelle des Ereignisses lokalisiert werden kann. Trotzdem taucht es auf und nimmt seinen Platz auf der Ebene der existierenden Dinge und Ereignisse ein; nach jener Theorie jedoch, die der Freiheit die absolute Indifferenz unterstellt, kommt es auf und nimmt seinen Platz ein, ohne daß der Täter selbst oder auch der Betrachter die Möglichkeit haben, irgendwelche Vorbereitungen, Vorstufen oder sich bis zu dem Vollzug selbst steigernde Neigungen dem Ereignis zu Grunde zu legen, sogar ohne daß ein Engel oder Gott selbst in der Lage wären, das Sichereignen des in dieser scotistisch-molinistischen Weise verstandenen freien Entschlusses plausibel zu machen und das Entstehen dieses Wirklichen nachvollziehbar darzustellen.

An dieser Stelle der Argumentation angekommen, gibt Leibniz seiner Kritik eine neue Wendung mit der Absicht, sie zu verschärfen. Wenn die scotistisch-molinistische Theorie richtig wäre, würde dieses Ereignis, sagt er, nicht nur ein Ereignis und somit ein Seiendes sein, das aus dem Nichts entsteht, sondern sogar ein Seiendes, das **aus sich selbst** aus dem Nichts entsteht, oder anders formuliert: ein Seiendes, welches entsteht, indem es sich selbst aus dem Nichts herausreißt. Die in Frage stehende Theorie mutet demnach dem denkenden Menschen einen doppelt harten Ausspruch zu: Erstens, das Entstehen aus dem Nichts, und zweitens, das Entstehen aus sich selbst (und zwar als Sichhervorbringen aus dem Nichts).

Nach dem Hinweis auf die Notwendigkeit, die Entstehung aus dem Nichts und die Entstehung rein aus sich selbst als zwei Aspekte eines und desselben Gedankens aufzufassen, zeigt Leibniz eine Parallele dazu in Epikurs Theorem von der rein zufälligen, völlig grundlosen Abweichung der Atome von der eine gerade Linie ausmachenden Bahn, auf der sie sich bislang bewegten: Er setzt, die spätscholastische absolute Indifferenz des Willens mit dem epikureischen Abbiegen der Atome parallelisierend (ähnlich wie Marx, nur daß bei Leibniz diese Parallele mit kritischer Absicht gezogen wird), den bereits gleichgesetzten beiden Gedankenaspekten einen dritten gleich, nämlich das rein zufällige Geschehen.

Die Lehre, die die Freiheit als absolute Indifferenz deutet, führe etwas ein, das ebenso lächerlich wie die Abweichung der Atome von Epikur sei, der behauptete, daß einer dieser kleinen Körper, sich auf einer Geraden bewegend, urplötzlich und ohne irgendeinen Grund seine bisherige Wegrichtung verläßt.

Er schließt diese Betrachtung mit der Bemerkung ab, daß zwischen der das Ausbleiben von bestimmenden Gründen annehmenden Theorie von der absoluten Indifferenz des Willens und der ebenfalls das Ausbleiben von bestimmenden Gründen annehmenden Theorie von der Abweichung der Atome, über die strukturelle Gleichheit hinaus, auf der Ebene der philosophischen Intention auch eine inhaltliche Gleichheit besteht, denn Epikur hat jenes Theorem von der declinatio atomorum in seine Lehre eingeführt, um einen kosmologischen Beleg für die menschliche Freiheit zu haben und auf diese Weise die Freiheit zu retten — um, wie wir jetzt ergänzen können, die vermeintlich in der absoluten Indifferenz bestehende Freiheit (die, wenn auch terminologisch noch nicht fixiert, als der gültige Freiheitsbegriff auch Epikur vorschwebte) zu retten[19].

Als Gegenbegriff zu dem in dem § 320 der Theodizee erwähnten „Entstehen auf natürliche Weise aus dem Nichts" muß man, wenn man die eben kommentierten Ausführungen Leibnizens von sich aus ergänzen will, das Entstehen auf unnatürliche Weise aus dem (reinen) Nichts ansetzen. Die Unnatürlichkeit der zweiten Entstehungsweise beruht auf ihrer Einmaligkeit und Unwiederholbarkeit. Leibniz lokalisiert sie lediglich an dem ersten Anfang des Geschehens, analog zu der christlich verstandenen Schöpfung aus dem Nichts durch Gott, auf die er sowohl anläßlich der Darstellung seines arithmetischen Dualsystems als auch anläßlich seiner Deutung der chinesischen Philosophie und insbesondere Kosmogonie, in der nach Leibniz die Urmaterie (= Ki) als durch die Urform (= Li) Hervorgebrachtes konzipiert ist[20], eingeht. Wenn sich Leibniz auf dieses unnatürliche Entstehen aus dem Nichts bezieht, so handelt es sich jedoch, entgegen der Meinung von einigen Leibnizforschern[21] stets um die formel-

---

[19] S. Leibniz, Theod., § 320.
[20] Cf. Leibniz, Abhandlung über die chinesische Philosophie, §§ 18, 25 a. — Eine deutsche Übersetzung dieser Abhandlung ist in der Zeitschrift „Antaios" (Bd. VIII, No 2, Juli 1966) enthalten.
[21] Etwa von Jalabert: s. Jalabert, Le dieu de Leibniz, Paris 1960, insbes. das Kapitel „La création ex nihilo", S. 187—189; Die These von Jalabert, daß die Schöpfung

haft zugespitzte Behauptung, daß alles nur aus dem eine unendlich mannigfaltige Stufung in sich bergenden relativen Nichts (durch sich selbst) entsteht. Bei dieser Zuspitzung und um dieser Zuspitzung willen verwandelte er das relative Nichts in das reine Nichts, weil der extrem aufgefaßte Gegensatz zum höchsten Seienden und die Polarität zwischen Sein und Nichts geeigneter ist, eine Formel abzugeben; zugleich extrapolierte er das Entwicklungsgesetz, das die Entstehung aus dem relativen Nichts durch sich selbst beherrscht und leitet, und, das extrapolierte Entwicklungsgesetz realisierend, hypostasierend und personifizierend, formulierte er die Entstehung aus dem relativen Nichts durch sich selbst in die Entstehung aus dem unpräzisiert gelassenen Nichts durch Gott um. Durch diese Umformulierung ergibt sich der Gedanke von dem Entstehen auf unnatürliche Weise aus dem Nichts, während bei der ersten Formulierung das Entstehen noch als Entstehen auf natürliche Weise aus dem Nichts thematisch war.

In dieser Weise verfahrend, konnte Leibniz den Anschluß an die überlieferten Lehren der christlichen Dogmatik und Kirche gewinnen, ohne seine eigenen und eigentlichen Thesen aufgeben zu müssen und ohne eine klare Scheidungslinie zwischen einer esoterischen und einer exoterischen Lehre ziehen zu brauchen, da für ihn das Umformulierte transparent blieb und hinter der formelhaften Komprimierung das rational Gedachte ständig durchschimmerte.

Das Entstehen der Dinge aus dem relativen Nichts durch sich selbst — durch ihre „natürlichen Antriebe"[22] — und das Entstehen aus dem

---

aus dem Nichts in dem Gottesbeweis impliziert ist, der sich auf die Kontingenz der Welt stützt (a. a. O., S. 188), und den Leibniz in den beiden ersten Absätzen der Abhandlung „De rerum originatione radicali" entwickelt, kann nicht aufrechterhalten werden, weil „Kontingenz" bei Leibniz, im Unterschied zu der Bedeutung von „Zufälligkeit" bei Kant, nicht die Abkünftigkeit des Daseins und das Hervorgebrachtsein durch ein Äußeres und Fremdes bedeutet.

[22] Leibniz findet in der chinesischen Philosophie die Lehre, daß alles aus den natürlichen Antrieben hervorgeht, die natürlichen Antriebe selbst aber aus dem Nichts hervorgebracht werden: „Man kann wohl sagen, ohne gegen die alte Lehre der Chinesen zu verstoßen, daß das LI durch die Vollkommenheit seiner Natur dahingebracht wurde, unter mehreren Möglichkeiten die angemessenste zu wählen, und daß es auf diese Weise das KI, das heißt die Materie, hervorgebracht hat, und zwar mit solchen Anlagen, daß alles übrige von selbst daraus hervorging; etwa so wie Herr Descartes behauptet, das gegenwärtige Weltsystem sei infolge einer kleinen Zahl von erstgeschaffenen Voraussetzungen entstanden. So verdienen die Chinesen weit eher Lob als Tadel dafür, daß sie die Dinge durch ihre natürlichen Antriebe und eine prästabilierte Ordnung entstehen lassen": Leibniz, Abhandlung über die chinesische Philosophie, a. a. O., S. 159.

unpräzisiert belassenen und mit dem reinen Nichts identifizierbaren Nichts durch Gott verhalten sich zueinander wie die — zuweilen der formalhaften Komprimierung dienende — mythologische Schale und der rationale Kern eines und desselben Gedankens. Die Verkleidung des rationalen Kerns mit der mythologischen Schale ist für das heutige philosophierende Bewußtsein, bei seinem Versuch, die Leibnizschen Gedanken nachzuvollziehen und zu prüfen, zweifellos ein großes Hindernis und Ärgernis. Trotzdem muß die Frage nach dem Grund, der Leibniz so oft veranlaßte, auf zwei Ebenen zu denken und zu reden, vorsichtig angegangen werden. Durch den Hinweis auf Leibnizens Konformismus, auf sein Bedürfnis, sich an die Dogmata der etablierten Mächte zu akkomodieren (wie etwa Georges Friedmann in seinem „Leibniz et Spinoza" die Sache erklärt), ist sie nicht richtig, zum mindesten nicht erschöpfend beantwortet. Diese Antwort verkennt nämlich die Bemühungen von Leibniz, einen möglichst breiten und religiös, konfessionell und weltanschaulich nicht festgelegten Kreis von Gebildeten anzusprechen und zu beeinflussen, was ihn wieder dazu verpflichtete, auch hinsichtlich der sprachlichen Fixierung wendig, elastisch und flexibel zu sein — man könnte auch schillernd sagen, wenn man weniger wohlwollend eingestellt ist.

Das semantische Kontinum der Bedeutungen, das durch derartige Umformulierungen im Ansatz hergestellt wird, hatte für Leibniz außerdem sowohl einen ästhetischen Reiz als auch eine sachliche, philosophische Relevanz, da es einen Beleg für die Leibnizsche These abgeben konnte, daß jeder Geist alles denkt (s. Couturat, Opuscules, S. 10), und daß alle Geister die Wahrheit denken und kennen, wenn auch von verschiedenen Blickpunkten (points de vue) aus und mit Gedanken, deren Deutlichkeitsgrad von Fall zu Fall sehr stark variieren kann. Das Bestreben von Leibniz, nicht nur in den Philosophemen der Vergangenheit, sondern auch in religiösen und onto-theologischen Dogmata und in Mythologemen eine verschüttete, verfremdete und unkenntlich gemachte Schicht der Wahrheit freizulegen, zeigt sich mit aller Deutlichkeit, wenn er in einem Brief an Joh. Gabr. v. Sparfvenfelt, Ober-Hofzeremonienmeister des Königs von Schweden, den Versuch unternimmt, den Mythos vom Kampf der Titanen und Giganten gegen die Götter als eine Reminiszenz an die Einfälle der Skythen und Kelten in Gebiete Asiens und Griechenlands zu deuten, die damals von (mit den Göttern identifizierten) Königen regiert wurden; in der Sage von dem gefesselten Prometheus bekunde sich die Abwehr dieser Völker durch Truppen, die entlang der Pforte zwischen dem Kaspischen und dem Schwarzen Meer aufgestellt waren („Je me suis toujours imaginé que les guerres des Titans et des Géants avec les Dieux ne signifient que les irruptions des Scythes ou Celles [wohl: Celtes] dans l'Asie ou dans la Grèce, gouvernées par les rois qu'on a apellé dieux depuis. Et Prométhée attaché au mont Caucase ne signifie peutêtre que l'exclusion des peuples Scethiques par le moyen des troupes mises aux portes Caspiennes pour les garder": Bodemann, Briefwechsel, S. 299).

Bestimmung des Standorts der vorliegenden Arbeit innerhalb der Leibnizrezeption und Leibnizforschung

Das philosophische System von Leibniz wurde seit jeher von den meisten Interpreten als ein System der nötigenden Determination und des Fatalismus aufgefaßt, als ein System, in dem der Gedanke der Freiheit keinen Platz hat. Bereits die Zeitgenossen von Leibniz, der Berliner Hofprediger Jaquelot, der Benediktinerpater Lami, der Newtonschüler Clarke und der Skeptiker Bayle haben Einwände unter diesem Gesichtspunkt vorgebracht. Teils wurde grundsätzlich die Tatsache angezweifelt, daß Leibniz dem Phänomen des bei dem Vorgang der Wahl sich frei verhaltenden Willens gerecht wird; teils ist die Behauptung aufgestellt worden — dies trifft insbesondere auf die Kritik Bayles an Leibniz zu —, daß die auf Grund der Ansetzung von Graden des Freiseins stattfindende Identifizierung des höchsten Grades des Freiseins mit der Notwendigkeit, wenn auch einer besonders gearteten, nämlich der von Leibniz so genannten glücklichen Notwendigkeit (nécessité heureuse), dem Sinn des Wortes Freiheit zuwiderläuft. Leibniz hat sich mit den vorgebrachten Einwänden selbst auseinandergesetzt und seinen Standpunkt präzisiert.

Das System von Christian Wolff, in dem Leibnizens Gedanken, wenn auch umgebildet, fortlebten, ist in ähnlicher Weise kritisiert worden. Johann Joachim Lange, Professor der Theologie in Halle, verfaßte die Causa Dei et religionis naturalis adversum atheismum et pseudophilosophiam veterum et recentiorum, inprimis Stoicam, Spinozianam et Wolffianam (Halle, 1723), Stoiker, Spinozisten und Wolffianer als die Freiheit des menschlichen und göttlichen Willens und somit die Existenz eines persönlichen Gottes leugnende Atheisten zusammenfassend. Und in dem für den König von Preußen bestimmten Bedenken der theologischen Fakultät zu Tübingen über die Wolffische Philosophie ist die Rede von den „vielen anstößigen propositiones" in dieser neuen Philosophie, die „kein unparteiischer Leser leichtlich approbieren wird, obwohl nach vielem

Disputieren ein und andere besser als sie in ihrem nexu systematico und nach dem natürlichen Wortverstande lauten, nach der Hand sich erkläret, dadurch aber der Anstoß noch lange nicht gehoben worden".

Zu diesen anstößigen Sätzen wird, unter anderem, die Lehre gerechnet, „Daß Gott diese Welt zu erschaffen moralisch sei necessitiert gewesen, so, daß er die Schöpfung derselben nicht habe unterlassen können". In diesem Satz wird ausdrücklich auf den Leibnizschen Begriff der moralischen Notwendigkeit Bezug genommen, die eine Gestalt der hypothetischen (oder physischen) Notwendigkeit ist, einen eigenen Bereich ausmacht, der in der bereits erwähnten glücklichen Notwendigkeit gipfelt und auf ein Drittes gegenüber der metaphysisch notwendigen (oder fatal notwendigen) Folge und der völligen Unabhängigkeit hinweist.

Im 18. Jahrhundert ist von zwei verschiedenen Seiten das Fehlen des Gedankens der Freiheit in der Leibniz-Wolffschen Philosophie beanstandet worden. Die pietistischen Theologen in Halle trugen — unter der Führung von Buddäus und Lange — ihre Kritik vor, um der Sicherung der Lehrsätze der christlichen Theologie willen. Die Vertreter der Philosophie der Aufklärung, namentlich Voltaire, polemisierten gegen dieselbe Philosophie und gegen das angebliche Unterschlagen des Begriffs der Freiheit wegen der Sorge um die Bereitstellung der Bedingungen für die Mobilisierung des Menschen mittels der Steigerung seiner Bewußtheit und der Einsicht in die ihm gegebenen Möglichkeiten, Fähigkeiten, Potenzen. Der Candide ou de l'Optimisme, in dem Leibniz als Pangloss in der Person des alle Sprachen beherrschenden Jasagers persifliert wird, stellt den Zusammenhang zwischen dem in einem absoluten Sinn verstandenen Determinismus und dem Fatalismus, zwischen der theoteleologisch interpretierten Lehre „Nichts geschieht ohne Grund" und der tatenlosen Ergebenheit in das Schicksal heraus. Bereits vor dem Erdbeben von Lissabon, also zu der Zeit, in der Voltaire dem Optimismus von Pope — wenn auch nicht dem von Leibniz — noch nahestand, waren in dem Briefwechsel Voltaires mit Friedrich von Preußen die zwei Positionen bezogen und ins Feld geführt worden: Der die strenge Notwendigkeit behauptende, vertreten durch Friedrich, der mit Leibnizens und Wolffs Philosophie durch seinen Lehrer La Croze, Hofbibliothekar in Berlin und alten Bekannten und Briefpartner von Leibniz, vertraut gemacht worden war; und die die Möglichkeit und die — offene oder latente — Wirklichkeit der Freiheit des menschlichen Willens anerkennende, vertreten durch Voltaire.

Auch die meisten der späteren Interpreten der Leibnizschen Philosophie haben das Fehlen der Freiheit des Willens in dem System von Leibniz moniert. Moses Mendelssohn, der in seinem Streit mit Jacobi die Frage erörtert, ob der gemeinsame Freund Lessing ein Spinozist gewesen ist, und ob Lessings Ausspruch, Leibnizens Lehre sei eigentlich von der Spinozas nicht verschieden, eine Zurückführung Leibnizens auf Spinoza gestattet, ist die einzige nennenswerte Ausnahme, weil er zugleich den Punkt getroffen hat, der der Lehre von der absoluten Notwendigkeit bei Spinoza zugrundeliegt. Er weist nämlich auf die unausgearbeitete Gestalt des Gedankens der intensiven Größen, d. h. auf das Vorliegen der bloßen Vorform des richtig verstandenen und für die Exposition des Freiheitsgedankens unerläßlichen graduellen Unterschiedes hin.

Von Repräsentanten der philosophischen und philosophiegeschichtlichen Forschung wurde immer wieder die Meinung geäußert, das System von Leibniz sei im Grunde ein Spinozismus; in Diltheys Schrift „Leibniz und sein Zeitalter" wird diese Identifizierung, wie wir in der „Einführung" zeigen werden, unausdrücklich durchgeführt. Der Begriff der moralischen Notwendigkeit wurde dabei nicht als ein eine eigene Dimension andeutender Begriff aufgefaßt, eine Dimension, die jenseits von reiner Zufälligkeit wie auch von metaphysischer, fataler Notwendigkeit liegt, sondern als eine Determination besonderer Art, nämlich eine innere, d. h. eine solche, in der das Determinierende — ihrerseits ebenfalls determinierte — Ideen sind, allerdings Ideen wiederum besonderer Art, nämlich Ideen mit einem ethischen Gehalt, die man gewöhnlich auch Ideale nennt. Charakteristischerweise spricht Ludwig Stein in seinem immer noch wichtigen, wenn auch teilweise überholten (vor allem durch die neueren Forschungen von Georges Friedmann) Buch „Leibniz und Spinoza" von einer Herabmilderung des starren, mechanischen Fatalismus zu einem ethischen Determinismus durch Leibniz. Er fügt hinzu: „Aber gerade diese von seinen Verehrern als philosophische Großtat gepriesene Abschwächung des Determinismus hat ihm bei den Gegnern seiner Lehre wenig Ruhm eingetragen und hat übrigens auch bei sonst wohlwollenden Beurteilern seines Systems nur geringen Anklang gefunden. War es doch vorwiegend diese Seite seines Systems, die ihm wie seinen Anhängern den Verdacht eines Plagiats an Spinoza von übelwollender Seite zugezogen und die auch besonnene Männer wie Jacobi und Lessing zu der Meinung veranlaßt hat, daß sich bei tieferer Betrachtung denn doch eine viel weitergehende Verwandtschaft mit dem Spinozismus bei Leibniz aufzeigen lasse als diesem lieb war oder als er vielleicht selbst ahnen mochte."[23] Mit dieser, von Stein erwähnten Unterstellung hängt ein Topos in einem Teil der Leibniz-Interpretation zusammen, nämlich die Meinung, Leibniz habe ein exoterisches und ein esoterisches System gehabt, wobei das esoterische auf den Nenner eines reinen spinozischen Determinismus — und in der Verlängerung Pantheismus — zu bringen sei. Als hervorragendste Vertreter dieser Auslegung können, außer Lessing und Jacobi, Schelling und Bertrand Russel angeführt werden. In der extremen These von der Diskrepanz zwischen einem exoterischen und einem esoterischen System ist die richtige Einsicht verborgen, daß Leibniz die Verfremdung der Resultate seiner logischen und ontologischen Gedankengänge durch eine theologisierende Begrifflichkeit liebte.

Für den von Stein erwähnten Umstand, daß auch bei sonst wohlwollender Beurteilung die von Stein so genannte Abschwächung des Determinismus nur wenig Anklang gefunden hat, können zwei exemplarische Fälle angeführt werden: Ludwig Feuerbachs und Ernst Cassirers Kritik an Leibnizens Freiheitstheorie. Feuerbach verfaßte eine „Darstellung, Entwicklung und Kritik der Leibnizschen Philosophie" (1837), die, wenn auch in popularisierter Form, die Leibnizschen Gedanken breiteren Kreisen bekannt machte, die noch Lenin gelesen und exzerpiert hat und die Lenin den Eindruck vermittelte, daß in Leibnizens Philosophie, wie Lenin formuliert, eine Dialektik eigener Art, und zwar eine sehr tiefe enthalten ist[24]. In seinem geistreichen Leibniz-Buch stellt jedoch Feuerbach die Behauptung auf: Die zwischen Notwendigkeit und Zufälligkeit vermittelnde „moralische Notwendigkeit" sei ein unbestimmter Begriff, im Grunde nur ein Kunstgriff, ein blinder Begriff ohne Vernunft, ein Mittel, die Risse zu vertuschen, die sich aus der Mischung der Philosophie mit der Theologie ergäben.

Auch Ernst Cassirer, der Verfasser des in der Leibniz-Forschung unentbehrlichen Buches über „Leibniz' System in seinen wissenschaftlichen Grundlagen" (1902) und Herausgeber einer Reihe von Leibniz-Schriften lehnt den Freiheitsbegriff von Leibniz ab. Nach Cassirers Ansicht, die übrigens durch seinen kantischen Standpunkt bedingt ist, ist Leibniz der irrigen Meinung gewesen, daß die sittliche Forderung der Freiheit sich gegen die (logisch-metaphysische) Notwendigkeit des reinen Begriffs richtet, während sie sich in Wahrheit gegen die kausale Notwen-

---

[23] Ludwig Stein, Leibniz und Spinoza, Berlin 1890, S. 246.
[24] W. I. Lenin, Werke, Bd. 38, S. 69.

digkeit des Geschehens richte, woraus sich nach Cassirer ergibt, daß die gesamte Unterscheidung zwischen absoluter und hypothetischer (und moralischer), zwischen mathematischer und teleologischer Notwendigkeit im Grunde auf eine Verkennung der Frage, auf eine „ignoratio elenchi" hinausläuft. Indem sich aber Cassirer bewußt ist, daß eine solche Blindheit für den wirklich springenden Punkt des Problems Leibniz nicht zugemutet werden kann, fügt er hinzu: „Dem Logiker Leibniz wäre freilich ein derartiger Fehlschluß nicht begegnet, wenn nicht sein Freiheitsbegriff von Anfang an mit einer tiefen inneren Schwierigkeit belastet gewesen wäre, die hier, am Schlusse der philosophischen Gesamtentwicklung, nur in besonderer Schärfe hervortritt. Leibniz hatte das Postulat der Freiheit mit dem Postulat des durchgängigen gesetzlichen Zusammenhangs des Alls dadurch zu versöhnen gesucht, daß er alle äußere Determination des Ich in eine innere verwandelte."[25] Cassirers abschließendes Urteil ist demzufolge negativ: „Die höchste logische und die höchste ethische Gewißheit sind also, trotz allen Versuchen Leibnizens, zuletzt nicht zur wahrhaften Versöhnung gelangt: die Vollendung der Logik hebt den Sinn und Inhalt des grundlegenden Postulats der Ethik auf."[26]

Angesichts der im Namen der Freiheit formulierten Kritiken muß zunächst betont werden, daß Leibniz in dem Jahrzehnt seiner entscheidenden philosophischen Entwicklung, nämlich zwischen seiner Rückkehr aus Paris (1676) und dem Verfassen des Discours de métaphysique und der Briefe an Arnauld (1686) gerade mit dem Versuch beschäftigt war, den spinozischen Gedanken der fatalen Notwendigkeit, die Gleichsetzung alles Wirklichen mit dem absolut Notwendigen zu überwinden und gerade für die Kontingenz und die Freiheit den Spielraum zu öffnen. Am bezeichnendsten für dieses Bestreben ist sein Brief an den Berliner Hofprediger Jablonsky vom 23. 1. 1700, in dem Leibniz von der Tatsache spricht, daß er erst vor wenigen Jahren die rationes contingentiae, also die Begründung der Kontingenz, sich richtig hat klarmachen können und daß er zuvor den Argumenten, die Hobbes und Spinoza für die absolute Notwendigkeit aller Dinge vorbrachten, nicht in befriedigender Weise kritisch begegnen konnte.

Was hat jedoch die unrichtige, den wiederholten Versicherungen von Leibniz zuwiderlaufende Interpretation veranlaßt, hervorgetrieben, ge-

---

[25] Ernst Cassirer, Freiheit und Form, Studien zur deutschen Geistesgeschichte, Berlin 1922, S. 91.
[26] a. a. O., S. 91 f.

fördert? Es ist die Meinung, daß Leibniz nur die Unterscheidung zwischen äußerer und innerer Determination kennt, zwischen einem materiellen Mechanismus bzw. einem materiellen mechanischen Automatismus, in dem alle Teile, die die Maschine betreiben, materiell und körperlich sind und zwischen dem Mechanismus einer Maschine, bei dem Vorstellungen und Ideen eingeschaltet sind, um den Betrieb aufrecht zu erhalten; Vorstellungen und Ideen, die von dem Bewußtsein nicht weniger absolut notwendig aufgestellt und dem Begehrungsvermögen präsentiert werden. In der eben dargelegten Weise versteht Kant Leibnizens Begriff der Freiheit, der nach Kant nur die komparative und psychologische Freiheit des Willens angibt, nicht aber die zugleich transzendentale, absolute. Kants Polemik und Versuch, Leibnizens Freiheit auf die komparative Freiheit festzulegen, werden in der Kritik der praktischen Vernunft vorgetragen und zwar in der kritischen Beleuchtung der Analytik der reinen praktischen Vernunft, wo Kant also argumentiert: „Der Mensch wäre Marionette oder ein Vaucansonsches Automat[27] [ein νευρόσπαστον hätte man früher gesagt], gezimmert und aufgezogen von dem obersten Meister aller Kunstwerke, und das Selbstbewußtsein würde es zwar zu einem denkenden Automate machen, in welchem aber das Bewußtsein seiner Spontaneität, wenn sie für Freiheit gehalten wird [Kant meint eigentlich ‚wenn es — das Bewußtsein der eigenen Spontaneität — für Freiheit gehalten wird'], bloße Täuschung wäre, indem sie nur komparativ so genannt zu werden verdient, weil die nächsten bestimmenden Ursachen seiner Bewegung und eine lange Reihe derselben zu ihren bestimmenden Ursachen hinauf zwar innerlich sind, die letzte und höchste aber doch gänzlich in einer fremden Hand angetroffen wird, nämlich in der Hand des obersten Meisters aller Kunstwerke, der Gott oder Natur genannt werden kann."[28]

Mit dem Wort „denkender Automat" verdeutscht Kant den Ausdruck „automaton spirituale", den er Leibniz zuschreibt und den Leibniz zwar verwendet, indem er ihn von Spinoza übernimmt, zugleich jedoch

---

[27] A. von Vaucanson konstruierte und führte automatische Figuren vor: einen Klarinettenbläser, einen Flötenspieler, eine fressende Ente.
[28] Kant, Kritik der praktischen Vernunft, S. 181. — In ähnlichem Sinn wird Leibniz von M. Nourrisson in einer von der Académie des sciences morales et politiques preisgekrönten Schrift kritisiert. „Leibniz muß", schreibt Nourrisson, „von einer merkwürdigen Illusion beherrscht und gleichsam von seinem eigenen System fasziniert gewesen sein, um nicht anzuerkennen, daß der Mensch, der ihm vorschwebte und den er einen ‚geistigen Automaten' zu nennen pflegte, dennoch kein freies Wesen war." M. Nourrisson, La philosophie de Leibniz, Paris 1860, S. 180; ouvrage couvonné par l'institut.

seinen Sinn modifizierend und vertiefend, seiner Gepflogenheit gemäß, in der philosophischen und theologischen Literatur feststehende und bekannte Ausdrücke neu zu durchdenken und auf ein höheres Niveau hinaufzuheben — gleichsam in die alten Schläuche neuen Wein zu gießen. Sowohl Kant als auch Cassirer übersehen, an die Formulierung sich haltend, das von Leibniz eigentlich Gemeinte, d. h. die spontane Steigerung der Rezeptivität des Willens für das Gute auf dem Wege einer vielfachen Vermittlung, wobei, wie man mit Hegel sagen könnte, die Mannigfaltigen (in der Gestalt der Dualität: Verstand und Wille) regsam und lebendig gegeneinander werden und die Negativität erhalten, welche die innewohnende Pulsation der Selbstbewegung und Lebendigkeit ist[29]. Kant kann daher, auf Grund der linearen ebenen Auffassung der Determination, die Behauptung aufstellen, daß der „denkende Automat", den einen ersten Anstoß dem Naturgesetz der Kausalität, was Kant den Mechanismus der Natur nennt, verdankt, sich von dem rein materiellen mechanischen Automatismus nicht unterscheide, so daß bei der Auffassung des Menschen als Automaton sprituale dem Menschen i m G r u n d e nicht mehr und nichts besseres als die Freiheit eines mechanischen, automatisch funktionierenden „Bratenwenders" zugesprochen wird, also die Dignität einer Apparatur, die ohne Einmischung von außen ihre Bewegungen verrichtet, nachdem sie von einem in die Apparatur nicht eingehenden Konstrukteur aufgestellt wurde, und zwar einem solchen, der die Naturgesetze der Kausalität — und nur diese — bei ihrer Konstruktion berücksichtigen mußte. Kant sucht das Zurückschrauben des Leibnizschen Freiheitsbegriffes auf die bloße Spontaneität, d. h. den auf Vorstellungen angewiesenen Automatismus und letzten Endes auf den im weiten Sinne verstandenen Mechanismus der Natur zu rechtfertigen, indem er schreibt, daß man alle Notwendigkeit der Begebenheiten in der Zeit nach dem Gesetze der Kausalität den M e c h a n i s m u s der Natur nennen kann, „ob man gleich darunter nicht versteht, daß Dinge, die ihm unterworfen sind, wirklich materielle M a s c h i n e sein müßten". Kant erläutert: „Hier bei der Prägung des Ausdrucks Mechanismus der Natur und der bei dieser Prägung paradox scheinenden Ehe des Natürlichen mit dem Künstlichen wird nur auf die Notwendigkeit der Verknüpfung der Begebenheiten in einer Zeitreihe, so wie sie sich nach dem Naturgesetze entwickelt, gesehen, man mag nun das Subjekt, in welchem dieser Ablauf geschieht, A u t o m a t o n m a t e r i a l e , da das Menschenwesen durch

---

[29] Cf. Hegel, Wissenschaft der Logik, Leipzig, 1951, S. 61.

Materie, oder mit Leibniz spirituale, da es durch Vorstellungen betrieben wird, nennen, und wenn die Freiheit unseres Willens keine andere als die letztere (etwa die psychologische und komparative, nicht transzendentale, d. i. absolute, zugleich) wäre, so würde sie im Grunde nichts besser als die Freiheit eines Bratenwenders sein, der auch, wenn er einmal aufgezogen worden, von selbst seine Bewegungen verrichtet."[30]

In Leibnizens Bestimmung der Freiheit als spontaneitas intelligentis, das heißt als mit Einsicht und mit Selbstbewußtsein angereicherte Spontaneität kann, wie es zunächst scheint, ein Beleg für Kants Auslegung des Leibnizschen, von Spionza entliehenen Ausdrucks „automaton spirituale" gefunden werden. Leibniz faßt aber die Koppelung von Spontaneität und Einsicht, die eine besondere Art der Spontaneität, nämlich die einsichtige Spontaneität und somit die Freiheit konstituiert, nicht nur in einem additiven Sinne auf, gleichsam als das Aufpropfen des Sichspiegelns eines automatisch verlaufenden Geschehens im Bewußtsein auf dieses verlaufende Geschehen selbst. Nach Leibniz verändert sich vielmehr zugleich die innere Verfassung dieses Geschehens, wobei die Darstellung der Art und Weise, in der diese Veränderung gedacht werden muß, ebenso wie die Rehabilitierung Chrysipps durch Leibniz, die Explikation der ontologischen Grundbegriffe voraussetzt.

Die Tatsache, daß es sich bei der zitierten Definition der Freiheit nicht um eine Überformung, nicht um eine Überlagerung der Schicht der Spontaneität mit der Schicht des Selbstbewußtseins, der Einsicht oder des Geistes handelt, sondern um eine näher zu explizierende Überhöhung der Spontaneität selbst, geht allerdings bereits aus den Worten hervor, die Leibniz an jene Definition anschließt: „Itaque quod spontaneum est in bruto vel alia substantia intellectus experte, id in homine vel alia substantia intelligente altius assurgit et liberum appellatur."[31] Das den Menschen Auszeichnende ist demnach grundsätzlich dasselbe, was auch dem Tier zukommt, aber dieses Identische als ein höher Emporgestiegenes, Weitergediehenes, auf einem höheren Grad seiner Selbst Stehendes. Nicht nur in die Freiheit denkt Leibniz eine Stufung, eine Gradation hinein, sondern die Freiheit selbst und als Ganzes genommen, inklusive aller ihrer immanenten Nuancierungen stellt den über der Spontaneität stehenden höheren Grad dar.

---

[30] Kant, Kr. d. pr. V., A 174.
[31] GP VII, 108, die Hervorhebung ist von uns.

Ein Indiz für die Tatsache, wenn auch noch nicht ein deutlicher Nachweis, daß Leibniz in der Freiheit und Freiwilligkeit etwas qualitativ Neues gegenüber der bloßen Selbsttätigkeit oder Spontaneität annimmt, trotz der bis zu einem gewissen Punkt gehenden Verflüssigung des Unterschiedes der beiden Phänomene, ist die betonte Einführung der Verschiedenheit zwischen dem Spontanen und dem Freiwilligen im Rahmen der Abwehr der Einwände, die Bayle in dem Artikel „Rorarius" seines philosophischen Wörterbuches gegen Leibniz vorgebracht hatte. Bayle hatte darin von der Unverträglichkeit der Spontaneität der Seele mit den Gefühlen des Schmerzes und mit allen unangenehmen Empfindungen überhaupt gesprochen, in der Meinung, daß, wenn man die Spontaneität der Seele voraussetzt, wie Leibniz es tut, das Aufkommen von unangenehmen Empfindungen unerklärlich und nicht nachvollziehbar wäre. Leibniz entgegnet: Diese Unverträglichkeit würde sicher bestehen, wenn selbsttätig (spontané) und freiwillig (volontaire) dasselbe wären. Alles Freiwillige ist zwar spontan (tout volontaire est spontané), aber nicht alles Spontane ist freiwillig. Es gibt nämlich spontane Handlungen, die ohne Wahl geschehen und die demzufolge keineswegs freiwillig sind. Das Aufkommen der Gefühle und Gedanken in der Seele, sogar der unangenehmen (gleichwohl nicht nur der unangenehmen), ist nach Leibniz spontan, aber nicht völlig unabhängig von anderen Begebenheiten und somit nicht absolut freiwillig; sie sind verkettet mit allen Gefühlen und Gedanken, die die Seele bislang gehabt hat und sind somit durch das Dagewesene bedingt und von ihm abhängig[32].

Gerade das vermeintliche lediglich spontane Aufkommen der Gefühle und Gedanken, das nicht absolut freiwillige Sichbilden von Ideen und Vorstellungen im Verstand ist aber das, worauf sich die gesamte Interpretationsrichtung beruft, die Leibniz schließlich auf den Mechanismus der Natur (Kant) oder einen psychologischen Vitalismus Nietzschescher Prägung (Hans M. Wolff) festlegen will[33]. Wenn jedoch Leibniz darauf

---

[32] S. das Schreiben von Leibniz vom Juli 1698 an Basnage de Beauval, den Herausgeber der Histoire des ouvrages des savants, GP IV, 519.
[33] Hans M. Wolff, nach dem Leibnizens Psychologie auf dem Standpunkt eines radikalsten Vitalismus steht, so sehr sich Leibniz dagegen sträube, diesen Sachverhalt (offen) anzuerkennen (Hans M. Wolff, Leibniz, Allbeseelung und Skepsis, Bern und München 1961, S. 84), beruft sich dabei auf den § 17 von Jenseits von Gut und Böse, gemäß welchem nicht ich denke, sondern e s denkt, da nach Nietzsche ein Gedanke kommt wenn „er" will und nicht wenn „ich" will — „so daß es eine F ä l s c h u n g des Tatbestandes ist zu sagen: Das Subjekt ‚ich' ist die Bedingung des Prädikats ‚denke'" (Nietzsche, Jenseits von Gut und Böse, § 17).

hinweist, daß man weder die Macht hat „zu wollen, wie man will, oder auch nur zu urteilen, wie man will"[34], wenn er unfreiwillige Gedanken zugibt, die uns „teils von außen durch die Gegenstände, welche unsere Sinne treffen, teils von innen auf Grund der (oft unmerklichen) Eindrücke" kommen, „welche von den früheren Perzeptionen, die ihre Tätigkeit fortsetzen und sich mit den neu hinzukommenden vermischen, zurückgeblieben sind"[35], und wenn er im Hinblick auf das Vermögen des Verstandes schreibt: „Wir verhalten uns in dieser Hinsicht leidend, und selbst wenn wir wachen, kommen uns ungerufene Bilder wie in den Träumen — die deutsche Sprache nennt sie ‚fliegende Gedanken' — die nicht in unserer Gewalt sind"[36], so gibt er doch nicht das unerläßliche Fundament für die Freiheit des Willens auf: er verneint nicht die Freiheit des Geistes (liberté de l'esprit). Das, was er verneint, ist lediglich die in einem absoluten, extremen und unvermittelten Sinne verstandene Freiheit des Willens, nämlich eine solche, bei der nicht ein vorgängiges Überwiegen einer von zwei miteinander in Konkurrenz sich befindenden Kräften (= Motiven) abgebaut wird, sondern bei der ein konflikt- und konkurrenzloses Herausholen einer zu realisierenden motivierenden Möglichkeit aus dem reinen Nichts stattfindet. Die Macht und Freiheit des Geistes besteht lediglich darin, daß er die vorläufig unterlegene ideale Entität (Bild, Vorstellung, Gedanke, Motiv) zur stärkeren verwandelt, sich ihr widmend und in ihre Eigengesetzlichkeit eindringend; auch die Gedanken sind nämlich auf ihre Steigerung ausgerichtet und weisen Tendenzen auf, sogar Tendenzen, die aus vielen kleineren Tendenzen in einer vollkommeneren oder weniger vollkommen Weise zusammengesetzt sind[37]. Bezeichnenderweise schreibt Leibniz: „Doch vermag unser Geist, wenn er ein Bild bemerkt, das ihm zurückkehrt, ihm ein ‚Halt' zuzurufen und ihm sozusagen Stillstand zu gebieten. Ferner kann er nach Gutdünken auf bestimmte Gedankenfolgen näher eingehen, die ihn zu anderen führen"; und auf den

---

[34] GP V 168.
[35] a. a. O., 163.
[36] a. a. O., 163.
[37] „Die Seele schließt, obgleich sie unteilbar ist, eine zusammengesetzte Tendenz in sich ein, das heißt eine Vielzahl von gegenwärtigen Gedanken, von denen jeder zu einer besonderen Wandlung strebt, und zwar gemäß dem Sinngehalt, den er enthält; diese Gedanken befinden sich alle zusammen in der Seele — kraft der nie ausbleibenden Beziehung der Seele zu allen anderen Dingen der Welt. ... Die Vorstellung der Lust scheint einfach zu sein, dennoch ist sie es nicht: Der, wer die Anatomie des Schmerzes machen würde, würde feststellen, da er alles das umfaßt, was uns umgibt, und demzufolge alles das, was das uns Umgebende umgibt" (GP IV, 562).

Umstand hinweisend, daß sich die Freiheit des Geistes in der Umkehrung der unmittelbar und zunächst sich einstellenden Konstellation in dem objektiv vor sich gehenden Konkurrenzkampf der Gedanken erschöpft, fügt er hinzu: „aber dies gilt nur, wenn die inneren und äußeren Eindrücke nicht das Übergewicht haben"[38]; das heißt: wenn den j e t z t das Übergewicht habenden inneren oder äußeren Eindrücken das Übergewicht nicht belassen wird, sondern durch den (freilich nicht völlig unabhängigen, sondern determinierten) Einsatz der Arbeit des Bewußtseins und des Geistes den vorerst und zu unrecht unterlegenen Bewußtseinselementen das Übergewicht schließlich verliehen wird, nachdem die Intensität der Dominanz der Eindrücke (impressions) schrittweise und zunächst ohne Auswirkungen auf das Erscheinungsbild reduziert worden ist.

Der Charakter der vorliegenden Untersuchung ist, wie sich aus dem bisher Gesagten ergibt, zugleich ein kritischer und ein rechtfertigender. Denn die Darstellung der Eigentümlichkeit, Relevanz und Aktualität der Freiheitstheorie von Leibniz und die daraus resultierende Rechtfertigung Leibnizens ist bereits eo ipso eine Kritik an dem spinozisch gefärbten Leibniz-Bild von Jacobi, Kant, Schelling, Hegel, Feuerbach und Dilthey, die Leibniz die Fähigkeit und das Bedürfnis absprechen, den Freiheitsbegriff in echter Weise in sein System einzubauen. Sie ist auch eine Kritik an der dominierenden Richtung der Leibniz-Interpretation, die wir in dem exemplarischen Fall Ernst Cassirers kennengelernt haben. Für die hier durchgeführte Auslegung finden wir nur einen einzigen Anknüpfungspunkt in der älteren Leibniz-Forschung. In den neueren Abhandlungen läßt sich stets, gegen die Intention ihrer Verfasser, entweder die eine oder die andere der beiden extremen, von Leibniz abgelehnten Lösungen der Frage nach der Freiheit zur Geltung bringen. Belavals Interpretation kann letztlich ihre Zurückführung auf die Auffassung der Freiheit als völlige Unabhängigkeit nicht abweisen[39]. Kaulbachs Unterscheidung zwischen der kleinen, auf das Einzelich beschränkten Freiheit und der großen, an dem Weltzusammenhang sich orientierenden (Leibnizschen) Freiheit[40] reicht nicht aus, um Leibniz von dem Vorwurf, er huldige dem Gedanken

---

[38] GP V, 163. Leibniz räumt ein, daß Unterschiede von Temperament (= eine beinahe unmodifizierbare Konstante) und Übung (= eine modifizierbare Konstante) es mit sich bringen, daß der eine die Fähigkeit zu der erwähnten Überwindung besitzt und der andere nicht.
[39] S. unten.
[40] Cf. Friedrich Kaulbach, Das Labyrinth der Freiheit, enthalten in: Studia Leibnitiana, Supplementa, Bd. 1, Wiesbaden 1968, S. 47 ff.

der durchgängigen nötigenden Determination, zu befreien; ebenfalls ergänzungsbedürftig ist die nochmalige, über den Wortlaut der Leibnizschen Formulierungen kaum hinausgehende Anführung der Unterscheidung zwischen der hypothetischen Notwendigkeit, die die moralische Notwendigkeit ausmacht, und der logischen geometrischen oder metaphysischen Notwendigkeit[41], da leicht bestritten werden kann, ob diese Distinktion wirklich sinnvoll ist — was auch immer wieder bestritten wurde —, so daß die Beteuerung der Wichtigkeit der genannten Differenzierung doch eine bloße Versicherung bleibt.

Auch die bloße Wiederholung der an sich richtigen, aber stets hinsichtlich ihrer Tauglichkeit für die Rettung der Freiheit angezweifelten Leibnizschen Unterscheidung zwischen Geneigtmachen (incliner) und Nötigen (nécessiter) und der Hinweis auf Leibnizens Insistieren können nicht befriedigen. Deswegen sind folgende Ausführungen Le Chevaliers eher dazu geeignet, die Besinnung auf den hier intendierten Sinn von „Freiheit" zu stimulieren, denn als Wegweiser zur (vorläufig) endgültigen Explikation des Spezifischen der Leibnizschen Lösung des Freiheitsproblems angesehen zu werden: „La plus remarquable, la plus intéressante application de ce principe [= le principe de la raison suffisante], dans l'œuvre de Leibniz, est assurément celle qu'il en a faite à l'étude de la vie morale, à la solution des graves et délicats problèmes qu'elle soulève: conciliation du libre-arbitre de l'homme avec le déterminisme universel, de son autonomie et de sa responsabilité avec la nécessité du concours divin et de la grâce, nature et principe de l'obligation morale. Sur chacun de ces points, il n'a pas craint d'insister à maintes reprises, toujours désireux d'éclaircir et de fortifier les explications et les preuves qu'il apportait à l'appui de sa thèse, à savoir, que la liberté et la moralité n'impliquent aucunement l'interdétermination, ni l'indifférence, non plus

---

[41] Cf. Oswald Market, Freiheit und Vernunft im Leibnizschen Denken, enthalten in: a. a. O., S. 69 ff., s. insbesondere S. 76 f.: „Die hypothetische Notwendigkeit, d. h. die Bestimmung einer freien Tathandlung stammt, im Gegenteil, von der absoluten Wirksamkeit des Grundes oder der Ursache, die sie ausführt. Aber die Unumgänglichkeit der Ursachen, wenn diese nicht ideell sind, ist nicht logischer oder geometrischer Natur: Ihr Gegenteil ist weder absurd noch unmöglich; die freie Tathandlung könnte immer eine andere sein. Wir befinden uns also vor zwei Begriffen der Unmöglichkeit: der Unmöglichkeit sensu stricto, die gegen die logischen Gesetze verstößt; und der physischen und realen Unmöglichkeit, die mit der geometrischen Unmöglichkeit in Einklang sein könnte. Die freien Tathandlungen sind, indem sie im Bereich der Kontingenz ausgeführt werden, schlechthin nicht schicksalhaft, sondern durch die reale Wirksamkeit ihres Grundes notwendig. Wenn man sie auch schicksalhaft nennt, muß man hier das ‚Fatum' in anderer Hinsicht auffassen."

qu'une pleine et entière indépendance, mais qu'elles ont pour principe et pour condition le pouvoir que la raison confère à l'homme de se déterminer par lui-même. Sa volonté peut être sollicitée et inclinée; elle ne saurait être nécessitée. Thèse éminemment rationnelle, entièrement en harmonie avec le principe de la Raison suffisante; thèse scientifiquement justifiée, parce qu'elle s'accorde avec toutes les données de la conscience et de l'expérience, et qu'elle suffit à rendre compte de tous les caractères, de toutes les lois de la vie intérieure; thèse entièrement conforme aux exigences de l'ordre moral, puisque, sans isoler l'homme de la nature, elle l'élève, par le privilège de la conscience réfléchie, à la dignité de la personne, maîtresse d'elle-même, de ses actions et de sa destinée."[42]

Der erwähnte Anknüpfungspunkt zu einem der älteren Leibnizforscher besteht in einer knappen Bemerkung in einem Aufsatz von Louis Couturat, in dem es heißt: „Au point de vue psychologique, la volonté est toujours déterminée par le bien apparent; elle y tend d'une manière irrésitible. (,Voluntatis objectum esse bonum apparens, et nihil a nobis appeti nisi sub ratione boni apparentis, dogma et vetustissimum communissimumque': Phil. IV, 3, c. 13). Toute la différence entre les individus, et entre leurs actions, provient donc de l'intelligence, d'est-à-dire de la connaissance plus ou moins parfaite du bien. Par là encore on voit comment l'intelligence est la condition de la liberté: c'est elle qui fournit les motifs déterminants de l'action et qui, par la réflexion plus ou moins attentive et prolongée, fait préférer à un bien apparent un bien réel, c'est-à-dire fait triompher le motif le plus fort en droit de celui qui était d'abord prépondérant en fait. C'est ce travail de la réflexion qui, compliquant à l'infini des données du problème, en rend la solution incalculable et imprévisible".[43] Couturat legt indessen dem Leser nahe, daß die Entscheidung, bis zu welchem Grad der Stärke der aufmerksamen Reflexion (réflexion attentive) sich der denkende Mensch auch erheben will, eine Entscheidung ist, die keine Genesis hat und deren Zustandekommen nicht weiter zurückverfolgt werden kann, was schließlich dazu führen würde, im Hinblick auf die längere und die weniger andauernde oder intensivere und weniger intensive Anspannung der Aufmerksamkeit und Reflexion eine im Sinne der absoluten Indifferenz verstandene, aus dem reinen Nichts entspringende und eine Möglichkeit aus dem reinen

---

[42] L. Le Chevalier, La Morale de Leibniz, Paris 1933, S. 68.
[43] Couturat, Sur la Métaphysique de Leibniz, in: Revue de Métaphysique et de Morale, 1902, S. 16 f.

Nichts heraushebende Freiheit anzusetzen. Dieser Umstand hängt mit der Tatsache zusammen, daß Couturat zu schematisch zwischen dem Psychologischen auf der einen Seite und dem Moralischen und Logisch-Ontologischen auf der anderen, zwischen dem Rechtmäßigen (le motif le plus fort en droit) und dem Tatsächlichen (le motif prépondérant en fait) unterscheidet.

Das Abstreifen des einseitig moralistischen und dezisionistischen Zuges der im Ansatz richtigen und fruchtbaren These von Couturat erfordert, daß man die Verankerung der Freiheitstheorie von Leibniz in zwei ontologischen Hauptgedanken seiner Philosophie aufzeigt: In der Leibnizschen Lehre von der Gradualität der Möglichen (2. Teil der Untersuchung) und in der Leibnizschen Lehre von der Verbindung der Kontingenz mit der Determination (3. Teil). Erst dann kann (in dem 4. Teil) die Intention Couturats detailliert, plausibel und in einer für die gesamte Ethik fruchtbaren Weise entfaltet werden.

In dem 1. Teil dieser Arbeit werden wir den Leibnizschen Möglichkeitsbegriff, der als der Angelpunkt zwischen Ontologie und Ethik anzusprechen ist, zu profilieren suchen, indem wir die Diskussion Leibnizens mit seinen Zeitgenossen an Hand systematischer Gesichtspunkte zusammenfassen. In dem folgenden einführenden Essay sollen die Deutung Diltheys und ihre Revision dazu benutzt werden, um einen Vorblick auf das von Exkursen und Einzeluntersuchungen zuweilen überwucherte innerste Gefüge der weit verzweigten Leibnizschen Gedankenwelt zu geben.

Einführender Essay: Das harmonische Universum von Leibniz
Eine Auseinandersetzung mit Diltheys
„Leibniz und sein Zeitalter"

I. Vorbemerkung

In der Leibnizforschung wird Wilhelm Diltheys Abhandlung in der Regel nicht oder nur selten und beiläufig erwähnt. Dieses Ignorieren ist teilweise verständlich, wenn man bedenkt, daß darin kein einziges wörtliches Zitat aus Leibnizens Werken oder Briefen vorkommt, daß es sich um eine im Essaystil entworfene Skizze handelt. Trotzdem verdient sie die Beachtung und die Auseinandersetzung mit ihr, denn sie ist der einzige (und darüber hinaus überzeugende) geistesgeschichtlich fundierte Versuch, Leibniz in die gesamte geistige Bewegung der neueren Zeit einzuordnen und den Schnittpunkt seiner Gedankensphäre mit der seiner Zeitgenossen und V o r g ä n g e r freizulegen. Sie stellt die unumgängliche Ergänzung zu den Arbeiten dar, die Leibniz als Ausdruck des Barokken in jenem Zeitalter (Stammler, Mahnke, Fleckenstein), als Kritiker — Fortführer oder Antipode — des zu demselben Zeitalter gehörenden Descartes (Cassirer, Belaval) oder als Erneuerer des in den Kreisen der damals vorwärtsdrängenden Forschung in Verruf gekommenen Aristotelismus (Petersen, Jansen — der erste in protestantischer, der zweite in katholischer Sicht) charakterisieren[1].

Im Hinblick auf den zuletzt genannten Gesichtspunkt muß bemerkt werden, daß das Verhältnis des ganzen Zeitalters zu Aristoteles äußerst ambivalent war. Aristoteles war nämlich der eine der drei Köpfe der

---

[1] G. Stammler, Leipniz, 1930.
D. Mahnke, Der Zeitgeist des Barock und seine Verewigung in Leibnizens Gedankenwelt, in: Zeitschrift für deutsche Kulturphilosophie, Bd. 2, 1936.
J. O. Fleckenstein, Gottfried Wilhelm Leibniz, Barock und Universalismus, Thun und München, 1958.
E. Cassirer, Leibniz' System in seinen wissenschaftlichen Grundlagen, Marburg an der Lahn, 1902.
Y. Belaval, Leibniz critique de Descartes, Paris 1960.
Peter Petersen, Geschichte der aristotelischen Philosophie im protestantischen Deutschland, Leipzig 1921.
Bernhard Jansen, Leibniz erkenntnistheoretischer Realist, Grundlinien seiner Erkenntnislehre, Berlin 1920.
O. Hamelin, Sur ce que Leibniz doit à Aristote. Les Édutes Philosophiques 1957 (12, S. 139 ff., vgl. auch M. Wundt, Die geschichtlichen Grundlagen von Leibniz' Metaphysik, Zeitschrift für philosophische Forschung, 1957, 11, S. 297 ff.).

„dreiköpfigen Kathederbestie", neben Ptolemäus und dem kirchlichen Dogma, die Giordano Bruno und seine Zeit- und Gesinnungsgenossen immer wieder in Angst zu setzen vermochte[2]. Die Naturphilosophie derselben Forscher hat aber durch die Weiterbildung des aristotelischen s p e k u l a t i v e n Materie- und Bewegungsbegriffes neue Impulse empfangen. Man kämpfte gegen die aristotelische Physik (damit ist in erster Linie die Physik im heutigen Sinne gemeint, nicht Aristoteles Vorlesungen über Physik)[3] und schöpfte zugleich, sie modifizierend, aus Ansätzen in der aristotelischen Metaphysik. Die Verwandlung, die die Metaphysik auf diese Weise durchmachte, hat Ernst Bloch, der Bruno — sowie Spinoza und Leibniz — zu den ambivalenten Aristotelikern, zu der „Aristotelischen Linken" rechnet, in seiner (sich auf die Hauptlinien beschränkenden) Schrift „Avicenna und die Aristotelische Linke" (2. Auflage, Suhrkamp Verlag 1963) dargestellt.

Die Schrift Diltheys ist aus zwei Artikeln in der Deutschen Rundschau (Juni und Juli 1900) hervorgegangen. Dilthey hat allerdings die ausführlichere Fassung der erwähnten Aufsätze nicht mehr selbst veröffentlichen können. Einen bereits begonnen Druck hat er im Jahre 1902 abgebrochen, um nochmals Erweiterungen und Umarbeitungen vorzunehmen; er beabsichtigte nämlich, diese Untersuchung in eine umfassend konzipierte Geschichte des deutschen Geistes einzubauen. Das Manuskript, das in dem Nachlaß gefunden wurde, ist von Diltheys Mitarbeiter, Paul Ritter, in dem dritten Band der Gesammelten Schriften herausgegeben worden, wobei, wie der Herausgeber im Vorwort bemerkt, einige Partien umgeschrieben werden mußten.

---

[2] „Aristoteles, Ptolemäus und das kirchliche Dogma, verkoppelt miteinander: das war die dreiköpfige Kathederbestie, die ihn (Bruno), wo er auch auftrat, angrinste, ihn anfuhr und zauste. In Toulouse, in Paris, in Oxford. Dieser machte er nun den Krieg." (Wilhelm Dilthey, Gesammelte Schriften, Bd. II, 5. Aufl. Stuttgart 1957, S. 306.)

[3] In seiner differenzierteren Betrachtung des Schicksals der aristotelischen Philosophie in der beginnenden Neuzeit bemerkt jedoch Kristeller, daß (zumindest partiell) auch Aristoteles' Lehren in den Vorlesungen über Physik Gegenstand der Kritik wurden, und daß kurioserweise in demselben siebzehnten Jahrhundert, in dem die Geltung der aristotelischen Poetik ihren Höhepunkt erreicht, die genannten Lehren gestürzt wurden (s. das Kapitel „The Aristotelian Tradition" in: Paul Oskar Kristeller, Renaissance Thought, New York 1961, besonders S. 40).

II. Die Präzisierung des Begriffs der Mannigfaltigkeit

Leibniz vollendet, nach Dilthey, die Philosophie der Renaissance. Er bringt sie zu einem vorläufigen Abschluß und zugleich zu ihrem letzten Höhepunkt. Von dieser Philosophie der Renaissance müsse sein Verständnis ausgehen[4], seine Leistung müsse in der Weiterentwicklung der Ideen der Renaissance zu der Philosophie der Aufklärung mit den Mitteln der Naturwissenschaft gesehen werden[5]. Die Grundkategorie jener Geisteshaltung, die der Ursprung auch der Leibnizschen Vorstöße ist, sei das Verständnis des Universums als ein Verhältnis des Ganzen zu seinen Teilen[6]; und das Hauptproblem: das Zusammendenken des Einen mit der Mannigfaltigkeit (varietas rerum), das Phänomen und der Begriff der Harmonie[7].

Die Einheit in der Mannigfaltigkeit wird von Dilthey richtig das „Gesetz der Welt" genannt, das zugleich die Grundregel der Schönheit ist[8]. Konsequent mit dieser Einsicht betont Dilthey an mehreren Stellen, daß Leibniz „im Einverständnis mit den großen Denkern seit Giordano Bruno" die Bedeutung des Universums darin fand, daß alle Stufen — nicht nur alle Arten — von Kraft, Leben, Vollkommenheit und Glück in ihm verwirklicht seien[9], damit die größte, die grenzenlose Mannigfaltigkeit auf die Welt komme. Dieses Universum, in dem es keinen Mittelpunkt mehr gab, schien da zu sein, „um eine unermeßliche Fülle von Empfindungen des Daseins, von Leben aller Grade und Arten möglich zu machen"[10]. Nicht als ein anthropozentrisches ist das neuzeitliche, auf die Ersetzung des geozentrischen durch das heliozentrische Weltbild folgende wissenschaftliche und metaphysische Denken aufzufassen. Das neue Denken sah sich vielmehr inmitten eines Etwas, das Dilthey mit den Worten

---

[4] S. W. Dilthey, a. a. O., Bd. III, 2. Aufl. Stuttgart 1959, S. 69.
[5] S. Dilthey, a. a. O., Bd. III, S. 72.
[6] S. Dilthey, a. a. O., Bd. III, S. 69.
[7] S. Dilthey, a. a. O., Bd. III, S. 69.
[8] S. Dilthey, a. a. O., Bd. III, S. 65. Die Erwähnung des Begriffs der concinnitas in der Kunsttheorie der Renaissance wäre hier besonders naheliegend und relevant.
[9] S. Dilthey, a. a. O., Bd. III, S. 26, vgl. S. 27, 62, 65, 69.
[10] S. Dilthey, a. a. O., III, S. 64.

skizziert: „Ein Universum, gleichartig in seinen Teilen, diese Teile verbunden durch eine allumfassende Gesetzlichkeit, innerlich aber zusammengehalten durch einen Sinn, der sie zur Harmonie vereinigt."[11] Unter „gleichartig" ist allerdings hier nicht eine monotone Einerleiheit, sondern die Übereinstimmung hinsichtlich des Grundsätzlichen gemeint: hinsichtlich der Tatsache, daß jedem Teil die Selbständigkeit zukommt, ohne daß irgendeiner unter ihnen als ein völlig Alleinstehendes denkbar ist, da er in einem harmonisch äquipotentiellen System[12] steht und „in jedem Dasein eine Möglichkeit enthalten ist, zum Genusse seines Eigenwertes zu gelangen"[13].

Entsprechend zu der „Grundstimmung der neuen Metaphysik", das heißt zu der Einsicht in den selbständigen Wert aller Teile des Universums, im Gegensatz zu den engen Beziehungen aller Dinge auf den Menschen als ihrem letzten Zweck, sei die innere Seele von allem Denken und Tun in Leibniz „die Freude des Erkennens, die universale Sympathie, in welcher unser Geist mit jedem Teile dieses höchst lebendigen Universums verknüpft ist, und das so entstehende Streben, uns selbst durch die reine Objektivität des Verhaltens zum Ausdruck und Spiegel der Gottheit in Klarheit des Gedankens, in Freude an der Harmonie der Welt und in Wirksamkeit für das Weltbeste zu machen"[14].

Von Dilthey wird mit Recht betont, daß die damalige Teleologie, am repräsentativsten vertreten durch die englische, der beginnenden exakten Naturforschung als Vehikel, vielleicht auch als tarnender Mantel dienenden Physikotheologie[15], und in der Leibnizschen Lehre von der Verbindung der causae efficientes mit den causae finales[16], diese „neue

---

[11] S. Dilthey, a. a. O., III, S. 26.
[12] Den von Driesch, dem Erneuerer des aristotelischen Entelechiebegriffs (eigentlich dem Erneuerer von dessen Erneuerung, denn zuvor hatte ihn Leibniz, wenn auch in anderer Weise, erneuert) geschaffenen Begriff des harmonisch-äquipotentiellen Systems verwendet und analysiert Helmut Plessner in seiner grundlegenden Schrift „Die Stufen des Organischen und der Mensch", I. Aufl., Berlin 1928 (2. erweiterte Aufl. 1965, S. 162).
[13] S. Dilthey, a. a. O., III, S. 63.
[14] S. Dilthey, a. a. O., III, S. 26.
[15] Vgl. dazu als Beispiel William Harveys (1578—1657) Abhandlungen über den Blutkreislauf, vor allem das 16. Kapitel seiner „Movement of the heart and blood in animals"; in seinem zweiten anatomischen Essay an Jean Riolon beruft sich Harvey auf Heraklits Wort „Selbst hier sind Götter", das er anschließend abwandelt, indem er sagt: „And the most great Father is sometimes allpowerfull in the smallest animals, and more striking in the lower ones."
[16] Über den Gedanken dieser Vereinbarkeit vgl. vor allem Leibnizens „Tentamen anagogicum".

teleologische Betrachtungsweise", wie er sie nennt, sich gänzlich von den Zweckbegriffen, die seit dem Mittelalter herrschend waren, unterscheide, denn „an die Stelle der einzelnen kleinen und willkürlichen Zweckhandlungen Gottes tritt ein einziger, teleologisch begründeter, logisch geordneter Zusammenhang des Universums nach Gesetzen"[17]; selbst das System der Occasionalisten der zweiten Hälfte des 17. Jahrhunderts, könnte man hinzufügen, das wegen der Schwierigkeiten in der kartesianischen Lehre von der Kausalität die einzelnen und kleinen Zweckhandlungen Gottes wieder einführt, verleiht diesen Handlungen eine Art Gesetzmäßigkeit, indem es sie als eine für die Erklärung a l l e r Bewegungsvorgänge notwendige Hypothese ansetzt[18]. Die genannten, in Descartes Philosophie implizierten Schwierigkeiten sind übrigens dieselben Schwierigkeiten, die Leibniz dazu führten, seinen Begriff der prästabilierten Harmonie aufzustellen, in dem, wie Dilthey treffend formuliert, „der tiefe kritische Begriff von Beziehungen der Weltelemente in einem Ordnungssystem", der an die Stelle kausaler Beziehungen tritt, dogmatisiert und verfestigt wurde[19].

Von Dilthey wird auch gezeigt, wie nach dem Erreichen des Höhepunktes in, mit und durch Leibniz die philosophische Arbeit in Deutschland vorerst an Niveau verliert, indem der von Leibniz eingeleitete und erstrebte Ausgleich mit dem herrschenden kirchlichen Glauben bei Christian Wolff die Gestalt eines weitgehenden Kompromisses und eines Sieges der „armseligen äußerlichen Teleologie"[20] annimmt, die den großen Zusammenhang der Natur auf die Bedürfnisse des Menschengeschlechts bezieht und die Voltaire zu seiner Polemik gegen die „Finalursachler"

---

[17] Dilthey, a. a. O., III, S. 62.
[18] Über die Entstehung des Occasionalismus innerhalb der kartesianischen Philosophie und die zwei Fassungen der occasionalistischen Lösung: einer älteren, repräsentiert durch den Arzt und Physiologen Louis de la Forge, nach dem Gott das Verhältnis von Leib und Seele — im Sinne des influxus physicus — durch einen schöpferischen Urwillensakt ein für alle Mal festgelegt hat, und einer späteren, am reinsten vertreten durch den Advokaten Cordemoy (den Leibniz in Paris auch persönlich kennenlernte), nach der der allgegenwärtige Gott das Verhältnis zwischen Leib und Seele, und entsprechend auch zwischen irgendwelchen zwei Substanzen, kontinuierlich regelt, in der Weise, daß er gelegentlich des Willensakts im Menschen den entsprechenden physischen Vorgang produziert und umgekehrt: s. Ludwig Stein, Zur Genesis des Occasionalismus, Archiv für Geschichte der Philosophie, Bd. I (1888), S. 53 ff., besonders S. 55.
[19] S. Dilthey, a. a. O., III, S. 37.
[20] S. Dilthey, a. a. O., III, S. 68.

(cause finaliers) und zu dem spöttischen Wort von der Nase, die um des Tragens der Brille willen da sei, veranlaßte.

Dilthey[21] weist in diesem Zusammenhang auf Galilei hin, der einmal sagt: Wenn der Mensch das Wirken Gottes in der Natur auf sich selbst beziehe, das sei, als ob eine Ähre, die an der Sonne reift, sich einbilde, die Sonnenstrahlen seien dazu da, dies zu vollbringen. Auf denselben Punkt, könnte man wieder hinzufügen, zielt auch der Spruch des Angelus Silesius: „Die Rose ist ohne Warum; sie blühet, weil sie blühet. Sie acht nicht ihrer selbst, fragt nicht, ob man sie siehet". So wie die Sonnenstrahlen nicht um eines anderen willen (um der reifen Ähre willen) da sind, so ist auch das Blühen der Rose nicht um eines anderen willen da: weder um von einem anderen Wesen gesehen zu werden, das sich dabei ergötzt, noch rückbezüglich, also in dem Sinne der schönen Frau, die Putz und Schmuck anlegt, um gesehen und bewundert zu werden, und letzten Endes: damit sie sieht, daß sie gesehen und bewundert wird und damit sie sich darüber freuen kann.

Bezeichnend für das Gewicht des Gesichtspunktes der Varietät und für den die Beseitigung der äußeren, zufälligen Zweckmäßigkeit begleitenden Schwund des unumstrittenen und eingebildeten Vorrangs des Menschen ist die Stelle in Leibnizens Theodizee, in der zwar zugegeben wird, daß Gott den Verlust eines Löwen dem Verlust eines Menschen vorziehen würde, in der aber auch die Kautel gemacht wird, daß bei der Frage, ob die hervorbringende universale Ursache in jeder Hinsicht auch die Vernichtung der ganzen Gattung „Löwe" der Vernichtung eines Menschen vorziehen würde, die Antwort schwierig, weil von vielen anderen abhängig sei[22]. Leibniz spricht in diesem Zusammenhang von dem alten, inzwischen sattsam in Verruf gekommenen Leitgedanken, daß alles ausschließlich um der Menschen willen erschaffen wurde[23].

Die Geister (esprits, mentes) genießen auch nach Leibniz die besondere Aufmerksamkeit Gottes, ihre ausgezeichnete Stellung rührt aber nicht von einer dogmatisch genommenen Ebenbildlichkeit her. Der größere Wert der Geister beruht vielmehr auf einem allgemeinen ontologischen Prinzip, nämlich auf dem Gedanken der Vollkommenheit, die dort größer ist, wo in dem gleichen Raum eine größere Mannigfaltigkeit vorliegt —

---

[21] S. Dilthey, a. a. O., III, S. 64.
[22] S. Leibniz, Theodizee, § 118.
[23] „... l'ancienne maxime assez decriée, que tout est fait uniquement pour l'homme", Theod., § 118.

und dort am größten, wo in dem kleinsten Raum und schließlich in dem einen Raum nicht einnehmenden Etwas, eine große Mannigfaltigkeit gegenwärtig ist. Dieser letzte Fall wird aktuell bei den Geistern, die, da sie keinen Raum beanspruchen und auf diese Weise mühelos einander enthalten, den größten Reichtum in konzentrierter Art und Weise in sich zu bergen vermögen. „Les plus parfaits de tous les êtres, et qui occupent le moins de volume, ce sont les esprits", schreibt Leibniz in der Monadologie[24]. Und in der 17. Strophe seines Gedichts auf den frühen Tod der Königin Sophie Charlotte variiert er diesen Gedanken, indem er das Bild des Kreismittelpunkts zur Veranschaulichung des Sachverhalts bringt, bei dem ein Etwas, das keine Teile nebeneinander, also keine im extensiven Sinne zu verstehenden Teile hat, doch eine Vielfalt, Mannigfaltigkeit und einen Reichtum in sich enthält, die Vielheit mit seiner — sowohl als Einzigkeit als auch als Einfachheit zu deutenden — Einheit unterlaufend:

„Der geist ein Wesen ist, so durch empfindlichkeiten
In einem Eins gefasst, was sonst zertheilt in Weiten
Gleich wie der MittelPunct nimt alle Strahlen ein
So kann was einfach ist reich ohne Theile seyn."[25]

An Hand der Bestimmung des Sinnes von „Perfektion" und Harmonie durch Leibniz läßt sich die von Dilthey hervorgehobene Linie von Bruno (und Galilei) zu Leibniz sehr gut belegen. Denn in grundsätzlich ähnlicher Weise schreibt Bruno in seinem 1584 in Venedig erschienenen und auf Italienisch, das heißt in der gewachsenen Nationalsprache und nicht mehr im Latein der „République des lettres" geschriebenen Dialog „Della causa, principio et uno": „Der Zweck und die Endursache, die sich die wirkende Ursache setzt, ist die Vollkommenheit des Universums, und diese besteht darin, daß in den verschiedenen Teilen der Materie alle Formen aktuelle Existenzen haben. An diesem Zwecke erfreut und ergötzt sich die Vernunft derart, daß sie nie müde wird, alle Formen der Materie hervorzurufen, wie dies auch Empedokles gelehrt zu haben scheint."[26] Der Einfluß Brunos auf Leibniz hinsichtlich der Verwendung des Terminus

---

[24] Leibniz, Monadologie, § 5, vgl. Couturat, Op. et fr. inédits de Leibniz, Paris 1903, S. 530; vgl. auch Monad., § 36.
[25] Das Gedicht von Leibniz, präsentiert von Waltraud Loos ist in dem Band „Aus der Welt des Barock" Sttgt., J. B. Metzlersche Verlagsbuchhandlung, S. 69 ff. erneut abgedruckt worden.
[26] Giordano Bruno, Von der Ursache, dem Prinzip und dem Einen, deutsche Übersetzung bei Reclam, 1955, S. 56.

„Monade" — von Leibniz zum ersten Mal öffentlich in der mit einer antispinozischen Pointe versehenen Abhandlung „De ipsa natura" von 1697 verwendet — gilt allerdings nicht als gesichert[27].

In Diltheys Abhandlung vermißt man jedoch die Verbindungslinie zwischen Leibniz und Thomas Campanella, dem Landsmann, Zeit- und Leidensgenossen Giordano Brunos. Leibniz hat seine Schriften gekannt und sich mit dem Vorhaben beschäftigt, unveröffentlichte Manuskripte von ihm drucken zu lassen. Campanella, Hobbes und Robert Boyle werden von Leibniz zu den „Halbmathematikern" (semimathematici) gerechnet, die meistens schlecht von der Religion reden[28]. In einem Brief an J. Albert. Fabricius, Theologe und Professor in Hamburg[29] vom 7. Juli 1707 spricht er von seinem Vorhaben mit den Worten: „Cogitavi confici posse opusculum κειμηλίων φιλοσοφικῶν"; also von seinem Plan, einen Band mit unbekannten denkwürdigen philosophischen Texten herauszugeben[30], in dem neben Campanella, Valerianus Magnus[31], Cartesius und Pascal vertreten sein sollten. Diesen wollte er allerdings noch zwei weitere hinzufügen: Suisset[32], den er als „homo subtilissimus" bezeichnet,

---

[27] Georges Friedmann, Leibniz et Spinoza, édition revue et augmentée, Paris 1962, S. 339 nimmt diese Verbindungslinie an; Ludwig Stein hatte bereits in seinem „Leibniz und Spinoza" (Berlin 1890) die Vermutung geäußert, daß in diesem Fall eher van Helmont herangezogen werden müsse. — Mahnke, dem es noch sicherer, als Stein annimmt, zu sein scheint, daß Leibniz den Namen Monade unmittelbar von Helmont übernommen hat, bespricht ausführlich diese Frage in der Anmerkung 84 seiner unten (Fußnote 88) zitierten Arbeit.

[28] S. Leibniz, Textes inédits, ed. Grua, S. 35.

[29] Jo. Albert. Fabricius (1668—1736) hatte unter anderem die im Originale 1713 erschienene und damals vielbeachtete Schrift William Derhams „Physico-Theology", mit Übersetzungen, Anmerkungen und Vorreden versehen, herausgegeben.

[30] Von Mahnke wird auch die Unterredung erwähnt, die Leibniz am 19. 1. 1710 mit Zach. Konr. v. Uffenbach (s. dessen Merkwürdige Reisen durch Niedersachsen, Holland und Engelland I, 437—442, Frankfurt und Leipzig 1735) gehabt und bei der er sich noch einmal über die geplante aber nie zustande gekommene Edition geäußert hat: s. Mahnke, Leibnizens Synthese von Universalmathematik und Individualmetaphysik, in: Jahrbuch für Philosophie und phänomenologische Forschung, 7. Bd. (1925), S. 577; diese materialreiche Schrift ist erfreulicherweise auch separat erschienen (Stuttgart 1964). Die erwähnte Stelle ist auf S. 273 des Separatdruckes.

[31] Valerianus Magnus (1586—1652) aus Mailand ist ein bedeutender Philosoph, der auch als General des Kapuzinerordens und, trotz der Anfeindungen der Jesuiten, als missionarius apostolicus in Deutschland, Polen, Böhmen und Ungarn gewirkt hat. Bereits in den Titeln einiger seiner Abhandlungen klingen zentrale Themen der Philosophie von Leibniz an: De arte multiplicante; de gradibus entitatis. Seine philosophischen Traktate wurden 1643 zusammen in Wien gedruckt.

[32] Suisset, auch Suiset, oder Swinshed, oder Schwinskopff (eigentlich Richard Swineshead) genannt, mit dem Beinamen Calculator, hat um die Mitte des 14. Jahrhun-

und Proklos, und zwar dessen von Wilhelm von Morbek ins Lateinische übersetzten Abhandlungen über die Freiheit, die Kontingenz und den Ursprung des Bösen[33]. Joachim Friedrich Feller, der zwei Jahre in Leibnizens Umgebung gelebt hatte, berichtet in dem Vorwort seines Otium Hanoveranum (1718), daß in Leibnizens Büchersammlung unveröffentlichte Manuskripte sich befanden, darunter Campanellas Compendium della Monarchia del Messia und eine Abhandlung Descartes' über die Methode, die von der publizierten Fassung des „Discours de la Méthode" völlig verschieden ist (Cartesii tractatum MSc. de Methodo ab edito plane diversum)[34].

Die von Leibniz vorgenommene Dreiteilung des Bösen in metaphysisches, physisches und moralisches[35] erinnert sehr stark an Campanellas dreifache Begründung der ontologisch abhängigen Existenz des Bösen mit dem Satz: „Non datur malum, nisi respectivum in physicis, et privativum in moralibus, et negativum in metaphysicis".[36] Auch in der Art und Weise, in der diese Abhängigkeit der Existenz des Bösen verstanden wird, finden wir eine weitgehende Übereinstimmung zwischen Leibniz und Campanella, denn auch dieser lehnt es ab, Gott oder den freien Willen des Menschen als Ursache und Ursprung des Bösen, das er auf das Nichtseiende (non ens) zurückführt, anzusehen („Peccatum non esse a Deo neque partem liberi arbitrii, sed oriri a non ente, ex quo facti sumus")[37].

Abgesehen von den möglichen Ergänzungen der geistesgeschichtlichen Aspekte der Philosophie Leibnizens[38] ist aber noch ein Punkt in kritischem

---

derts in Oxford gewirkt. — Die von Leibniz gesuchten Schriften von Suisset handeln: De Intentione ac remissione qualitatum oder de gradibus intentionibusque formarum; und von der aestimatio seu Logica Mathematica circa rerum gradus (Dutens, V., 347) Gerhardt, Die philosophischen Schriften von Leibniz (als Phil. zitiert) VII, 198, Couturat, Opuscules 177, 191, 330, 340; Theod. Anhang III, § 2).

[33] Es handelt sich um folgende drei Abhandlungen des Neuplatonikers Proklos: De providentia et fato et eo, quod in nobis; De dubitationibus circa providentiam; De malorum subsistentia. Diese Manuskripte befanden sich später in der St. Johannis-Bibliothek zu Hamburg.

[34] Vgl. in den von Dutens editierten Werken und Briefen von Leibniz Bd. V., S. 421.

[35] S. Leibniz, Theod., § 20.

[36] In Campanellas Atheismus triumphans, Rom 1631, zitiert von Grua, Jurisprudence universelle et Théodicée selon Leibniz, Paris 1953, S. 354, Anm. 72; die Hervorhebung ist von uns.

[37] Campanella, a. a. O., s. Grua, a. a. O., Anm. 71.

[38] In Leibnizens Gedankenwelt fehlt, wie er selber in den Nouveaux Essais (s. die erste Rede von Théophile, I. Buch, 1. Kapitel, vgl. dazu Phil. IV, 523 f.) zugibt, fast überhaupt kein Einfluß. Charakteristisch für die dennoch immer wieder unter-

Sinne zu erwähnen. Das zusammenfassende Urteil Diltheys, demgemäß die Weltanschauung Leibnizens einen ästhetischen Grundcharakter trage[39], ist unbefriedigend. Nicht an den philosophischen Gedanken werden bei Leibniz außerphilosophische, nichtrationale, spezifisch auf die Anschauung anwendbare Maßstäbe angelegt. Wenn das Gute und das Schöne oder Vollkommenheit und Schönheit von Leibniz in einem Atem genannt werden, so hat das den Sinn, daß die dem schönen Ding zukommende und den ästhetischen Reiz ausmachende Schönheit als Vollkommenheit — und nicht umgekehrt — gedacht wird, wodurch sie den individuell-subjektiven Charakter abstreift und bis zur der Grenze des Verstandes und somit des Allgemeingültigen gerückt wird, kantisch gesprochen: wodurch sie der zwischen Vernunft und Verstand stehenden und einen Übergang vom Gebiete der Naturbegriffe zum Gebiete des Begriffs der Freiheit bewirkenden Urteilskraft zugeordnet wird. Kants treffende Bemerkung, Leibniz intellektuiere die Anschauung (im Unterschied zu Locke, der den Verstand sensifiziere), trägt auch bei zur Erhellung des Verhältnisses der angeschauten Schönheit zu dem ontologischen, aus dem Gesichtspunkt der Rationalität resultierenden Begriff der Harmonie und Perfektion in Leibnizens Philosophie. Die Annahme der Eigenständigkeit eines ästhetischen Charakters in Leibnizens Weltanschauung würde nicht nur dem Gedanken dieser „Intellektuierung der Anschauung" widersprechen. Sie würde, in der Verlängerung, die Annahme der These, daß das entscheidende Moment der Wirklichkeit nach Leibniz ein außerlogisches sei, legitimieren. Die Rationalität, die Leibnizens Konzeption durchherrscht, würde auf diese Weise verschüttet werden und mit der Verschüttung der Tatsache von dem Wal-

---

nommenen Versuche, d e n Vorläufer von Leibniz zu ermitteln (insbes. in der Epoche des ausgehenden Mittelalters und der Renaissance) sind folgende zwei Arbeiten: Robert Zimmermann, Der Cardinal Nicolaus Cusanus als Vorläufer Leibnizens, Sitzungsbericht der Wiener Akademie, 1852, enthalten in: Studien und Kritiken zur Philosophie und Ästhetik, I, Wien, 1870; Gregor Itelson, Leibniz und Montaigne, enthalten in: Archiv für Geschichte der Philosophie, Bd. II (1889, 471 f.); Itelson macht auf das Kapitel 14 des 2. Buches der Essais von Montaigne aufmerksam: „Gleichsam im Embryo liegen hier auf engem Raum dicht nebeneinander in organischem Zusammenhang die wichtigsten Glieder des leibnizschen Systems" (a. a. O., 472). Nicolaus Cusanus wird von Mahnke als „der Leibnizianer vor Leibniz" apostrophiert (s. Mahnke, Leibnizens Synthese von Universalmathematik und Individualmetaphysik, S. 232). Mahnke neigt jedoch dazu, eine lediglich indirekte Beeinflussung Leibnizens durch Cusanus, nämlich über die Vermittlung durch Giordano Bruno anzunehmen (s. a. a. O., S. 137, vgl. S. 252); vgl. zu diesem Problemkreis auch die neuere Arbeit von Maurice de Gandillac: La Philosophie de N. de Cuse, Paris 1941, besonders S. 281 ff. und S. 442.

[39] Dilthey, Bd. II, S. 65.

ten einer derartigen Rationalität würde zugleich das Eigentümliche in Leibnizens Philosophie aus dem Gesichtskreis verschwinden[40].

Bei Diltheys Darstellung fehlt in der Tat das diesem Denken spezifisch Zukommende, zum mindesten das, was dieses Denken in dem Bereich der auf den Begriff gebrachten spekulativen Konstruktion vor allen verwandten philosophischen Bemühungen auszeichnet. Indem Dilthey bei der abschließenden Charakterisierung nur die Formel wiederholt: „So besteht die Vollkommenheit der Welt darin, daß alle Arten von Einzeldasein und alle Grade und Stufen von Wert und Glück in ihr verwirklicht sind, welche in irgendeiner Welt überhaupt möglich sind" und hinzufügt: „Die Welt ist da, weil die denkbar größte Fülle und Mannigfaltigkeit von Leben da sein soll"[41], verfehlt er den mit der Rationalität zusammenhängenden Gedanken der Selektion, der Wahl sub ratione boni und der Auswahl des Besten, der bei Leibniz nicht nur bei der Erörterung der Beförderung des Ganzen der Welt zur Existenz, sondern auch bei der Erörterung der Beförderung jedes Einzeldaseins virulent ist. Er streift zwar die Frage „Wie aber kann das Gegebene, Zufällige (gemeint ist: das Kontingente), Einzelne rational begründet sein?"[42] Da aber nicht auf den Begriff des compossibile und der Verwirklichung der größten Anzahl von compossibilia eingegangen wird, bleibt es ohne Folgen für seinen Begriff

---

[40] Etwas Ähnliches meint Mahnke, wenn er Diltheys Charakterisierung des Leibnizschen Weltanschauungstypus als einen objektiven Idealismus kritisiert und an ihre notwendige Ergänzung erinnert (Mahnke, a. a. O., S. 162 f.); er bemerkt, „Daß Dilthey ... Leibniz nicht zu den Philosophen des Gemüts, sondern vielmehr des Intellekts und in zweiter Linie des Willens hätte rechnen müssen" (a. a. O., S. 182). Mahnke ist allerdings flexibel genug zuzugeben, daß Dilthey mit dem mittleren Typus des objektiven Idealismus, dem das Gefühl zugeordnet ist, noch etwas anderes meint, „wie es auch der Doppelsinn der Worte ‚Gefühl' und ‚Aesthesis' zuläßt, die nicht nur das wertende Gemüt, sondern auch die sinnliche Anschauung bedeuten" (a. a. O., S. 179).
Mahnke konnte sich bei seiner Auseinandersetzung mit Dilthey noch nicht auf den dritten Band der Gesammelten Schriften, die die Studie über Leibniz enthalten, beziehen (a. a. O., S. 183). Er mußte sich auf den Artikel der Deutschen Rundschau von 1900 und die im zweiten Band der Gesammelten Schriften veröffentlichten Abhandlungen beschränken: „Der entwicklungsgeschichtliche Pantheismus nach seinem geschichtlichen Zusammenhang mit den älteren pantheistischen Systemen" und „Die Funktion der Anthropologie in der Kultur des 16. und 17. Jahrhunderts". Dem Gedanken, der in den zuletzt genannten Abhandlungen von Dilthey in den Mittelpunkt gerückt wird, nämlich daß Leibniz die große geistige Synthese mit Hilfe der Prinzipien der Kontinuität und der Entwicklung bewerkstelligt (s. Dilthey, II, 466 ff.), stimmt Mahnke zu.
[41] Dilthey, a. a. O., III, S. 63.
[42] Dilthey, a. a. O., III, S. 72.

von der „größten Fülle und Mannigfaltigkeit von Leben"[43]. Die Präzisierung dieses Wortes bleibt aus, statt dessen wird, bei der Beantwortung der gestellten Frage, als Zweck und somit als Ziel der göttlichen Wahl die Verwirklichung einer — global verstandenen — besten Welt angegeben[44]. Dieser Umstand bringt es wiederum mit sich, daß zwar behauptet wird, die bereits von Descartes gefundene Formel, unter der jetzt das Verhältnis Gottes zu der Welt gefaßt wurde, nämlich die Formel „Unter unzähligen Möglichkeiten von Welten hat Gott eine und die beste ausgewählt"[45] sei von Leibniz (nur) fortgebildet worden, aber die Vorführung dieser Fortbildung und die Konkretisierung jener Behauptung werden unterlassen.

Leibniz erinnert indessen ausdrücklich an die Bedeutung des Details anläßlich einer Überlegung, in der er sich auf seine Ersetzung der in der Geometrie überlieferten Methode „De maximis et minimis quantitatibus" durch die Methode des „Maximum aut minimum praestantibus formis" bezieht; und die Analogie zwischen den Teilen des Universums und der Strecke zwischen irgendwelchen zwei Punkten auf einer Geraden, die ebenfalls den kürzesten Weg zwischen diesen zwei Punkten darstellt (so wie die ganze Gerade den kürzesten Weg zwischen den zwei anfänglichen Punkten), herstellt: „Car ce meilleur de ces formes ou figures ne se trouve pas seulement dans le tout, mais encore dans chaque partie, et même il ne serait pas d'assez dans le tout sans cela. Par exemple, si dans la ligne de la plus courte descente entre deux points donnés, nous prenons deux autres points à discretion, la portion de cette ligne interceptée entre eux est encore nécessairement la ligne de la plus courte descente à leur égard. C'est ainsi que les moindres parties de l'univers sont réglées suivant l'ordre de la plus grande perfection; autrement le tout ne le serait pas."[46] Diese Ausführungen stehen nicht im Widerspruch: weder zu der

---

[43] Dilthey, a. a. O., III, S. 63.
[44] Dilthey, a. a. O., III, S. 72.
[45] „Die Formel, unter der jetzt das Verhältnis Gottes zur Welt gefaßt wurde, hatte schon Descartes gefunden, und Leibniz hat sie nur fortgebildet. Unter unzähligen Möglichkeiten von Welten hat Gott eine und die beste ausgewählt" (Dilthey, a. a. O., S. 62). Dilthey fährt fort, die Freiheit und die moralische Notwendigkeit einander gegenüberstellend: „Weil diese Wahl aber durch die Idee des Weltbesten begleitet ist, kann sie nach Leibniz nicht eine freie sein, sondern sie ist nach Leibniz durch **eine Art von göttlicher Mathematik** bestimmt, sonach zwar nicht physisch, aber **moralisch** notwendig. So sind die großen Gesetze der Natur, vor allem das der Erhaltung der Kraft und das der Stetigkeit, in dem Zweckwillen des weisen und gütigen Gottes begründet" (Dilthey, a. a. O., S. 62 f.).
[46] Cf. Couturat, La logique de Leibniz, Paris 1901, S. 231.

bekannten Leibnizschen Lehre von dem Bösen in der Welt als conditio sine qua non der besten aller möglichen Welten (und zwar nicht nur als conditio sine qua non der V e r w i r k l i c h u n g der besten aller möglichen Welten, sondern auch der Möglichkeit des wirklichen deutlichen G e d a c h t w e r d e n s des Begriffs „die beste aller möglichen Welten")[47], noch zu der These, mit der das Fundament für die Lehre von der conditio sine qua non gelegt wird und die in dem Hinweis enthalten ist, daß das, was als (gegliedertes) Ganzes genommen, als das Beste anzusehen ist, auch im Hinblick auf die für sich genommenen und jeweils isoliert betrachteten, nicht in ihrem Teilsein festgehaltenen Teile das unübersteigbare Beste zu sein s c h e i n t [48], und daß durch das Eingehen auf die Begriffe der Quantität und der Qualität dieser erste Eindruck sich als bloßer Schein erweist und korrigiert werden kann und muß. Bereits der frühe Leibniz kennt die Möglichkeit der unscheinbaren, nur dem genau aufmerkenden Verstand einleuchtenden qualitativen und graduellen Diskrepanz zwischen dem Ganzen und einem der Teile dieses Ganzen, wie aus dem Satz in der Confessio philosophi, hervorgeht: „Non, si totum gratum est, etiam pars grata est"[49], „wenn das Ganze wohlgefällig ist, so ist es nicht auch der (= jeder) Teil". Während er aber in der Zeit der Confessio philosophi lediglich durch die Heranziehung des Begriffs der Harmonie, und zwar der (gleichsam) als Konfiguration des Ganzen — man könnte auch sagen: als polyzentrische Konstellation — bestimmten Harmonie gestützt wird, indem die vage Formel „sola totius velut configuratio harmonia est"[50] in die Debatte geworfen wird, wird später in diesem Zusammenhang das Problem viel ausführlicher behandelt und auf die Unmöglichkeit hingewiesen, einen Lehrsatz, der in der auf die (extensive) Quantität bezogenen Geometrie gilt in einem universalen Sinn zu bejahen; nämlich den Lehrsatz demgemäß durchgängig zwei Punkte die auf einer

---

[47] Leibniz spricht bezeichnenderweise konsequent von dem besten aller möglichen Welt p l ä n e oder aller möglichen E n t w ü r f e des Universums („entre tous les plans possibles de l'univers il y en a un meileur que tous les autres", Theod. § 223, 227, vgl. § 209).

[48] „Ce qui trompe en cette matière, est qu'on se trouve porté à croire que ce qui est le meilleur dans le tout, est le meilleur aussi qui soit possible dans chaque partie", Theod. § 212.

[49] Leibniz, Confessio philosophi, hrsg. v. Otto Saame, Frankfurt am Main, 1967, S. 74. Dem lateinischen Originaltext hat Saame eine deutsche Übersetzung, einen deutsche Übersetzung, einen ausgezeichneten Kommentar und einen informativen Anhang hinzugefügt.

[50] a. a. O., S. 74.

und zugleich innerhalb einer geraden Linie liegen, welche die kürzeste Strecke zwischen zwei anderen, weiter von einander entfernten Punkten darstellt, ebenfalls als Grenzpunkte einer Linie aufgefaßt werden können, die die kürzeste Strecke zwischen zwei Punkten — nämlich zwischen ihnen — darstellt[51]. Was der frühe Leibniz als „totius configuratio" bezeichnet, denkt der spätere Leibniz einfach unter der Kategorie der von der extensiven Quantität und den der extensiven Quantität eigentümlichen Bestimmungen abzuhebenden Qualität, die Analogie zwischen Quantität und Gleichheit, auf der einen Seite, und Qualität und Ähnlichkeit auf der anderen ziehend[52], mit der Pointe, daß so wie mathematische Lehrsätze — in diesem Fall der Satz, daß bei der Hinzufügung von (unter sich) Gleichem zu (unter sich) Gleichem die entstehenden Ganzen (unter sich) gleich sind — die in Bezug auf das Gleiche gelten, nicht ohne weiteres auf das Ähnliche übertragen werden können — da der eben erwähnte Lehrsatz, auf das Ähnliche angewandt, lauten müßte: „Wenn man Ähnlichem a u f ä h n l i c h e W e i s e Ähnliches hinzufügt, sind die Ganzen ähnlich" —, können auch nicht Aussagen, die auf der Ebene der Betrachtung der Quantität wahr sind, hinsichtlich der Qualität stets als wahr anerkannt werden. Der Schein, daß die anfangs konfrontierten Positionen schlechtweg unvereinbar sind, löst sich daher ebenfalls bei genauerem Zusehen auf. Denn aus dem leibnizischen Qualitäts-, Vollkommenheits- und Harmoniebegriff, der von Dilthey nicht weiter präzisiert wird, ergibt sich die Möglichkeit, zwischen der Anerkennung der Relevanz des Details für die Vollkommenheit des Ganzen und der Behauptung, daß für die Hervorbringung eines höchst vollkommenen Ganzen die Hervorbringung von durchgängig höchst vollkommenen Teilen oder Details notwendig ist, zu unterscheiden, und auf Grund dieser Unterscheidung die zuletzt genannte Behauptung, trotz jener Anerkennung, zu verneinen[53]. Mit anderen Worten: Wenn man

---

[51] Es ist noch nie beachtet worden, daß Leibniz diesen Lehrsatz der euklidischen Geometrie sowohl bei dem Hinweis auf die Gleichartigkeit der Teile, qua durchgängig für die Vollkommenheit des Ganzen relevante Teile, als auch bei dem Hinweis auf die Ungleichheit der Qualität und Intensität der Teile des vollkommensten Ganzen verwendet.

[52] Theod. § 212 f.

[53] Aus den hier zitierten Ausführungen Leibnizens über Quantität und Qualität ergibt sich lediglich die M ö g l i c h k e i t der Verneinung. Der gesamte leibnizische Gedankengang impliziert jedoch, daß dieser Verneinung nicht nur die Möglichkeit oder Widerspruchslosigkeit, sondern auch die (logische) Notwendigkeit zukommt. Die Notwendigkeit der Verneinung jener Behauptung bzw. die Notwendigkeit der Bejahung der Behauptung, in der das Mitvorhandensein des Bösen in dem Plan eines

diese Unterscheidung gemacht hat, ist man in eine Lage versetzt, die es einem erlaubt, sowohl den Gedanken des Reflektierens sogar auf die geringste Einzelbegebenheit des Weltganzen als auch den Gedanken des in dem Begriff „bestmögliches, höchstvollkommenes Weltganzes" analytisch enthaltenen Moments des Bösen zu akzeptieren.

höchstvollkommenen Ganzen als notwendig ausgegeben wird, wird von Leibniz nirgends dargetan. Daher muß die an dieser Stelle sich auftuende Kluft zwischen Möglichkeit und Notwendigkeit durch ein Weiterdenken des leibnizischen Ansatzes unter Benutzung der von Leibniz selbst gegebenen Anhaltspunkte überbrückt werden (ein Vorstoß in dieser Richtung wird weiter unten gemacht).

III. Die Überwindung der stoischen Bejahung alles Gegenwärtigen

Die Schattenseite jener von Dilthey geleisteten Freilegung des Topos der Gedankenwelten der Forscher des 16. und 17. Jahrhunderts ist die — unausdrückliche — Gleichschaltung des von Leibniz Gedachten mit den Ergebnissen seiner Zeitgenossen, insbesondere mit denen von Spinoza. Der von dem auf die Herausarbeitung der Hauptzüge sich beschränkenden Dilthey auf Leibniz bezogene Satz „Die unendliche Vollkommenheit des höchsten Wesens kann sich nur in der Vereinigung aller Grade und Arten von Dasein, Wert und Vollendung im Universum äußern"[54] ist weder dem Wort noch dem Geiste nach leibnizisch, sondern spinozisch und stimmt sogar beinahe wörtlich mit einem der Hauptgedanken in Spinozas Ethik überein, demgemäß aus der Notwendigkeit der göttlichen Natur unendlich vieles auf unendlich viele Weisen (d. h. alles, was Objekt des unendlichen Verstandes sein kann) folgen muß[55].

Die Leibniz unterstellte weise Resignation und „demütige Ergebung in den göttlichen Willen", auf Grund der Erkenntnis, daß „an diesem Punkt der Weltordnung bestimmte Mängel, Unvollkommenheiten und Übel getragen werden müssen, gleichviel wer sie trägt"[56], ist ein zweites Symptom für die dem Verfasser unbewußte Tendenz, das Eigentümliche bei Leibniz zu verdecken, auch hier durch die Zurückführung auf die stoisch-spinozische Position.

Die Nachbarschaft seiner Theorie mit der Lehre der älteren Stoa wird von Leibniz selber festgestellt. „Il se trouve que les anciens Stoiciens n'ont pas été fort éloignés de ce système" schreibt er in dem § 209 der Theodizee[57], wobei mit „dieses System" die Auffassung gemeint ist, daß das moralisch Böse nur „begleitenderweise" (par concomitance) sich einstellt: „... le mal qui est dans les créatures raisonnables n'arrive que par

---

[54] Dilthey, a. a. O., III, S. 65.
[55] „Ex necessitate divinae naturae infinita infinitis modis (hoc est omnia, quae sub intellectum infinitum cadere possunt) sequi debent": Spinoza, Ethik, 1. Teil, Lehrsatz 16.
[56] Dilthey, a. a. O., III, S. 66.
[57] Phil. VI, S. 243.

concomitance, non pas par des volontés antécédentes, mais par une volonté conséquente, comme étant enveloppé dans le meilleur plan possible; et le bien métaphysique, qui comprend tout, est cause qu'il faut donner place quelquefois au mal physique et au mal moral."⁵⁸ Mit dem Ausdruck „par concomitance" schließt sich Leibniz offensichtlich sowohl der Sache nach als auch dem Worte nach der Interpretation des Bösen an, die Chrysipp in einer Schrift „Über die Vorsehung" (Περὶ Προνοίας) gegeben hatte und in der er es als etwas bezeichnete, das sich κατὰ παρακολούθησιν, d. h. (nur) begleitenderweise ereignet, denn bei dem Wort „concomitance" denkt sicher Leibniz an das lateinische „comitari", was als Übersetzung des griechischen „παρακολουθεῖν" gelten kann. Den von Chrysipp geprägten griechischen Ausdruck κατὰ παρακολούθησιν zitiert Gellius in seinen Noctes Atticae (lib. 6, cap. 1); Gellius wird von Bayle in dem Artikel „Chrysipp" seines Dictionnaire zitiert, und dieser Artikel wird (auszugsweise) von Leibniz in dem § 209 seiner Theodizee zitiert, so daß Leibniz Chrysipps Wort, über die Vermittlung von Gellius und Bayle, kennenlernen und sich aneignen kann⁵⁹.

Zugleich ist sich jedoch Leibniz stets des besonderen Grades der Deutlichkeit bewußt, der seiner Antwort auf die Frage nach dem Ursprung des Bösen und seiner durchsichtigen, rein rationalen Begründung der Voll-

---

⁵⁸ Phil., VI, S. 242.
⁵⁹ Indem Leibniz den Terminus „Begleitumstand" (παρακολούθημα) aus der Lehre der älteren Stoa übernimmt, modifiziert und verschärft er den Sinn des Wortes, was übrigens ein bei ihm beliebtes Verfahren beim Umgang mit traditionellen Begriffen ist. Die Verschärfung des Wortsinnes besteht in der Lieferung des Ansatzes zu der Demonstration der Notwendigkeit des Enthaltenseins des Bösen sogar in der durch einen allmächtigen und allwissenden (und universal vorsorgenden) Verstand konzipierten Welt, bereits im Status der Konzeption, Möglichkeit oder Idealität (vgl. oben S. 16, Anm. 2), während die stoische Lehre bei dem Nachweis der faktischen, wenn auch als Randerscheinung interpretierten Notwendigkeit, d. h. der Notwendigkeit des Bösen hinsichtlich der Wirklichkeit der Welt und Weltökonomie und der Verwirklichung der das Weltgeschehen ausmachenden Prozesse stehenbleibt. Diese Fassung der stoischen Theodizee, nach der das Böse selbst ein integrierender Bestandteil der Ordnung des Alls ist (γίνεται μὲν γὰρ καὶ αὐτὴ (= ἡ κακία) πως κατὰ τὸν τῆς φύσεως λόγον καὶ οὐκ ἀχρήστως γίνεται πρὸς τὰ ὅλα: Plutarch, De Stoic. repugn., 35, vgl. SVF, II 1181) stellt allerdings ihrerseits, wie noch hinzugefügt werden muß, die gültigere Gestalt einer Lehre dar, die in der Spätantike auch und vor allem in ihrer verflachten, die (im Vergleich zu der Größe des Alls) geringe Quantität des Bösen behauptenden Form diskutiert und kritisiert worden ist, worauf Pierre Aubenque aufmerksam macht, indem er die Kritik Philodems an der Stoa abwertet und anschließend sagt: „Cicero ist in erster Linie derjenige, der, sich auf Quellen stützend, die der mittleren Stoa (wo der stoischen Lehre möglicherweise durch aristotelische Einflüsse die Spitze

kommenheit der Welt zukommt. Dementsprechend distanziert er sich von den Stoikern und namentlich von Marc Aurel, denen er gerade ihre ästhetische Welt- und Gottesanschauung zum Vorwurf macht, daß heißt hier die Meinung, daß die Vollkommenheit und Schönheit des Universums Gott selbst, der von den Stoikern als die auf die Welt angewiesene Weltseele verstanden wird, Vergnügen bereiten müsse[60].

Die Ansetzung einer Weltseele hält Leibniz für den Hauptfehler der Stoiker; aus ihm ergäbe sich ihre ästhetische Welt- und Gottesanschauung und schließlich auch jene Aufforderung, das Böse geduldig und liebend zu ertragen, jenes „du mußt das dir Begegnende lieben" (στέργειν χρὴ τὸ συμβαῖνον σοι, diligas opportet quidquid evenerit tibi) im 8. Kapitel des 5. Buches der Soliloquien Marc Aurels, oder, auf die Begriffe gebracht: die Reduzierung des Notwendigen auf das logisch, fatal oder metaphysisch Notwendige und die Identifizierung des Notwendigen mit dem Guten. Den mit einer unverkennbaren aufklärerisch-revolutionären Spitze versehenen Einwand gegen die Stoiker: das, was für mich ein Böses ist, würde dann nicht aufhören, ein Böses zu sein, wenn es in Bezug auf meinen Herrn (oder Gott) das Gute bzw. das für die Erreichung eines derartigen Guten logisch-hypothetisch Notwendige wäre, solange jenes „Gute" nicht auf mich zurückstrahlt, sieht Leibniz[61] weder als unrichtig noch als unberechtigt an. In diesem Fall stellt er sich neben Bayle gegen Marc Aurel und, wenn auch unausdrücklich, gegen Spinoza.

Gegen die stoisch-spinozistische, fatalistische Geduld, Duldung des Bösen und Liebe zu a l l e m Gegenwärtigen sind Worte gesprochen wie: Der Weise muß zufrieden sein, nicht nur wegen der Notwendigkeit und

---

umgebogen wurde) entstammen, den Stoikern die These „magna di curant, parva negligunt" (De nat. deor., II, 66; cf. III, 35, 86; 38, 90) zuschreiben wird. Jedoch diese These ist unverträglich mit der grundlegenden Einsicht des Stoizismus, nach welcher das Böse selbst einen Teil der universalen Ordnung ausmacht" (Pierre Aubenque, La prudence chez Aristote, Paris 1963, S. 87, Anm. 1); es folgt, als Beleg, das bereits erwähnte Zitat aus Plutarch.

[60] „... l'erreur pricipal de cet Empereur (Marc Aurel) et des Stoiciena était, qu'ils s'imaginaient que le bien de l'univers devait faire plaisir à Dieu lui-même, parcequ'ils concevaient Dieu comme l'âme du monde. Cette erreur n'a rien de commun avec notre dogme; Dieu, selon nous, est i n t e l l i g e n t i a e x t r a m u n d a n a , comme Martianus Capella l'appelle, ou plûtot s u p r a m u n d a n a ". (Theod. § 217, Phil. VI, S. 248). — Einen förmlichen Beweis für die Nichtexistenz der Weltseele gibt Leibniz, sich auf den Galileischen Begriff der unendlich großen Menge stützend, die weder ein Eines noch ein Ganzes ist, in dem von Grua abgedruckten Manuskript (Textes inédits, S. 558; damit ist auch sein 2. Brief an Clarke, § 10 und § 12, der 3. Brief, § 15 u. a. zu vergleichen).

[61] Phil. VI, S. 248; vgl. dazu Bayle, Réponse aux questions d'un Provincial, Kap. 155.

indem er gleichsam zu der Geduld gezwungen wird, sondern mit Freude und mit einer Art extremer Befriedigung; er vermag nichts anderes, das mehr wünschenswert ist, zu finden[62]; „Spinoza putat mentem valde firmari si quae fiunt, necessario fieri intellegat; sed hoc coactu patientis animum contentum non reddit"[63].

Auch mit den Worten „einige berühmte Philosophen unserer Zeit" ist wahrscheinlich in erster Linie Spinoza gemeint, im Rahmen der Erörterung des Fatum Stoicum[64] und der Bemerkung, daß die Lehren der Stoiker

[62] S. Leibnitiana, ed. Jagodinsky, S. 35; vgl. Albert Rivaud, „Textes inédits de Leibniz", pbl. par M. Ivan Jagodinsky, in: Revue de métaphysique et de morale, 1914, S. 94—120.

[63] Réfutation inédite de Spinoza par Leibniz, publ. par Foucher de Careil, Paris, 1854, S. 66.

[64] In dem Kapitel „Der konstruktive Rationalismus und der patheistische Monismus. Spinoza und die stoische Tradition", enthalten in: Weltanschauung und Analyse des Menschen seit Renaissance und Reformation (Ges. Schriften, Bd. III) hat Dilthey den Einfluß der stoischen Philosophie, vermittelt durch Telesio, den Lehrer Campanellas und Hobbes auf Spinoza überzeugend nachgewiesen. In dem Aufsatz mit den Anfangsworten „Il y a deux sectes de Naturalistes qui sont en vogue aujourd'hui (Phil. V, 333 ff.) widerlegt Leibniz die Lehre unserer Neu-Stoiker (nos nouveaux stoiciens), indem er sich eindeutig und ausdrücklich gegen die Philosophie von Spinoza und seine Anhänger wendet (an anderer Stelle allerdings, in der das Verhältnis der Welt zu dem Ursprung der Welt erörtert wird, verbindet Leibniz die Spinozisten mit der Lehre von Straton, dem Nachfolger von Theophrast in der Schule des Aristoteles, und nennt sie „Stratoniciens modernes": Theod. 188). Hinsichtlich der Auswirkungen auf die Lebensführung würde sie, hierin in Übereinstimmung mit der Lehre der Epikureer, das heißt der zweiten Spielart des Naturalismus, darauf hinauslaufen, die Glückseligkeit mit der Ruhe eines Lebens gleichzusetzen, das unerschütterlich und zufrieden mit der Welt, wie sie auch sei, einfach abläuft, und das von der Überzeugung getragen wird, daß es ein Wahnsinn ist, gegen den Strom schwimmen bzw. die zum Beharren neigenden Dinge ändern zu wollen und sich gegen das Unabänderliche zu empören. („Pour ce qui est de l'effet et de la conduite de notre vie tout revient au sentiment des Epicuréens, c'est à dire qu'il n'y a point d'autre felicité que la tranquillité d'une vie contente ici bas telle qu'elle se trouve, puisque c'est une folie de s'opposer au torrent des choses et de n'être pas content de ce qui est immuable", Phil., VII, 334). In dem eben besprochenen Aufsatz weicht Leibniz übrigens von der sonst bei ihm üblichen Verbindung von Spinoza und Hobbes ab, weil er sie in der hier aktuellen Perspektive nicht nur als Vertreter der These von der blinden oder fatalen Notwendigkeit sieht, sondern auch als Exponenten zweier philosophischer Schulen der Spätantike: Hobbes ist ein Neu-Epikureer und Spinoza ein Neu-Stoiker. Beide Schulen werden allerdings von Leibniz in eine umfassendere philosophische Strömung eingeordnet, indem sie als Sekten der Naturalisten bezeichnet werden, das heißt der Philosophen, die das Walten von allumfassenden Entwicklungstendenzen und Entwicklungsgesetzen übersehen und sowohl die Möglichkeit als auch die Notwendigkeit, diese Tendenzen einzusehen, und, sie befreiend und fördernd, auf den Lauf der Dinge Einfluß zu nehmen, unberücksichtigt lassen.

— „und vielleicht noch einiger berühmter Philosophen unserer Zeit" —, die alle Ereignisse und Begebenheiten für streng notwendig halten, richtig verstanden, lediglich die Ruhe (tranquillité) und die erzwungene Geduld (patience forcée) gewähren können[65].

Den damals von dem Gelehrten Justus Lipsius[66] verteidigten Stoikern, qui non male appellabuntur Fatalistas, wie Leibniz hinzufügt, setzt Leibniz die Meinung entgegen, daß alles nach dem freien Willen Gottes und der Kreaturen sich ereigne, obwohl die Entscheidung über das Ganze und das Vorauswissen des Ganzen fehlerlos, unerschütterlich und gewiß sind[67]. Sowohl an dieser Stelle als auch bei allen ähnlichen Äußerungen von Leibniz ist zu beachten, daß Leibniz das zielstrebige, dynamische, in einer Art von unsichtbarer natürlicher Auswahl resultierende Geschehen teleologisch interpretiert, und daß er anschließend als Ursprung dieser teleologisch interpretierten Dynamik aller Veränderungen einen auswählenden Gott und einen göttlichen freien Willen hinzukonstruiert; mit Hilfe dieser Überformung des von ihm Gemeinten ist er in der Lage, den rationalen Kern seiner Theorie mit einer mythologischen Schale zu versehen, die Dogmata der Kirche zu bejahen und zu einer großen Synthese von Wissen und Glauben zu gelangen. Das Hinzugefügte läßt sich, wie schon der Leibniz-Herausgeber Erdmann festgestellt hatte, wieder abbauen, ohne daß sich dadurch nachteilige Konsequenzen für die Plausibilität und Kohärenz des leibnizischen Systems ergeben.

Die (in der Ausarbeitung des Möglichkeitsbegriffs gründende) Kritik an den Fatalisten auf der spekulativen Ebene ist das Fundament für die Kritik des fatalistischen liebenden Duldens jedes Gegenwärtigen auf der moralisch-praktischen Ebene und für die Ersetzung der erzwungenen Geduld und des liebenden Duldens durch die „extreme Befriedigung" (satis-

---

[65] Theod. Pref., Phil. VI, 30 f.
[66] Justus Lipsius (1547—1606), Rat und Historiograph des Königs von Spanien, hat unter anderem eine „Manuductio ad philosophiam Stoicam", eine „Physiologia Stoicorum" und eine auch ins Deutsche übersetzte Schrift „De constantia" verfaßt und ist als ein Hauptexponent der die gesamte geistige Situation der beginnenden Neuzeit prägenden Renaissance der stoischen Philosophie anzusehen (vgl. dazu: L. Zanta, La renaissance du stoicisme au XVIe siècle, Paris 1914).
[67] „Huius erroris accusantur Stoici quos J. Lipsius defendit, cum tamen omnia ex divinis decretis liberaque vel Dei vel craturarum voluntate eveniant, etsi certo ordine quem Deus infallibiliter novit": Textes inédits, ed. Grua, S. 37 f., die Hervorhebung ist von uns. —

faction extrême) auf der Ebene der moralischen Gefühle. Diese zuletzt, an dritter Stelle erwähnte Haltung Leibnizens, die zunächst nur eine Überbietung, eine bei einer neuen Nuance ankommende Steigerung der spinozischen Position zu sein scheint, birgt zugleich den Ansatz zu einer radikalen Kritik in sich, weil ihr Ursprung in der Tatsache liegt, daß sowohl die Auswahl (Selektion) als auch die Freiheit im Sinne der vom Bewußtsein begleiteten und auf die Überlegung folgenden Wahl durch die Theorie geborgen und in das Gedankensystem integriert werden. Zu der Integrierung von Auswahl und Wahl bildet wiederum die Neubestimmung des ontologischen Begriffs der Möglichkeit die Voraussetzung, da jetzt eine Vielheit, zumindest eine Skala von Möglichen als vorliegend und als die Tiefenschicht des jeweils Wirklichen ausmachend gedacht werden muß. Mit dieser Modifizierung der „Möglichkeit" geht einher: die Aufteilung des Bereichs der (von der Wirklichkeit nicht nur temporal verschiedenen) Möglichkeit in die Region des nur possibile und in die des compossibile; die Auffassung des Wirklichen, oder Existierenden, als das am meisten mögliche Mögliche[68]; und das Verlassen der Gleichsetzung des die das Wirkliche zu einem Notwendigen verwandelnde Alternative gelten würde: enweder ist die Gesamtheit des Wirklichen in diesem Augenblick genau und unumgänglich so, wie sie ist, oder sie müßte eine ganz andere, d. h. eine hinsichtlich des verwirklichten I n h a l t s verschiedene sein.

Die Radikalität der auf einer gewissen Ebene latenten Kritik in Leibnizens steigernden Formulierungen wird im vierten Paragraphen des Discours de Métaphysique sichtbar. Hier unterscheidet Leibniz, nachdem er noch einmal betont hat „pour agir conformément à l'amour de Dieu il ne suffit pas d'avoir patience par force, mais il faut être véritablement satisfait de tout ce qui nous est arrivé suivant sa volonté", zwischen zustimmendem Sichfügen im Hinblick auf das Gewesene und im Hinblick auf das Künftige. Die Gegenwart, als die ständig sich verschiebende Grenze zwischen den zwei Dimensionen der Vergangenheit und Zukunft, wird gar nicht thematisch; sie polarisiert sich gleichsam, sobald die Reflexion sich auf sie richtet, in die je über eigene Tiefe verfügenden Extreme — in das Nichtmehrseiende und das Nochnichtseiende.

---

[68] „Ajo igitur Existens esse Ens quod cum plurimis compatibile est seu E n s m a x i m e p o s s i b i l e " (Couturat, Op. S. 376).

Nur als zustimmendes Sichfügen in das Vergangene ist, wie Leibniz erläutert, jene echte oder extreme Zufriedenheit von ihm gemeint. Sie betrifft nicht das Zukünftige. Man dürfe nämlich weder Quietist[69] sein, noch das Sohpisma, das die Alten logos argos (sermo ignavus oder ignava ratio)[70] nannten, ernstnehmen, und „in lächerlicher Weise mit gekreuzten Armen abwarten, was Gott tun wird" („J'entends cet acquiescement quant au passé. Car, quant à l'avenir, il ne faut pas être quiétiste ni attendre ridiculement à bras croisés, ce que dieu fera, selon ce sophisme, que les Anciens appellaient λόγον ἄεργον, la raison paresseuse.")[71] Wir müßten vielmehr, führt Leibniz positiv aus, handeln und mit all unserer Kraft versuchen, zum allgemeinen Wohl und insbesondere zum Schmuck und zur Vollkommenheit dessen beitragen, was uns berührt, was uns das Nächste ist und uns sozusagen vor der Hand liegt[72].

Die „faule Vernunft" schloß von der Notwendigkeit der zukünftigen Ereignisse auf die Entbehrlichkeit und Sinnlosigkeit jeder menschlichen Anstrengung, da das Zukünftige, ob von dem Menschen gefördert oder gehemmt oder gänzlich unbeeinflußt belassen, in jedem Fall eintreffen wird. Die Notwendigkeit der bevorstehenden Ereignisse wurde dabei an Hand eines dreifachen Gesichtspunktes dargetan[73]: eines theologischen, eines ontologischen und eines formallogischen.

---

[69] Den Prozeß des Miguel Molinos, des Gründers des Quietismus, der am 18. Juli 1685 verhaftet und am 3. September 1687 von der Inquisition verurteilt wurde, hatte Leibniz, der sich 1689/90 in Rom befand, sehr genau verfolgt (s. Grua, Textes, S. 76 ff.). Die Versenkung in die von den Quietisten geforderte reine Kontemplation hielt er nicht für möglich, denn die Kontemplation nähme ihren Ausgang von der echten Meditation und münde in die (über das Ich hinausgreifende, mit der Praxis gekoppelte, würden wir heute sagen) Freundschaft (s. seinen von Grua, Justice humaine, S. 152 zitierten Brief). In einem anderen (undatierten Brief) schreibt er, er müsse gestehen, daß er, obwohl ihm nicht alle gegen Molinos erhobenen Vorwürfe gerecht zu sein scheinen, die Mystik des Molinos nicht sehr schätze, und daß ihn der Guida spirituale, Molinos Schrift, gar nicht befriedige (s. Grua, Textes, S. 80).

[70] Kant übersetzt das Wort „ratio" in dem Ausdruck ignava ratio nicht mit „Schluß" oder „Argumentation", sondern unrichtig mit „Vernunft" und spricht, das Wort „Vernunft" im engeren spezifisch kantischen Sinne, d. h. im Sinn des den Grund zu Ideen in sich enthaltenden obersten Erkenntnisvermögens gebrauchend, von der „faulen Vernunft", um damit den ersten Fehler zu bezeichnen, „der daraus entspringt, daß man die Idee eines höchsten Wesens nicht bloß regulativ, sondern (welches der Natur einer Idee zuwider ist) konstitutiv braucht" (Kant, Kritik der reinen Vernunft, A 689, B 717).

[71] Disc. de Met., § 4.

[72] S. a. a. O., § 4.

[73] S. Theod., Pref., Phil. VI, S. 30.

Das Zukünftige ist notwendig:

a. da die Gottheit alles voraussieht, die Welt und die binnenweltlichen Angelegenheiten und Gelegenheiten regierend und einrichtend.

b. da alles sich notwendig ergibt, auf Grund der Verkettung der Ursachen, der nirgend abreißenden oder Lücken aufweisenden Reihen der kausal bedingten Begebenheiten.

c. da in Bezug auf a l l e an und für sich genommenen Aussagen, auf diese Weise auch in Bezug auf die Aussage „das zukünftige Ereignis A wird eintreffen" respektive „wird nicht eintreffen" — der Satz vom Widerspruch und demzufolge auch der Satz vom ausgeschlossenen Dritten (tertium non datur) gilt, was in diesem Fall bedeutet: entweder ist der Satz wahr (dann ist das Eintreffen des Ereignisses A notwendig, also weder aufhaltsam, noch auf unseren Beistand angewiesen) oder er ist nicht wahr (dann ist das Eintreffen nicht notwendig und das Nichteintreffen notwendig, das heißt hier: unaufhaltsam und die Abwehrmaßnahmen als eitel erweisend).

Leibnizens Ablehnung der als ignava ratio bekanntgewordenen, bereits von Chrysipp mit Hilfe der Unterscheidung zwischen der res simplex und der res copulata et confatalis[74] kritisierten klassischen Argumentation der Verfechter der These von der fatalen, metaphysischen Notwendigkeit beruht zunächst auf der Kritik Leibnizens[75], die auf dreierlei aufmerksam macht: Erstens, auf die Tatsache, daß jedes Ereignis bzw. jede Wirkung nur unter der Voraussetzung der mit dieser Wirkung zusammenhängenden Ursache notwendig ist; zweitens darauf, daß die Ursache unter Umständen den Charakter des Mittels (medium) haben kann; und drittens darauf, daß die als Mittel in das Geschehen eingebaute Ursache (auch) in der eigenen, ebenfalls nicht unvermittelt und nicht völlig ursachlos einsetzenden Anstrengung und Bemühung (industria) bestehen kann. Belaval kommentiert diese Stelle[76], indem er sagt, daß Leibniz die Auflösung des trügerischen Scheins des faulen Trugschlusses dadurch erreicht, daß er, erstens, die hypothetische Notwendigkeit von der einfachen (oder fatalen, logischen, geometrischen, metaphysischen) unterscheidet, und zweitens

---

[74] Cicero, De fato, 13.
[75] Saame bemerkt richtig, daß Leibniz die Kritik von Chrysipp übernimmt, reproduziert und verdeutlicht, a. a. O., S. 170. — Die verschiedenen Stellen innerhalb des Gesamtwerkes, an denen Leibniz sich mit dem faulen Trugschluß auseinandersetzt, sind von Saame zusammengetragen: a. a. O., S. 168.
[76] Leibniz, Confessio philosophi, hrsg. von Yvon Belaval, Paris 1961, S. 70.

die freie Wahl als in der hypothetischen Notwendigkeit eingeschlossen denkt, das heißt selbst die freie Wahl als ein (hypothetisch notwendiges) Resultat und somit als etwas Abkünftiges und Deriviertes auffaßt[77]. Diese Darstellung trifft zwar der Intention nach das Richtige, führt aber zu früh, und aus diesem Grunde mißverständlich, den Gedanken der Freiheit ein, der bezeichnenderweise von Leibniz noch nicht ins Spiel gebracht wird. Von „Freiheit", „freier Wahl" und den möglichen Modifikationen dieser Begriffe kann nämlich erst dann die Rede sein, wenn der in Frage stehende trügerische Schein aufgelöst ist, daher kann die (bis dahin immer noch als der Gegenpol zu der Notwendigkeit u n d der Determination verstandene) Freiheit weder dem Wort nach noch der Sache nach, weder ausdrücklich, noch unausdrücklich bei der Auflösung des Scheins der völligen Unfreiheit und Unabänderlichkeit des Geschehens eine Rolle spielen. In Belavals Kommentar hätte eingeflochten werden müssen, erstens, daß das Einschließen der Freiheit in die hypothetische Notwendigkeit nicht die Einsetzung der als Indifferenz des Gleichgewichts aufgefaßten Freiheit in einen Nexus bedeutet, der ihr, wie auch jedem Glied der Reihe, außer dem ersten, den Charakter des hypothetisch Notwendigen und Bedingten verleiht, sondern die Milderung des Gegensatzes zwischen Notwendigkeit und Freiheit vermittelst der Komplizierung der Struktur der „freien Wahl", die von Leibniz als mit der Determination vereinbar und als von der metaphysischen oder absoluten Indifferenz (oder der Indifferenz des Gleichgewichts) verschieden gedacht wird; und zweitens, daß jenes Einschließen bzw. die Differenzierung des Begriffs des hypothetisch Notwendigen erst die positive Ergänzung zu dem negativen Geschäft der (zunächst immanent bleibenden) Kritik an dem ignavum sophisma ausmacht.

Bereits aus der Ablehnung der als Trugschluß sich entpuppenden „faulen Argumentation" oder Argumentation der Faulheit, wie man paraphrasierend und im Anschluß an Ciceros Deutung[78] sagen könnte, muß, auch wenn wir die oben erwähnten positiven Äußerungen Leibnizens unberücksichtigt lassen, geschlossen werden, daß die in Leibnizens Sinne

---

[77] „La solution de Leibniz du sophisme paressaux consiste: 1. à distinguer la nécessité brute de la nécessité hypothétique, 2. et à inclure mon libre-choix dans la nécessité hypothétique: S'il est prévu que je la ferai (la chose prévue), il est prévu aussi que je ferai ce qu'il faut pour cela, et si elle ne se fera pas à cause de ma paresse, ma paresse même aura été aussi prévue" (1777, Grua, Textes inédits de Leibniz, S. 363); Belaval, a. a. O., S. 128.

[78] Cicero, De fato, 29.

verstandene Einwilligung in das Schicksal, das heißt die echte Zufriedenheit mit dem Gewesenen oder das zustimmende Sichfügen in das Geschehene, das Eingreifen des Menschen in den Weltlauf und die zur Umgestaltung der Umwelt übergehende Unzufriedenheit keineswegs ausschließen. Den Ansatz Leibnizens zu Ende denkend, müssen wir sogar sagen: Auch Unzufriedenheit, Kritik, Empörung und Protest sind, sobald sie aufgekommen sind, integrierende Teile des Bestehenden, das bis zu diesem Augenblick, jetzt, bestanden hat und das, ebenfalls jetzt, in Frage gestellt wird, indem erwogen wird, ob das Weiterbestehen ihm gewährt oder verweigert wird. Als zu der Vergangenheit gehörig sind auch Unzufriedenheit und Protest gutzuheißen. Das Gutheißen der Unzufriedenheit mit dem Gegenwärtigen oder dem Bestehenden führt unweigerlich zu dem Entschluß, den Eintritt des Bestehenden in die Zukunft nicht zuzulassen. Mit anderen Worten: Aus dem Gutheißen des Vergangenen ergibt sich das Streben, das Gegenwärtige zu negieren; vermittelt durch die Berücksichtigung der Möglichkeit, die aufgekommene Unzufriedenheit mit dem Weiterbestehen des Gegenwärtigen als Bestandteil der Gesamtheit des zu beharren neigenden Gegenwärtigen aufzufassen, und durch die Einordnung des Anfangs dieser Unzufriedenheit selbst in das Vergangene und Gewesene[79]. Wir sollten allerdings Leibnizens Warnung nicht vergessen: Das Räsonnieren à la Turque[80], wie Leibniz es nennt,

---

[79] Nicht nur die Interpretation der zitierten Stelle aus dem Discours de Métaphysique, in der Leibniz mit der Unterscheidung zwischen Vergangenheit und Zukunft operiert, legt diese Auffassung nahe, sondern auch die Kommentierung des von Leibniz formulierten Satzes „Peccata bona sunt, id est harmonica, sumpta cum poena aut expiatione", in dem zwischen dem gewesenen Bösen und dem auf das gewesene Böse folgenden und aus ihm erfolgenden Guten unterschieden wird, würde unausweichlich zu einer ähnlichen Rekonstruktion führen.

[80] Dieses Räsonnieren à la Turque nennt Leibniz auch Fatum Mahometanum (a. a. O., 30) oder Prädestinatio Turcica (Grua, Textes, 458). Er hält es für die gesteigerte Form des Fatum Stoicum, dessen im oben skizzierten Sinne abgeschwächte Gestalt er als Fatum Christianum bezeichnet. Seine eigenen Überlegungen versteht er nur als eine Explikation des letzten. — Als eine der schädlichsten Folgen des logos argos, der gleichsam die philosophische Version des Fatum Mahometanum darstellt, sieht Leibniz die Stärkung der Superstition und der divinatorischen Künste an, die eine weitere Abart des Fatalismus, nämlich des fatum „astrologicum" in Umlauf setzen (s. Grua, Textes, S. 458).
Augustinus hatte zwei Arten des heidnischen Fatalismus unterschieden: die eine, die verwerfliche, gründet sich auf der Astrologie; die andere beruht auf der Anerkennung einer höheren Macht und ist mit dem christlichen Glauben nicht unverträglich (Augustinus, De civitate Dei, V, 1 und 8), Bei der Rede von dem „fatum Christianum" bezieht sich Leibniz vermutlich auf die augustinische These von der Versöhnbarkeit der einen der zwei Arten des heidnischen Fatalismus mit dem Christentum.

stellt sich ein, und der faule Trugschluß überzeugt uns und findet unsere Zustimmung, wenn das zu fördernde Gute bzw. das Böse, dessen Abwehr zu fördern ist, entfernt und ungewiß sind, und das Heilmittel schmerzhaft oder unserem Geschmack zuwider ist. („Quand le bien est éloigné et douteux et le remède pénible ou peu à notre goût, la raison paresseuse nous paraît bonne."[81])

Deutlicher als in dem Discours de Métaphysique formuliert Leibniz in seinen handschriftlichen Anmerkungen zu Malebranches Antwort auf das Buch „Über die wahren und die falschen Ideen" von Arnauld denselben Gedanken; er ist von allen, die im Gefolge Voltaires Leibniz als Apologeten des Bestehenden und als Repräsentanten der Philosophie deuten, welche die Welt nur interpretiert ohne das Verändern der Welt in die Weltinterpretation einzubeziehen, unbeachtet geblieben. Im Hinblick auf das Vergangene, heißt es auch an dieser Stelle, müsse man immer mit dem zufrieden sein, was Gott gemacht hat. Mit unserem Verhalten zu der Zukunft hat es aber folgende Bewandtnis: es ergibt sich keineswegs aus dem über unser Verhalten zu der Vergangenheit Gesagten, Gott wünsche, daß das, was er hervorbringt, beharrt oder als Daseiendes bleibt, denn oft wünscht er sogar, daß wir uns mit seiner Abänderung befassen[82]. Die These von Malebranche, die in dem Artikel 15 der „Réponse au Livre des vrais et des fausses Idées" formuliert ist und nach der Gott sich auf Grund einzelner und vereinzelter göttlicher Willensakte bei jeder Gelegenheit in das Weltgeschehen einmischt, so daß jeder einzelne Sachverhalt und jede einzelne Daseinsphase als ein von Gott Gewolltes anzusehen sind, ist nach Leibniz unhaltbar. Denn in der Verlängerung besagt diese These: Da Gott durch stets neue, punktuelle Willensakte handelt, ist es eine Sünde, sich vor etwas zu schützen und gegen irgendetwas Widerstand zu leisten, etwa gegen die Krankheit, die einen Menschen überfallen hat, indem man ihn heilt, und einen Prozeß aufzuhalten, etwa einem Menschen, der stürzt, unter die Arme zu greifen, um das Fallen zu verhindern („si Dieu agit par des volontés particulières, il s'ensuit que c'est un péché que se mettre à couvert — de guérir un malade, de

---

[81] Leibniz, a. a. O., Theod. Préf., Phil. VI, S. 31.
[82] „C'est qu'on doit toujours être content de ce que Dieu a fait, pour le passé. Mais quant à l'avenir, il ne s'ensuit point que Dieu veuille que ce qu'il fait continue ou demeure, car il veut même souvent que nous pensions à le changer" (André Robinet, Malebranche et Leibniz, Relations personelles présentées avec les textes complets des auteurs et de leurs correspondants revus, corrigés et inédits, Paris 1955, S. 204).

soutenir un homme qui se renverse")[83]. Um seinen Einwand gegen den mit der absolutistischen politischen Ordnung gut übereinstimmenden occasionalistischen Fatalismus der Untertanen, wie er durch Malebranche artikuliert wird, und gegen die von Malebranche selbst eingesehene und akzeptierte Konsequenz der erwähnten These zu veranschaulichen, bringt Leibniz das Beispiel von einem Prinzen, der mit einer Kugel spielt, indem er sie rollen läßt. Ist es eine Sünde, ein Vergehen, wenn der Kammerdiener des Prinzen die rollende Kugel stoppt und aufhebt, damit sie nicht in den Fluß fällt, wenn sie in der Richtung des Ufers rollt? Im Gegenteil: Der Wille des Prinzen ist zwar, daß die Kugel rollt, aber in diesem Wollen des Rollens der Kugel ist keineswegs das Wollen des stets ununterbrochenen und keinesfalls angehaltenen, fortwährenden Rollens impliziert.

Die hier referierte Kritik Leibnizens an Malebranche und an der occasionalistischen Variante des Fatalismus ist nur ein Spezialfall seiner Auseinandersetzung mit den Kartesianern, die nicht einsehen, daß den Dingen ein allen Veränderungen zugrundeliegender und kontinuierlich vorhandener, wenn auch von Fall zu Fall verschieden sich manifestierender (undinglicher) Ursprung der Wirksamkeit und Tätigkeit (principium activum substantiale modificabile)[84] innewohnt, der selbst dann wirksam und tätig ist, wenn es so aussieht, als ob den Dingen ihr Tätigsein, ihr Wirken und ihre Bewegung von äußeren Dingen, die mit ihnen in Berührung gekommen sind, verliehen wurde. Die Occasionalisten, die Leibniz als die Hauptschule innerhalb des Kartesianismus ansieht, seien auf Grund dieser Auffassung gezwungen, dauernd einen Deus ex machina herbeizuholen, was jedoch, wie er bemerkt, gar nicht philosophisch ist[85].

Zum Schluß machen wir zwei Bemerkungen, die für die Reflexion auf die Rezeption philosophischer Gedanken, insbesondere auf die Rezeption und Interpretation der Philosophie von Leibniz von Bedeutung sind, denn sie machen deutlich, von welchem Schein der Gründlichkeit eine an der Oberfläche stehenbleibende Auslegung umgeben sein kann, und wie stark Diltheys Auffassung sowohl in älteren als auch in heutigen Leibnizforschungen verbreitet ist.

---

[83] a. a. O., S. 204.
[84] Phil. IV, 397.
[85] „(Unde) Cartesiani, cum nullum principium activum substantiale modificabile in corpore agnoscerent, actionem omnem ipsi abjudicare et in solum Deum transferre sunt coacti, accersitum ex machina, quod philosophicum non est". Phil. IV, S. 397.

Die auf eine Zurückführung von Leibniz auf die mit dem Quietismus verwandte stoisch-spinozische Position hinauslaufende und das Leibnizbild verfälschende Leibniz-Interpretation hat sich gerade bei den Versuchen etabliert, das spezifisch Leibnizische herauszuarbeiten, um Leibnizens Optimismus von Popes Optimismus abzuheben; Versuche, die durch die 1755 von der Berliner Akademie gestellte Preisfrage über den Unterschied zwischen dem System von Pope und dem von Leibniz veranlaßt wurden. In der preisgekrönten Schrift von A. F. Reinhard wird Leibnizens These mit den Worten wiedergegeben: „Wenn dem Menschen Übel zustoßen, muß er sie geduldig erleiden, indem er bedenkt, daß diese Übel dem allgemeinen Wohl dienen und daß dieses allgemeine Wohl das besondere Wohl, soweit es möglich ist, in sich begreift." Derartige Motive der Tröstung und der Ruhe werden jedoch in der Erwiderung, die der Verfasser in dialogischer Form auf diese Darstellung folgen läßt, verworfen, indem ironisch bemerkt wird: „Welche schöne Tröstung zu wissen, daß wir unglücklich sind, weil das Wohl der anderen Wesen und die Konstitution des Universums es verlangen."[86]

Die zweite Bemerkung betrifft Georges Friedmanns Versuch, die Differenz zwischen Leibniz und Spinoza zu betonen und als zentralen Punkt des Leibnizbildes herauszuarbeiten[87]; ein Versuch, der, was die historischen Bezüge betrifft, als ein Gegenzug zu Diltheys Interpretation gewertet werden kann, in der Durchführung jedoch zu der Formulierung von Thesen kommt, die mit der Skizzierung des Inhalts der leibnizischen Philosophie durch Dilthey verwandt sind. Um der Betonung der bereits literarisch fixierbaren Differenz willen wird von Friedmann die grundsätzliche, für die spekulative Vernunft bedeutsame Einführung eines modifizierten Kontingenz- und Freiheitsbegriffes durch Leibniz nicht in ihrer philosophischen Relevanz beachtet. Die Ausführungen Leibnizens hinsichtlich des Duldens der Vergangenheit un der Zuversicht in die Zukunft bekommen auf diese Weise einen unphilosophischen Anstrich, da sie jetzt aus dem bloßen Bedürfnis nach Erbauung und Beruhigung zu enspringen scheinen.

---

[86] Dissertation qui a remporté le prix proposé par l'Académie royale des Sciences et Belles-Lettres de Prusse, sur l'optimisme avec les pièces qui ont concouru, Berlin 1755, S. 47.

[87] Couturat hatte bereits im Jahre 1902 in seinem bekannten Aufsatz „Sur la Métaphysique de Leibniz" in der Revue de Métaphysique et de Moral vor der zu starken Annäherung Leibnizens an Spinoza gewarnt und die Theorien, die einen entscheidenden und anhaltenden Einfluß von Spinoza auf Leibniz annahmen (Couturat dachte wohl an das zu jener Zeit erschienene wichtige Buch von Ludwig Stein: Leibniz und Spinoza, Berlin 1890), zurückgewiesen.

Es sieht so aus, als seien sie als Symptome eines Konformismus zu verstehen, nämlich des „Konformismus von Leibniz mit der Welt der besitzenden und der frommen Männer, in der sich Leibniz fast ausschließlich bewegte"[88]. Friedmann unterstreicht den Unterschied dieses angeblichen Konformismus zu dem intellektuellen Klima, das Spinoza umgab, und sieht die Sorge, den Menschen zu stärken und zuversichtlich zu stimmen als das konstitutive Element in Leibnizens moralistischen moralphilosophischen Überlegungen an. Er läßt Leibniz in der Tradition der christlichen Moralisten völlig aufgehen[89], bezeichnet ihn als Philosophen des sentiment commun[90], das heißt als einen Denker, der unkritisch auf die allgemein verbreiteten Meinungen und Gefühle, sie schonend, ständig Bezug nimmt, und schreibt: „Diese Bemühung, den Menschen zu trösten, zu stärken, wird ihn niemals verlassen."[91] Die leibnizische Philosophie erscheint hier als angepaßt an die Hoffnungen, an die Befürchtungen, an die psychologischen Bedürfnisse des Individuums; sie ist aber, wie Friedmann feststellen zu können glaubt, sorgfältig dosiert: Sie wird von ihrem Autor verabreicht, um im Hinblick auf das Individuum wie ein Tonikum zu wirken und um im Hinblick auf die Gesellschaft als Kitt zu dienen[92].

---

[88] G. Friedmann, Leibniz et Spinoza, erweiterte Auflage, Paris 1962, S. 239.
[89] a. a. O., S. 238.
[90] a. a. O., S. 240, vgl. S. 239.
[91] a. a. O., S. 237.
[92] a. a. O., S. 239.

IV. Zusammenfassung

Wir fassen jetzt die beiden Hauptpunkte der Kritik an Diltheys Leibnizinterpretation zusammen. Bei der Einordnung der leibnizischen Philosophie in den Pantheismus der Renaissance und in die mit ihm eng verwandte, stoisch-spinozische Deutung von Welt und Mensch wird erstens übersehen, daß das Negative, Privative, Böse in ihr gemäß der dialektischen Spannung des Harmonie- und Vollkommenheitsbegriffs[93] von Leibniz ständig auf dem schmalen Grat zwischen dem Zuviel und dem Zuwenig bleibt und in jeder Phase der Weltentwicklung, die Leibniz auch die aus den aufeinanderfolgenden status mundi bestehende Reihe der Dinge (series rerum) nennt, genau und immer anders dosiert und lokali-

---

[93] Die dialektische Spannung in der Harmonie als Harmonie deutet auch Aristoteles an, indem er die ἁρμονία als Mischung und Synthese des Entgegengesetzten bestimmt (De anima 407 b 30: καὶ γὰρ τὴν ἁρμονίαν κρᾶσιν καὶ σύνθεσιν εἶναι, oder, in leichter Abwandlung der hier von Aristoteles referierten überlieferten Doxa = ἡ μὲν ἁρμονία λόγος τίς ἐστι τῶν μιχθέντων ἢ σύνθεσις, „die Harmonia ist ein bestimmtes Verhältnis der Gemischten zueinander oder etwas Synthetisches", a. a. O., 407 b); vgl. Platons Phaidon, 85 a—86 b, 92 a—94 d, Plotins Enneaden, IV, 4, 7, 8; das Gemeinsame bei allen diesen Denkern ist aber das Fehlen der Möglichkeit (und auch des Bedürfnisses), die Zugehörigkeit der Spannung zur Harmonie plausibel zu machen und durch den Hinweis auf die Polarität von Einheit und Mannigfaltigkeit und auf die Verdoppelung der Einheit, die einmal als der eine der beiden Pole und zum andern als die Verbindung oder als der über beide Pole gespannte Bogen erscheint, rational zu begründen. — Die Affinität zwischen dem Harmonie- und dem Vollkommenheitsbegriff in der Terminologie von Leibniz wird bei dem Vergleich der inhaltlichen Bestimmungen von „Harmonie" und „Vollkommenheit" deutlich. Die Harmonie, die Leibniz anfangs nur vage, ähnlich wie Aristoteles definierte („Nulla enim nisi ex contrariis harmonia est", cf. Leibniz, De fato, veröffentlicht in F. A. Trendelenburg, Historische Beiträge zur Philosophie, 1846—67) wird inhaltlich als Einheit in der Mannigfaltigkeit definiert („Harmonia est unitas in varietate", Grua, I, 12); die Vollkommenheit (perfectio) wird, bei der inhaltlichen Betrachtung, mit der Schönheit (pulchritudo) und der Ordnung (ordo) gleichgesetzt (Couturat op. S. 535, 18. These), wobei die Ordnung als Verhältnis zwischen mehreren Elementen verstanden wird, die deutlich voneinander abgehoben werden können („Est enim ordo nihil aliud quam relatio plurium distinctiva", a. a. O., S. 535, 15. These), so daß die Einheit hier als die Relation und die Mannigfaltigkeit als die aus den relata bestehende Menge erscheinen. Sowohl für die Harmonie als auch für die Perfektion gibt Leibniz auch formale Bestimmungen, die voneinander divergieren, und zwar indem die formal bestimmte Perfektion ein Be-

siert vorkommt. Der formale, von dem Gesichtspunkt der Kombinatorik aus zu verstehende Grund für das Vorkommen von so etwas wie ein Negatives oder Böses überhaupt und für das Fehlen des völligen Ausbleibens des Bösen liegt in dem Umstand, daß zur Erreichung des höchsten Vollkommenheitsgrades die Erreichung der größten Mannigfaltigkeit gehört[94], und daß diese superlativisch verstandene Größe der Mannigfaltigkeit wiederum nicht ohne das Enthaltensein des Anderen zu der Mannigfaltigkeit überhaupt, das heißt nicht ohne das Enthaltensein der Einheit, Undifferenziertheit und Einfachheit gedacht werden kann; präziser formuliert: daß die im Sinne des höchstmannigfaltigen Ganzen verstandene Einheit nicht ohne die im Sinne der Undifferenziertheit, Homogenität und Einfachheit verstandene Einheit gedacht werden kann. Durch die Beimischung eines relativ in sich Einfachen in eine Menge, deren Elemente in sich höchst differenziert und auf Grund dieses inneren Reichtums auch unter sich höchst different sind, wird aber einerseits die wahre Einheit hinsichtlich der vorliegenden Menge erreicht, indem erst jetzt sowohl die Disparatheit der Elemente als auch die jede differentia interna ausschließende absolute Einfachheit[95] des Atoms und der Leere bzw. des geometrischen Kontinuums überwunden und ein gegliedertes Ganzes, ein System etabliert wird; andererseits wird das, was in der Philosophie

---

standteil der formalen Bestimmung der Harmonie ist. Leibniz definiert: „Die Harmonie ist die Vollkommenheit des Gedachten als solchen" („Harmonia est perfectio cogitabilium quatenus cogitabilia sunt", Grua, I, 12), die Perfectio, wie aus der darauffolgenden Erläuterung hervorgeht, im Sinne des Grades oder der intensiven Quantität der Präsenz des beliebigen Denkinhalts, oder der Präsenz eines Etwas („Perfectio est gradus seu quantitas realitatis", Grua, I, 11) in die Definition der Harmonie einsetzend.

[94] Dilthey berührt zwar diesen Aspekt des Sachverhalts, jedoch ohne die Implikationen zu durchdenken.

[95] Mit „absolute Einfachheit" ist nicht die Unteilbarkeit gemeint, sondern die Ansetzung von Raum und Zeit und der Stelle innerhalb des Raumes und der Zeit, somit des räumlichen und zeitlichen Verhältnisses der Dinge zueinander als Prinzip der Individuation und Denomination. Die Annahme einer im eben erwähnten Sinne verstandenen absoluten Einfachheit würde bedeuten, daß es möglich ist, mit der Sprache die Einzigkeit und Einmaligkeit eines Dinges durch Anführung von ausschließlich an dem Ding äußerlich haftenden Eigentümlichkeiten in erschöpfender Weise anzugeben, oder, in der scholastischen Terminologie gesprochen, daß es nur denominationes extrinsecae gibt. Nach Leibniz ist aber in dem gesamten Gebiet der Philosophie und Theologie von größtem Gewicht der Gedanke, daß es solche reinen denominationes extrinsecae — „quae nullum prorsus habeant fundamentum in ipsa re denominata", wie Leibniz erläuternd hinzufügt (Couturat, Op., S. 520) — nicht gibt („Maximi in tota philosophia ipsaque Theologia momenti haec consideratio est, nullas esse denominationes pure extrinsecas ob rerum connexionem inter se", Couturat, S. 8). — Das leibnizische principium iden-

die formlose, träge, nur empfangende „Materie" oder die Verkörperung des „metaphysischen Bösen" genannt wird, konstituiert, und der Spielraum für die Auswirkungen dieses (nur) „metaphysisch Bösen" in den Bereich des Physischen und Moralischen hinein offengehalten.

Bei der in Frage gestellten Deutung der Hauptthesen der Philosophie von Leibniz wird zweitens übersehen, daß angesichts des in unserer Umwelt unleugbar vorhandenen, auf dem Boden des metaphysisch Bösen gewachsenen physisch und moralisch Bösen keine phlegmatisch-lethargische Passivität und Resignation angebracht ist. Eine solche Haltung ist nach Leibniz aus objektiven Gründen nicht notwendig: Denn die Beimischung des vielgestaltigen Negativen, mag sie grundsätzlich unüberwindbar und permanent sein, kann sich von Phase zu Phase hinsichtlich des „Wieviel", das heißt des Anteils des Bösen ändern. Jene stoisch quietistische Ruhe ist, darüber hinaus, aus subjektiven Gründen nicht möglich: Denn die dem Menschen, unbeschadet der durchgängigen Festlegung[96] jedes Umschlags sowohl innerhalb des menschlichen Gemüts als auch außerhalb des Menschen, zukommende Freiheit bringt es mit sich, daß der Mensch darauf aus ist, sich über das Vorhandensein der Negativitäten zu informieren, diese Information seiner Aktion zu Grunde zu legen und aktiv zu der Eindämmung, Zurückdrängung und Verringerung des Bösen

---

titatis indiscernibilium, das Leibniz direkt aus dem Satz vom Grunde abzuleiten pflegt (s. z. B. Couturat, a. a. O., S. 519) und das besagt, daß „non dari posse in natura duas res singulares solo numero differentes" (a. a. O., S. 519), ist, genau genommen, eine unmittelbare Folge der erwähnten und, wie es scheint, ihrerseits auf dem Satz vom Grund beruhenden consideratio.

[96] Leibniz würde in diesem Zusammenhang sagen, alles, was wirklich ist, sei „determiniert". Hier vermeiden wir aber den Gebrauch des Wortes „Determination" und sprechen von „Festlegung", weil nach dem heutigen Sprachgebrauch in dem Begriff „Determination" drei Momente enthalten sind: erstens die Festlegung, zweitens die Äußerlichkeit der Festlegung, d. h. das Festgelegtwerden durch außerhalb des entstandenen Dinges sich befindenden Wirklichen und drittens die Ausschließlichkeit der Äußerlichkeit der Festlegung, d. h. das Festgelegtwerden einzig und allein durch außerhalb des entstandenen Dinges sich befindendem Wirklichen; während Leibniz eigentlich nur das erste der drei Momente meint, wenn er von „déterminé" oder „determinatum" spricht, da nach seiner Theorie das Entstehen des entstandenen Dinges nicht in erster Linie durch außerhalb seiner selbst sich befindenden Wirklichem festgelegt ist. Wollte man nun, die kantische Entgegensetzung von Heteronomie und Autonomie variierend, zwischen Heterodetermination und Autodetermination unterscheiden, würde man auch nicht adäquat formulieren, denn nach Leibniz, der gern das Wort „σύμπνοια πάντα" anführt, hängt alles mit allem zusammen, so daß jedes Wirkliche in der Welt, wenn auch sekundär, auf alles übrige koexistente Wirkliche angewiesen ist („neque enim nunc vel hic nisi relatione ad caetera intelligi potest", Couturat, Op. S. 19).

Zusammenfassung der Kritik an Dilthey

in dem jeweiligen status mundi das Seine beizutragen, indem er die tausendköpfige Hydra, die sich dem Streben nach höherer Vollkommenheit entgegenstellt, schwächt und somit das (sowohl inhaltlich-qualitativ als auch formal-dynamisch) Negative negiert.

Die Unterscheidung zwischen Optimismus, der Leibniz zugeschrieben wird, und Meliorismus[97], als dessen Vertreter Voltaire angesehen wird, erweist sich jetzt, wie noch hinzugefügt werden kann, als geistreich, aber unrichtig. Letzten Endes: Nur wegen des immer wieder — und immer wieder anders — sich vollziehenden Überganges und Fortgangs zum Besseren (melius) ist nach Leibniz die Welt, womit er nicht diese oder gar die jetzige Welt versteht, sondern die ganze Reihe der Zustände des Universums[98], die beste aller möglichen Welten[99] (optimum). Es handelt sich hier um einen Progreß, der nie zum Stillstand kommen wird („Nec proinde unquam ad Terminum progressus perveniri")[100] und der daher als unaufhörliche, wenn auch nicht als gleichförmige oder gar gleichmäßig beschleunigte, und als auf die menschliche Anstrengung und Aktivität angewiesene, allerdings die Kräfte des Menschen sollizitierende und die entsprechende Aktivität provozierende Bewegung anzusehen ist; um einen „progressus quidam perpetuus liberrimusque totius Universi"[101] — „ita ut ad majorem semper cultum procedat".

In einem von Bodemann veröffentlichten Manuskript gibt Leibniz die Deduktion des Entwicklungsgedankens und des kontinuierlich-diskontinuierlich stattfindenden Fortganges der Welt zu höheren Graden der Vollkommenheit — ein Fortgang, der uns zu sagen erlaubt, daß der Leibnizsche „Gradualismus" kein hierarchischer, sondern ein dynamischer ist. Nachdem er sein Credo formuliert hat: Nach Berücksichtigung aller

---

[97] Cf. Lindau, Das Theodizeeproblem im 18. Jahrhundert.
[98] Hier ist folgende Definition der „Welt" von Leibniz zu beachten: „J'appelle m o n d e toute la suite et toute la collection de toutes les choses existantes, afin qu'on ne dise point que plussieurs mondes pouvaient exister en différents temps et différents lieux. Car il faudrait les compter tous ensemble pour un monde, ou si vous voulez pour un univers", Theod., § 8.
[99] „Outre qu'on pourrait dire que toute la suite des choses à l'infini peut être la meilleure qui soit possible, quoique ce qui existe par tout l'univers dans chaque partie du temps ne soit pas le meilleur": Theod., § 202.
[100] Phil. VII, 308. — In seinen veröffentlichten Schriften und brieflichen Mitteilungen formuliert Leibniz vorsichtiger; in der Theodizee z. B. schreibt er: „Il se pourrait donc que l'univers allât toujours de mieux en mieux, si telle était la nature des choses, qu'il ne fût point permis d'atteindre au meilleur d'un seul coup. Mais ce sont des problèmes dont il nous est difficile de juger": Theod., § 202.
[101] a. a. O., VII, 308.

Aspekte halte ich für wahr, daß die Welt fortgesetzt hinsichtlich der Vollkommenheit zunimmt und daß sie nicht eine in dem Alternieren eines Entstehens und Vergehens bestehende Kreisbewegung durchführt, gleichsam Umschwünge (revolutiones) vollziehend, denn in diesem Fall würde die Zweckursache d. h. das Ausgerichtetsein auf Steigerung fehlen[102], geht er dazu über, das Vorliegen des nur durch Steigerungen erreichbaren Zieles, das er causa finalis genannt hat und das er auch als scopus bezeichnet, näher zu begründen: Obwohl Gott alles gegenwärtig ist und er alles zugleich in sich umgreift, braucht die Hervorbringung Zeit. Er hätte auch nicht: weder alles auf einmal produzieren dürfen, denn dann würde der weitere Umschlag ausgeschlossen sein, noch von dem Gleichen zu dem Gleichen übergehen dürfen, denn dann würde das zugrundeliegende Tätige auf keinerlei durch Steigerungen erreichbares Ziel ausgerichtet sein. Das Universum, das im Hinblick auf das Streben zu der das Ziel ausmachenden Reife mit einer Pflanze oder einem Lebewesen vergleichbar ist, erreicht jedoch nie den höchsten Reifegrad, als Ganzes genommen sinkt es aber auch nicht und altert nicht[103].

Der in dieser (mit einer Kritik an der ewigen Wiederkehr des Gleichen gekoppelten) Ableitung virulent gewordene Gedanke: Der Gedanke, daß die vermittelte, als Resultat einer Entwicklung vorliegende Vollkommenheit — als reife Vollkommenheit oder vollkommene Reife — größer im Vergleich zu der unmittelbar vorhandenen ist, ist die in einer Verkürzung formulierte These, daß die (als Verbindung von Einheit und Mannigfaltigkeit verstandene) Vollkommenheit nicht nur ein Status (Zustand) ist, sondern auch ein Prozeß, und zwar ein in der Entwicklung zu der Entwicklung bestehender Prozeß, wobei die an zweiter Stelle genannte Entwicklung den höheren Grad der an erster Stelle genannten, eine kleinere Varietät des Entwicklungsrhythmus und ein geringeres Entwicklungstempo von vornherein zulassenden Entwicklung darstellt. Gesetzt, das Sichereignen des Maximums der Verbindung von Einheit und Mannigfaltigkeit sei die Haupttendenz in dem Universum und somit das

---

[102] „Expensis omnibus credo mundum continuo perfectione augeri neque in circulum redire velut per revolutionem; ita enim causa finalis abesset": Bodemann, Handschriften, S. 120.

[103] „Deo omnia quasi praesentia sunt cunctaque in se ipse complectitur; executio tamen tempore indiget, nec debuit vel summa statim efficere, alioqui nulla amplius mutatio esset, nec transire ab aequali ad aequale, alioqui nullus in agendo scopus esset. Universum est ad instar plantae aut animalis hactenus **ut ad** maturitatem tendat. Sed hoc interest, quod nunquam ad summum pervenit maturitatis gradum, nunquam etiam regreditur aut senescit": a. a. O., S. 121.

oberste Weltgesetz, das man sich in einem (als Antizipation des gesamten — anfangs- und endlosen — Geschehens angesetzten) Hegelschen Weltgeist verankert oder in Teilhard de Chardins Größe Omega oder in einem spekulativ begriffenen Gott komprimiert und punktualisiert vorstellen kann: dann ist die Entwicklung zu der Entwicklung die Reihenfolge der jeweils in irgendeiner Version zu der Wirklichkeit gelangenden möglichen Gestalten der Verbindung der Einheit mit der Mannigfaltigkeit. Denn innerhalb eines einzigen Gesamtverlaufs lassen sich auf diese Weise viele isolierbare Verläufe denken, die eine größere Eigenständigkeit als die Entwicklungsphasen haben, da sie einzelne Epochen und ihrerseits in Etappen, Phasen und Epochen gegliederte Weltalter ausmachen. Die Kategorie der diachronisch konzipierten Vollkommenheit erreicht in dieser Reflexion ihre Vollendung.

ERSTES KAPITEL

Die vier Hauptmöglichkeiten, das Mögliche zu definieren

I. Einleitung

1. Die Möglichkeitstheorie vor dem Hintergrund der drei Momente der Freiheit

Der traditionellen, in den theologischen Schulen erarbeiteten Auffassung, nach der die Freiheit durch die drei Momente der Einsicht („Intelligenz"), der Spontaneität und der Kontingenz (oder „Indifferenz") bestimmt ist, stimmt Leibniz ausdrücklich zu[1]. Er verleiht jedoch diesen drei Momenten, ihre Bedeutung präzisierend, eine ungleiche Wichtigkeit. Den Schwerpunkt legt er auf die Einsicht, die er als die Seele der Freiheit bezeichnet, während die Spontaneität, mit der wir uns darauf festlegen, die Einsicht in etwas zu gewinnen und anschließend daran, dieser Einsicht gemäß zu wollen und zu handeln, den Körper der Freiheit bildet. Die Kontingenz nennt er die Basis — man könnte auch sagen: die ontologische Grundlage — der Freiheit. Aber die letzte und fundamentalste Grundlage der Freiheit macht der Möglichkeitsbegriff aus. Dies geht bereits aus der Erläuterung des Wortes Indifferenz durch „Kontingenz" und dieser durch „Nicht-Notwendigkeit" (non-nécessité)[2] hervor, denn sie macht deutlich, daß wir uns im Gefüge der Kategorien der Modalität bewegen. Dieses Gefüge ist durch die drei Paare „Möglichkeit und Unmöglichkeit", „Wirklichkeit und Unwirklichkeit" (bzw. Affirmation und Negation) und „Notwendigkeit und Kontingenz" strukturiert, und zwar so, daß die Begriffe des ersten Paares in die Definition der Begriffe des dritten Paares eingebaut sind. Die Notwendigkeit des Notwendigen und zwar in der Gestalt, die Leibniz als die absolute, metaphysische oder logische Notwendigkeit bezeichnet[3], besagt nämlich, der aristotelischen Definition des anankaion als des Nicht-anders-sein-könnenden gemäß, die auch bei Leibniz zu Grunde legt, daß das Gegenteil (im Sinne des Nichtseins oder Verschwindens) unmöglich ist; und die Kontingenz, die,

---

[1] Theod. § 208.
[2] Theod. § 302.
[3] Theod. § 302.

wie bereits erwähnt wurde, mit „Nicht-Notwendigkeit" von Leibniz erläutert wird, besagt, daß das Gegenteil (ebenfalls im Sinne des Nichtseins, Verschwindens oder Ausbleibens) möglich ist.

Die grundsätzliche Relevanz des Möglichkeitsbegriffs für die Erörterung der Freiheitslehre von Leibniz ergibt sich auch aus einer zweiten Überlegung, bei der wir nicht den Umweg über die Kontingenz zu machen brauchen. Die spontane Tätigkeit (oder einfach: die Spontaneität) wird von Leibniz, wieder im Anschluß an Aristoteles, als die Tätigkeit definiert, deren Prinzip im Tuenden liegt. In der Formel der scholastischen Philosophie heißt das: spontaneum est, cuius principium est in agente[4].
— Die in dem eben angegebenen Sinn verstandene Spontaneität, die mit der Impulsivität, die per definitionem (so, wie sie im heutigen Sprachgebrauch vorkommt) der Einsicht nicht bedarf, unreflektiert bleibt und als der Gegenpol zu der Einsicht fixiert wird, nicht verwechselt werden darf, und die Einsicht (intelligence) faßt Leibniz in der Überlegung (délibération, die über die deliberatio auf die Proairesis von Aristoteles zurückgeht) zusammen, indem er bemerkt, daß sich die zwei Bedingungen der Freiheit in uns als in der Überlegung, oder, wie wir genauer sagen könnten, in der spontanen Überlegung (und in der einsichtigen überlegenden Spontaneität) vereinigte Bedingungen vorfinden[5]; die Überlegung war zuerst zur Sprache gekommen, als die Einsicht als der Zustand bestimmt wurde, bei dem eine deutliche Erkenntnis des Gegenstandes der Überlegung vorhanden ist[6]. Auf Grund dieser Einheit definiert Leibniz die Freiheit auch als spontaneitas intelligentis[7], wofür er manchmal auch den (vorläufigeren) Ausdruck spontaneitas rationalis gebraucht. Beide Formeln sind als Abwandlungen der scholastischen Definition des menschlichen Willens als appetitus rationalis anzusehen. Mit dem Denken und den Formeln der Spätscholastik ist Leibniz, wie die von Grua zum ersten Mal veröffentlichten Exzerpte und Notizen von Leibniz zeigen, durch das

---

[4] „La spontanéité de nos actions ne peut donc plus être révoquée en doute, comme Aristote l'a bien définie, en disant qu'une action est spontanée, quand son principe est dans celui qui agit. Spontaneum est, cuius principium est in agente": Theod. § 301. Damit ist offensichtlich folgende Stelle in Aristoteles' Nikomachischer Ethik gemeint, wobei dem griechischen hekusion das lateinische spontaneum entspricht: 3. Buch, 1110 a 14—18.
[5] „Jusqu'ici nous avons expliqué les deux conditions de la liberté dont Aristote a parlé, c'est à dire la b s p o n t a n é i t é et l'i n t e l l i g e n c e, qui se trouvent jointes en nous dans la délibération, au lieu que les bêtes manquent de la seconde condition": Theod. § 302.
[6] Theod. § 288.
[7] GP, VII, 108.

Studium der Werke des Kardinals Bellarmin vertraut geworden. In der Abhandlung dieses größten Kontroversisten seiner Zeit, wie Bayle ihn apostrophiert — des größten Dialektikers, würden wir heute sagen — findet Leibniz den Ausdruck appetitus rationalis vorgeprägt. Leibniz notiert sich folgenden Lehrsatz aus Bellarmins De libero arbitrio: „Voluntas ideo est libera, quia est appetitus rationalis, sicut e contrario appetitus in bestiis ideo non est liber, quia non est rationalis. Igitur causa libertatis est ipsa ratio."[8]

An einer anderen Stelle jedoch, bei der sich Leibniz wieder auf Aristoteles beruft, behauptet er, daß die Freiheit in der Spontaneität und in der Wahl (choix, womit die aristotelische προαίρεσις gemeint ist)[9] besteht. Bei der Zurückführung der Freiheit auf die genannten beiden Bestandteile oder Momente stellt er sich die Spontaneität (spontanéité), die Einsicht (intelligence) und die Überlegung (délibération), die eine erste Vereinigung von Spontaneität und Einsicht darstellte, als in der Wahl vereinigt vor, und läßt die Spontaneität, als Körper der Freiheit, d. h. als unterscheidbares Moment und zugleich bei den nicht vernunftbegabten Wesen geschieden vorkommendes Phänomen, den zweiten Bestandteil der Freiheit ausmachen. Bei der Wahl und der Wahlfreiheit handelt es sich aber stets um die Wahl zwischen zwei oder mehreren Möglichkeiten. Diesen Gesichtspunkt macht Leibniz geltend in einem Zusammenhang, in dem er die Freiheit als in der göttlichen Freiheit konkretisierte Freiheit bespricht; wir können jedoch die göttliche Freiheit als die exemplarische, idealisierte, bis zu ihrem Grenzwert verlängerte menschliche Freiheit verstehen und das über die erste Gesagte auch als für die zweite gültig ansehen. „Gott nämlich wählt" betont hier Leibniz, „unter den Möglichen und genau aus diesem Grund wird er als ein frei Wählender angesprochen, der keiner Notwendigkeit unterliegt; es würde weder Wahl noch Freiheit geben, wenn nur in einer einzigen Richtung, als der einzig möglichen, die Entscheidung getroffen werden könnte"[10].

Aus der Tatsache, daß die Wahl ohne das Vorliegen von zwei oder

---

[8] Grua, Textes, S. 296.
[9] „Aristote a déjà remarqué qu'il y a deux choses dans la liberté, savoir la spontanéité et le choix, et c'est en quoi consiste notre empire sur nos actions": Theod. § 34. Hier liegt folgende Stelle der Nikomachischen Ethik zugrunde: 3. Buch, 1112 a 14—17.
[10] „Car Dieu choisit parmi les possibles, et c'est pour cela qu'il choisit librement, et qu'il n'est point nécessité; il n'y aurait point de choix ni de liberté, s'il n'y avait qu'un seul parti possible": Theod. § 235.

mehreren Möglichkeiten unvorstellbar ist, ergibt sich: Wenn Leibniz eine wirklich neue Theorie der Freiheit bietet, dann ist die Erwartung berechtigt, daß der Begriff der Möglichkeit umgedacht ist. Dieses Umdenken der Möglichkeit gipfelt in der Überwindung der Alternative „möglich-unmöglich": Der Satz „diese Sache ist entweder möglich oder unmöglich" bildet nach Leibniz keine vollständige Disjunktion. Zu ihrer Überwindung gelangt Leibniz auf dem Weg der Einführung der Stufung oder Gradualität in den Bereich der Möglichkeit, wobei darauf zu achten ist, daß die Gradualität, die Prozessualität und die dynamisch-formale Kontrarietät — die inhaltliche wurde bereits durch das Operieren mit der Gradualität ausgeschlossen — den dreifachen Schlüssel darstellen, mit dem Leibniz über die Aporien der Metaphysik hinwegkommt. Das, was die Ansetzung von Möglichkeitsgraden innerhalb der Freiheitstheorie leistet, kann erst in dem vierten Hauptteil gezeigt werden. Zuerst muß in diesem ersten und in dem folgenden Teil die Lehre von den Möglichkeitsgraden in Leibnizens umfassendere Lehre von der Möglichkeit eingeordnet und über die weiteren ontologischen, anthropologischen und erkenntnistheoretischen Thesen, deren Verwendung bei der Rekonstruktion der leibnizischen Freiheitstheorie unerläßlich ist, berichtet werden.

2. Die formale Definition des Möglichen

Die Definition des Möglichen, die Leibniz in seinen unveröffentlicht gebliebenen Definitionstabellen immer wieder gibt und in seinen veröffentlichten Schriften öfters einflicht, lautet: Möglich ist das, was keinen Widerspruch einschließt; in seinem Gespräch mit Gabriel Wagner betont zum Beispiel Leibniz: „possibilitatem definio ex eo quod nulla contradictio implicatur."[11] Gemeint ist: Derjenige vorgestellte Sinngehalt, dessen Vorstellung oder Begriff keinen Widerspruch einschließt (etwa wie der Begriff „viereckiger Kreis" oder „hölzernes Eisen" einen solchen einschließt), hat eine Wirklichkeit, die möglich ist; oder wie man auch kürzer sagt: er ist möglich. Diese Wortdefinition von „möglich" und entsprechend von „unmöglich" ist keine Erfindung von Leibniz. Wir finden sie bereits bei Bayle[12] und in der von Leibniz hochgeschätzten, von Arnauld

---

[11] Grua, Textes, 392.
[12] „Je demeure d'accord du principe de M. Bayle, et c'est aussi le mien, que tout ce qui n'implique point de contradiction est possible": Theod. § 224.

und Nicole verfaßten Logik des Port-Royal[13]; die Vorform dieser Definition geht auf Descartes' Principia philosophiae (1. Teil, Nr. 14 und 15) zurück. Leibniz bringt allerdings durch diese Definition zwei neue Akzente auf den Begriff des Möglichen. Diese neuen Akzente bestehen jeweils in einer Einschränkung. Wenn wir die erste Restriktion mitdenken, müßte die erwähnte Definition heißen: Nur dasjenige, dessen Begriff keinen Widerspruch in sich enthält, ist möglich, oder anders formuliert: Nicht jedes Gedachte als Gedachtes, sondern nur das, was d e u t l i c h (und nicht verworren) gedacht werden kann, ist möglich. Und die zweite Restriktion nachvollziehend, müßten wir also definieren: Das was keinen Widerspruch in sich schließt, d. h. das, was deutlich gedacht werden kann, ohne daß der Denkende im Verlauf dieses Vorgangs in einen Widerspruch gerät, ist n u r möglich: es ist keinesfalls bereits als ein Wirkliches anzusehen.

Wir haben es, wie daraus ersichtlich wird, mit folgenden drei Gegebenheiten zu tun: Mit dem (den Begriff betreffenden) deutlichen Gedachtwerden, der Widerspruchsfreiheit des Begriffs und der Möglichkeit des dem Begriff korrespondierenden Gegenstandes. Das Verhältnis dieser drei zueinander ist das des Erkenntnisgrundes zu dem Erkannten und des logischen Grundes zu der logischen Folge. Das deutliche Gedachtwerden ist das Indiz (oder der Erkenntnisgrund) für das Vorhandensein der Widerspruchsfreiheit des Begriffs; und diese ist der logische Grund für die Annahme der Möglichkeit des dem Begriff korrespondierenden Gegenstandes. Die Notwendigkeit, die zweifache Einschränkung bei Leibnizens Definition hinzuzudenken, wird durch Leibnizens Kritik nahegelegt, die Leibniz an zwei die Erkenntnistheorie betreffenden Mißbräuchen übt. Wir finden diese Kritik in dem kurzen Aufsatz „Betrachtungen über das Wissen, die Wahrheit und die Ideen" (Meditationes de Cognitione, Veritate et Ideis, 1684), mit der er sich, acht Jahre nach seiner Rückkehr aus Paris, zum ersten Mal an die philosophische Öffentlichkeit wendet, und zwar mit einer Polemik gegen zentrale Punkte der

---

[13] Hier wird die als existentia possibilis verstandene possibilitas und ihre Gleichsetzung mit der klaren und distinkten Idee folgendermaßen erläutert: „Dès là qu'une chose est conçûe clairement, nous ne pouvons pas ne la point regarder comme pouvant être, puisqu'il n'y a que la contradiction qui se trouve entre nos idées, qui nous fait croire qu'une chose ne peut être. Or il ne peut y avoir de contradiction dans une idée, lorsqu'elle est claire et distincte" (Antoine Arnauld und Pierre Nicole, La Logique ou l'art de penser, 1. Aufl. 1662, neu herausgegeben und kommentiert von v. Freytag Löringhoff und Brekle, Stuttgart 1965—67, vgl. dazu die deutsche Übersetzung von Christos Axelos, Darmstadt 1972, S. 314.).

damals herrschenden kartesischen Philosophie. Der erste Mißbrauch, der mit der Einschränkung des Gedachten überhaupt auf das widerspruchsfrei und somit deutlich Gedachte zusammenhängt, besteht in der Tatsache, daß viele den schönen Namen „Idee" mißbrauchen, um gewisse Einbildungen zu stützen: „Hinc ergo tandem puto intelligi posse, non semper tuto provocari ad ideas, et multos specioso illo titulo ad imaginationes quasdam suas stabiliendas abuti."[14] Mit „viele" sind Descartes und die Schüler von Descartes gemeint, die den Namen „Idee" anläßlich der Durchführung des von Descartes erneuerten ontologischen Gottesbeweises mißbrauchen. In einer früheren Stelle des erwähnten Aufsatzes hatte nämlich Leibniz seine Bedenken gegen diesen Beweis formuliert, den er in folgende drei Sätze zusammenfaßt: Was aus der Idee oder aus der Definition einer Sache folgt, das kann über diese Sache ausgesagt werden; die Existenz folgt aus der Idee Gottes (das heißt des vollkommensten Wesens oder des Wesens, das man sich nicht größer denken kann) — denn das vollkommenste Wesen schließt alle Vollkommenheiten = positive Bestimmungen in sich, zu denen auch die Existenz gehört; also kann die Existenz dem Gott zugesprochen werden[15]. Nach Leibniz genügt es aber nicht, daß wir das vollkommenste Wesen (ens perfectissimum) denken, um versichern zu können, wir besäßen seine Idee[16]. Daher liegt nach Leibnizens Meinung der Mißbrauch des schönen Namens „Idee" offensichtlich darin, daß die Kartesianer die Idee „vollkommenstes, alle positiven Bestimmungen und somit auch die Existenz in sich schließendes Wesen" (wenn man ganz genau formulieren sollte, müßte man in diesem Fall sagen: die Idee „vollkommenstes, in seiner Idee alle positiven Bestimmungen und somit auch die Bestimmung ‚Existenz' in sich schließendes Wesen") ihrem Beweis zugrunde legen zu können glauben, das Anvisieren dieser Idee mit dem Besitzen der genannten Idee vorschnell gleichsetzend; oder, wie wir paraphrasierend sagen können: das Vorhaben, diese Idee zu durchdenken, bereits für das Durchdachthaben dieser Idee haltend. Erst das deutliche Durchdachthaben, das von dem bloßen Vorhaben unterschieden werden muß, verbürgt nach Leibniz die Widerspruchsfrei-

---

[14] Leibniz, Meditationes: „Ich glaube endlich, man kann hieraus ersehen, daß man sich nicht immer ohne Gefahr auf die Ideen beruft und daß viele diesen schönen Namen mißbrauchen, um gewisse Einbildungen zu stützen — denn wir besitzen nicht immer sogleich die Idee einer Sache, wenn wir uns bewußt sind, daß wir an sie denken."

[15] a. a. O.

[16] a. a. O., vgl. oben Anm. 14.

heit und somit die Möglichkeit des Sinngehaltes des durchdachten Begriffs; und erst nach der Sicherstellung der Möglichkeit darf man den Begriff bzw. die Idee als Ausgangspunkt oder Grundlage eines Beweises verwenden. In den Animadversiones in partem generalem Principiorum Cartesianorum (in partem primam, ad articulum 14), in denen Leibniz die Kritik an dem ontologischen Gottesbeweis wiederholt, bemerkt er im gleichen Sinne: „Aus einer Definition kann man nichts Sicheres in Bezug auf das Definierte herausholen, solange es nicht feststeht, daß dieser Definition etwas Mögliches entspricht."[17] Für die Definition des Möglichen ergibt sich: nur das widerspruchsfrei, deutlich Gedachte — und nicht das Gedachte überhaupt — ist als ein Gedanke anzusehen, dessen Sinngehalt möglich ist.

Der zweite Mißbrauch, der mit der Einschränkung des logischen Resultats des widerspruchsfreien Durchdenkens eines Begriffs auf die Möglichkeit des durch den Begriff angezeigten Sinngehalts zusammenhängt, besteht in der Tatsache, daß viele Zeitgenossen, wie Leibniz sagt, den berühmten Grundsatz: „Was ich klar und deutlich von einer Sache erfassen kann, das ist wahr, d. h. das kann von ihr ausgesagt werden"[18] mißbrauchen. In der Logik des Port-Royal, deren Formulierung Leibniz hier vorschwebt und die an Descartes Principia Philosophiae (I, § 43) anknüpft, wird dieser Grundsatz als 1. Axiom angeführt[19] und mit dem 2. Axiom, in dem in einer für die Kartesianer bezeichnenden Weise die Fluktuation zwischen Möglichkeit und Wirklichkeit hingenommen wird, gekoppelt. Dieses problematische, mit dem ersten gekoppelte Prinzip lautet: „Die Wirklichkeit, zumindest die mögliche Wirklichkeit = das heißt die Möglichkeit, ist in der Idee alles von uns klar und deutlich Vorgestellten eingeschlossen."[20] Wenn man sich die bei der Erörterung des ersten Mißbrauchs referierte Kritik an dem ontologischen Gottesbeweis vergegenwärtigt, muß man wohl annehmen, daß nach Leibniz das Bedenkliche vor allem in der Tendenz zur Transformation des ersten Axioms in das die Fluktuation zwischen Möglichkeit und Wirklichkeit hinneh-

---

[17] „Et in genere sciendum est... ex definitione aliqua nihil posse tuto inferri de definito, quam diu non constat definitionem exprimere aliquid possibile": Animadversiones.
[18] „Quicquid clare et distincte de re aliqua percipio, id est verum seu de ea enuntiabile": Meditationes.
[19] Logique ou l'art de penser, IV, 7.
[20] „L'existence, au moins possible, est enfermée dans l'idée de tout ce que nous concevons clairement et distinctement": a. a. O.

mende zweite Axiom sieht und mit „Mißbrauch des vielgerühmten Prinzips" die Kombination der beiden Prinzipien meint, die es erlaubt, auf der Basis des Eingeschlossenseins der positiven Bestimmung „Existenz" in der vermeintlich[21] klar und deutlich gedachten Idee des vollkommensten Wesens, den ontologischen Gottesbeweis aufzustellen und die Wirklichkeit oder Existenz des vollkommensten Wesens als eine syllogistisch bewiesene auszugeben.

Die Präzisierung der Definition des Möglichen durch die in unserer Interpretation geforderte Interpolation des zweiten „nur", so daß wir sagen müßten: „(nur) das, was keinen Widerspruch einschließt, ist n u r möglich", ist demnach als eine vorbeugende Maßnahme gegen eine derartige Transformation, Fluktuation und Kombination zu verstehen. Die hier durchgeführte Rekonstruktion erhält eine erhöhte Plausibilität durch den komplexen Umstand: erstens, daß Leibniz in einer seiner wichtigen, Definitionen zusammenstellenden Notizen das „nur" („tantum") vor „Möglichkeit" ausdrücklich einfügt, indem er schreibt: „Conceptus distinctus involvit tantum alterius rei possibilitatem"[22] und zweitens, daß er in seiner ganz frühen Mainzer Zeit das deutliche Gedachtwerden (distincte concipi) dem Seienden (ens) zuordnet, indem er die Definition „Ens est quod distincte concipi potest"[23] festlegt, während in einem Konzept, das nach Grua aus der Zeit um 1680 stammt, also aus der Zeit der Vorbereitung für die Kritik an dem Kartesianismus, das deutliche Gedachtwerden (distincte concipi bzw. distincte intelligi) dem Möglichen zugeordnet wird, indem die Definition gewonnen wird: „possibile est, cuius aliqua est essentia, seu realitas, seu quod distincte intelligi potest."[24]

Die sorgfältige Trennung zwischen Möglichkeit und Wirklichkeit besagt jedoch nicht, daß nach Leibniz das Mögliche nur den Status des Begriffs und der Vorstellung hat, daß es bloß ein ens rationis, ein Gedankending ist. Hätte das Mögliche eine nur logische und von dem denkenden Bewußtsein geborgte Existenz, so würde ihm nicht nur die im Sinne der wahrnehmbaren Existenz verstandene wirkliche Existenz mangeln,

---

[21] Für Leibniz steht nämlich fest: Oft erscheint leichtfertig urteilenden Menschen (hominibus temere judicantibus) klar und deutlich, was dunkel und verworren ist (Meditationes); und zuweilen ist in der Idee bzw. in deren Definition ein verborgener Widerspruch (occulta contradictio) enthalten (Animadversiones, Ad artic. 14).
[22] Grua, Textes, S. 531.
[23] Cf. H. Schepers, Leibniz' Arbeiten zu einer Reformation der Kategorien, enthalten in Z. f. ph. F., Bd. XX, Heft 3 und 4, S. 563.
[24] Grua, Textes, S. 289.

Die Möglichkeitstheorie und die drei Momente der Freiheit 83

sondern es hätte in keiner Weise eine wirkliche Existenz und infolgedessen würde es sinnlos sein, den Bereich des Möglichen mit dem des Wirklichen hinsichtlich ihres Umfangs zu vergleichen. Und daraus würde sich wiederum ergeben, daß es ausgeschlossen ist, daß die Anzahl der Möglichen größer ist als die der Wirklichen, d. h. daß der Bereich der Möglichkeit den der Wirklichkeit umfaßt und sich über ihn weiter hinaus erstreckt, oder, anders formuliert, es ließe sich nicht sagen, daß zwar jedes Wirkliche auch ein Mögliches ist, daß aber nicht jedes Mögliche irgendwann verwirklicht wird und somit nicht jedes Mögliche ein Wirkliches ist. Und wenn diese These nicht gilt, dann ist, wie Leibniz in seinem Brief an Arnauld (GP II 55 f.) richtig feststellt, die Kontingenz des Wirklichen und die Freiheit des Menschen negiert. Denn die Behauptung, daß die Bereiche des Wirklichen und des Möglichen völlig einander entsprechen, läuft auf die These hinaus, daß zwischen der Wirklichkeit und der Möglichkeit kein wirklich nachvollziehbarer Unterschied besteht, daß demzufolge die Wahl zwischen zwei oder mehreren Möglichen, von denen (nur) das eine vorgezogen wird und infolgedessen zu der Wirklichkeit gelangt, ein Gedanke ist, der der Kritik nicht standhält.

II. Die vier möglichen Bestimmungen des Verhältnisses des Möglichen zum Wirklichen

1. Die Möglichkeit als Vorhandensein der Totalität der Bedingungen des Wirklichen (Leibniz contra Hobbes)

Sowohl die Auffassung des Möglichen als eines nur logisch, nicht wirklich Existierenden, als auch die Auffassung des Möglichen als eines von dem Wirklichen nicht wirklich Unterschiedenen, sind Theorien, die Leibniz in der philosophischen Diskussion seiner Zeit vorfindet und von denen er sich abhebt. Die erste ist in dem Nominalismus beheimatet, der insbesondere innerhalb der Erneuerung der stoischen Philosophie in dem 16. und 17. Jahrhundert Verbreitung gefunden hat, während die zweite, den wirklichen Unterschied leugnende, auf die griechische philosophische Schule der Megariker zurückzuführen ist und bereits bei der Besprechung der Dynamis in der Metaphysik des Aristoteles erwähnt und kritisiert wird. Bevor wir die Art und Weise kennenlernen, in der sich Leibniz von den genannten Auffassungen des Möglichen abhebt, versuchen wir zunächst, ihren systematischen Ort zu bestimmen und zugleich zu prüfen, ob außer ihnen noch weitere Konzeptionen des Möglichen sich aufzählen lassen und wie sich Leibniz zu ihnen verhält.

Für die Ansetzung des Möglichen stehen grundsätzlich zwei Wege offen. Der eine will in Bezug auf das Wirkliche selbst und als Ganzes den Sinn der Kategorie Möglichkeit explizieren, der andere sucht über die Berücksichtigung der Bedingungen des Wirklichen eine Definition des Möglichen aufzustellen. Von jedem dieser zwei Wege gibt es wieder zwei Spielarten. Die zwei Gestalten der zuletzt genannten Lösung ergeben sich aus dem Umstand, daß die Bedingungen des einzelnen Wirklichen entweder in ihrer Totalität oder lediglich als Teil des die Gesamtheit der Bedingungen ausmachenden Komplexes, als Teil der vollständigen Ursache (causa plena) für die Definition des Möglichen gebraucht werden können.

Man kann zunächst, nachdem man den Weg der Bedingungen beschritten hat, sagen, daß das Wirkliche erst dann (wirklich) möglich ist, wenn seine Bedingungen, und zwar in ihrer Gesamtheit, wirklich sind. Daraus folgt aber unmittelbar die Negierung des wirklichen Unterschiedes zwischen dem Möglichen und dem Wirklichen, und im Gefolge die Behauptung, daß der Bereich des Möglichen mit dem des Wirklichen völlig übereinstimmt; was wiederum besagt, daß jedes Wirkliche, sei es in der physischen Region oder in der psychischen Region der Gesamtwirklichkeit lokalisiert, ein Notwendiges ist. Denn wenn die Bedingungen für die Verwirklichung vollständig und lückenlos vorhanden sind, dann ist auch das zu verwirklichende Etwas da, d. h. dann ist das in Frage stehende Etwas nicht nur möglich, sondern auch wirklich; die Ansetzung eines von dem Wirklichen verschiedenen und sinnvoll unterscheidbaren Möglichen ist gescheitert.

Zu der Zeit von Leibniz ist es Hobbes, der in der angegebenen Weise argumentiert, und der, wie Leibniz erwähnt, in den Augen seiner Zeitgenossen als ein Philosoph galt, der die absolute Notwendigkeit aller Dinge behauptete und der aus diesem Grund in sehr schlechten Ruf geraten war[25]. Der „berühmte Herr Hobbes" (das „fameux" wäre hier allerdings eher mit „berüchtigt" zu übersetzen) hatte die Meinung vertreten, daß das, was sich nicht ereignet, genauer gesagt: das, was sich weder jetzt, in diesem Augenblick ereignet, noch zu irgendeinem Zeitpunkt in der Zukunft sich jemals ereignen wird, unmöglich ist. Er beweist diese These, indem er darauf hinweist, daß die erforderlichen Bedingungen (requisita) eines Dinges, oder einer Begebenheit, die nie wirklich sein wird (rei non futurae), nie in ihrer Vollständigkeit da sein werden; das in Frage stehende Ding kann nun, ohne diese Vollständigkeit, nicht zur Wirklichkeit gelangen; also ist das Ding, das weder jetzt wirklich ist, noch irgendwann in der Zukunft wirklich sein wird, nicht nur unwirklich, sondern auch unmöglich.

Leibniz spielt bei diesem Bericht offensichtlich auf Hobbes' Schrift De Corpore an, in der der Satz „jede mögliche Wirklichkeit wird irgendwann zur Wirklichkeit gelangen" (omnis Actus possibilis aliquando producetur) auf dem Weg der Berufung auf die vollständige Macht (potentia plena) durch folgenden Gedankengang bewiesen wird: „Actus enim impossibilis est ad quem producendum nulla unquam erit potentia p l e n a. Nam, cum potentia plena ea sit in qua concurrunt omnia quae ad actum producendum requiruntur, si potentia plena nunquam erit, semper

---

[25] Theod. § 172.

deerit aliquod eorum sine quibus produci actus non potest; actus ergo ille nunquam produci poterit, id est, actus ille i m p o s s i b i l i s est. Actus autem qui impossibilis non est, ille p o s s i b i l i s est. Ideoque omnis actus p o s s i b i l i s aliquando producetur, nam, si nunquam producetur, nunquam concurrent omnia quae ad productionem ejus requiruntur; est itaque actus ille impossibilis (per definitionem) quod est contra suppositum."[26] Die positive, komplementäre Seite der These omnis actus possibilis aliquando producatur besteht in der Anerkennung nur des (entweder jetzt oder später) Wirklichen als eines Möglichen und in der Verlängerung, in der Verleihung des ontologischen Status der Notwendigkeit an jedes Wirkliche.

Leibniz antwortet darauf mit dem Ausruf: „Wer sieht nicht, daß dadurch nur eine hypothetische Unmöglichkeit bewiesen wird?"[27] Dabei ist zu beachten, daß der Gegenbegriff zu „hypothetisch" die Bezeichnung „logisch" oder „metaphysisch" ist. Die Unterscheidung zwischen hypothetischer und metaphysischer (oder logischer) Notwendigkeit war eine zu jener Zeit[28] geläufige und von Leibniz selbst übernommene Einteilung, die in diesem Fall von Leibniz auch auf die Möglichkeit übertragen wird. Seine eigene Position bestand in der neuen Interpretation der hypothetischen Notwendigkeit des Wirklichen, in der Negierung der metaphysischen Unmöglichkeit, und entsprechend in der Anerkennung der metaphysischen Möglichkeit, und schließlich in der Bereitschaft, auch einen Sinn von „Unmöglichkeit" zuzulassen, der sich mit der Negierung der metaphysischen Unmöglichkeit verträgt, nämlich in der Bereitschaft, eine im hypothetischen Sinn verstandene Unmöglichkeit zuzulassen. Die Tatsache, daß eine im hypothetischen Sinn verstandene Unmöglichkeit des Unwirklichen, zur Wirklichkeit zu gelangen, sich behaupten läßt, ist sogar unmittelbar einleuchtend, denn jeder wird zugeben, daß ein Ding nicht die Wirklichkeit zu erreichen vermag, wenn wir hypothetisch vorgehen und unterstellen oder annehmen, daß eine oder mehrere der zur Erlangung der Wirklichkeit erforderlichen Bedingungen fehlen: Wenn und solange auch nur eine der die vollständige Ursache ausmachenden Bedingungen bestimmt fehlt, gibt es für das in Frage stehende Dinge keine Möglichkeit, den Status der Unwirklichkeit zu überwinden, mit anderen Worten: die Wirklichkeit des Dinges ist und bleibt in diesem Fall unmöglich.

[26] De Corpore, C. X., § 4.
[27] Theod. § 172.
[28] Vgl. Gassendi.

Nachdem Leibniz die Legitimation der Ansetzung einer im eben angegebenen Sinn verstandenen hypothetischen Unmöglichkeit eingeräumt halt, holt er zu der Kritik an Hobbes' Versuch aus, stillschweigend diese hypothetische Unmöglichkeit als eine Unmöglichkeit schlechthin auszugeben, um die These aufrechtzuerhalten, daß das, was sich nicht ereignet (schlechthin) unmöglich ist. Der entscheidende Satz lautet: „Ebenso aber, wie wir (Leibniz meint sich selbst und alle Anhänger der wirklichen Unterscheidung zwischen Möglichem und Wirklichem) behaupten, sinnvoll sagen zu können, daß dieses oder jenes Ding existieren kann, obwohl es nicht existiert, behaupten wir auch, sinnvoll sagen zu können, daß die erforderlichen Bedingungen, gemeint ist die vollständige Ursache in der Gestalt der Gesamtheit der erforderlichen Bedingungen, existieren können, obwohl sie nicht existieren."[29] Und Leibniz fügt hinzu: „Die Schlußfolgerung von Herrn Hobbes läßt auf diese Weise die Sache dort stehen, wo sie bereits war."[30] Durch die Schlußfolgerung von Hobbes ist nämlich die Streitfrage nur verschoben, aber nicht gelöst worden. Denn die Anhänger der Unterscheidung — man hat sie später Kontingentianer genannt[31] — wenden freilich die Unterscheidung zwischen Möglichkeit und Wirklichkeit auch auf die Gesamtheit der Bedingungen für die Verwirklichung des in Frage stehenden Wirklichen an und unterscheiden zwischen einer wirklichen und einer möglichen Gesamtheit, während die Fatalisten, und mit ihnen Hobbes, die Gesamtheit wiederum als ein selbständiges Etwas auffassen werden, zu dessen Verwirklichung eine bestimmte Anzahl von Bedingungen erforderlich ist, so daß sie erneut mit dem Gedanken operieren können, daß diese Bedingungen entweder in ihrer Gesamtheit vorliegen: dann ist die erste Gesamtheit und mit ihr das in Frage stehende Ding, wirklich; oder aber es fehlen eine oder mehrere unter ihnen: dann ist die erste Gesamtheit und das von ihr abhängige Ding unmöglich. Die Positionen stehen sich unverändert gegenüber: Leibniz, als Repräsentant der Kontingentiarier, nimmt ein Drittes, ein zwischen „wirklich" und „unmöglich" Vermittelndes an; Hobbes, als Repräsentant der Fatalisten, verharrt auf seiner Alternative: entweder wirklich — oder unwirklich u n d unmöglich.

---

[29] „Mais comme nous prétendons pouvoir dire que la chose peut exister, quoiqu'elle n'existe pas, nous prétendons de même pouvoir dire que les conditions requises peuvent exister, quoiqu'elles n'existent point": Theod. § 172.
[30] Theod. a. a. O.
[31] Cf. Chr. Wolff.

Die erste Gestalt des Versuches, mit Hilfe des Rückgriffs auf die Bedingungen oder Ursachen den Sinn des Wortes „Möglichkeit" festzulegen, bestand in der Gleichsetzung der Totalität der Bedingungen mit der Möglichkeit, und in der Gleichsetzung des Vorhandenseins dieser Totalität mit dem Vorliegen der Möglichkeit. Die zweite Gestalt ist durch die Gleichsetzung der Möglichkeit mit dem Vorhandensein nur eines Teils der erforderlichen Bedingungen gekennzeichnet. Da jedoch Hobbes, unter der Zustimmung von Leibniz, nachgewiesen hat, daß in diesem Fall das fragliche Ding nicht nur unwirklich, sondern auch unmöglich ist, — ein Gedankengang, dem übrigens jeder denkende Mensch zustimmen müßte, — ist es von vornherein klar, daß, wenn jetzt von „Möglichkeit" die Rede ist, zu einer anderen Ebene der Überlegung übergegangen wird, genauer gesagt, daß jetzt nicht mehr die als ein Gebiet mit einem Sonderstatus dem Bereich der Wirklichkeit zugehörende Möglichkeit gemeint ist, sondern die auf das erkennende Bewußtsein und das Wissen bezogene Möglichkeit. Das ist auch der Sinn, den wir in der Alltagssprache mit dem Wort „möglich" verbinden, wenn wir etwa sagen: „es ist möglich, daß Herr X heute abend vorbeikommen wird"; wir können diese Art von Möglichkeit, weil sie ausschließlich auf das erkennende Subjekt bezogen ist, die subjektive nennen, im Unterschied zu der Möglichkeit, die in erster Linie den erkennbaren, aber auf das Erkanntwerden nicht angewiesenen und dem Erkennenden gegenüberstehenden Dingen zugesprochen wird und die wir die objektive nennen können.

2. Die Möglichkeit als Vorliegen eines Teils der Bedingungen
(Leibniz contra Spinoza)

Aus der herausgestellten Verschiedenheit der Ebene der Überlegung ergibt sich, daß sich die Aneignung des Gedankenganges von Hobbes mit der Beschränkung der Möglichkeit überhaupt auf die subjektive Möglichkeit sehr gut verträgt, und, darüber hinaus, ein komplementäres Stück zu jenem Gedankengang innerhalb einer Theorie des Wirklichen darstellt. Es ist bezeichnend, daß wir diese Beschränkung ausdrücklich bei Spinoza[32] finden, der sich mit der Argumentation von Hobbes identifizieren würde und der von Leibniz stets in einem Atem mit Hobbes genannt wird, wenn die Frage nach der „blinden" Notwendigkeit oder der Kontingenz des Wirklichen berührt wird, womit beide auf die Seite der

---

[32] Spinoza, Eth., 1. T., Lehrs. 33, 1. Erl.

Fatalisten, das heißt der Vertreter der fatalen, absoluten oder blinden[33] Notwendigkeit eingeordnet werden.

Als Exponenten dieser fatalistischen Theorie innerhalb der mittelalterlichen Theologie sieht Leibniz den englischen Kirchenfürsten Wiclef an, dessen Lehre in dem Konzil zu Konstanz verurteilt wurde[34], und Pierre Abälard. Vierzehn aus Abälards Schriften entnommene Sätze wurden auf dem Konzil von Sens verurteilt, unter ihnen die mit dem hier erörterten Problem eng zusammenhängende und an dritter Stelle auf der Liste der Irrmeinungen angeführte, aus dem 3. Buch der „Einführung in die Theologie" exzerpierte These, nach der Gott nur das machen kann, was er macht bzw. gemacht hat, mit anderen Worten: daß für Gott selbst keine andere Möglichkeit vorlag, als er die Dinge schuf und daß demzufolge die Vorstellung von einem wägend-wählenden und frei handelnden Gott auf einen unrichtigen Gottesbegriff zurückzuführen ist[35]. Als erster Verfechter der durch Abälard, Wiclef, Hobbes und Spinoza vertretenen fatalistischen Möglichkeits- und Wirklichkeitstheorie wird von Leibniz, der sich in diesem Punkt dem Urteil und der Darstellung von Bayle anschließt[36], der griechische Philosoph Diodoros genannt, „ein berühmter Dialektiker aus der Schule der Megariker"[37], dessen Lehre von dem Stoiker Chrysipp heftig bekämpft wurde. Diodoros hat auf die Frage, ob es unter den Dingen, die nie wirklich gewesen sind und nie wirklich sein werden, mögliche Dinge gibt, verneinend geantwortet, und auf die (eine andere Formulierung der ersten Frage bildende) Frage, ob alles das, was weder wirklich ist, noch jemals wirklich gewesen ist, noch irgendwann wirklich sein wird, als unmöglich anzusehen ist, bejahend geantwortet und sich dadurch zum Urheber des bis zu den Zeitgenossen von Leibniz tradierten fatalistischen (oder megarischen) Möglichkeitsbegriffes — man müßte eigentlich vielmehr „Unmöglichkeitsbegriffs" sagen — gemacht.

Anläßlich der Kritik an der Hobbesschen Gleichsetzung des Möglichen mit dem Wirklichen geht Leibniz auch auf Spinozas Lehre ein; Spinoza sei, nach Leibniz, noch weiter als Hobbes gegangen, da er offen und ausdrücklich die blinde Notwendigkeit gelehrt hat, dem Urheber der Dinge (mit anderen Worten „Gott") sowohl die Vernunft oder das Erkenntnisvermögen als auch den Willen oder das Begehrungsvermögen absprechend

---

[33] Theod. § 173.
[34] S. Theod. § 172, 235.
[35] Theod. § 171, 235.
[36] S. Theod. § 170.
[37] S. Bayle, Dictionnaire, Art. Chrysipp, Buchstabe S.

und — der nominalistischen Tradition gemäß — sich einbildend, daß Güte und Vollkommenheit, besonders die Unterscheidung zwischen Gutem und Bösem bzw. weniger Gutem und zwischen Vollkommenem und weniger Vollkommenem nur einen Sinn für uns, aber nicht an sich selbst, und nicht für den Schöpfer der vollkommenen und weniger vollkommenen Dinge selbst haben, weil sie Produkte des menschlichen Bewußtseins sind, das heißt nichts anderes als Namen oder Begriffswörter, denen zwar ein Sinn zugesprochen wurde, die aber nichts bedeuten, weil sie im Grunde auf nichts hindeuten, da ihnen im Bereich der wirklichen Dinge kein Gegenstand entspricht, sobald man den menschlichen und allzu menschlichen Blickpunkt auf die Dinge verläßt, um sich auf den Blickpunkt des Ursprungs und des Urhebers der Dinge zu versetzen und sich diesen höheren, gültigeren Gesichtspunkt anzueignen[38].

Die Verneinung des Ansichseins der Unterscheidung zwischen Gut und Böse bzw. zwischen Vollkommenem und Unvollkommenem ist ein Seitenzweig der Spinozischen Kritik an den Final- und Zweckursachen, wobei Spinoza eigentlich nur die theologisch verstandene Teleologie und das, was Kant die bloß relative, äußere und bloß zufällige Zweckmäßigkeit („Zuträglichkeit eines Dinges für andere") genannt hat[39] treffen wollte. Ein anderer Seitenzweig ist die Bestimmung des Sinnes der Möglichkeit mittels des Rückgriffs auf das Vorhandensein nur eines Teils der für die Verwirklichung eines Wirklichen erforderlichen Bedingungen, vor dem Hintergrund der Beziehung der Möglichkeit auf das erkennende Bewußtsein und der daraus resultierenden Subjektivierung der Kategorie „Möglichkeit". In dem 1. Scholion der 33. propositio des 1. Teils der Ethik gibt Spinoza eine Erläuterung der Begriffe „möglich" und „unmöglich", in der die Absage an den objektiven Möglichkeitsbegriff manifest wird. „Ein Ding", heißt es an der genannten Stelle, „von dem uns unbekannt ist, ob seine Wesenheit einen Widerspruch in sich schließt oder von dem wir genau wissen, daß seine Wesenheit keinen Widerspruch in sich schließt, von dessen Existenz wir aber mit Gewißheit nichts behaupten können, weil die Ordnung der Ursachen uns verborgen ist, ein solches Ding kann uns niemals weder als notwendig noch als unmöglich erscheinen und deshalb nennen wir es kontingent oder möglich".

Spinoza denkt bei dieser Formulierung offensichtlich an die beiden Begriffspaare: notwendig-kontingent und möglich-unmöglich und ge-

---

[38] Theod. § 173.
[39] S. Kr. d. Urt. § 63.

langt, über den vermeintlichen Nachweis der Berichtigung, die zwei Glieder dieses Gevierts (= möglich—unmöglich) zu eliminieren, zu der Eingrenzung des Sinnes der Möglichkeit, sie gleichzeitig mit dem anderen der zwei übrig gebliebenen Glieder, nämlich mit der Kontingenz zusammenspannend und letzten Endes identifizierend. Das Bedenkliche bei dieser Verschmelzung von „kontingent" und „möglich" wird uns noch beschäftigen, da zur Profilierung der Position von Leibniz die Erörterung der Leibnizschen Distanzierung von einer derartigen Verschmelzung entscheidend beiträgt. Vorerst ist an der spinozischen Erläuterung von „möglich" (nur „kontingent") nur die Tatsache relevant, daß von einem nur partiellen Wissen der Bedingungen Gebrauch gemacht wird, d. h. daß mit dem Gedanken des Wissens um das Vorhandensein nur eines Teils der erforderlichen Bedingungen operiert wird, um für das Wort „möglich" überhaupt einen Sinn ausfindig zu machen.

Der Umstand nämlich, daß in der Formulierung „Ein Ding... von dem wir genau wissen, daß seine Wesenheit keinen Widerspruch in sich schließt, von dessen Existenz wir aber mit der Gewißheit nichts behaupten können, weil die Ordnung der Ursachen uns verborgen ist... nennen wir kontingent oder möglich"[40] die auch von Leibniz akzeptierte Definition der Möglichkeit zur Sprache kommt, die bereits erwähnte Widerspruchsfreiheit des Begriffs bzw. der Wesenheit, beruht auf einer von Spinoza unausdrücklich durchgeführten Dichotomie des Gesamtbereichs der erforderlichen Bedingungen, und zwar derart, daß die vielen stoffhaften Bedingungen, die erforderlich sind und die durch den Ausdruck „Ordnung der Ursachen" zusammengefaßt werden, auf der Basis einer Hauptbedingung stehen, die für sich allein genommen, ebenfalls eine nur notwendige und keine hinreichende Bedingung darstellt, die jedoch durch ihren formalen und grundsätzlichen Charakter ausgezeichnet ist. Diese durch ihre Formalität und Grundsätzlichkeit ausgezeichnete Bedingung ist die Widerspruchsfreiheit des Begriffs des Wirklichen, dessen Verwirklichung hinsichtlich ihrer Möglichkeit oder Unmöglichkeit erkannt wird: Wenn wir den Begriff des Wirklichen, das noch zu verwirklichen ist, genau durchdenken, und, nachdem wir bis zu den letzten Bestandteilen des Begriffs vorgedrungen sind, keinen Widerspruch zwischen irgendwelchen Bestandteilen feststellen, dann ist eine der erforderlichen Bedingungen der Wirklichkeit des Wirklichen gesichert, und zwar eine Bedingung, die sinnvollerweise als eine Hauptbedingung bezeichnet werden kann, da sie durchgän-

---

[40] S. Spinoza, Ethik, a. a. O.

gig für alles gilt und stets erfüllt sein muß, wenn der Prozeß der Verwirklichung anhebt. Die Widerspruchsfreiheit des Begriffs dient demnach bei Spinoza dazu, einen Sinn für das Wort „möglich" ausfindig zu machen und die Möglichkeit zu definieren, aber lediglich im Horizont der Erforschung der Bedingungen und des Strebens des Menschen, sie in ihrer Gesamtheit zu erkennen; während sie Leibniz, der dem nominalistischen Ansatz Spinozas nicht zustimmt, die Möglichkeit des Dinges in der Widerspruchsfreiheit des Begriffs des Dinges aufgehen läßt, indem er allerdings den Begriff essentialisiert, d. h. mit der Essenz oder Wesenheit gleichsetzt und — das ist erst der entscheidende Schritt, durch den er sich von Spinoza abhebt — die Essenz hypostasiert und somit die Möglichkeit objektiviert, d. h. hier sie als einen Teil des Bereichs der Wirklichkeit auffaßt, wenn auch als ein durch einen ontologischen Sonderstatus von der wirklichen Wirklichkeit gesondertes Gebiet, das man Vorwirklichkeit, oder, sich der Terminologie Ernst Blochs anschließend, das Gebiet des Noch-nicht-seienden nennen kann.

Leibnizens Möglichkeitsbegriff ist in die Nähe des zweiten Weges einzuordnen, dessen Besprechung an dieser Stelle noch aussteht und auf dem versucht wird, für das Wort „möglich" ohne den Rekurs auf die Ursachen und Bedingungen eine plausible Definition zu finden. Von dem ersten Weg wendet er sich entschieden ab. Er betont: „Wenn man von der Möglichkeit eines Dinges spricht, handelt es sich nicht um die Ursachen, die es notwendig mit sich bringen, oder die es notwendig verhindern, daß das Ding aktuell existiert — daß das Ding zu der — wirklichen — Wirklichkeit gelangt; andernfalls würde man die Natur der Ausdrücke ändern — die Existenzberechtigung des Terminus „Möglichkeit" bestreiten; und man würde die Unterscheidung zwischen dem Möglichen und dem Wirklichen = zwischen dem — an sich selbst — möglicherweise und dem wirklicher- oder aktuellerweise Wirklichen entbehrlich und überflüssig machen, wie es innerhalb der theologischen Diskussion über die Macht, das Vermögen und die Möglichkeit Gottes Abälard tat, und wie es, nach ihm, Wiclef getan zu haben scheint, was sie dazu geführt hat, ohne irgendeinen wirklichen Grund unbequemen und schockierenden Formulierungen zu verfallen."[41] Auf Grund des bisher Gesagten kann einsichtig gemacht werden, warum sich Leibniz von diesem Denkweg abwenden muß: Die Gleichsetzung der Möglichkeit mit der Totalität der Bedingungen würde auf die Negierung der Berechtigung der Unterscheidung zwischen Mög-

---

[41] Theod. § 235.

lichkeit und Wirklichkeit hinauslaufen, und auf diese Negierung hinauslaufend, in die Gleichsetzung des Wirklichen mit dem Notwendigen im Sinne des absolut Unentrinnbaren (Leibniz spricht vom absolument invincible)[42] und somit in den Fatalismus münden. Und die Gleichsetzung der Möglichkeit mit dem partiellen Wissen der für die Verwirklichung des Wirklichen erforderlichen Bedingungen würde mit der Subjektivierung und im Gefolge mit der Relativierung des Möglichkeitsbegriffs gekoppelt und nur auf dem Boden eines nominalistischen Grundansatzes durchführbar sein. Dem nominalistischen Grundansatz, der sich zu dem Fatalismus komplementär verhält und mit ihm strukturell gleich ist, da sowohl in dem Fatalismus (unausdrücklich) als auch in dem Nominalismus (offen) die massive Alternative „entweder wirklich oder völlig unwirklich" bzw. „entweder wirklich oder unwirklich und unmöglich" bejaht und ein Mittleres, das wohl in einem negativen Sinn wirklich ist (sofern es nämlich nicht völlig auf das Vorgestellt- und Erbautwerden vonseiten eines denkenden Subjekts angewiesen ist), jedoch ohne dinglich-wirklich zu sein, geleugnet wird, stimmt aber Leibniz nicht zu. Es wird noch zu zeigen sein, worin der theoretisch-philosophische Grund liegt für die Weigerung von Leibniz, dem nominalistischen Ansatz und den fatalistischen Implikationen zuzustimmen, und zugleich: daß es, entgegen der Meinung mancher Interpreten (z. B. Reinhardt, Friedmann) einen solchen Grund gibt.

Die prägnanteste Formulierung des Zusammenhanges zwischen der nominalistischen Verneinung des Ansichseins des Guten und des Bösen selbst dann, wenn sie nicht als Wertungen, sondern als in der Verfassung der Dinge beruhende Qualitätsunterschiede verstanden werden, und der Bejahung der fatalistischen These, daß alle Möglichen unterschiedslos zur Wirklichkeit gelangen, woraus sich freilich die Verneinung des Ansichseins des Unterschieds zwischen Möglichem und Wirklichem ergibt, gelingt Leibniz in einer von Bodemann veröffentlichten Notiz. „Es gibt Widersacher einer anderen Art", schreibt hier Leibniz, diese zweite Art von Opponenten den Skeptikern, die in der Gestalt von Foucher sein 1695 publiziertes Noveau système de la communication des substances kritisiert hatten, zur Seite stellend, „die sich auf eine andere extreme Position versteifen, indem sie glauben, daß das Böse ebenso wie das Gute von Gott komme; und zwar auf Grund einer Art von fataler und absoluter Notwendigkeit, ohne irgendeine Auswahl. Es handelt sich um die Anhänger von Hobbes und Spinoza, die (ohne sich zu kümmern, ob es einen Gott

---

[42] Theod. § 234.

gibt oder nicht, zumindest ob er gut ist oder nicht) behaupten, daß, wenn er der Urheber des Guten ist, er nichtsdestoweniger auch als der Urheber des Bösen anzusehen ist, selbst des moralisch Bösen, und daß er an der Hervorbringung von beiden in gleicher Weise beteiligt sein muß. Sie stellen die Behauptung auf, daß Gut und Böse nur in unserer über die Dinge in der Welt reflektierenden Meinung sind, d. h. daß sie nur mit Hilfe der Einbildungskraft in die Natur der Dinge verlegt werden, und daß auf diese Weise alle Möglichen, mögen sie gut oder böse sein, in gleicher Weise und unterschiedslos zur Wirklichkeit gelangen — ohne daß die Natur oder ihre Ursachen auf die Güte und ihr Gegenteil irgendwie achteten"[43]. Es muß hier angemerkt werden, daß die Denkfigur, in der, erstens, die, wenn auch nur in dem Medium des Denkens anzuerkennende noematische Eigenständigkeit der Allgemein- oder Gattungsbegriffe (universalia) und im Gefolge das Ansichsein der auf das Mehr und Weniger sich beziehenden Qualitätsunterschiede verneint werden, und zweitens das Ansichsein des Unterschieds zwischen dem Möglichen und dem Wirklichen verneint wird, eine theologische Verkleidung haben kann, aber nicht zu haben braucht. Wenn sie in derartigem Gewand erscheint, wie es in der von Leibniz referierten Position der Fall ist, dann sind die beiden Verneinungen durch den (innerhalb dieser Denkfigur stets pantheistisch gedachten) Gottesbegriff vermittelt, und zwar auf Grund der Überlegung, daß der die Dinge hervorbringende (allmächtige) Gott nicht in der Lage ist, bei der Hervorbringung irgendeine Rücksicht auf die höhere oder die niedrigere Qualität zu nehmen, da es solche Qualitätsunterschiede von dem Blickpunkt aus gesehen, der den Blick auf das Weltganze gewährt, überhaupt nicht gibt, und daß Gott auf diese Weise alles hervorbringt, was hervorgebracht werden kann, bzw. daß nichts von dem, was nicht tatsächlich hervorgebracht wurde, zu dem gezählt werden kann, was hervorgebracht werden kann. Ist jedoch das theologische Gewand und mit ihm der pantheistische Gottesbegriff abgestreift, so ist die Beziehung zwischen beiden Verneinungen eine unmittelbare, obgleich nicht immer thematisierte: die (im Gefolge der Verneinung der Eigenständigkeit der Gattungsbegriffe sich einstellende) Verneinung des Vorkommens von Dingen höherer und niedriger Vollkommenheit oder Qualität bringt mit sich, sich zuspitzend, die Verneinung des Ansichseins hinsichtlich des Unterschieds derjenigen Qualität, die dem puren Dasein der Dinge zukommt; die Möglichkeit läßt sich nämlich bei einer ersten Näherung als Dasein

---

[43] Bodemann, Handschriften, S. 62.

geringerer Qualität und die Wirklichkeit als Dasein höherer Qualität auffassen. Eine solche Fassung ist allzu vage, aber nicht unrichtig. Die eben beschriebene zweite, untheologische Gestalt der zur Diskussion stehenden Denkfigur hat heute eine besondere Aktualität, da sie den Neopositivismus — der von dem Positivismus der Comte, Peirce und James wohl zu unterscheiden ist — durchherrscht.

Für den zweiten, noch zu erörternden Weg, der eingeschlagen werden kann, um eine plausible Definition des Status des Möglichen zu finden, läßt sich auch ein positives Kennzeichen angeben: Auf diesem Weg wird die Gleichheit des Möglichen mit dem Wirklichen hinsichtlich ihres Sachgehalts behauptet. Auch dieser Weg begegnet uns in zwei Gestalten. Das bei beiden Gestalten Gemeinsame ist die Doppelthese: Erstens, zwischen dem Möglichen und dem Wirklichen besteht ein wirklicher Unterschied, und zweitens, es gibt keinen inhaltlichen, durch einen verschiedenen begrifflichen Gehalt ausdrückbaren Unterschied zwischen ihnen.

Die erste Modifikation des zweiten Weges stellt den Begriff des Vermögens (facultas) in den Mittelpunkt, und zwar des Vermögens, das bereits zur Ausführung der ihm eigentümlichen Tätigkeit übergegangen ist. Entsprechend zu den beiden Möglichkeiten, sich das bereits zur Ausführung übergehende Vermögen — also nicht das bloße Vermögen, das nichts anderes als die facultas nuda der Scholastiker wäre und strukturell mit dem Vorhandensein nur eines Teils der erforderlichen Bedingungen gleichgesetzt werden muß — vorzustellen, nämlich einmal als Potentialität (potentia), d. h. als das keimhaft angelegte Künftige selbst, und zum anderen als Fähigkeit (virtus), die an der Verrichtung der ihr zukommenden Wirksamkeit durch ein äußerliches Hindernis gehindert wird, ergeben sich wieder zwei Gestalten der ersten Modifikation. Die das Vermögen als Potentialität auffassende versteht den Unterschied zwischen dem Möglichen und dem Wirklichen in erster Linie als einen temporalen, das heißt als einen Unterschied, der maßgeblich durch das Früher und Später bestimmt ist, wobei das „Früher" dem Möglichen, für welches hier der aufbrechende und zur reifen Frucht strebende Samen als Modell dienen kann, und das „Später" dem Wirklichen, das bei der Veranschaulichung mit der reifen Frucht identifiziert werden muß, zuzuordnen ist. Während die Gestalt, die das Vermögen als an der Entfaltung durch einen Widerstand gehemmte Fähigkeit oder Kraft deutet, den fraglichen Unterschied als einen Unterschied zwischen dem Verborgenen oder Latenten und dem Offenen oder Manifesten versteht (auf den Unterschied zwischen Latenz und Potenz hat neuerdings Ernst Bloch aufmerksam gemacht, allerdings ohne auf die Verflechtung des Problems der „Möglichkeit" mit dem der Kontingenz einzugehen); dem Möglichen ist hier das Latente und dem Wirklichen das Manifeste zuzuordnen.

3. Die Gleichsetzung von Possibilität und Potentialität im engeren Sinn

a. Die naturphilosophische Version dieser Identifikation (Leibniz contra Descartes)

Auch die erste Gestalt der ersten Modifikation des zweiten Weges, eine Klärung des Sinnes des Wortes „möglich" herbeizuführen, findet Leibniz in seiner zeitgenössischen Philosophie: Sie ist, wenn auch unausdrücklich, in der Philosophie von Descartes enthalten. In dem dritten, der Analyse und Erklärung der sichtbaren Welt gewidmeten Teil seiner „Principia philosophiae" (Art. 47) stellt Descartes die These auf, daß die Materie, mit Hilfe der Naturgesetze, nach und nach (successive) alle Formen, deren sie fähig ist, annimmt. In dieser These ist die Auffassung der Möglichkeit als Potentialität impliziert, genauer gesagt: hier wird die Möglichkeit der Wirklichkeit (es handelt sich um das „Möglichsein" der Gestalten der kleinsten Materieteilchen) mit dem potentiellen Wirklichsein dieser Gestalten in der Materie selbst gleichgesetzt. Aus dieser Gleichsetzung, die in Descartes These impliziert ist, ergibt sich aber als logische Konsequenz, daß alle Möglichen (hier im Sinne von: alle möglichen Formen) irgendwann und irgendwo wirklich sein werden, vorausgesetzt, daß man die Linie, die in die Zukunft weist, bis ins Unendliche verlängert und den antizipierten Gesamtablauf der Welt zum Gegenstand der Betrachtung macht. Daraus würde wiederum folgen, daß unter der Voraussetzung, daß das diachronische Weltgeschehen synchronisch und synoptisch vergegenwärtigt wird, der Unterschied zwischen Möglichem und Wirklichem negiert werden muß, ähnlich wie er bei Ansetzung des megarischen Möglichkeitsbegriffs negiert werden mußte, und daß, von diesem Gesichtspunkt aus gesehen, der Terminus „Möglichkeit" seinen spezifischen Sinn verliert. Indem er nämlich als eigenständiger Terminus dasteht, weckt er den Anschein, als ob begriffliche Momente erforderlich seien, um den Unterschied zwischen dem Möglichen und dem Wirklichen anzugeben, während bei der hier zugrundegelegten Betrachtungsweise die zeitlichen Modi des „Früher" und „Später" zur Fixierung des Unterschiedes ausreichend sind. Nach Leibniz ist zwar das Mögliche, wie wir noch genauer sehen werden, nicht durch begriffliche Bestandteile oder Momente von dem Wirklichen unterschieden. Dennoch ist es zur Festlegung des Unterschiedes zwischen dem Möglichen und dem Wirklichen unumgänglich, diskursiv zu verfahren und von begrifflichen Momenten Gebrauch zu machen, namentlich von dem Gedanken, daß nicht alles Mögliche zur Wirklichkeit gelangt, oder populärer formuliert, daß die Anzahl der Möglichen größer als die der Wirklichen ist (inklusiv aller antizipierten Wirklichen, die noch in einer unendlichen Zukunft verwirklicht werden).

Sowohl die dem megarischen Möglichkeitsbegriff zugrundeliegende Explikation des Sinnes von „möglich" mit Hilfe des Gedankens der Totalität der erforderlichen Bedingungen, als auch die der kartesischen These zugrundeliegende Identifizierung der Möglichkeit mit der Potentialität, besonders die in dieser Identifizierung enthaltene Auffassung, daß zur Angabe des Unterschiedes zwischen dem Möglichen und dem Wirklichen irgendwelche begrifflichen Momente entbehrlich sind, sind mit dem Gedanken untrennbar verbunden, daß alle Möglichen — irgendwann und irgendwie — die Ebene der Wirklichkeit erreichen bzw. erreichen werden und negieren in gewissem — jeweils verschiedenem — Sinn den Unterschied zwischen Möglichem und Wirklichem. Im Hinblick auf die Verwirklichung aller Möglichen besteht der Unterschied zwischen ihnen nur darin, daß der Megariker Diodor und die Anhänger seiner Möglichkeitstheorie (in unserer Zeit ist es Nicolai Hartmann, der diese Theorie wieder aufgenommen hat)[44] zur Begründung und Stützung die Zeit und die Zukunftsperspektive nicht brauchen, während für diejenigen, die das Mögliche mit dem Potentiellen identifizieren, wie es im Grunde Descartes tut, wenn er die Verwirklichung aller möglichen Formen behauptet (oder wie es vor ihm Giordano Bruno getan hat, wenn er lehrt, daß die als wirkende Ursache aufgefaßte Vernunft nie müde wird, alle Formen der Materie hervorzurufen, so daß alle Formen aktuelle Existenz haben)[45], die Einführung der Zukunftsperspektive unumgänglich ist.

Mit der These, daß alle Möglichen die Wirklichkeit erreichen, hängt nicht nur die Negierung des Unterschiedes zwischen Möglichem und Wirklichem zusammen, sondern auch die Lehre, daß alles Wirkliche, sowohl das stoffhaft Wirkliche als auch das als Begebenheit des Bewußtseins

---

[44] Cf. Nicolai Hartmann, Der Megarische und der Aristotelische Möglichkeitsbegriff, ein Beitrag zur Geschichte des ontologischen Modalitätsproblems, Berlin 1937.
[45] S. Giordano Bruno, Von der Ursache, dem Prinzip und dem Einen.

Wirkliche, ein Notwendiges und zwar ein im Sinne des absolut Unentrinnbaren — und infolgedessen auch des absolut Unverrückbaren — verstandenes Notwendiges ist. Deswegen kritisiert Leibniz immer wieder die in dem Artikel 47 des 3. Teils der kartesischen Prinzipien vorgetragene Lehre über die Formen der Materie, indem er stets die Verbindungslinie zu dem spinozischen Nominalismus zieht: zu der Eliminierung der Unterscheidung zwischen gut und weniger gut und im Gefolge, zwischen möglich und wirklich, und zu der sich daraus ergebenden Eliminierung der Unterscheidung zwischen dem (an sich selbst) kontingenten und dem (an sich selbst) notwendigen Wirklichen mittels der durchgängigen Gleichsetzung des Wirklichen mit dem absolut Notwendigen. Der in der Lehre über die Formen der Materie enthaltene kartesische fatalistische Evolutionismus ist nach Leibniz ein Vorläufer des spinozischen nominalistischen Fatalismus.

Das Motiv und die Intention der Leibnizschen Kritik an Descartes wird am deutlichsten sichtbar im folgenden Stück aus Leibnizens Kommentar zu den Principia philosophiae: „Nolo hic eius ratiocinationes examinare: tantum sententiam ipsam eiusque consequentias considerabo. Statuit ergo: materian omnes successive suscipere formas quarum capax: id est omnia possibilia aliquando aut alicubi existere... Haec jam sententia si vera est, nihil relinquit voluntati divinae ex infinitis possibilibus eligenti optima ac perfectissima. Nec perfectio Dei ex Ethico quodam more in eo ponenda est ut omnia quam pulcherrime cohaereant justitiaequae sint consentanea, sed in perfectione metaphysica qualem fingit Spinosa, Cartesius autem diserte explicare non ausus est, ut scilicet omnia possibilia producat ne quid scilicet amplitudini eius desit."[46]

---

[46] S. die im Anhang zu Wolfgang Janke, Leibniz, die Emendation der Metaphysik, Frankfurt a. M. 1963 veröffentlichten Inedita Leibnitiana, a. a. O., S. 237; das erste von ihnen, das ein eigenhändiges Konzept von Leibniz ist und den Titel „Periculosa in Cartesio" trägt, enthält die zitierte, bei Leibniz öfters vorkommende Annäherung von Spinoza (und Hobbes) an Descartes auf der Basis der Möglichkeitstheorie. Als weiteren Beleg führen wir noch eine Stelle aus einem von Couturat (Opuscules, S. 2) zum Teil publizierten Konzept an: „Si omne quod fit, necessarium esset, sequeretur sola quae aliquando existunt esse possibilia (ut volunt Hobbes et Spinosa) et materiam omnes formas possibiles suscipere (quod volebat Cartesius)". Auf diesen Aspekt der Kritik von Leibniz an Spinoza, oder, was in diesem Fall auf das Gleiche hinausläuft, an Descartes, hat bereits v. Uslar in seinem Aufsatz „Leibniz' Kritik an Spinoza" hingewiesen (enthalten in dem 5. Bd. der Supplementa der Studia Leibnitiana).

b. Die onto-theologische Version: Bayles Kritik an King und Leibnizens Kritik an Bayle

Nicht nur in Descartes' Lehre über die Formen der Materie, die der Naturphilosophie zugehört, sondern auch in Abälards These über das Zusammenfallen des dem Gott Möglichen mit dem durch Gott Verwirklichten und Hervorgebrachten, die zunächst einen theologischen Sinn hat, treffen wir die (unausdrückliche) Gleichsetzung der Möglichkeit überhaupt mit der Potentialität des tatsächlich Verwirklichten an. Diese zweite Konkretisierung der Tendenz, die Möglichkeit mit der Potentialität gleichzusetzen, hängt direkt und thematisch mit dem Freiheitsproblem zusammen, wenn sie auch auf die Frage nach der Freiheit Gottes und nach der Zulässigkeit, Gott das Attribut der Allmacht zuzusprechen, beschränkt zu sein scheint. Von der in den §§ 171, 234 und 235 der Theodizee durchgeführten Diskussion der genannten These, in deren Verlauf Leibniz Abälards Hauptgedanken referiert und einer Kritik unterzieht, läßt sich nämlich leicht die theologische Schale entfernen, um ihre auch für das heutige Bewußtsein relevanten Aspekte und ihre für die vorliegende Arbeit wichtigen Ergebnisse zum Vorschein zu bringen. Um dies zu erreichen, genügt es, das über Gottes Wollen, Handeln und Hervorbringen Gesagte auf das menschliche Wollen, Handeln und Hervorbringen zu übertragen, indem man zugleich den Menschen in dem Idealtypus des gottähnlichen Weisen thematisiert und dem weisen Gott den göttlichen Weisen substituiert. Eine solche Transposition der Diskussion ist im Rahmen dieser Untersuchung keine bloße Möglichkeit, oder eine nur interessante Aktualisierung der Problematik, sondern eine unerläßliche und vertiefende Ergänzung. Denn wie jede konsequente rationale Theorie der Freiheit, so fordert auch die von Leibniz die Einbeziehung des als Grenzwert, Kulminationspunkt und Idealtypus angesetzten Weisen in die Betrachtung. Bei der Ankunft an dieser äußersten Grenze entstehen jedoch für die rationale Freiheitstheorie ganz besondere Schwierigkeiten, die auch von Leibniz' Zeitgenossen, in erster Linie von dem Skeptiker Bayle gesehen und dazu benutzt wurden, um ein Lehrstück der rationalen Freiheitstheorie, das die Freiheit des hier als Symbol des Weisen (Sophos) zu deutenden weisen Gottes betrifft, anzuzweifeln. Erst dann, wenn sie diese Schwierigkeiten gemeistert hat, hat sie sich vor dem philosophischen Bewußtsein bewährt. Nur unter der Voraussetzung, daß es einsichtig und durchsichtig gemacht werden kann, daß sie und wie sie die für sie konstitutive Parallelisierung der Grade der Freiheit mit den

Graden der Abhängigkeit von der Vorstellung des Angemessenen (convenable) und letztlich die Identifizierung der maximalen Freiheit mit der überhaupt kein Spiel mehr zulassenden Abhängigkeit gegen die auftauchenden Einwände erfolgreich verteidigt, verdient sie den Namen, den sie trägt, weil nur dann der Anspruch, den sie erhebt, nämlich das Zusammendenken von Freiheit und Rationalität zu leisten, als gerechtfertigt gelten kann. Es wird sich erweisen, daß die Trennung von Possibilität und Potentialität, die Leibniz in seiner Auseinandersetzung mit Abälards und Bayles Theorem eigens vollzieht, wenn er auch die Potentialität unter dem Namen „Wille" (volonté) und die Possibilität oder Möglichkeit unter dem Namen „Vermögen" oder „Können" (puissance) bedenkt, der Hebel ist, der angesetzt wird, um die der rationalen Freiheitstheorie drohenden Schwierigkeiten auszuräumen.

Abälard begründete die These, daß Gott nichts anderes tun kann als das, was er tut, mit dem Satz: „Gott kann nichts anderes tun, als das, was er will" und dem Zusatz: „Gott kann nichts anderes wollen als: (formal gesprochen) das, was er, es wählend gewollt hat und will; und das heißt (inhaltlich gesprochen) nichts anderes als das Angemessene". Aus beidem zusammen ergibt sich konsequent: Er hat nichts anderes tun können und kann nichts anderes tun als das, was er tut, das heißt nichts anderes als das Angemessene, wobei das, was wir hier „Zusatz" genannt haben (= Gott kann nichts anderes wollen als das, was er will) aus dem Umstand folgt, daß Gott deswegen nichts anderes machen wollen kann als das, was er machen will, weil er unabänderlich alles das und nur das machen will, was angemessen ist, woraus sich ergibt, daß alles das, was er nicht getan hat, nicht angemessen ist und daß, infolgedessen, Gott es nicht machen wollen kann[47].

Es fällt bei dem ersten Durchgehen des Gedankenganges sofort auf, daß das gedankliche Instrument, dessen Abälard sich bedient, um die erwähnten Schlüsse aufzustellen, und um schließlich das Zusammenfallen der Bereiche des Machens (oder Tuns) und Könnens bzw. des Machens und Machenkönnens zu behaupten, das Aufeinanderbeziehen von Wollen und Können ist und zwar derart, daß der Begriff des Das-andere-machenwollen-könnens (bzw. Andersmachenwollen-könnens) eingeführt wird, um auf seine Stichhaltigkeit hin geprüft und schließlich negiert zu werden, so daß nur das Das-andere-nicht-machenwollen-können übrigbleibt und der notwendige Zusatz „Gott kann nichts anderes wollen, als

---

[47] Theod. § 171.

das, was er will" (genauer gesagt: „Er kann nichts anderes machen wollen, als das, was er machen will") als erwiesen gelten kann.

Bevor Leibniz seine sachliche Kritik an Abälards Argumentation formuliert, die sich auf den Begriff des Das-andere-nicht-machen-wollen-könnens konzentriert, bezeichnet er den durch jene Argumentation entfachten Streit als eine „Logomachie", als einen Streit um Worte. Dieser Ausdruck besagt in diesem Zusammenhang nicht, wie manche Interpreten meinen[48], daß es nach Leibniz nur auf die Definition des Wortes „Möglichkeit" ankommt, und daß, je nach der Definition, die man zugrundelegt, beide recht haben: Sowohl die Anhänger der Gleichsetzung der Möglichkeit mit der vollständigen Ursache und die ihnen nahestehenden[49] Anhänger der Gleichsetzung der Möglichkeit mit der Potentialität, als auch Leibniz und mit ihm die Anhänger der definitorischen Gleichsetzung der Möglichkeit des Dinges mit der Widerspruchsfreiheit des Begriffs des Dinges, genauer gesagt, mit der Denkbarkeit des (widerspruchsfreien) Begriffs des Dinges. Dies geht aus zweierlei hervor: erstens, aus der Tatsache, daß Leibniz im Verlauf der hier thematischen Kritik überhaupt nicht den eigenen Möglichkeitsbegriff ins Spiel bringt und offenbar nicht die Absicht verfolgt, den megarisch-abälardschen Möglichkeitsbegriff lediglich zu relativieren, und zweitens daraus, daß an einer wichtigen Stelle, die wir bereits zitiert haben und bei der Leibniz auf die Theorien Abälards und Wiclefs noch einmal, wenn auch nur en passant, kritisch eingeht, expressis verbis gesagt wird, daß das Bedenkliche und zu Kritisierende darin besteht, daß eine mögliche, sinnvolle Unterscheidung und darüber hinaus eine für den die Welt zu erfassen suchenden Menschen notwendige Unterscheidung, nämlich die zwischen Möglichkeit und Wirklichkeit, entbehrlich werden würde, wenn man die Möglichkeit eines Dinges von den Ursachen der aktuellen Existenz des Dinges her versteht; sei es, daß man in der Weise der Megariker (und Hobbes') die Ursache in der außerhalb des Dinges liegenden vollständigen Ursache des Dinges sieht, sei es, daß man sie in der mit einer Frühphase des Dinges selbst gleichzusetzenden Potentialität des Dinges sieht. Daraus ist ganz eindeutig zu ersehen, daß es Leibniz bei der Verwendung des Ausdrucks „Logomachie" nicht um eine bloße Relativierung geht, sondern um eine Widerlegung der megarisch-abälardschen Theorie. Und daß der „Streit um Worte" hier den präzisen Sinn hat: die Anhänger der erwähnten

---

[48] S. z. B. G. Martin, Leibniz, Logik und Metaphysik, 2. Aufl., Berlin 1967, S. 21.
[49] S. oben.

Theorie bestreiten die Existenzberechtigung des Ausdrucks „(an sich selbst) möglich".

Den Nerv der Leibnizschen Kritik an Abälard macht der Satz aus: „Das Können und der Wille sind von einander verschiedene Vermögen, deren Gegenstände ebenfalls von einander verschieden sind; indem man sagt, daß Gott nichts anderes machen kann als das, was er will (gemeint ist: nichts anderes machen kann als das, was er macht, und nichts anderes machen wollen kann als das, was er machen will) vermengt man sie (= mit „sie" ist gemeint: „Die von einander verschiedenen Gegenstände zweier von einander verschiedener Vermögen"). Alle Möglichen sind nämlich als Gegenstände des Könnens anzusehen, aber die aktuellen und existierenden Dinge sind als Gegenstände des (göttlichen) beschließenden Willens anzusehen: „La puissance et la volonté sont des facultés différentes, et dont les objets sont différents aussi; c'est les confondre que dire que Dieu ne peut faire que ce qu'il veut ... Car on considère tous les possibles comme les objets de la puissance, mais on considère les choses actuelles et existantes comme les objets de sa volonté décrétoire."[50]

Den beiden verschiedenen Vermögen, dem Können (oder der Macht) und dem Wollen entspricht jeweils ein verschiedener Gegenstand; dem Können das Mögliche und dem beschließenden Wollen das Wirkliche. Im Augenblick zwar, in dem man unter den vielen Möglichkeiten die eine wählt, um sie zu verwirklichen, d. h. in dem Augenblick, in dem das beschließende Wollen tätig ist, ist das Beschlossene noch nicht wirklich, es ist aber bereits im Begriff, wirklich zu werden; mit anderen Worten: in diesem Moment, und von diesem Moment an, ist es potentialiter da. „Vermengung und Verschmelzung der beiden Vermögen (= des Könnens und des Wollens) und der ihnen eigentümlichen Gegenstände" besagt demnach, daß das Mögliche mit dem Potentiellen gleichgesetzt wird, in dem Sinne, daß man das Mögliche sich in dem Potentiellen erschöpfen läßt. Und wie bereits herausgearbeitet wurde, ist diese Haltung mit der Auffassung gekoppelt, daß alle jetzt Möglichen in der Zukunft Wirkliche sein werden, und in der logischen Verlängerung, daß das gegenwärtige Wirkliche absolut notwendig und das zukünftige Wirkliche absolut unentrinnbar ist. Indem Leibniz die Vermengung (Konfusion) zurückweist, behauptet er also, daß sich das Mögliche mit dem Potentiellen nicht erschöpft und daß die erwähnten fatalistischen Schlußfolgerungen ungültig

---

[50] Theod. § 171.

sind, weil das „Andere" (im Sinne des Gegenteils) wohl Gegenstand des Könnens sein und somit ein Mögliches darstellen kann ohne einen Gegenstand des Wollens auszumachen.

Den Gedankengang von Abälard hat der scharfsinnige Briefpartner von Leibniz, Pierre Bayle, reproduziert. Bayles „Historisches und kritisches Wörterbuch" (das im 18. Jahrhundert auf die Empfehlung Friedrichs des Großen von Gottsched ins Deutsche übersetzt wurde) war für Leibniz eine Fundgrube philosophiegeschichtlicher Informationen. Bayles kritische Auseinandersetzungen in dem Wörterbuch, in den „Nouvelles pensées sur les comètes" und in den „Réponse aux questions d'un provincial" bildeten für Leibniz, als er die Theodizee verfaßte, einen Anlaß und einen Leitfaden, um seine eigene kritische Einstellung gegenüber Überlieferung und Zeitgenossen zu präzisieren und um sich, wo es nötig schien, auch gegen Bayle abzugrenzen.

In der Kritik, die Leibniz an der Bayleschen Version der Abälardschen Argumentation übt, wird ein Teil des ontologischen Fundaments sichtbar, auf dem die Aussage von Leibniz steht: Können (puissance) und Wille (volonté) seien zwei verschiedene Vermögen (facultés différentes), dementsprechend seien auch die jeweiligen Gegenstände verschieden. Aus diesem Grund müssen wir uns diese Diskussion mittels der Interpretation vergegenwärtigen, geleitet von der Absicht der Kritik, das ontologische Fundament freizulegen und zu prüfen.

In der zuletzt genannten Schrift[51] variiert Bayle die These, daß der weise Gott (und der göttliche Weise) nur das machen kann, was er machen will (oder machen wollen kann), und er kann nur das machen wollen, was er tatsächlich machen will, das heißt daß für ihn keine Möglichkeit bestand, etwas anderes an Stelle des von ihm tatsächlich Hervorgebrachten hervorzubringen; indem er von dem Gedanken Gebrauch macht, daß in jeder Situation das angemessenste Mittel, um einen Zweck zu verwirklichen, an und für sich eines und jeweils nur eines ist, woraus sich ergibt, daß derjenige, der die superlativische Angemessenheit des den vorgestellten Zweck verwirklichenden Mittels durchschaut, unweigerlich und unentrinnbar zu dem Ergreifen und Verwenden des angemessensten Mittels getrieben wird, vorausgesetzt, daß er von vornherein sowohl über die durch den jeweils verschiedenen Grad der Angemessenheit sich voneinander unterscheidenden Mittel, als auch über das die Verwendung der Mittel

---

[51] Bayle, Réponse, Kap. 165, S. 1071.

betreffende Wissen verfügt; und indem er zweitens von dem Gedanken Gebrauch macht, daß das „andere", das in dem Ausdruck „das-andere-machen-können" vorkommt und das in diesem Fall nicht das inhaltlich und qualitativ von dem tatsächlich Hervorgebrachten Verschiedene, sondern nur, als das weniger Zweckmäßige, das im Hinblick auf den Grad der Angemessenheit Geringere bzw. das weniger Gute und somit das lediglich graduell Verschiedene ist, auch als das — relativ — Unzweckmäßige, Unangemessene und Böse verstanden werden kann, so daß schließlich und ausdrücklich die (hier mit der Relationalität zusammenfallende) Relativität der Unzweckmäßigkeit, Unangemessenheit und Bosheit ausgeklammert wird.

„Das geeignetste Mittel" schreibt Bayle[52], „um ein Ziel zu erreichen, ist notwendigerweise ein einziges" (Leibniz stimmt diesem Gedanken, der für Bayle der Ausgangspunkt ist, ausdrücklich zu: „das ist sehr gut gesagt", bemerkt er, „zum mindesten im Hinblick auf den Fall, in dem der Wählende — dessen Wahl jetzt analysiert wird — Gott selbst ist")[53]. „Also", fährt Bayle fort, „hat Gott, wenn er unentrinnbar dazu bewogen wurde, dieses Mittel zu gesbrauchen, notwendigerweise dieses Mittel gebraucht". Leibniz kommentiert diesen Satz, indem er auf die bei dem späten Leibniz übliche Unterscheidung zwischen dem Gewissen und dem Notwendigen bzw. dem Festgelegten oder Determinierten und dem im Sinne des absolut Unentrinnbaren verstandenen Notwendigen zurückgreift: „er ist gewiß dazu bewogen worden, er wurde darauf festgelegt, genauer gesagt, er hat sich darauf festgelegt; aber das, was gewiß ist, ist nicht immer notwendig oder absolut unentrinnbar; die Sache hätte anders laufen können, aber dieses ‚anders' hat nicht stattgefunden und zwar aus einem guten Grund. Gott hat zwischen verschiedenen Entscheidungen gewählt, wobei sämtliche Entscheidungen möglich waren; auf diese Weise muß man, indem man sich auf die Ebene der metaphysischen Betrachtungsweise begibt d. h. hier der Betrachtungsweise, die auch die dem wählenden Subjekt „an sich" vorliegenden Möglichkeiten, mögen sie auch keine Möglichkeiten „für es" sein, in die Betrachtung einbezieht, sagen, daß er wohl das, was nicht das Beste war, wählen oder hervorbringen konnte; indem man sich jedoch auf die Ebene der moralischen Betrachtungsweise begibt, das heißt hier, im Leibnizschen Sprachgebrauch, der Betrachtungsweise, die lediglich die — sei es manifeste, sei es latente —

---

[52] a. a. O.
[53] Theod. § 234.

Bereitschaft des in Frage stehenden Subjekts berücksichtigt, muß man sagen, daß er nicht das, was vom Besten abwich, wählen oder hervorbringen konnte"[54].

Die Unterscheidung zwischen dem „Festgelegten", in dem Sprachgebrauch Leibnizens und seiner Zeitgenossen: zwischen dem „Determinierten" und dem im Sinne des absolut Unentrinnbaren verstandenen Notwendigen, wird an einer späteren Stelle noch erläutert werden. Vorerst vervollständigen wir den Gedankengang von Bayle und die Interpretation des Kommentars, mit welchem Leibniz das Referat dieses Gedankenganges begleitet.

„Also", fügt Bayle hinzu, von sich aus die bereits erwähnte These Abälards reproduzierend, „hat Gott nichts anderes hervorbringen können als das, was er hervorgebracht hat. Also ist das, was sich nicht ereignet hat und sich nie ereignen wird, absolut unmöglich. Also ist das Verharren Adams in der Unschuld seit jeher unmöglich gewesen; also war sein Fall absolut unvermeidlich, und zwar sogar vor dem sich darauf beziehenden Beschluß Gottes, denn der Gedanke, das der den Adam erschaffende Gott eine Sache hat machen wollen können, die seiner Weisheit entgegengesetzt ist, ist ein Gedanke, der einen Widerspruch in sich schließt und somit unmöglich ist: im Grunde nämlich handelt es sich um eines und dasselbe, wenn man sagt „Das ist für Gott unmöglich" und wenn man sagt „Gott hätte es machen können, wenn er wollte, aber er kann es nicht wollen, genauer: er kann es nicht machen wollen""[55].

In seinem Kommentar zu dieser Gleichsetzung der Unmöglichkeit des Machens mit der Unmöglichkeit des Machenwollens und (auf dem Wege des Sicherschöpfenlassens der Möglichkeit des Machenwollens mit der Wirklichkeit des Machenwollens) der Möglichkeit des Machens mit der Wirklichkeit des Machenwollens und somit mit der Potentialität des tatsächlich Gemachten, so daß sich schließlich das Zusammenschrumpfen der Möglichkeit des Machens und ihr Zusammenfallen mit der Wirklichkeit des Machens ergibt, operiert Leibniz wieder mit der uns bereits bekannten These, gemäß welcher das Vermögen und der Wille als zwei von einander verschiedene Fähigkeiten — man könnte auch sagen: „als zwei von einander verschiedene Vermögen" — anzusehen sind. Er wendet gegen Bayle ein: „In gewissem Sinne liegt ein Mißbrauch der Ausdrücke vor, wenn man hier sagt: ‚man vermag zu wollen, man will wollen' (gemeint

[54] a. a. O.
[55] a. a. O.

ist wohl: man will wollen können); das Vermögen nämlich bezieht sich in diesem Fall auf nichts anderes als auf die Handlungen, die man will — so daß, wie wir ergänzen müssen, die ihm eigentümlichen Bezugspunkte und Objekte unterschlagen werden."[56]

Mit dem Satz, mit welchem er die Kommentierung des Bayleschen Gedankenganges abschließt, geht Leibniz über die Position, die er bei seiner Kritik an Abälard erreicht hatte, noch einen Schritt hinaus und deutet an, daß in der These von der Verschiedenheit zwischen dem Vermögen und dem Willen, und der ihr zugrundeliegenden These von der Trennbarkeit des Begriffs der Possibilität von dem der Potentialität, die These enthalten ist, daß im Bereich der Possibilität eine Stufung und Gradualität besteht, die es uns erlaubt, je nach dem geringeren oder größeren Abstand der Möglichen (possibilia) von der Wirklichkeit, von Graden der Möglichkeit und von „Möglicheren" und „weniger Möglichen" zu sprechen. Diese Andeutung ist in den Worten verhüllt: „Indessen ist es nicht widersprüchlich, wenn man sagt, Gott wolle, direkt oder lediglich sie gestattend, eine Sache, die keinen Widerspruch in sich schließt — und die somit nach der Definition, die sowohl Leibniz als auch Bayle[57] dem Möglichen geben, möglich ist —, und in diesem Sinne ist es erlaubt zu sagen, daß Gott sie zu wollen vermag."[58]

Inwiefern ist in diesen letzten Ausführungen, die auch auf die Formel gebracht werden können: „Der Satz ‚Gott hat die Möglichkeit, jedes Mögliche zu wollen' ist möglich", die Andeutung enthalten, daß es für das philosophierende, eine Theorie der Freiheit entwerfende Bewußtsein notwendig ist, hinsichtlich der bei der Wahl vorliegenden zwei oder mehreren Möglichen, zwischen verschiedenen Graden der Möglichkeit zu unterscheiden?

Wir versuchen, diese Frage zu beantworten. Wenn man eine Theorie entwirft, gemäß welcher: erstens, bei der Wahl mehrere Mögliche vorliegen; zweitens, eines dieser Möglichen gewählt und zur Wirklichkeit übergeführt wird; drittens, diese Auswahl und Beförderung nicht ohne einen angebbaren Grund stattfindet und viertens, die Möglichkeiten, die — ebenfalls aus einem angebbaren Grund nicht zur Wirklichkeit übergeführt wurden — auch nach der Verwirklichung des ausgewählten Möglichen den Status der Möglichkeit behalten, d. h. nicht in ein reines Nichts

---

[56] a. a. O.
[57] Vgl. oben.
[58] Theod. § 234.

oder in die Unmöglichkeit herabsinken, sondern als Mögliche weiterbestehen, hat man bereits stillschweigend vorausgesetzt, daß die bei der Wahl vorliegenden verschiedenen Möglichen auf verschiedenen Stufen einer Skala zu lokalisieren sind, und daß das verwirklichte Mögliche auf einer höheren Stufe im Vergleich zu dem nichtverwirklichten gestanden hat. Denn: Da ein Grund für das Auswählen des einen Möglichen vorhanden ist, muß der Sachgehalt, der diesem einen Möglichen als Möglichem zukommt, von dem Sachgehalt der anderen Möglichen verschieden sein, um durch seine Verschiedenheit das Einsehen und Angeben des Grundes für das Ausgewähltwordensein dieses Möglichen — und nicht des anderen — zu gestatten. Und diese Verschiedenheit des Sachgehaltes kann nicht ohne eine Ausstrahlung auf die Möglichkeit selbst des Möglichen sein, d. h. auf die Größe der Nähe oder des Abstandes des Möglichen von der Wirklichkeit, da es sich nicht nur darum handelt, den Grund anzugeben, warum wir zwei Mögliche als zwei ansehen, sondern um die Frage, warum das eine verwirklicht wurde und das andere nicht, genauer gesagt, warum das eine als ein zu Verwirklichendes angesehen wurde und das andere als ein Nichtzuverwirklichendes: Verwirklichen und Nichtverwirklichen verhalten sich zueinander nicht wie das eine Etwas zu einem anderen Etwas, sondern wie das Etwas zu dem Nichts; entsprechend müssen auch die Möglichen, die dem Verwirklichen und dem Nichtverwirklichen korrespondieren, in einer Weise sich zueinander verhalten, die es gestattet, das eine als ein Etwas und das andere als ein (relatives) Nichts aufzufassen; und dies ist der Fall, wenn ihnen ein jeweils verschiedener Grad der Möglichkeit zugeschrieben wird, da jetzt das weniger Mögliche als das relativ (zu dem Möglicheren) Unmögliche und somit als das hinsichtlich der Möglichkeit Nichtige angesprochen werden kann. Den Konflikt der Gründe oder Motive innerhalb des Wählenden (insonderheit innerhalb des Verstandes des wählenden Gottes) versteht Leibniz als einen Kampf der Möglichen. In jedem Fall, nicht nur in dem Fall, in welchem der Wählende ein Gott oder ein Weiser ist, gelangt dasjenige Mögliche zur Wirklichkeit, das „an sich" möglicher als das andere ist, oder — was dem Leibnizschen terminologischen System gemäß auf dasselbe hinausläuft — dasjenige Mögliche, das mehr „Realität" einschließt, das heißt, einen höheren Grad der Vollkommenheit (Perfektion) darstellt.

Dabei ist zweierlei zu beachten. Erstens: Der An-sich-Charakter des Höherstehens des einen Möglichen kann entweder ein originäres Ansichsein bedeuten, oder ein nur punktuelles, ein von dem Wählenden unterstelltes und geliehenes; das erste liegt dann vor, wenn der Wählende ein Weiser (oder ein Gott) ist, und das zweite dann, wenn der Wählende ein Tor ist oder auf einer der unendlich vielen Stufen sich befindet, welche die Strecke zwischen der Torheit und der Weisheit ausfüllen. Und zweitens: Leibniz erläutert die „Perfektion" mit dem Ausdruck „Intelligibilität" oder Denkbarkeit, wobei das den höheren Grad der Intelligibilität Repräsentierende als das zu verstehen ist, was die Vermögen des Denkens und des Verstehens am meisten zur Betätigung sollizitiert, indem es vor ihnen das mannigfaltigste und zugleich geordnetste Betätigungsfeld ausbreitet[59].

Bevor wir die Explikation der Problematik unternehmen, die in der Gleichsetzung der höchsten Freiheit mit dem permanenten Bestimmtwerden durch das (ansichseiende u n d erscheinende) Gute verborgen ist, und die Rolle aufzeigen, welche die Trennung von Möglichkeit und Potentialität des tatsächlich Verwirklichten in der Leibnizschen Lösung der Schwierigkeit spielt, sind noch zwei eng miteinander zusammenhängende Fragen zu beantworten, die sich auf den letzten der vier Punkte beziehen, welche wir als kennzeichnend für die Auffassung der zur Wahl stehenden Möglichkeit innerhalb der Freiheitstheorie von Leibniz im Vorgehenden[60] aufgezählt haben. Welchen Anhaltspunkt, müssen wir zunächst fragen, haben wir für die Behauptung, daß gemäß der Theorie von Leibniz die Möglichen, die durch den beschließenden und den Vorgang der Wahl abschließenden Willen nicht zur Wirklichkeit übergeführt wurden, nicht in die reine Unmöglichkeit sinken, sondern weiterhin den Charakter des Möglichen beibehalten? Und zweitens: Inwiefern hängt notwendig das eben genannte Theorem mit der Unumgänglichkeit der Annahme von Graden innerhalb des Bereichs der Möglichkeit zusammen?

Zur Beantwortung dieses Fragenkomplexes ist zunächst folgender Satz aus dem § 230 der Theodizee zu bedenken, welcher der Präzizierung des Sinnes dient, in dem der Beschluß Gottes (oder des Weisen) frei ist. „Der Beschluß zur Erschaffung ist frei: Gott strebt alles an, was gut ist und nur das, was gut ist; das Gute, genauer gesagt das Beste, macht ihn geneigt, zu handeln d. h. hier: es zu erschaffen; es nötigt ihn aber nicht: denn seine **Wahl verwandelt nicht das, was von dem Besten abweicht und von dem Besten geschieden werden kann, in ein Unmögliches; sie bringt es nicht mit**

---

[59] Cf. Theod. § 201.
[60] S. oben.

sich, daß das, was Gott unverwirklicht läßt, einen Widerspruch in sich einschließt". Die These, daß die nichtverwirklichten Möglichen auch nach dem Abschluß des Vorgangs der Wahl und der Verwirklichung des einen der zur Wahl stehenden mehreren Möglichen weiterhin als Mögliche anzusehen sind, kommt auch in dem § XXX des Discours de Métaphysique zur Sprache, allerdings anläßlich der Erläuterung der Art und Weise, in welcher der Wille Gottes (wir könnten auch sagen: des wissenden Weisen) auf den menschlichen Willen (wir könnten auch sagen: auf den Willen des seine Unwissenheit durchschauenden Unwissenden) wirkt. Auch hier arbeitet Leibniz mit der Unterscheidung zwischen nötigen und geneigt machen (nécessiter und incliner) bzw. zwischen Nötigen (nécessiter) und Festlegen (déterminer), Nötigen und geneigt machendem Festlegen oder festlegendem Geneigtmachen: der Wille Gottes legt den unseren darauf fest, daß er d. h. unser Wille nur das wählt, was als das Beste erscheint, dennoch ohne ihn zu nötigen, denn er legt ihn nur auf diese mittelbare Weise fest, nämlich indem er seine Festlegung durch das erscheinende Beste bewerkstelligt — oder festlegt. Im Anschluß an den Hinweis auf die Notwendigkeit, diesen Unterschied zu beachten, versucht Leibniz eigens die Behauptung zu begründen, daß kein Nötigen in diesem Fall am Werk ist. Deswegen fügt er hinzu: „Der menschliche Wille ist, absolut gesprochen, in der Indifferenz, wenn auch nur in der als das Andere zu der Notwendigkeit verstandenen Indifferenz, und er vermag sich anders zu entscheiden oder auch seine Tätigkeit ganz in der Schwebe zu lassen, denn sowohl die eine a l s a u c h d i e a n d e r e E n t s c h e i d u n g d. h. sowohl die Entscheidung, die zur Verwirklichung des tatsächlichen Verwirklichten geführt hat, als auch die Entscheidung, es nicht zu verwirklichen sind u n d b l e i b e n möglich". Wie übrigens aus den verschiedenen Phasen der Bearbeitung des Manuskripts zu ersehen ist, hat Leibniz die Wörter „und bleiben" (et demeurent) erst in einer späteren Bearbeitung eingeschaltet, und das ursprünglich vorhandene Wort „in gleicher Weise" (également: vor dem am Schluß des zitierten Satzes stehenden Wort „möglich") gestrichen[61]. Die Einschaltung von „und bleiben" ist symptomatisch für die Wichtigkeit, die Leibniz dem Theorem von dem Bleiben der Möglichen zumißt und die Streichung von „in gleicher Weise" ein indirekter Beleg für unsere Interpretation, gemäß welcher die bei der Wahl miteinander streitenden und sich als verschiedene Möglichkeiten präsentierenden Motive auf verschiedene Grade der Intelligibilität und

---

[61] S. Leibniz, Discours de Métaphysique, texte autographe, Paris 1952, S. 78, Anm. f.

schließlich auf verschiedene Grade der Möglichkeit, somit auf Mögliche, die nicht in gleicher Weise möglich sind, zurückzuführen sind.

Die Permanenz der Möglichen, die Leibniz, wie wir aus den zwei genannten Stellen gesehen haben, annimmt, wird auch wegen der Kohärenz des Leibnizschen Denksystems bejaht werden müssen. Denn sobald man den Unterschied zwischen dem Möglichen und dem Wirklichen als einen wirklichen ansieht, und demzufolge dem Möglichen eine eigene, eine nicht nur bewußtseinsimmanente Wirklichkeit zubilligt, ist man auch gezwungen, dem Möglichen das Bleiben zuzugestehen. Mögliche nämlich, die im Augenblick der Verwirklichung des einen unter ihnen in Unmögliche verwandelt werden würden, könnten nur solche Mögliche sein, die erst in dem Augenblick, in welchem die die Wahl begleitende Überlegung beginnt, anheben, Mögliche zu sein. Und Mögliche solcher Art könnten nicht eine eigene, eine nicht in der Bewußtseinsimmanenz sich erschöpfende Wirklichkeit für sich beanspruchen: Es würde sich nur um gemachte oder eingebildete, um rein fiktive Möglichkeiten handeln. Eine Theorie jedoch, welche die dem Möglichen eigentümliche Wirklichkeit negiert und das Mögliche bis zur bloßen Fiktion oder Bewußtseinsimmanenz degradiert, ist eine Theorie, die konsequenterweise hinsichtlich der freien Wahl der vernünftigen Wesen zu einer der beiden folgenden Lösungen getrieben wird: Entweder muß sie den Vorgang, den wir mit dem Ausdruck „freie Wahl" bezeichnen, rundweg in Abrede stellen und die Einführung dieses Ausdrucks als den Versuch deuten, eine Illusion zu befestigen, wie Hobbes es durchführt, oder aber die in der freien Wahl waltende Rationalität leugnen, d. h. die Möglichkeit, die einer bestimmten Wahl zugrundeliegenden Gründe einzusehen und anzugeben, verneinen. Die zweite Lösung ist durch die Verfechter der als absolute, völlige oder vage Indifferenz (oder als Indifferenz des Gleichgewichts) verstandenen Freiheit historisch geworden, namentlich durch die molinistische Tradition innerhalb der Theologie des Jesuiten-Ordens.

Die wiederholte und auf verschiedenen Grundlagen beruhende Kritik, die Leibniz an dieser Freiheitskonzeption übt, wird ein eigenes Kapitel der vorliegenden Arbeit abgeben müssen. Auf dieser Etappe unserer Überlegungen ist es jedoch erforderlich, an eine Kontroverse zu erinnern, die gegen Ende des 16. Jahrhunderts zwischen den Anhängern von Molina und den in dem Dominikanerorden versammelten Anhängern von Thomas von Aquin stattfindend, die Theologen und Philosophen jener Zeit in zwei gegeneinander polemisierende Lager spaltete. Es ging um die

Frage, ob der Wille in sensu composito oder in sensu diviso frei sei. Die Anhänger von Molina behaupteten, daß der Wille absolut frei sei, d. h. daß ihm die Freiheit im Sinne der Indifferenz des Gleichgewichts zukomme, aber nur im Augenblick der Wahl; sobald er sich für die eine Möglichkeit entschieden hat, sei er in Bezug auf diese eine, nunmehr zur Wirklichkeit übergegangene Möglichkeit nicht mehr als ein freier Wille anzusehen. Wegen dieser Einteilung des Willens in einen (freien) Willen, der die Wahl vollzieht, und in einen (unfreien) Willen, der bereits die Wahl getroffen hat, hat man diese Freiheitskonzeption die Konzeption von der auf einen eingeteilten Willen (in sensu diviso) sich beziehenden Freiheit des Urteilens (liberum arbitrium) genannt. Die Thomisten vertraten die Meinung, daß dem Willen nie die Freiheit der absoluten Indifferenz zukommt, daß aber auch der in seinem Verhältnis zu der verwirklichten Möglichkeit betrachtete Wille nach der Wahl frei bleibt. Wegen ihrer einheitlichen Auffassung des Willens und der Verneinung des Umschlagens, in dem Moment der Wahl, von der Freiheit in die Unfreiheit, hat man ihren Freiheitsbegriff als die in sensu composito verstandene Freiheit bezeichnet (s. darüber: E. Gilson, La liberté chez Descartes et la théologie).

Es ist bezeichnend, daß die Molinisten, die die nur augenblickliche und transitorische Freiheit des urteilenden Willens vertreten, dem man auch den Namen „praktische Vernunft" (ratio practica) gibt[62], diejenigen sind, die im Unterschied zu den Thomisten die absolute Freiheit annehmen, d. h. die im Sinne der absoluten Indifferenz verstandene Freiheit. Die innere Logik ihres Systems nötigt sie, die beiden Thesen, nämlich die These von der Absolutheit der Freiheit und die These von dem transitorischen Charakter der Freiheit miteinander zu koppeln. Denn die Absolutheit der Freiheit besagt, daß die Festlegung des Willens auf die Verwirklichung dieser einen Möglichkeit völlig unmotiviert und unableitbar ist, und diese Auffassung impliziert wiederum den Gedanken, daß die Möglichen nicht in echter Weise dem Willen, der im Begriff ist zu wählen, gegenüberstehen; oder positiv gewendet: daß sie durch das wählende Bewußtsein und für die Wahl produziert werden, um, nachdem das eine unter den zwei oder mehreren nebeneinanderstehenden Möglichen herausgegriffen

---

[62] S. z. B. Bellarmin, aus dessen Schrift De libero arbitrio sich Leibniz notiert: „Probatur liberum arbitrium esse potentiam, videlicet ipsam voluntatem, eamque sic esse liberam, ut tamen determinetur a judicio ultimo practicae rationis" (Grua, Textes, S. 295).

wurde, in dem (hier die Gestalt der Unmöglichkeit annehmenden) Nichts zu verschwinden. Da nun, dieser Theorie gemäß, die anderen Möglichkeiten nach dem Abschluß des Wahlvorgangs verschwunden sind, sind die Molinisten genötigt, die ergänzende These aufzustellen und zu sagen, daß in Bezug auf die verwirklichte Möglichkeit die Möglichkeit des Nichtverwirklichens nicht mehr besteht, d. h. daß im Hinblick auf das Gewählte — vorausgesetzt, daß man es als das Identische auffaßt, und solange man es als das Identische auffaßt — die Freiheit des Willens verwirkt ist. Leibniz, dessen Freiheitstheorie näher zu der thomistischen als zu der molinistischen steht und der geradezu auf Grund der ihnen gemeinsamen Kritik an der molinistischen „Indifferenz des Gleichgewichts" in denselben theoretischen Bereich, in dem auch die Thomisten stehen, eingeordnet werden muß, widerspricht in beiden Punkten der molinistischen Freiheitslehre: Die Freiheit ist nach Leibniz nicht die als absolute Indifferenz verstandene Freiheit, denn sie ist durch ein echtes Gegenüber, nämlich durch die verschiedene Grade der Möglichkeit repräsentierenden und rivalisierenden Möglichen eingeschränkt; und sie ist nicht transitorisch, sondern permanent, da alle Möglichen nicht nur bewußtseinsimmanent sind (obgleich sie sich den Menschen — und dem vernunftbegabten Wesen überhaupt — nur zeigen, sobald und solange es die Aktivität des Denkens und der Reflexion entfaltet) und als nicht nur bewußtseinsimmanente Mögliche im Status der Möglichkeit verharren.

Die Nähe der eigenen Position zu der thomistischen wird von Leibniz selbst konstatiert und zugegeben. In seinen Bemerkungen zu dem Buch von King über den Ursprung des Bösen[63] nennt Leibniz, nachdem er auf Platon und Aristoteles hingewiesen hat, Thomas von Aquin, Durand und andere Scholastiker, um zu belegen, daß die Meinung des „Manns von der Straße" (le commun des hommes) und der Leute, die nicht voreingenommen sind, als eine auf das Niveau der philosophischen Reflexion — auch der Leibnizschen Reflexion — erhobene zwar an Präzision und Deutlichkeit gewinnt, aber im wesentlichen unmodifiziert bleibt. Sowohl nach der Meinung dieser Leute als auch nach der Theorie jener Philosophen läge die Freiheit in dem Gebrauch der Vernunft und in dem Handhaben — in der Manipulation, könnte man sagen — der Motive und motivierenden Vorstellungen, die zur Wahl oder zur Zurückweisung der sich präsentierenden Möglichkeiten treiben; sowohl diese als auch jene sind

---

[63] Remarques sur le livre de l'origine du mal, publié depuis peu en Angleterre, in den Theodizee-Ausgaben als 3. Anhang abgedruckt, § 3, GP VI 400 ff.

der Ansicht, daß die Entscheidungen unseres Willens durchgängig auf dem Guten und dem Bösen beruhen (sei es dem an sich Guten bzw. Bösen, sei es dem nur erscheinenden), das man sich, jene Möglichkeiten sich vorstellend, vorstellt. Schließlich hätten aber irgendwelche zu subtile Philosophen (damit sind die Spätscholastiker der molinistischen Richtung gemeint, wie aus anderen Stellen hervorgeht)[64], aus ihrer Retorte den keiner Erläuterung fähigen Begriff einer Entscheidung herausdestilliert, die von schlechthin allem unabhängig sei (une élection indépendente de quoi que ce soit), und der als Allheilmittel angewandt wird, damit durch ihn alle Schwierigkeiten aufgelöst werden.

Nach dieser Persiflage formuliert Leibniz seinen sachlichen Einwand gegen die spätscholastische „vage Indifferenz bei den Entscheidungen", die sowohl er als auch die Vertreter der thomistischen Richtung, namentlich der Kardinal Bellarmin, der von dem Papst mit der Schlichtung des bis heute unabgeschlossen gebliebenen Streitgesprächs zwischen den thomistischen Dominikanern und den molinistischen Jesuiten beauftragt gewesen ist und mit dessen Schriften er sich eingehend beschäftigt und auseinandergesetzt hat[65], ablehnen. Jener herausdestillierte Begriff selbst bringt nämlich eine der größten Schwierigkeiten mit sich, indem er das Prinzip vom zureichenden Grunde verletzt, d. h. das Prinzip, welches das Denken durchwaltet und uns stets zu der Annahme zwingt, daß nichts ohne irgendeine Ursache oder irgendeinen zureichenden Grund entsteht. Und jetzt eine Parallele zwischen der Erfindung der den Entscheidungen unmittelbar vorausgehenden „Indifferenz des Gleichgewichts" und der mittelalterlichen Lehre von den qualitates primitivae ziehend, nachdem er zuvor die Verbindungslinie zu Epikurs Lehre von der declinatio atomorum gezogen hatte, fügt Leibniz hinzu, daß die scholastische Philosophie des öfteren in ähnlicher Weise die Anwendung „dieses großen Prinzips" vergaß und dieses Prinzip selbst verletzte, indem sie gewisse geheimnisvolle primitive Qualitäten in den Dingen ansetzte, die Folgen hatten, die weder als Transformation dieser okkulten Kräfte selbst noch als Beförderung von ebenfalls in den Dingen vorliegenden Potentialitäten zur Aktualität verstanden werden können; Kräfte (wie man demnach ansetzte), die imstande waren, ein Etwas aus dem reinen Nichts hervorzubringen, und die somit mit der Gültigkeit des Prinzips vom zureichenden Grund und (wie wir noch sehen werden) letzten Endes mit

---

[64] Vgl. z. B. Couturat, Opuscules, S. 25.
[65] S. Grua, Textes, S. 292 ff.

der Gültigkeit des zweiten großen Prinzips des Denkens, nämlich des Satzes vom Widerspruch, unvereinbar waren[66].

Bellarmin (lib. 3 De gratia et libero arbitrio, c. 8 et 9) war bereits von Bayle zitiert worden, als Bayle gegen die Freiheitsauffassung Kings polemisierte. Nach King besteht die Freiheit weder in dem bloßen Ausbleiben des Zwanges (libertas a coactione), oder in der Befolgung des letzten Aktes der sogenannten praktischen Vernunft (Bellarmins ratio practica), noch in der Unbestimmtheit der Indifferenz: Die zwei ersten Lösungen schätzen die Freiheit zu gering, die letzte Lösung schätzt sie zu hoch ein. Die Freiheit bestände vielmehr in der Kraft des Sichentscheidens für dieses oder für jenes, ohne irgendeine Abhängigkeit: weder von dem Vermögen und den Eigenschaften des frei Handelnden, noch von der Qualität der dem Wählenden vorliegenden Gegenstände[67]. Eine derartige Kraft ist aber nicht wesentlich von der Indifferenz des Gleichgewichts verschieden, da sie den Zustand der völligen Indifferenz nur verdoppelt, indem sie ihn mit dem völlig unbestimmten und somit absolut indifferenten Heraustreten aus diesem Zustand koppelt; und da die Vertreter der These, daß die Freiheit als völlige Indifferenz gedacht werden müsse, immer diese Doppelung gemeint haben.

Indem daher Bayle den Kingschen Freiheitsbegriff und die Ablehnung der rationalen Theorie der Freiheit durch King bekämpft, kritisiert er de facto die Auffassung der Freiheit als Indifferenz des Gleichgewichts bzw. als völlige Unbestimmtheit[68]. Sogar Bayle selbst wendet den Begriff des Gleichgewichts an, wenn er, um Kings Freiheitskonzeption pointiert zu charakterisieren, schreibt: Herr King sieht die Freiheit als eine Kraft an, die sich im Gleichgewicht hält, und zwar auch dann, wenn die Leidenschaften, die Empfindungen, die Begehrungen, die Einsichten des Verstandes, sie dazu sollizitieren, eine Entscheidung zu treffen[69]. Er stützt seine Kritik durch den Hinweis auf die Erfahrung, daß die klar erkannte Wahrheit das Gemüt dazu nötigt, seine Zustimmung zu geben (Leibniz

---

[66] Theod., 3. Anhang, § 3.
[67] Cf. Bayle, Réponse aux questions d'un provincial, 2. Teil, Kap. IXXX.
[68] Wenn man auch Leibniz vorzuwerfen geneigt ist, daß er eine interpretierende Paraphrase als Zitat ausgibt (während Bayle schreibt: „Je dis ... qu'une liberté fort différente de celle-là est un avantage incomparablement plus solide", a. a. O., Kap. XC, zitiert Leibniz: „... qu'une liberté fort éloignée de cet équilibre prétendu est incomparablement plus avantageuse" Theod. § 309), muß man auf diese Weise zugeben, daß seine Umformulierung lediglich einer Profilierung dient und von der Sache her berechtigt ist.
[69] Bayle, Réponse, 2. Teil, Kap. 83.

blendet an dieser Stelle, wieder mit der Unterscheidung zwischen nécessiter und déterminer bzw. nécessiter und incliner operierend, die Bemerkung ein: „Sie legt, genauer gesagt, das Gemüt fest, es sei denn, man spräche von einer moralischen Notwendigkeit"); und daß man nie das Falsche als Falsches für wahr hält, auch nicht das Negative als Negatives will[70]. Diese Erfahrung sieht Bayle in der Lehre der scholastischen Philosophie berücksichtigt, gemäß welcher das Wahre der Gegenstand des Verstandes und das Gute der des Willens ist; und so wie der Verstand nie etwas anderes bejahen kann als das, was ihm der Wahrheit zu entsprechen scheint, könne der Wille nie sich auf etwas anderes richten als auf das, was ihm gut zu sein scheint. Um dieses zentrale Stück der rationalen, in der thomistischen Tradition aufbewahrten und von der stoisch beeinflußten neuzeitlichen Moralphilosophie weiter entwickelten Freiheitstheorie zu explizieren, fügt Bayle hinzu, daß die Anhänger der eben genannten Theorie annehmen, die Urteile des Geistes, genauer gesagt, des mit dem oberen Begehrungsvermögen identischen, vernünftigen Teils des Willens bzw. der „praktischen Vernunft" aus einem f r e i e n Sichrichten der Seele (genauer gesagt: des Verstandes) auf die sich präsentierenden Möglichkeiten und aus einem darauffolgenden Prüfen, Vergleichen und Abwägen dieser Möglichkeiten hervorgeht, so daß Verdienst und Verantwortung gleichwohl eingeräumt werden können. Die Richtigkeit dieser Auffassung wird durch die Anführung zweier äußerst gelehrter Männer besiegelt, die, obgleich der erste zu der protestantischen und der zweite zu der katholischen Theologie gehört, darin übereinstimmen, daß für den Willen notwendig und stets das letzte praktische Urteil des Verstandes — das allerdings, bevor die Ausführung abgeschlossen ist, durch ein neues und anders festlegendes Urteil abgelöst und zunichte gemacht werden kann — maßgebend ist[71].

In seiner immanenten Kritik an Bayles Behauptung, daß die Notwendigkeit, mit welcher der Weise (oder Gott) das Beste unter allen Möglichen wählt, und zwar in dem Fall, in dem er als ein allmächtiger

---

[70] Selbst bei der Ansetzung zweier Gestalten des auf den Willen bezogenen Negativen, eines moralisch Negativen (Böses) und eines physisch Negativen (Übel), und bei der Konstruktion einer Diskrepanz zwischen dem physisch Guten und dem moralisch Bösen, die (sogar) von dem Verbrecher eingesehen wird, muß man sagen, daß dieser letzten Endes das Negative in keiner Weise vor Augen hat, denn für ihn pervertiert sich das „moralisch Gute" wenn nicht in das physisch Gute, so doch in das Vorziehen des physisch Guten vor das moralisch Gute.

[71] Cf. Bayle, Réponse, 2. Teil, Kap. XC, vgl. Leibniz, Theod. § 309.

angesetzt wird, das absolut Beste, und, falls seine Macht beschränkt ist, das unter den gegebenen Umständen und im Hinblick auf die konkrete Situation Beste, arbeitet Leibniz die Unvereinbarkeit dieser Behauptung mit der Kritik an der Indifferenz des Gleichgewichts, die Bayle anläßlich der Besprechung des Buches von King durchführt, heraus. Bayle konnte nämlich nicht umhin, sich im Zuge seiner Kritik der These zu nähern, daß es so etwas wie Grade der Freiheit selbst gibt. Der Ausdruck „Grade der Freiheit" ist zwar, für sich genommen, wie wir noch sehen werden, sehr problematisch, insbesondere weil hier das Modell der umgebenden Spielräume mit verschieden großem Radius irreführend sein würde. Bei der Distanzierung von der als Indifferenz des Gleichgewichts verstandenen Freiheit ist allerdings seine Einführung unumgänglich, was sich auch in Bayles Gedankengang zeigt.

Die Freiheitsgrade werden durch Bayle nur in undeutlicher Weise eingeführt. Ausdrücklich finden wir bei ihm nur den Begriff des Grades „unserer guten Gewohnheiten", und die Gleichsetzung des höchsten Grades unserer guten Gewohnheiten (le plus haut degré de nos bonnes habitudes)[72] mit der Überzeugung, man sei auf die Wahl des Guten bzw. (absolut oder relativ) Besten so festgelegt gewesen, daß man in keiner anderen Weise, d. h. in einer Weise, die von dem lobenswerten Verhalten, das man tatsächlich an den Tag gelegt hat, abwich, sich hätte verhalten können (être si déterminé au bon choix qu'on puisse se persuader que l'on n'aurait pu agir autrement que de la manière louable qu'on a suivie)[73]. Der genannten Gleichsetzung wird Plausibilität verliehen durch den Hinweis auf den Mann, dem man vorschlägt, eine Handlung zu verrichten, die seiner Pflicht und seiner Ehre Abbruch tut und seinem Gewissen entgegengesetzt ist, und der auf der Stelle antwortet, er sei eines solchen Verbrechens unfähig, sich auch wirklich als unfähig erweisend: Dieser Mann ist, wenn er sich später retrospektiv seiner eigenen Person zuwendet, mit sich selbst entschieden zufriedener als in dem Fall, in dem er sich vergegenwärtigt, daß er seinerzeit geschwankt und sich eine Frist zum Überlegen ausgebeten hatte, weil er sich eine Zeitlang unentschlossen fühlte, welche von den zwei möglichen Entscheidungen er treffen sollte[74].

Leibniz knüpft an dem eben erwähnten Gedanken von Bayle an und entfaltet ihn. Wenn man nämlich den von Bayle eingeschlagenen Denk-

---

[72] Réponse, 2. Teil, Kap. LXXXIII.
[73] a. a. O.
[74] Cf. a. a. O.

weg noch einen Schritt weitergeht, stößt man auf die These, daß außer den deutlich voneinander abgehobenen und durch qualitative Momente (durch die Unentschlossenheit und durch die Bereitschaft, sich sofort für das Beste zu entscheiden) gekennzeichneten zwei Stufen der Freiheit (oder: „unserer guten Gewohnheiten"), Stufen, Grade und Nuancen auch innerhalb der höheren Stufe selbst, d. h. innerhalb der Bereitschaft denkbar sind, vor allem dann, wenn man der Tatsache Rechnung trägt, daß der Zustand der Unentschlossenheit und des Pendelns um das Gleichgewicht entweder auf das Gegengewicht der den Einfluß der Vorstellung des Besten ausbalancierenden Leidenschaften, oder auf die hemmende Unwissenheit und den Zweifel, ob das als Bestes Erscheinende auch wirklich das Beste ist und sogar nach einer genauen Untersuchung für das Beste gehalten werden kann, zurückzuführen ist: sowohl der Einfluß der ausbalancierenden Leidenschaften als auch die hemmende Unwissenheit lassen sich stufenweise abbauen. Den Stufen des Abbauens entsprechen die Stufen des Aufbauens der Freiheit, genauer gesagt, die zunehmenden Stufen der Vollkommenheit der Freiheit — und inhaltlich gesprochen: die Stufen der Fähigkeit, sich durch den Verstand und die (deutliche) Vorstellung des Besten festlegen zu lassen und somit die Stufen der Annäherung an das Ideal des Weisen, der in der Lage ist, nicht nur unverrückbar bei der getroffenen Entscheidung zu bleiben, sondern auch sich sofort für das Beste zu entscheiden[75]. Die Stufen der Annäherung an das Ideal des Weisen sind zugleich Stufen der Entfernung von der unvollkommenen Freiheit, die es mit sich bringt, daß wir an Stelle des Guten das Böse, an Stelle des weniger Bösen das Bösere und an Stelle des Besseren (bzw. Besten) das weniger Gute wählen können, indem wir der Gefahr der Täuschung ausgesetzt sind und dem bloßen Schein des Gut- und Böseseins zum Opfer fallen können[76].

Bayle behauptet nicht nur, daß der (allmächtige) Weise angesichts des für die Erreichung seines Ziels zweckmäßigsten und in diesem Sinne besten Mittels zum Gebrauch dieses Mittels notwendigerweise getrieben und somit hinsichtlich des Gebrauchs des Mittels unfrei ist, sondern stellt auch die These auf, daß der Weise, wenn und sobald er hervorbringt, einer dreifachen Unfreiheit und Knechtschaft unterliegt, die ein fatum bildet, das mehr als stoisch ist, und die alles, was nicht in ihre Sphäre hineingehört, zu einem Unmöglichen macht: Durch seine Weisheit, gemäß

---

[75] Cf. Theod. § 318.
[76] a. a. O., § 318.

welcher der Weise nur das Gute und zugleich alles Gute zur Wirklichkeit zu befördern trachtet, ist dieser angesichts des Guten dazu genötigt, erstens, überhaupt das Hervorbringen vor dem Nichthervorbringen vorzuziehen, zweitens, genau dieses Werk, das er tatsächlich geschaffen hat, hervorzubringen, und, drittens, es genau durch die Mittel und Wege hervorzubringen, die er tatsächlich angewandt hat[77].

Mit dieser Lehre von der dreifachen Knechtschaft übernimmt und steigert Bayle einen Gedanken, den Antoine Arnauld in seiner Auseinandersetzung mit Malebranche geäußert hatte. Arnauld hatte in seinen „Reflexionen über das System des Pater Malebranche"[78] herausgestellt, daß der Weise oder Gott, der nicht indifferent und unbestimmt bei der Wahl der zur Erreichung seines Zieles beitragenden Mittel bleibt, auch hinsichtlich der Setzung dieses Zieles oder Planes nicht indifferent ist, da angenommen werden muß, daß er sich zur Setzung dieses Zieles erst nach der Einsicht in den Zusammenhang des fraglichen Zieles mit dem ihm wesensnotwendigen Hervorbringen alles Guten (in der theologischen Verkleidung des Problems: erst nach der Einsicht in den Zusammenhang des fraglichen Zieles mit der dem Gott wesensnotwendigen Ausbreitung seines Ruhmes) entschlossen hat. Mit dieser Argumentation polemisiert Arnauld gegen die Lehre von Malebranche, gemäß welcher Gott, das vollkommenste, d. h. hier reichste Werk hervorbringend, es mit den einfachsten Mitteln hervorbringt, und auf diese Weise hervorbringen muß; gegen eine Lehre, die Leibniz als sehr verwandt mit seinen eigenen Vorstellungen von Gott, von dem Weisen und der ihnen zukommenden Freiheit empfindet[79]. Auf die erwähnte Argumentation sich stützend, wendet Arnauld gegen Malebranche ein, daß die Theorie des letzteren auf die Vernichtung der göttlichen Indifferenz der Freiheit und auf ihre Ersetzung durch eine doppelte Knechtschaft hinausläuft: Dem Weisen (und Gott) würde nur die Freiheit im Hinblick auf das Erschaffenwollen von Etwas überhaupt erhalten werden, alles Übrige aber sei die Folge einer Fatalität, welche selbst die Macht des Fatums in der stoischen Philosophie übersteige[80].

An dieser Stelle seines Berichtes über den Streit zwischen Arnauld und Malebranche wegen der notwendigen Wahl der einfachsten Wege fügt

---

[77] Réponse, Kap. 151, vgl. Theod. § 227.
[78] Bd. 2, Kap. 26.
[79] Cf. Theod. § 203.
[80] Arnauld, a. a. O.; vgl. Bayle, Réponse, Teil 2, Kap. 151.

Bayle, folgerichtig den gemachten Ansatz zu Ende denkend, hinzu: „Aber auch die Freiheit hinsichtlich des Hervorbringens oder Nichthervorbringens überhaupt wird durch dieselben Gründe, welche die doppelte Knechtschaft mit sich brachten, aufgehoben."[81] Und um die ernsten Konsequenzen, welche die Theorie von Malebranche in sich birgt, aufzuzeigen, verweist er auf Luther und dessen an Erasmus gerichtete Schrift „De servo arbitrio": Luther würde keinen Anstoß an dieser Auffassung (= nämlich der Auffassung von Malebranche) nehmen, jener Luther, der das Konzil von Konstanz verurteilt, weil es die Lehre von Wiclef[82], daß sich alle Dinge notwendig ereignen („omnia necessitate fieri") verboten hat[83].

Leibniz antwortet auf Bayles These von der dreifachen Knechtschaft durch den erneuten Hinweis auf die Tatsache, daß es ein Mißbrauch der Worte ist, wenn man nur deswegen von etwas sagt „ich kann es nicht machen, weil ich es konstant nicht machen will". Dieser Bemerkung liegt, wie wir gesehen haben, der Gedanke zugrunde, daß die Possibilität und die Potentialität des tatsächlich Verwirklichten dissoziiert werden müssen. Der Gedanke von der notwendigen Dissoziierung impliziert seinerseits zwei Gedanken, die gemeinsam als Exponenten der Auffassung zu werten sind, daß dem Möglichen eine ihm eigentümliche Art der Wirklichkeit zukommt. Der erste der beiden angedeuteten Gedanken besagt, daß der Bereich des Möglichen innerhalb seiner selbst eine Stufung aufweist; und der zweite, daß die nicht verwirklichten Möglichen, auch nach der Verwirklichung des einen unter den anfänglichen Möglichen (auf Grund der getroffenen Entscheidung) als Mögliche weiterbestehen, und zwar selbst dann, wenn sie von keiner der zukünftigen Entscheidungen in die Wirklichkeit versetzt werden. Leibniz formuliert allerdings um des Nachdruckes willen diesen letzten Gedanken meistens negativ, indem er sagt, daß die Weisheit, die den Weisen zu der Entscheidung für das Beste hinführt, ohne ihn dazu zu nötigen (elle l'y porte sans le nécéssiter)[84], das von ihr zu einem Nichtgewählten Gemachte nicht in ein Unmögliches verwandelt[85].

---

[81] Bayle, a. a. O.
[82] S. oben.
[83] Bayle, a. a. O.
[84] Theod. § 228.
[85] Cf. Theod. § 228.

4. *Die Gleichsetzung von Possibilität und Virtualität*

a. Vorbemerkung

Für die Verdeutlichung des Sinnes, der mit dem Wort „Potentialität" verbunden wird, bieten sich zwei Modelle an: Nach dem ersten ist das potentiell Vorhandene das von dem Wachsen des Lebendigen her verstandene keimhaft Angelegte, dessen Reifung stattfinden wird, vorausgesetzt, daß kein äußeres Hindernis den Reifeprozeß beeinträchtigt oder gar unterbricht; nach dem zweiten ist es die von der Mechanik und der Dynamik her verstandene Wirkung, Tätigkeit oder Bewegung einer durch ein äußeres Hindernis aufgehaltenen Kraft; die Tätigkeit einer Kraft, die unverzüglich zu der fraglichen Tätigkeit übergeht, sobald das Hindernis beseitigt ist, und die daher nicht nur keiner Hilfe (auxilium) bedarf, um diese Tätigkeit zu verrichten, sondern auch keinen Schutz, keine Hege und Pflege braucht, um sich in ihrer und durch ihre Tätigkeit zu manifestieren (in diesem zweiten Fall kann man auch, um die zwei Weisen des potentiellen Vorhandenseins terminologisch voneinander zu unterscheiden, von einer Virtualität oder einem virtuellen Vorhandensein sprechen). Die zweite Weise der Potentialität und das Sicherschöpfenlassen der Möglichkeit mit ihr liegt, wenn auch unausdrücklich, in der Freiheitstheorie von Hobbes vor. Es ist zwar oben[86] gesagt worden, als die erste Gestalt der Verneinung des wirklichen Unterschieds zwischen Möglichem und Wirklichem angeführt wurde, daß wir bei Hobbes das Sicherschöpfenlassen der Möglichkeit mit der Wirklichkeit, und die im Sinne dieses Sicherschöpfenlassens verstandene Gleichsetzung des Möglichen mit dem Wirklichen feststellen. Daher scheint die Theorie von Hobbes zwei Aspekte zu haben, die zunächst disparat nebeneinander bestehen: Einmal wird die Possibilität mit der Wirklichkeit, dem aktualen Vorhandensein oder mit dem, was wir in der Alltagssprache die „objektive Realität" nennen, zum anderen wird sie mit der Potentialität, d. h. mit dem einstigen potentiellen Vorhandensein des irgendwann zu der „objektiven Realität" Gelangten gleichgesetzt, genauer gesagt: mit der zweiten der beiden denkbaren Gestalten des potentiellen Vorhandenseins des tatsächlich Verwirklichten. Jetzt stellt sich vor allem die Frage, ob und in welcher Weise die beiden genannten Gleichsetzungen miteinander zusammenhängen.

Die Gleichsetzung des Möglichen mit dem Wirklichen besteht, wie bereits herausgestellt wurde, in der Gleichsetzung des Möglichen mit der

---

[86] S. Abschnitt II, 1 dieses Kapitels.

Totalität der Bedingungen, die für die Verwirklichung des Möglichen, dessen Möglichkeitscharakter jetzt in Frage steht, erforderlich sind, oder in der Gleichsetzung der Möglichkeit mit dem folgerichtig zu Ende gedachten Begriff der „potentia plena", die Hobbes eingeführt hatte, als er herausstellte: „Die Tätigkeit ist nämlich unmöglich, wenn das sie hervorbringende Vermögen nie vollständig vorliegen wird"[87], bzw. mit dem Begriff des „nächsten Vermögens" (pouvoir prochain), um einen Terminus der theoretischen Philosophie einzuführen, der in der mit Hobbes zeitgenössischen theologischen Diskussion über die Gnade eine zentrale Rolle spielte[88]. Der Nachweis des Zusammenhanges zwischen den beiden Aspekten der Theorie von Hobbes und die Auflösung des Scheins, daß sie nur disparat oder gar, daß sie unvereinbar sind, kann aus diesem Grunde am leichtesten eingesehen werden, wenn wir uns dem Begriff „Totalität der für die Verwirklichung erforderlichen Bedingungen" zuwenden und die Modifizierung, die er zuläßt, genau bedenken.

Wenn wir uns an der technisch-poetischen Hervorbringung oder an der Ausübung der dem Menschen als Menschen unmittelbar zukommenden Fähigkeit orientieren, sieht es so aus, als ob die Bedingungen, die für die Hervorbringung des Wirklichen und die Verwirklichung des ihm korrespondierenden Möglichen überhaupt erforderlich sind und die insgesamt etwas dazu beitragen, durchgängig einen positiven Charakter haben d. h. in direkter Weise setzend sind, indem sie jeweils ein Stück Wirklichkeit (sei es als materiellen Teil, sei es als nur der Reflexion zugänglichen Bestandteil) von der angestrebten Gesamtwirklichkeit des zu verwirklichenden Möglichen setzten: entweder indem sie dieses „Stück Wirklichkeit" produzieren oder indem sie es darstellen, oder indem sie die Produktion dieses Möglichen veranlassen, auslösen, provozieren[89]. Wenn wir uns jedoch an Entstehungsprozessen orientieren, die eindeutig dynamisch sind, d. h. entweder an politisch- und revolutionärpraktischen Verhaltensweisen in dem Gebiet des gesellschaftlichen Lebens, oder an vital-dynamischen Reifeprozessen aus der Sphäre des Lebendigen und Organischen, oder an dynamisch-mechanischen Vorgängen in der Natur, dann sind wir gezwungen, die Möglichkeit einer Differenziertheit innerhalb der Totalität der erforderlichen Bedingungen anzuerkennen. Sie be-

---

[87] S. oben, vgl. Sortais, II, 2, S. 336.
[88] Cf. Pascal, Lettres provinciales, Erster Brief.
[89] Das klassische Beispiel für eine solche an der technisch-poetischen Hervorbringung orientierte Theorie des Entstehens ist die aristotelische Lehre von den vier Ursachen.

steht darin, daß die vielen Bedingungen, die diese Totalität ausmachen, in zwei Gruppen eingeteilt werden können: Auf der einen Seite stehen die Bedingungen, die einen positiven Charakter haben und auf der anderen Seite steht eine Bedingung mit einem negativen Charakter, die aber nicht mit dem gleichzusetzen ist, was Kant als „negative Bedingung" bezeichnet, denn mit diesem Ausdruck meint Kant nur das, was wir im Unterschied zu der hinreichenden Bedingung auch die „nur notwendige Bedingung" oder die „unerläßliche Voraussetzung" nennen können. Die die Totalität mitausmachende negative Bedingung ist von besonderer Art: Ihre Zugehörigkeit zu der Totalität beruht auf der Notwendigkeit, die Einwirkung der den Verlauf des Reifeprozesses störenden und zu stoppen trachtenden Hindernisse abzuwehren, und somit auf der Notwendigkeit, das Negative zu negieren, wobei das Negative nicht in einem wertenden Sinn als ein solches verstanden werden muß, sondern in einem dynamischen, einem im Hinblick auf die Prozessualität des Geschehens gemeinten Sinn.

Die auf diese Weise definierte Negierung des Negativen kann darüber hinaus auch die Beseitigung eines vorhandenen Hindernisses bedeuten, das bereits eingewirkt hat und die ebenfalls bereits zur Entfaltung angekommene Macht an der Manifestation, d. h. an der Äußerung dieser Kraft hindert. Dieser Sachverhalt liegt dem zugrunde, was wir als das zweite Modell bezeichnet haben, mit dessen Hilfe die Verdeutlichung des Sinnes des Wortes „Potentialität" stattfand. Hier liegt das (zuweilen) später Verwirklichte nicht in der Potenz, sondern in der Latenz vor, weshalb wir auch in diesem Fall nicht nur von einem potentiellen, sondern von einem virtuellen Vorhandensein des später Verwirklichten und von einem gegenwärtig Wirklichen „das mit dem Zukünftigen unleugbar schwanger geht"[90] sprechen können.

Wenn man die Possibilität mit der gemäß diesem zweiten Modell verstandenen Potentialität identifiziert, dann ist man in der Lage, zugleich die Gleichsetzung der Möglichkeit mit der Totalität der zur Verwirklichung des fraglichen Wirklichen erforderlichen Bedingungen zu behaupten, und diese Behauptung aufrechtzuerhalten, ohne in einen Widerspruch mit sich selber zu geraten. Denn die Totalität der zur Verwirklichung erforderlichen Bedingungen läßt sich sinnvollerweise auf die Totalität der positiven Requisiten beschränken, da das negative Requisit weder direkt noch indirekt einen Teil der Gesamtwirklichkeit setzt, son-

---

[90] Leibniz, Monadologie, § 22: „le présent est gros de l'avenir".

dern nur das Hindernis, das die (mit der Verwirklichung hier gleichgesetzte) Äußerung der bereits tätigen Kraft hemmt, aufhebt. Demzufolge erweist sich Hobbes philosophische Position, die im Hinblick auf die allgemeine Kausalitätslehre die Möglichkeit mit der Totalität der Requisiten und im Hinblick auf die Freiheitstheorie die Möglichkeit mit der zweiten Gestalt der Potentialität des (zuweilen) später tatsächlich Verwirklichten identifiziert, als eine kohärente. Obgleich wir bei Hobbes selbst eine Reflexion auf den Zusammenhang zwischen den zwei markanten Thesen seines theoretisch-philosophischen Systems nicht finden, läßt sich dennoch in seinem Sinne ihre Vereinbarkeit und ihre Interdependenz einsichtig machen.

b. Die Kontroverse zwischen Hobbes und Bramhall über die richtige Definition der Freiheit

Die Gleichsetzung der Möglichkeit mit der im Sinne der Latenz und Virtualität, d. h. der im Sinne der verhinderten Äußerung der Tätigkeit verstandenen Potentialität liegt (unausdrücklich) dem Freiheitsbegriff von Hobbes zu Grunde. Hobbes hat mit dem Bischof Bramhall eine Polemik über die Freiheit und die Notwendigkeit geführt, im Anschluß an eine Diskussion zwischen den beiden, die der Herzog von Newcastle zu seiner persönlichen Unterrichtung in diesen Fragen veranstaltet hatte. Durch den Streit zwischen zwei protestantischen Sekten, nämlich zwischen den calvinistischen Gomaristen und den die Freiheit des Willens bejahenden Arminianern (oder Remonstranten) hatten diese Fragen erneut im 17. Jahrhundert eine Aktualität und Schärfe bekommen, besonders in den Niederlanden, wo das Konzil zu Dordrecht (1618) schließlich die Arminianer, von denen viele in Holstein Zuflucht gesucht haben, verurteilte; und in England, wo der königstreue Teil des höheren Klerus den Arminianismus angenommen hatte. Bramhall, als Arminianer, verteidigte in der Diskussion mit Hobbes die Freiheit des Willens, und verfaßte nachträglich ein Exposé seiner Ansichten, das Hobbes unterbreitet werden sollte, damit dieser Punkt für Punkt beantworte. Hobbes Replik, unter dem Titel „Über die Freiheit und über die Notwendigkeit" (1646) wurde aber 1654 ohne Wissen des Verfassers von einem französischen Anhänger von Hobbes veröffentlicht, woraufhin Bramhall beide Darstellungen in einem Band vereinigt hat unter dem Titel „A Defence of the True Liberty of Human Actions from antecedent or extrinsic Necessity" (London 1655). In seiner Schrift „The Questions concerning Liberty, Necessity and Chance, clearly stated and debated between Dr. Bramhall bishop of Derry and Thomas Hobbes of Malmesbury" (London 1656) macht sich Hobbes daran, die einzelnen Paragraphen der Bramhallschen Darstellung zu widerlegen; diese Schrift hat Leibniz vor Augen, wenn er in dem 2. Anhang zur Theodizee seinen eigenen Kommentar zu dem Streit zwischen Hobbes und Bramhall gibt, auf den wir noch eingehen werden. Der Bischof wollte jedoch das letzte Wort behalten. Er hat die „Castigations of Mr. Hobbes Animadversions in the case concerning Liberty and Universal Necessity" (London 1658) publiziert, die aber Hobbes, bereits in seinem 70. Lebensjahr stehend, nicht mehr zur Kenntnis zu nehmen gewillt war.

In der Nr. 39 seiner Bemerkungen über die Freiheit, die Notwendigkeit und den Zufall führt Hobbes an, daß er die Freiheit für richtig definiert hält, wenn sie in folgender Weise bestimmt wird: „Freiheit ist die Abwesenheit von allen die Tätigkeit hemmenden Hindernissen, die nicht in der Natur des Wirkenden und in dessen Wesensverfassung enthalten sind, „Liberty is the absence of all the impediments to action, that are not contained in the nature, and in the intrinsical quality of the agent."[91] Um nachzuweisen, daß er damit nicht die Freiheit des freien Beliebens meint, die mit der absoluten Indifferenz identisch wäre, wenn und sobald man auch die Entscheidung als eine Tätigkeit ansehen würde (was man ohne weiteres legitimerweise machen kann), und um nachzuweisen, daß das Fehlen von Hindernissen nicht mit dem (fingierten) Fehlen von allen Bestimmungsgründen, die das Wirkende auf das Wirken festlegen, gleichzusetzen ist, erläutert Hobbes die von ihm gegebene Definition durch ein Beispiel: Das Wasser ist frei bzw. hat die Freiheit, sich in der Richtung des Flußbettes zu ergießen, und zwar wegen des Fehlens von Hindernissen; es hat aber nicht die Freiheit oder: Möglichkeit, sich quer auszubreiten, weil die Ufer als Hindernisse bei dieser Tendenz anzusprechen sind und die Ausbreitung des Wassers in einer Richtung, die zu der Richtung des Flußbettes senkrecht ist, verhindern. Obwohl aber das Wasser — gemeint ist: dieselbe Wassermenge, also nicht der durch Regengüsse angeschwollene Fluß — sich nach oben nicht ausbreiten kann und somit die Möglichkeit des In-die-Höhensteigens entbehrt, wird ihm von niemandem das Streben nach oben unterstellt und demzufolge wird niemand sagen, daß dem Wasser die Freiheit aufzusteigen mangelt, sondern

---

[91] The Questions concerning liberty, necessity and chance. No. XXIX, enthalten in: The english works of Thomas Hobbes, London 1841, 5. Bd., S. 367.

die Fähigkeit oder die Kraft. Das Nichtkönnen, d. h. das Fehlen der Möglichkeit (und auf dem Umweg über das Fehlen der Möglichkeit die Möglichkeit selbst) wird demnach in jedem der genannten Fälle verschieden verstanden: einmal (nämlich im Falle des Fehlens der Möglichkeit der horizontalen Ausbreitung) als Beraubung, genauer gesagt, als Beraubung der Äußerung der bereits vorhandenen Tätigkeit (nicht: als Beraubung der M ö g l i c h k e i t , die bereits vorhandene Tätigkeit zu äußern) und zum anderen (nämlich im Falle des Fehlens der Möglichkeit der senkrechten Ausbreitung) einfach als Fehlen (Nichtsein) der dazu erforderlichen Fähigkeit oder Kraft. Als Grund gibt Hobbes die Tatsache an, daß in dem ersten Fall die Hindernisse nicht zur Wesensverfassung des Wassers gehören, während sie in dem zweiten Fall die Natur des Wassers mit ausmachen und auf diese Weise innerlich sind. Das Beispiel wird durch Hobbes abgewandelt durch den Vergleich des Nichtkönnens, das auf einen gesunden Gefesselten übertragen wird, mit dem Nichtkönnen, das einen Kranken oder Lahmen betrifft: Das Nichtgehenkönnen des ersten fassen wir als ein mit dem — nicht nur seelischen, sondern als Reißen und Spannen der Bande wahrnehmbaren — Streben zu gehen gleichzeitiges Nichtkönnen auf, wegen der äußerlichen Hindernisse, in diesem Falle der Fesseln; während wir das Nichtgehenkönnen des Kranken als ein pures Nichtkönnen ansehen, da die Hindernisse in diesem Fall in dem Nichtkönnenden selbst sind. Aus diesem Grund ließe sich sagen, daß der Gefesselte in gewissem Sinne, nämlich im Sinne der Fähigkeit und der Kraft das Können des Gehens hat, aber nicht die Freiheit zu gehen, während der Kranke nicht das Können hat, aber auch nicht die Freiheit, denn in Bezug auf das, zu dessen Durchführung es an der Fähigkeit und Kraft mangelt, befinden wir uns diesseits von Freiheit und Unfreiheit und sind demzufolge weder frei noch unfrei. Das Ausgerichtetsein auf das, wovon die gehemmte Kraft frustiert wurde, konstituiert ein nicht nur numerisch, sondern der Art nach verschiedenes Mögliches im Vergleich zu dem Möglichen, das alles dasjenige umfaßt, an dessen Erreichung wir nicht verhindert werden und nicht verhindert werden können, weil wir seine Erreichung überhaupt nicht anstreben und gemäß unserer inneren Verfassung nicht anstreben können.

Die Intention dieser Beispiele ist jetzt klar: mit Hilfe der unmittelbar einleuchtenden Unterscheidung zwischen zwei Arten von Hindernissen, nämlich äußeren und inneren, sollen zwei ihnen entsprechende Weisen des Nichtkönnens vergegenwärtigt werden. Und entsprechend zu diesen

Weisen des Nichtkönnens soll die Annahme von zwei Weisen des Könnens oder der Möglichkeit nahegelegt werden, um eine jeweils andere Möglichkeit als kennzeichnend für das Dasein des puren Vermögens und für den Zustand der Unfreiheit annehmen zu können, und um schließlich die Freiheit als Enthemmung, d. h. als Fehlen bzw. Beseitigung dieser (bereits definierten) Unfreiheit definieren zu können, ohne der als absolute Indifferenz verstandenen Freiheit das Wort zu reden. Die zwei Weisen der Möglichkeit, die die Kehrseite der zwei Weisen der Unmöglichkeit bilden, und die ihrerseits der hier fraglichen Unterscheidung zugrunde liegen, nämlich der Unterscheidung zwischen dem Vorhandensein des puren Vermögens und dem Vorhandensein des Hindernisses, das das bereits zur Tätigkeit übergegangene Vermögen an der Äußerung seiner Tätigkeit hindert, sind (wenn man sie nicht mehr lediglich veranschaulichen, sondern begrifflich erfassen will) das Mögliche als das keinen Widerspruch in sich Enthaltende und das Mögliche als „das mit der zweiten Gestalt der Potentialität gleichgesetzte Mögliche": Das ersre korrespondiert dem Vorhandensein des puren Vermögens (das stets, solange es da ist, entweder zur Tätigkeit überzugehen vermag, oder auch nicht, und zwar ohne aufzuhören, als — pures — Vermögen da zu sein); und das zweite dem Vorhandensein des hemmenden Hindernisses, d. h. dem Status der Unfreiheit.

Diesem zweiten Möglichen kommt, im Unterschied zu dem ersten, in gewissem Sinne die Wirklichkeit zu. Die ihm zukommende Wirklichkeit ist allerdings eine Wirklichkeit sui generis, denn sie läßt sich nicht durch die Aufstellung der Alternativen erfassen, mit denen wir gewohnt sind, das Wirkliche überhaupt einzuteilen und einzuordnen, nämlich durch die massive Unterscheidung zwischen Dingen auf der einen Seite und Prozessen, Wirksamkeiten und Tätigkeiten auf der anderen, wobei das Ding entweder ein selbst- und eigenständiges (das heißt eine Substanz) sein kann, oder ein unselbständiges, und dieses wiederum entweder ein der Substanz inhärentes Akzidens oder ein zwar auf die Tätigkeit bezogenes, aber auf das Tätigsein nicht stets und ununterbrochen angewiesenes Vermögen. Denn sie nimmt eine Zwischenstellung zwischen dem bloßen Vermögen und der Tätigkeit selbst ein. Das, was mit dem Freiheitsbegriff immer mitgedacht wird, nämlich das Vorliegen von zwei Möglichen, von denen das eine den Wählenden zur Verwirklichung sollizitiert und als ein derart Sollizitierendes virtualiter das Verwirklichte selbst ist, kann auf diese Weise vor dem Hintergrund der Hobbeschen Freiheitsdefinition als eine Situation gedeutet werden, in der die Äußerung der Tätigkeit der gestauten Kraft dem virtuell das Verwirklichte repräsentierenden Möglichen entspricht, und die Nichtäußerung der Tätigkeit, die das jetzt (mit dem Vorhandensein der gestauten Kraft gleichgesetzte) Wirkliche ausmacht, dem nicht gewählten und nicht verwirklichten Möglichen.

Bramhalls Kritik an der Art und Weise, in der Hobbes die Freiheit definiert, beginnt, wie es die scholastische Bildung des Bischofs nahelegt, mit der Bemerkung, daß eine richtige Definition das genus proximum und die differentia specifica des zu definierenden Begriffs enthalten muß, d. h. daß sie sowohl das mit anderen verwandten Begriffen Gemeinsame, das auch die „Materie" des Begriffs genannt wurde, als auch das Spezifische, das die „Form" hieß, zur Sprache zu bringen hat; während Hobbes' Definition weder das eine noch das andere nennt. Als zweiten Punkt und insbesondere moniert Bramhall den Umstand, daß, statt die spezifische Differenz anzuführen, eine negative Instanz, nämlich die Abwesenheit (genauer gesagt die Abwesenheit der äußeren Hindernisse) als Kriterium angegeben wird, um die Frage zu entscheiden, wann „Freiheit" da ist und wann sie nicht da ist; also um die Frage zu entscheiden, wann etwas Positives, in den Worten Bramhalls „ein wirkliches Vermögen" (a real faculty), d. h. die Kraft des Wählens (the elective power) da ist oder nicht da ist. Diese Mängel in der Methode zeigen sich nach Bramhall auch in der Konsequenz, die man aus Hobbes' Definition ziehen müßte; nämlich daß ein Stein die Freiheit hätte, in die Luft zu steigen, da keine außerhalb von ihm sich befindenden Hindernisse ihn daran hindern, und daß demzufolge, wenn der Stein nach oben geworfen würde, eine (nach der aristotelischen Einteilung der Ortsbewegung der schweren Körper in eine natürliche nach unten und in eine gewaltsame nach oben) gewaltsame Bewegung als eine freie angesprochen werden müßte.

Die Forderung, daß die Definition eines Begriffs durch die Einschränkung eines allgemeinen Ausdrucks herzustellen ist, d. h. durch eine Einengung der Bedeutung des allgemeineren Ausdrucks, aus der schließlich die Gleichheit des logischen Umfangs dieses allgemeineren Ausdrucks und des Definiendums resultiert, erkennt Hobbes als legitim an. Er verwahrt sich jedoch gegen die These, daß seine Freiheitsdefinition den Normcharakter dieses Vorgehens mißachtet, denn in ihr sei sowohl das Allgemeinere (oder die Gattung), als auch das Einschränkende (oder die spezifische Differenz) zu finden. Jene sei mit den Worten bezeichnet: „Abwesenheit von (die Tätigkeit verhindernden) Hindernissen"; und diese mit den Worten: „Allerdings Hindernissen, die nicht in der inneren Verfassung des Handelnden enthalten sind". Auf den zweiten Punkt antwortet Hobbes, daß ein wirkliches Vermögen oder eine wirkliche Kraft wohl durch eine negative Instanz, wie es die Abwesenheit ist, definiert werden kann, da die Abwesenheit (oder das Negative überhaupt) ebenso wie das Vermögen, das Anwesen oder das Positive überhaupt, entweder eine wirkliche oder eine nur scheinbare sein kann, woraus sich ergibt, daß in Fällen, in denen bei der Vergegenwärtigung des Sinnes des zu Definierenden eine Abwesenheit oder Verneinung mitgedacht werden muß, man diese zur Definition gebrauchen darf und sogar gebrauchen muß. Den dritten Punkt beantwortet Hobbes mit dem Hinweis auf den Umstand, daß Bramhall das für den ruhenden Stein Geltende auf den nach oben geworfenen und demzufolge aufwärts sich bewegenden Stein ungerechtfertigterweise überträgt. Während aber das Hindernis, das den ruhenden Stein an der Bewegung nach oben hindert, ein inneres ist, d. h. auf der inneren Verfassung, auf der „Natur" des Steines (nämlich auf seiner Materialität) beruht, ist das Hindernis, das den aufwärts sich bewegenden Stein an der Fortsetzung dieser „gewaltsamen" Bewegung hindert und irgendwann ihren Stillstand herbeiführt, ein äußeres (nämlich die den Stein anziehende Erde). In diesen Überlegungen beruft sich Hobbes unausdrücklich auf ein Theorem, das in dem durch Descartes und Kepler entdeckten Trägheitsgesetz wurzelt, und nach welchem ein Körper seinen Bewegungszustand nicht ändert, solange keine Kraft von außen auf ihn einwirkt.

Der eigentliche Sinn der Definition von Hobbes und ihr Verhältnis zu den von Hobbes gegebenen Beispielen, die wir zunächst als für sich allein genommene Phänomene interpretiert haben, kommen in der Zurückweisung des zweiten Punktes der Bramhallschen Kritik zum Vorschien. Hobbes sieht sich hier gezwungen umzuformulieren, und zwar indem er den Gegenzug durchführt und die Behauptung aufstellt, daß bei der Vergegenwärtigung des Sinnes der durch das Wort „Freiheit" bezeichneten Vorstellung eine Abwesenheit (absence) oder, wie er bezeichnenderweise hinzufügt, eine Verneinung (negation) mitgedacht werden muß. Die mit „Verneinung" präzisierte Abwesenheit von (äußeren) Hindernissen nennt er auch Freiheit von (äußeren) Hindernissen, allerdings indem er jetzt nicht von liberty spricht, sondern das zweite Wort (= freedom) verwendet, das im Englischen zur Verfügung steht, um die „Freiheit" auszudrücken. Er gelangt auf diese Weise zu der Formulierung:

Freiheit bezeichnet die Freiheit von (äußeren) Hindernissen; it (= liberty) signifieth freedom from impediments — which is all one with the absence of impediments, as I have defined it[92]. Dieser Umformulierung liegt die Dynamisierung der Abwesenheit der Hindernisse zugrunde. Während „Abwesenheit der Hindernisse" ein bloßes Fehlen und somit einen Zustand beschreibt, meint die Verneinung der Hindernisse bzw. die Freiheit von Hindernissen (freedom from impediments) einen Konflikt und einen Prozeß, d. h. kein bloßes Fehlen oder Nichtsein, sondern ein Nicht-mehr-sein, und zwar ein Nicht-mehr-sein, das auf der Beseitigung, auf der Wegräumung des zuvor vorhandenen Hindernisses beruht.

Durch die Tatsache, daß Hobbes im Verlauf der Polemik mit Bramhall den dynamischen Charakter der Abwesenheit, den er von vornherein im Sinn hatte (wie der Zusatz zeigt: which is all one with the absence of impediments as I have defined it) auch ausdrücklich macht, wird es offenkundig, daß er die Freiheit nicht als Zustand, nicht als den Zustand der Indifferenz des Gleichgewichts, sondern als Prozeß und zwar als den Prozeß der Befreiung versteht, als das, was N. Hartmann „echte Freiheit" oder „kategoriale Freiheit" nennt, wenn er schreibt: „Alle echte Freiheit ist Freiheit ‚von' etwas und im Gegensatz zu etwas. Und dieses Etwas muß den Charakter einer Bindung haben, ‚gegen' welche sie sich durchsetzt. Andernfalls wäre Freiheit bloße Ungebundenheit und Widerstandslosigkeit, also etwas rein Negatives. Der eigentliche Sinn von Freiheit ist die Überlegenheit über etwas anderes. Und diese Überlegenheit ist in der kategorialen Freiheit gerade die Hauptsache."[93] Man muß zu N. Hartmanns Aperçu hinzufügen: Wenn ein Vermögen, sich von vornherein in dem Zustand der Ungehemmtheit, Ungebundenheit und Widerstandslosigkeit befindend, die ihm eigentümliche Tätigkeit verrichtet, dann wird zwar nicht das Vermögen selbst zu einem Negativen, aber es unterliegt der Gesetzmäßigkeit seiner eigenen eindimensionalen Natur, d. h. dem, was man früher die necessitas naturae („Naturnotwendigkeit")[94] nannte; es stellt auf diese Weise etwas dar, dem die Unfreiheit mit ebenso großer Berechtigung wie die Freiheit zugesprochen werden kann.

Das bloße Verrichten der dem Vermögen eigentümlichen Tätigkeit kann man auch als Spontaneität bezeichnen (oder, auf das Verhalten von

---

[92] The questions usw. Animadversions upon the answer to No. XXIX, a. a. O., S. 370.
[93] Neue Wege zur Ontologie, 3. Aufl., Stuttgart 1949, S. 75.
[94] Vgl. Spinoza, Ethik, 1. Teil, Def. VII.

Menschen bezogen, als impulsive Willensregung oder Impulsivität); genauer gesagt: als eine mit der im Sinne der Unentrinnbarkeit verstandenen Notwendigkeit zusammengehende Spontaneität. Die Spontaneität nämlich kommt sowohl mit der Notwendigkeit als auch mit der Freiheit verbunden vor. Diesen Sachverhalt arbeitet Bramhall klar heraus, indem er darauf hinweist, daß nicht nur zwischen Notwendigkeit und Freiheit, sondern auch zwischen Notwendigkeit, Spontaneität und Freiheit unterschieden werden muß, da die Spontaneität oder das Spontane, das Bramhall mit dem (bloß) Willensmäßigen (voluntary) gleichsetzt, mit beiden vereinigt werden kann. Die Spontaneität besteht in der Angemessenheit des Strebens, des reflektierten oder des unreflektierten, zu dem angestrebten Gegenstand (spontaneity consists in a conformity of the appetite, either intellectual or sensitive, to the object)[95], d. h. in dem ungehemmten und unmittelbaren Verrichten der hier als Gegenstand aufgefaßten Tätigkeit durch das die ihm eigentümliche Tätigkeit ständig anstrebende Vermögen[96]; die Notwendigkeit besteht in der durch vorausgegangene Ursache herbeigeführten Festlegung auf Eines[97] (in an antecedent determination to one); und die wahre Freiheit besteht in der wählenden Kraft des oberen Begehrungsvermögens (in the elective power of the rational will)[98].

Bramhall, der zwar zutreffend zwischen Notwendigkeit, Spontaneität (oder Konformität zwischen Streben und Gegenstand des Strebens) und Freiheit unterscheidet, aber unrichtig dem Hobbes unterstellt, daß er die Freiheit auf die bloße Spontaneität degradiert, übersieht, daß das Verdienst von Hobbes in dem Hinweis auf den mit dem Ausdruck „gestaute Kraft" und dem Bild des Gefesselten bezeichneten Sachverhalt besteht;

---

[95] The questions, a. a. O., S. 40.
[96] Die in der angegebenen Weise interpretierte Bramhallsche Definition der Spontaneität erweist sich als sinngleich mit der leibnizischen: spontaneum est, cuius principium est in agente.
[97] Leibniz verwendet diese Formel nicht, da offensichtlich alles davon abhängt, ob diese vorausgegangenen Ursachen, die die Festlegung auf Eines — die determinatio ad unum — mit sich führen, ihrerseits ihr Dasein einer frei oder einer unfrei wirkenden Ursache verdanken; in dem ersten Fall wäre die Annahme der von vorausgegangenen Ursachen herbeigeführten Festlegung auf Eines mit der Freiheit vereinbar.
[98] The questions, No. III, a. a. O., S. 39 f. — Auch diese letzte Formulierung, die einen starken scholastischen Anklang hat, wird von Leibniz bewußt vermieden, da die Gegenfrage sofort zu erwarten wäre: Und worin besteht dann diese „wählende Kraft"? Über die Neigung, für alles bloß verbale Scheinerklärungen durch Anführung rätselhafter Kräfte und geheimer facultates zu finden: s. Arnauld, Die Logik oder die Kunst des Denkens, Darmstadt 1972, S. 239.

und in der in diesem Hinweis enthaltenen Andeutung, daß die traditionellen scholastischen Begriffe wie „Vermögen" (facultas, potentia), Tätigkeit des Vermögens (actus) und Möglichkeit (possibilitas) im präzisen Sinne der Möglichkeit, zu der Tätigkeit überzugehen, nicht ausreichen, um den ontologischen Status der Tätigkeit anzugeben, auf welche die Kraft qua gestaute Kraft ausgerichtet ist, und zu der diese unversehens übergeht, sobald das Hindernis beseitigt ist, oder bis zu dem Punkt geschwächt ist, bei dem der von Seiten der Kraft auf das Hindernis ausgeübte Druck die Oberhand über die Widerstandskraft des Hindernisses gewinnt. Wenn allerdings dieser Sachverhalt vor dem Hintergrund der Lehre erscheint, gemäß welcher das Mögliche mit dem Vorhandensein der Totalität der für die Verwirklichung erforderlichen (positiven) Bedingungen gleichzusetzen und somit von dem Wirklichen ununterscheidbar ist, dann sieht es unweigerlich so aus, als ob in dem Fall, in dem die Stauung einer Kraft vorliegt, die Möglichkeit des Möglichen sich in der Art der Wirklichkeit (genauer gesagt: der Art der Potentialität) erschöpft, die der Tätigkeit der gestauten Kraft zu der Zeit zukommt, während welcher die Kraft, als eine gestaute, an der Äußerung ihrer Tätigkeit verhindert ist. Mit anderen Worten: Die Vergegenwärtigung des mit dem Ausdruck „gestaute Kraft" bezeichneten Sachverhaltes und des erwähnten Ungenügens der scholastischen Kategorien, vor dem Hintergrund der Gleichsetzung des Möglichen mit dem Wirklichsein der Totalität der erforderlichen Bedingungen, bringt mit sich das — gelegentliche — Sicherschöpfenlassen der Möglichkeit des Möglichen mit der besonderen Art von Potentialität, die im Falle der Hemmung einer Kraft hinsichtlich der Tätigkeit dieser Kraft vorliegt.

Die beiden Gedanken, die den beiden Gleichsetzungen (der Gleichsetzung der Möglichkeit des Möglichen, erstens mit dem Wirklichsein der Totalität der Requisiten, und zweitens mit der besonderen Art von Potentialität, die im Falle der Hemmung einer Kraft hinsichtlich der Tätigkeit dieser Kraft vorliegt) als Basis zugrunde liegen, werden von Leibniz akzeptiert, obwohl die beiden Gleichsetzungen selbst mit dem leibnizischen Möglichkeitsbegriff unvereinbar sind und daher abgelehnt werden: Der erste Gedanke besagt, daß etwas nur dann in die Wirklichkeit eintritt, wenn alle dazu erforderlichen Bedingungen zusammen sind, und daß es unausbleiblich in die Wirklichkeit eintritt, wenn diese beisammen sind; und der zweite besagt, daß die Tätigkeit der gehemmten Kraft, während der Zeit, in welcher diese Kraft gehemmt wird, einen ontologischen Status hat, zu dessen Erfassung das Netz der aristotelisch-scholastischen Begriffe sich als zu weitmaschig und deshalb untauglich erweist: die Dualität und Polarität zwischen dem Vermögen bzw. zwischen dem Wirklichsein des Vermögens, für das die doppelte logische Möglichkeit besteht, nämlich zu der ihm eigentümlichen Tätigkeit überzugehen und nicht zu ihr überzugehen, und dem Wirklichsein der Tätigkeit selbst, läßt keinen Platz für ein Drittes, das zwar näher zu der Tätigkeit steht als zu dem bloßen, mit der doppelten Möglichkeit ausgestatteten Vermögen, aber nicht mit der offenkundigen — der offenkundig wirklichen und der wirklich offenkundigen Tätigkeit identisch ist[99]. Dem der ersten Gleichsetzung zugrunde liegenden Gedanken muß Leibniz wegen der Affinität mit dem von ihm formulierten Satz vom zureichenden Grund zustimmen; und dem zweiten wegen des Zusammenhanges mit dem spezifisch leibnizischen Begriff der Kraft, genauer mit dem Begriff der vis activa primitiva.

In seinen Reflexionen über die Kontroverse zwischen Hobbes und Bramhall geht Leibniz bezeichnenderweise in dem angegebenen Sinn auf jenen ersten Gedanken ein. Auf seine eigene These hinweisend, daß alles nach bestimmenden, festlegenden Gründen (raisons déterminantes) geschieht, deren Kenntnis uns in die Lage versetzen würde, zu wissen und einzusehen, warum ein Ding entstanden ist oder etwas sich ereignet hat, und warum es nicht anders entstanden ist bzw. sich nicht anders ereignet hat, betont er die Richtigkeit der Behauptung von Hobbes, daß nichts zufällig geschieht und daß der Zufall im Sinne der völligen und unaufhebbaren Ursachlosigkeit (hasard und fortune)[100], d. h. als eine in der Sache zu findende Ursachlosigkeit (hasard réel), nichts hervorbringt und somit nie zur Erklärung irgendeines Entstehungsprozesses herangezogen werden darf; positiv gewendet: daß der im Sinne der Ursachlosigkeit verstandene Zufall sich nur als bloßer Schein zuweilen einstellt und zwar entweder wegen der Unkenntnis der Ursachen, die die fraglichen Wirkung hervorbringen, oder wegen der Tatsache, daß man die Ursachen außer

---

[99] Wie aus Aristoteles' Metaphysik (Θ 8) hervorgeht, weiß Aristoteles um das Vorhandensein der stets ihre eigentümliche Tätigkeit verrichtenden „unvernünftigen Kräfte" (δυνάμεις ἄλογοι), er reflektiert aber nicht auf den Fall der Hemmung oder Frustruation und erst recht nicht auf die Konsequenzen, die sich bei dem Versuch, diesen Sachverhalt zu erfassen, für das kategoriale Gefüge ergeben.
[100] Leibniz fügt erläuternd hinzu, um den hier gemeinten Zufall sowohl von der im Sinne der Kontingenz verstandenen Zufälligkeit als auch von der Wahrscheinlichkeit abzuheben: chance auf Englisch, casus auf Latein; Réflexions, § 536 GP VI 312.

Acht gelassen hat[101]. Aus dieser richtigen und gerechtfertigten Ablehnung des hasard réel ergibt sich nach Leibniz unweigerlich der Gedanke von Hobbes, daß das Entstehen jeder Wirkung das Zusammenwirken aller Bedingungen heischt, die in ihrer Gesamtheit den zureichenden und festlegenden Grund ausmachen und die dem Ereignis, das wir hier als „Wirkung" bezeichnet haben und dessen Verwirklichung zur Diskussion steht, vorausgehen. Dieser Gedanke schließt freilich die doppelte These ein, daß keine einzige Bedingung fehlen darf, wenn das Ereignis erfolgen soll (da jede dieser Bedingungen, für sich genommen, den Charakter der notwendigen Bedingung hat); und daß das Ereignis unfehlbar eintreffen wird, wenn und sobald sie alle zusammen sind, (da sie, als Gesamtheit, die zureichende Bedingung abgeben)[102].

c. Die Kraft als metaphysisches Prinzip: Der Begriff der vis activa primitiva

Die Bejahung des Gedankens, der der zweiten Art und Weise, das Eigentümliche der Possibilität zu unterschlagen, als Basis (nicht als Ursache) zugrunde liegt, finden wir, im Unterschied zu dem ersten, nicht in den „Reflexionen" selbst, sondern in den häufig vorkommenden Stellen, in denen Leibniz die Grundkonzeption seiner Dynamik, d. h. seine Konzeption der vis activa entwickelt. Die prägnanteste Formulierung dieser Konzeption ist in der kurzen, von Leibniz selbst in den Acta Eruditorum von Leipzig veröffentlichten Abhandlung „Über die Verbesserung der ersten Philosophie und über den Begriff der Substanz" (De primae philosophiae emendatione et de notione substantiae, 1694) und in den §§ 1 und 2 des 21. Kapitels des 2. Buches der wenig später geschriebenen Nouveaux Essais zur l'entendement humain enthalten.

Die als vis activa verstandene Kraft ist für Leibniz der Boden, auf den er sich stellt und von dem aus er sich anschickt, die Ontologie,

---

[101] „... le hasard ne produit rien. Fort bien, j'y consens si l'on entend parler d'un hasard réel; car la fortune et le hasard ne sont que des apparences qui viennent de l'ignorance des causes, ou de l'abstraction qu'on en fait" (Leibniz, Réflexions, § 5, GP VI 392.
[102] „Il (= Hobbes) fait fort bien voir qu'il n'y a rien qui se fasse au hasard, ou plustôt que le hasard ne signifie que l'ignorance des causes qui produisent l'effet et que pour chaque effet il faut un concours de toutes les conditions suffisantes, anterieurs à l'évènement, dont il est visible que pas une ne peut manquer, quand l'évènement doit suivre, parce que se sont des conditions; et que l'évènement ne manque pas non plus de suivre, quand elles se trouvent toutes ensemble, parce que se sont des conditions suffisantes": Réflexions, § 2, GP VI 389.

allgemeine Metaphysik oder erste Philosophie zu verbessern und den Zentralbegriff der Ontologie, die „Substanz", umzudenken. Deshalb finden wir die wichtigste Entfaltung der Kennzeichen der leibnizischen vis activa nicht in Leibnizens Abhandlungen über die Dynamik, auch nicht in der Schrift, die als spekulative Begründung und Erläuterung der Dynamik anzusehen ist und 1698 unter dem langatmigen Titel „Über die Natur an sich selbst, oder über die Kraft, die den erschaffenen Dingen innewohnt und über deren Tätigkeit, um als Bestätigung und Erhellung der Dynamik des Verfassers zu dienen" (De ipsa natura sive de vi insita actionisbusque Ceaturarum, pro Dynamicis suis confirmandis illlustrandisque) veröffentlicht wurde, sondern, zuerst in der bereits erwähnten Schrift von 1694. Der Zusammenhang zwischen dem Umdenken des Begriffs der Kraft und dem der Substanz wird allerdings von Leibniz selbst herausgestellt. „Der Begriff der K r ä f t e oder des V e r m ö g e n s" bemerkt er „(eben dessen, was die Deutschen K r a f t und die Franzosen la force nennen), zu dessen Explikation ich eine besondere Wissenschaft vorgesehen habe, nämlich die D y n a m i k , trägt sehr viel zum Verständnis des wahren B e g r i f f s d e r S u b s t a n z bei"; „... ut aliquem gustum dem, dicam interim, notionem v i r i u m seu virtutis (quam Germani vocant K r a f t, Galli l a f o r c e) cui ego explicandae peculiarem D y n a - m i c e s scientiam destinavi, plurimum lucis affere ad verem n o t i o - n e m s u b s t a n t i a e intelligendam"[103].

Der ontologische — man müßte eigentlich sagen: dynamologische — leibnizische Begriff der Kraft ist durch zwei Momente charakterisiert: durch die Aktivität oder das Tätigsein und durch die Ursprünglichkeit, d. h. durch die Tatsache, daß weder die hier gemeinte Kraft selbst noch die Tätigkeit dieser Kraft als Tätigkeit dieser Kraft sinnfällig oder wahrnehmbar ist; aus diesem Grund spricht Leibniz in diesem Zusammenhang, wenn er die reifste Etappe dieses Gedankens erreicht hat, von der vis activa primitiva[104], während er anfangs dasselbe in Anlehnung an Ari-

---

[103] De primae philosophiae emendatione et de notione substantiae; in diesem Aufsatz wird das Fundament gelegt für die Ersetzung der aristotelischen usiologischen Ontologie durch die dynamische Ontologie.

[104] S. Nouveaux Essais, GP V 156: Hier setzt Leibniz, wie auch an anderen Stellen, die forces agitantes primitives mit den Entelechien gleich, allerdings mit dem Unterschied, daß er die Entelechien durch den Ausdruck „ursprüngliche oder substanzielle Tendenzen" (tendences primitives ou substantielles) erläutert und hinzufügt, daß Aristoteles, der den Terminus „Entelechie" geprägt hat, diesen Begriff in einem weiteren Sinn verstand, und zwar so, daß er auch die Tätigkeit (Action)

stoteles' Begriff der „ersten Entelechie" mit den Worten force primitive bezeichnete[105] und erst bei der Erläuterung dieses Namens den Begriff des ursprünglichen Tätigseins (activité originale) einführte. In der Abhandlung über die erste Philosophie bezeichnet er wieder dasselbe, jetzt den Akzent auf das zweite der beiden Momente legend, als aktive Kraft (vis activa).

Durch die Aktivität grenzt Leibniz die vis (activa) gegen den scholastischen Begriff der potentia activa bzw. der facultas activa[106] ab und durch die Primitivität oder Ursprünglichkeit gegen die Kraft, deren Tätigsein unmittelbar sinnfällig ist, und die in der Scholastik „qualitas" genannt wurde; er selber nennt die Kraft, deren Tätigsein unmittelbar sinnfällig ist und als Indiz für ihr Vorliegen dienen kann, force dérivative, abkünftige (nicht: abgeleitete) Kraft, um damit anzudeuten, daß analog zu dem Tätigsein und dem Vollzug überhaupt, die als die Vollendung und somit als Steigerung und Transformation der Potenz oder der (potentiellen) Anlage aufgefaßt werden können, das als Tätigsein einer Kraft unmittelbar sich präsentierende Tätigsein als eine Transformation des nicht wahrnehmbaren, auf die ihm zugrunde liegende Kraft nicht mehr hinweisenden und von dem ihm zugrunde liegenden „Prinzip" nicht mehr tatsächlich unterschiedenen oder gar geschiedenen Tätigseins aufgefaßt werden könne. Die Unterscheidbarkeit zwischen Tätigsein und Kraft auf der Ebene der ontologisch-dynamologischen Betrachtung deutet Leibniz durch die Worte an: die im Sinne der vis activa verstandene Kraft enthält einen gewissen Vollzug[107] bzw. eine Entelechie (vis activa actum quendam sive ἐντελέχειαν continet)[108].

Die Abgrenzung der vis activa primitiva gegen das, was gewöhnlich in der scholastischen Philosophie als „Vermögen zu wirken" gilt und mit dem Namen potentia activa oder facultas activa (bzw. facultas agendi)

---

und die Anstrengung (Effect) umfaßte; er schloß auf diese Weise auch das ein, was in Leibnizens Terminologie „aktive derivative Kraft" heißt.

[105] Zu den „substanziellen Formen", entelechies premières: „je les appelle peut-être plus intelligiblement forces primitives, qui ne continnent pas seulement l'acte ou le complement de la possibilité mais encore une activité originale" (Syst. Nouv. GP IV, 479).

[106] Vgl. dazu auch Heidegger, Aus der letzten Marburger Vorlesung, enthalten in: Wegmarken, Fr. a. M., 1967, S. 374 ff.

[107] Wir halten die Übersetzung von acte oder actus mit Vollzug (Heidegger übersetzt: wirkliches Wirken), von action oder actio mit Tätigkeit oder Tun, und von agere bzw. agendum mit Wirken für angemessener.

[108] a. a. O., GP IV 469.

belegt wird, ist die komplementäre Seite zu der Herausstellung der Ununterscheidbarkeit von Kraft (bzw. Vermögen) und Tätigkeit, oder mit rein aristotelischen Begriffen gesprochen, zwischen erster und zweiter Entelechie auf der Ebene der ontologisch-dynamologischen Betrachtung. Leibniz führt sie mit Hilfe einer Ortsbestimmung der vis activa primitiva durch. Diese Ortsbestimmung ist keine reale, wie W. Janke offenbar meint, wenn er den von Leibniz erarbeiteten Begriff in den Rahmen des Problems des „transcensus a possibilitate ad actum" drängt[109], nur mit dem Denkmodell der „Vermittlung" arbeitet[110] und den verschwommenen Begriff der „wesenhaften" (wirklichen) Möglichkeit einzuführen sich gezwungen sieht, indem er die Leibnizsche Kritik an der facultas agendi (bzw. der potentia activa) der Scholastiker mit den Worten paraphrasiert: „Zwar bezieht sich die wesenhafte (wirkliche) Möglichkeit auf ihre Manifestation im Wirken, sie vermag aber nicht, von sich aus ins Wirken, also in den Status der Zweiten Entelechie, überzugehen. Sie verbleibt in der unvermittelten Abständigkeit von Nichtsein und Sein befangen, eben weil der scholastisch verstandenen ersten Entelechie der Möglichkeitscharakter des bloßen Geeignet- und Bereitseins für, und das ist eine Art des Nichtseins, anhängt."[111]

Es handelt sich vielmehr um eine lediglich logische, von didaktischen Gesichtspunkten geleitete Ortsbestimmung, die auf dem Wege der Errichtung einer Skala erreicht wird, auf welcher der verschieden große Abstand von dem Tätigsein (actio) eingezeichnet wird. Im Hinblick auf diese Skala stellt Leibniz fest, daß der Abstand der als vis activa primitiva verstandenen Kraft von dem Tätigsein, im Vergleich zu dem Abstand des als scholastische facultas agendi verstandenen Vermögens, das Leibniz

---

[109] S. W. Janke, Leibniz, Die Emendation der Metaphysik, S. 27.
[110] Kennzeichnend für diese Neigung sind die Worte: „In der Übersetzung des Schulbegriffs einer Ersten Entelechie in die substantielle Natur der „force primitive" wird die unvermittelte Entgegensetzung von Möglichkeit und Wirklichkeit aufgehoben und damit das Verhältnis von Möglichkeit und Wirklichkeit überhaupt neu bestimmt": Janke, a. a. O., S. 30 f. Sowohl Janke als auch Heidegger übersehen, daß Leibniz, über Aristoteles entscheidend hinausgehend, die Distinktion zwischen der Problematik der Möglichkeit von Dingen, Konstellationen und Situationen, auf der einen Seite, und der Problematik der Möglichkeit des Wirkens, auf der anderen, für angebracht hält, allerdings ohne die beiden Überlegungen disparat zu lassen. Aus diesem Grund moniert Leibniz die ungenügende Erläuterung des Prozesses der Veränderung (alloiosis, alteratio) bei Aristoteles, der noch nicht entdeckt hatte, daß es sich hier, bei diesem Geschehen, um die Auseinandersetzung zwischen verschiedenen, antagonistischen Tendenzen mit verschiedenen Stärkegraden und Richtungen handelt: cf. De ipsa natura, GP IV 514, vgl. a. a. O. 512.
[111] Janke, a. a. O., S. 31.

auch das „bloße Vermögen der Schulphilosophie" („potentia nuda vulgo scholis cognita") nennt, kleiner ist und somit in der Mitte zwischen der nicht wirklich vorhandenen, sondern nur fingierten und als Fingiertes keiner Vermittlung fähigen facultas agendi und dem Tätigsein steht (inter facultatem agendi actionemque ipsam media est)[112]. Und die Behauptung, daß der Abstand des „bloßen Vermögens zu wirken" von dem Tätigsein und Wirkendsein größer ist, wird mit dem Hinweis auf die Tatsache begründet, daß dieses Vermögen zu wirken auf etwas Fremdes angewiesen ist, um als wirkendes Vermögen zu wirken da zu sein, nämlich einer fremden Anregung (aliena excitatio) und, wie Leibniz präzisierend hinzufügt, eines Stachels (stimulus) und Stiches bedarf, während die vis activa primitiva als eine die Anstrengung[113] (conatus) einschließende oder, wie es in einer vorläufigen Formulierung heißt, als eine einen gewissen Vollzug enthaltende[114] auf nichts angewiesen ist, um als tätige wirkende Kraft da zu sein.

Die Abhängigkeit der Aktivierung des als facultas agendi oder bloßes Vermögen zu wirken verstandenen Vermögens von einer fremden Anregung, die von außen hinzukommen kann, aber auch nicht hinzukommen kann, drückt Leibniz auch mit den Worten aus: Die facultas activa, facultas agendi und potentia activa (= dei gleichbedeutende Bezeichnungen) der Scholastiker „ist nichts anderes als die nahe am Wirken stehende Möglichkeit des Wirkens" (nihil aliud quam propinqua agendi possibilitas)[115] oder freier und zugleich interpretierend übersetzt: „nichts anderes als die in die Nähe des wirklichen Wirkens (und nicht nur in die Nähe des Begriffs ‚Wirken') gerückte unwirkliche, lediglich logische, mit der Möglichkeit des Nichtwirkens stets gekoppelte Möglichkeit des Wirkens". Legt man diese paraphrasierende Übersetzung zugrunde, ergibt sich, daß in dem Ausdruck „propinqua agendi possibilitas" bereits eine Kritik zumindest angelegt ist, die die Statuierung des „bloßen Vermögens zu wirken" auf das in diesem Fall nicht folgerichtige Denken der scholastischen Philosophie zurückführt. Die eben angebotene Paraphrase bekommt ihre Plausibilität durch den Bezug des Wortes agendi nicht auf

---

[112] De primae philosophiae GP IV 469.
[113] Das Wort „conatus" wird in Heideggers Übersetzung dieser Passage mit „Versuchen", „Drängen" und „Drang" übersetzt; mit „Versuchen" ist aber der Abstand der den conatus einschließenden vis activa von dem Tätigsein als zu groß, und mit „Drang" als zu klein angesetzt: vgl. dazu Heidegger, a. a. O., S. 375.
[114] S. die bereits zitierte Charakterisierung: actum quendam continet.
[115] De primae philosophiae, a. a. O., S. 469.

possibilitas, sondern auf propinqua, d. h. durch die Auffassung von agendi nicht als nähere Bestimmung des Substantivs, sondern des Adjektivs, und entsprechend durch die Deutung des agendi nicht als eines Genitivs, sondern als eines Dativs[116]. Heideggers Übersetzung dagegen mit „nichts anderes als die nahe Möglichkeit des Tuns, des Vollbringens"[117] bezieht das „agendi" auf possibilitas, läßt demzufolge das Adjektiv „nahe" in einer nichtssagenden Unbestimmtheit und tendiert dazu, die polemische Spitze, mit der dieser Satz versehen ist, und die, wie wir gesehen haben, in eine ganz bestimmte Richtung weist, abzustumpfen. Die Verwechslung der logischen Ortsbestimmung der vis activa primitiva mit ihrer realen Ortsbestimmung, die wir bei Janke, der in starkem Maße von Heideggers Aristoteles-Interpretation beeinflußt wurde, angetroffen haben, und die die Gefahr einer Re-scholastisierung des leibnizischen Denkens in sich birgt, ist eine Folge der Verkennung und Abstumpfung der hier vorliegenden, jedoch durch den Stil der neutralen Darstellung getarnten eristischen Formulierung.

Die vis activa primitiva, die in der eben angegebenen Weise gegen das einfache Vermögen zu wirken oder die „Vollzugsfähigkeit" (= in Heideggers Übersetzung)[118] abgegrenzt wird und als der letzte Grund der Bewegung, der Veränderung und der Entelechieprozesse aller Art anzusehen ist (ultima tamen ratio motus in materia est vis in creatione impressa, quae in unoquoque corpore inest)[119], braucht keine von anderswoher kommenden Antriebe oder auslösenden Ursachen (nec auxiliis indiget), denn sie leitet sich als ein die Anstrengungen (conatus), das Ausgreifen auf die höhere Seinsstufe einschließendes Etwas von sich aus ins Wirken (operatio) über; und, als ein von sich aus in die operatio sich überleitendes Etwas, leitet sie sich permanent und nicht nur gelegentlich in das Wirken und Tätigsein über, so daß ständig, ununterbrochen und pausenlos ein Tätigsein (actio) sich aus ihr ergibt („Et hanc agendi virtutem omni substantiae inesse ajo, semperque aliquam ex ea actionem nasci; adeoque nec ipsam substantiam corpoream non magis quam spiritualem ab agendo cessare unquam")[120]. Dieses Etwas, das die Ausdrücke „vis activa primitiva", „virtus agendi" (nicht: facultas agendi) und

---

[116] In dieser Weise wird der Satz auch von Paul Schrecker übersetzt: „n'est rien d'autre que la possibilité proche de l'action", s. Leibniz, Opuscules philosophiques choisis, Paris 1954, S. 81.
[117] S. Heidegger, a. a. O., S. 375.
[118] S. Heidegger, a. a. O., S. 375.
[119] De primae philosophiae, a. a. O., S. 469 f.

„nisus" (Tendenz) anzeigen, ist und bleibt dennoch angewiesen, allerdings nur auf ein Negatives, nämlich auf die Beseitigung und Aufhebung des Hindernisses, auf die sublatio impedimenti[121], oder wie Heidegger im Anschluß an Max Scheler formuliert, auf die „Enthemmung"[122]. Die virtus agendi, die näher als vis activa primitiva bezeichnet wurde und die der nisus ausmacht, muß jedoch wegen der Permanenz ihres Tätigseins, selbst in der Situation des Konflikts mit anderen virtutes agendi bzw. mit den virtutes agendi anderer Substanzen und selbst in dem Zustand des in dieser Situation sich einstellenden Gehemmtseins als ein Wirkendes und Tätiges angesprochen werden. Ihre Tätigkeit, die weder in die völlige Untätigkeit und Ruhe umschlagen, noch zwischen einem Mehr und Weniger schwanken kann, da die Permanenz des angestrengten Tätigseins die Permanenz des Maximus der Anstrengung impliziert, muß daher entweder eine manifeste, oder eine latente, entweder eine unmodifizierte oder eine modifizierte, oder, um mit Leibnizens Begriffen den Sachverhalt zu beschreiben: entweder eine uneingeschränkte, unlimitierte und nicht auf eine besondere Gestalt ihrer selbst festgelegte, oder eine eingeschränkte, limitierte und auf eine besondere Gestalt ihrer selbst festgelegte („determinierte") sein können. („ipso conflictu corporum varie in natura limitatur et coërcetur... Apparebit etiam ex nostris meditationibus, substantiam creatam ab alia substantia creata non ipsam vim agendi, sed praeexistentis jam nisus sui, sive virtutis agendi, limites tantummodo ac determinationem accipere")[123]. Die erste Weise des Tätigseins entspricht dem Zustand, der auf die Enthemmung, auf die sublatio impedimenti folgt, und die zweite Weise dem Zustand des Gehemmtseins und der Repression, wobei (auch im Sinne Leibnizens) anzumerken ist, daß dieser Zustand nie völlig fehlt. Er ist, mit einem höheren oder einem niedrigeren Stärkegrad des Hemmens bzw. des Gehemmtseins, stets anwesend, und zwar wegen der Vielheit der Substanzen und der sich unaufhörlich und durchgängig bildenden Konfliktsituationen zwischen ihnen.

Die Erörterung der Konfliktsituation und die Andeutung der besonderen Art von Wirklichkeit, die der Tätigkeit der in der Konfliktsituation gehemmten Kraft zukommt, ist das Positive, das Leibniz in Hobbes' Freiheitstheorie findet. Leibnizens Einstellung zu der Definition, die Hobbes für die Freiheit gibt, ist nämlich, im Unterschied zu Bramhalls massiv

---

[120] a. a. O., S. 470.
[121] a. a. O., S. 469.
[122] S. Heidegger, a. a. O.
[123] De primae philos., a. a. O., S. 470.

ablehnender Haltung, differenziert und zwar auf Grund der Möglichkeit, die sich für Leibniz bietet, in der Position von Hobbes eine Ahnung seiner eigenen Theorie von der vis activa primitiva und von den Substanzen, denen diese Kraft innewohnt, festzustellen[124]. „Hobbes stellt", schreibt er in einen ‚Réflexions sur l'ouvrage que M. Hobbes a publié en anglais de la liberté, de la nécessité et du hasard', „einen ziemlich guten Freiheitsbegriff auf — vorausgesetzt, daß die Freiheit in einem allgemeinen und umfassenden Sinn verstanden wird, nämlich in einem Sinn, demgemäß sie als etwas angesehen werden kann, das gemeinsam den intelligenten Substanzen (= den vernunftbegabten Wesen) und den nicht intelligenten zukommen kann; indem er nämlich sagt, daß ein Ding als ein freies anzusprechen ist, wenn die Kraft, die es hat, von keinem äußeren Ding behindert wird"[125].

Wenn man auf Grund dieser Beurteilung und vor dem Hintergrund des Vergleichs der Bramhallschen und der Leibnizschen Einstellung zu Hobbes' Theorie die Positionen von Hobbes und Leibniz miteinander vergleicht, dann kann man zusammenfassend sagen: Leibniz und Hobbes stimmen hinsichtlich der Abkehr von der Auffassung der Freiheit als Zustand und im Gefolge als absolute Indifferenz überein, ebenfalls hinsichtlich der theoretischen Grundlage dieser Abkehr, nämlich der Errichtung einer neuen ontologischen Schicht, um die Tätigkeit der durch ein äußeres Hindernis gehemmten und ihre nicht manifestiert werdende Tätigkeit dennoch ununterbrochen verrichtenden Kraft darauf anzusiedeln.

Indessen divergieren ihre Positionen hinsichtlich des Theorems, das Hobbes mit dem Gedanken koppelt, den wir als „theoretische Grundlage der Abkehr von der als absolute Indifferenz verstandenen Freiheit" bezeichnet haben, nämlich hinsichtlich des Sicherschöpfenlassens der Möglichkeit in der Potentialität (= in der Gestalt der Potentialität der Tätigkeit der durch ein äußeres Hindernis gehemmten und ihre Tätigkeit stets verrichtenden Kraft); und hinsichtlich eines Aspekts der Freiheitsdefini-

---

[124] Die Abhandlung von Leibniz, die den Kommentar zu dem Streit zwischen Hobbes und Bramhall enthält, kann daher nicht als eine Widerlegung von Hobbes bezeichnet werden. Die Angabe von Sortais „Leibniz hat es für wert gehalten, das Buch von Hobbes zu widerlegen" („Leibniz a pris la peine de réfuter de livre de Hobbes", Sortais, 2. Teil, S. 287, Anm. 1) ist irreführend, denn sie legt die Meinung nahe, daß sich Leibniz auf die Seite Bramhalls geschlagen hat, während Leibnizens Geschäft in erster Linie darin besteht, im wörtlichen Sinne kritisch zu verfahren und in der Schrift von Hobbes die positiven Punkte von den negativen zu scheiden.
[125] Réflexions, § 4, GP VI, 391.

tion von Hobbes, in dem die erwähnte — zwar formal mögliche, aber weder notwendige, noch von der Sache her mögliche — Koppelung ihren Niederschlag findet, nämlich hinsichtlich der Einschränkung der Theorie der als Prozeß der Befreiung aufgefaßten Freiheit auf ein Moment, das das Gemeinsame in der Befreiung der vernunftbegabten und der nicht vernunftbegabten Wesen darstellt.

d. Schellings Kritik an Leibniz auf Grund der Gleichsetzung von Möglichkeit und Potentialität

Die theologisch verbrämte Gleichsetzung der Möglichkeit teils mit der Potentialität, teils mit der puren Materialität, macht, wie wir abschließend anmerken möchten, einen der wichtigsten Aspekte der Freiheitstheorie von Schelling aus, der den „ganz formellen Begriff der Möglichkeit" (= daß alles möglich ist, was sich nicht widerspricht) bei Leibniz, im Grunde die Leibnizsche Forderung, zwischen der Potentialität und der Possibilität zu unterscheiden, angreift. Im Einklang mit dieser Ablehnung stehen die Kennzeichnung der Leibnizschen Philosophie als ein entwickeltes, ausgearbeitetes Notwendigkeitssystem (während der Spinozismus ein „unentwickeltes Notwendigkeitssystem" sei) und als eine „immanente Emanationslehre" und die mit Feuerbach und anderen Kritikern gemeinsame Degradierung der „moralischen Notwendigkeit" zu einem scheinbaren, illusionären Mittel, Freiheit und Notwendigkeit (in Gott) zu vereinigen[126].

Wegen des großen philosophischen Gewichts der Freiheitsabhandlung von 1809 bringen wir die Ausführungen, in denen die genannte Kritik artikuliert wird — trotz ihrer Länge — im Wortlaut: „ ‚Gott wählt', sagt er (= Leibniz), ‚zwischen Möglichkeiten, und wählt darum frei, ohne Nezessitierung: dann erst wäre keine Freiheit, wenn nur Eines möglich wäre'. Wenn zur Freiheit nichts weiter als eine solche leere Möglichkeit fehlt, so kann zugegeben werden, daß formell oder ohne auf die göttliche Wesenheit zu sehen, Unendliches möglich war und noch ist; allein dies heißt die göttliche Freiheit durch einen Begriff behaupten wollen, der an sich falsch ist und der bloß in unserem Verstand, aber nicht in Gott möglich ist, in welchem ein Absehen von seinem Wesen oder seinen Vollkommenheiten wohl nicht gedacht werden kann. Was die Pluralität möglicher Welten betrifft so scheint an sich Regelloses, dergleichen nach unserer Er-

---

[126] Cf. Das Kapitel über Spinoza—Leibniz—Wolff in den Münchener Vorlesungen „Zur Geschichte der neueren Philosophie".

klärung die ursprüngliche Bewegung des Grundes ist, wie ein noch nicht geformter, aber aller Formen empfänglicher Stoff, allerdings eine Unendlichkeit von Möglichkeiten darzubieten, und wenn etwa darauf die Möglichkeit mehrerer Welten gegründet werden sollte, so wäre nur zu bemerken, daß daraus doch keine solche Möglichkeit in Ansehung Gottes folgen würde, indem der Grund nicht Gott zu nennen ist, und Gott nach seiner Vollkommenheit nur Eines wollen kann. Allein es ist auch jene Regellosigkeit keineswegs so zu denken, als wäre nicht in dem Grunde doch der Urtypus der nach dem Wesen Gottes allein möglichen Welt enthalten, welcher in der wirklichen Schöpfung nur durch Scheidung, Regulierung der Kräfte und Ausschließung des ihn hemmenden oder verdunkelnden Regellosen aus der Potenz zum Aktus erhoben wird. In dem göttlichen Verstande selbst aber, als in uranfänglicher Weisheit, worin sich Gott ideal oder urbildlich verwirklicht, ist, wie nur Ein Gott ist, so auch nur Eine mögliche Welt."[127]

Der Gedanke Leibnizens von der Pluralität möglicher Welten wird hier dadurch entstellt, daß die Pluralität anhand des Denkmodells des rohen Stoffes ausgelegt wird, der in vielen verschiedenen Weisen geformt werden kann, während nach Leibniz die Pluralität der möglichen Welten sich lediglich daraus ergibt, daß der in den möglichen Welten eingeschlossenen Negativität eine Bandbreite und Variabilität zuzuerkenen ist. Leibnizens Gott hat nur Eine mögliche Welt vor sich, aber dieses Einzige in unendlich vielen, in eine nur materiale und eine nur formale Seite nicht auseinanderfallenden Variationen, was sich bei der Erörterung der Diskussion mit Arnauld über das konzeptual vervielfachte Individuelle genauer zeigen lassen wird.

5. Die nur logische Wirklichkeit des Möglichen (Leibniz contra Arnauld)

Bei dem ersten systematischen Aufriß der verschiedenen Möglichkeiten, das „Mögliche" zu konzipieren, hatten wir, die Begründung für eine spätere Stelle uns aufsparend, behauptet, daß auch der zweite Weg, für den Status des Möglichen eine plausible Definition zu finden, ebenso wie der erste Weg eine zweite Modifikation zuläßt. Sowohl die erste als auch die zweite Modifikation seien durch die Doppelthese gekennzeichnet:

---

[127] Schelling, Philosophische Untersuchungen über das Wesen der menschlichen Freiheit und die damit zusammenhängenden Gegenstände, Düsseldorf 1950, S. 63 f.

Erstens, zwischen dem Möglichen und dem Wirklichen besteht ein wirklicher Unterschied und zweitens, es gibt keinen inhaltlichen, durch einen verschiedenen begrifflichen Gehalt ausdrückbaren Unterschied zwischen ihnen[128]. Die beiden Seiten der Doppelthese zusammenfassend kann man auch sagen, daß das Mögliche hier in der Dimension des Nichts gesehen wird, allerdings nicht des absoluten: Während nämlich das Charakteristische der ersten Modifikation in der Auffassung des Möglichen als eines im Sinne des nihil privativum verstandenen (privativen bzw. privativ-relativen) Nichts besteht, liegt das Besondere der zweiten in der Deutung des Möglichen als eines im Sinne des ens rationis oder des ens imaginarium verstandenen Nichts. Man ist geneigt, alle diejenigen, die das Mögliche als das definieren, was keinen Widerspruch einschließt, als Vertreter dieser zweiten Modifikation des zweiten Weges, genauer gesagt, als Vertreter der Gleichsetzung des Möglichen mit dem (widerspruchsfreien) Begriff und der Annahme eines von den „Möglichen" besiedelten Bereichs der „logischen Wirklichkeit" anzusehen, wobei die logische Wirklichkeit nicht nur von der sinnlichen und wahrnehmbaren, sondern auch von der ontologischen Wirklichkeit geschieden wäre. Es sieht daher zunächst so aus, als ob auch der Leibnizsche Möglichkeitsbegriff zu dieser Denkrichtung gehöre, deren nominalistischer Einschlag unverkennbar ist.

In der von Leibniz mit „23. November 1698" datierten, aber erst im Jahre 1840 von Erdmann veröffentlichten Abhandlung über die „Letzte Zurückführung der Dinge" (De rerum originatione radicali)[129], die man auch als einen Entwurf einer spekulativen Kosmogonie bezeichnen kann, distanziert sich jedoch Leibniz mit Entschiedenheit von der Position, zu der man ihn zu rechnen geneigt ist. Im Verlauf der Explikation seines Begriffs von dem die existierenden Dinge hinsichtlich ihrer Existenz festlegenden „metaphysischen Mechanismus" (Mechanismus Metaphysicus determinans)[130] nimmt er einen Einwand vorweg, der gegen die Analogie vorgebracht werden könnte, mit der er die Verwirklichung der maximal Möglichen bzw. die maximale Verwirklichung der Möglichen (maxima possibilium productio)[131] und die aus ihr resultierende zur Existenz be-

---

[128] S. oben.
[129] Leibniz versucht hier nicht in erster Linie, die origo, den (lokal verstandenen) Ursprung der Dinge anzugeben, sondern die originatio, die Ableitung der wirklichen Dinge auf dem Weg der Rekonstruktion ihres Entstehungsprozesses durchzuführen.
[130] Leibniz, De rerum, GP VII 304.
[131] a. a. O. 304.

fördernde Festlegung des am meisten Möglichen und (ontologisch) Besten — Leibniz bezeichnet dieses Geschehen mit den zwei Wörtern: determinatio maximi[132] — veranschaulicht. Gegen den Vergleich der (in der Verwirklichung des maximal möglichen Verbandes von Möglichen bestehenden) maximalen Verwirklichung der Möglichen mit dem Fallen einer aus ungleich schweren Gliedern konstruierten und an ihren beiden Enden irgendwo gehefteten Kette, die stets so fällt, daß die dem Schwerpunkt der Kette am nächsten gelegene Stelle der Kette am untersten Punkt sich befindet[133], könnte nämlich eingewendet werden, daß der Vergleich hinkt, obwohl die Parallelisierung des metaphysischen Mechanismus, der den Übergang der Möglichen zur Wirklichkeit beherrscht, mit dem physischen Mechanismus der schweren Körper sehr geistreich ist. Und zwar hinke er deswegen, weil die schweren, nach unten strebenden Körper tatsächlich wirklich sind (vere existunt), während die Möglichen bzw. die Möglichkeiten (possibilitates), die Leibniz bezeichnenderweise hier durch die Hinzufügung von „oder die Wesenheiten" (seu essentiae) erläutert, als vor und außer der Wirklichkeit angesetzte Möglichkeiten, lediglich Fiktionen, d. h. nur Produkte des Denkens und der Einbildungskraft sein können[134], so daß sie in keiner Weise zur Begründung des Wirklichseins der wirklichen Dinge herangezogen werden können.

Auf diesen Einwand antwortet Leibniz kategorisch: Weder die Essenzen (und die mit ihnen gleichgesetzten Möglichkeiten), noch die sogenannten ewigen Wahrheiten, die sich aus der Entfaltung des die Essenzen ausmachenden Sinngehaltes ergeben, sind bloß vorgestellte Inhalte; denn sie existieren in einem Reich der Ideen, oder wie wir heute auch sagen könnten, in der Dimension des „objektiven Geistes" bzw. auf der Ebene der das Weltgeschehen durchwaltenden, in der Logik der Sachen liegenden Gesetze und Gesetzmäßigkeiten[135]. Die Tatsache, daß die regio idearum,

---

[132] a. a. O. 304.
[133] Schrecker hat diese Passage richtig gedeutet und auf das zugrunde liegende und von Torricelli in De motu gravium naturaliter descendentium (Florenz 1644) formulierte Prinzip hingewiesen: P. Schrecker in: Leibniz, Opuscules philosophiques choisis, S. 151. Anm. 34.
[134] „At, inquies, comparatio haec Mechanismi cujusdam determinantis Metaphysici cum physico gravium corporum, etsi elegans videatur, in eo tamen deficit quod gravia nitentia vere existunt, at possibilitates seu essentiae ante vel praeter existentiam sunt imaginariae seu fictitiae, nulla ergo in ipsis quaeri potest ratio existendi": Leibniz, De rerum GP VII 304 f.
[135] „Respondeo, neque essentias istas, neque aeternas de ipsis veritates quas vocant, esse fictitias, sed existere in quadam ut sic dicam regione idearum": a. a. O. 305.

von der eben die Rede war, nicht als Name eines dogmatisch und systematisch eindeutigen Ortes, wie etwa der νοητὸς τόπος der platonischen Ideen, gemeint ist, sondern als eine Chiffre (im Jasperschen Sinn) zu verstehen ist, deutet Leibniz an, indem er ein „sozusagen" (ut sic dicam) einflicht: die Wesenheiten existieren sozusagen in einem Reich der Ideen.

Aus dem Chiffre-Charakter der regio idearum, des Gottes, der als Stifter und Quelle (fons) dieses Bereichs hier eingeführt wird, und des göttlichen Verstandes, ergibt sich die Möglichkeit und die Notwendigkeit für die Interpretation, bei dem weiteren Eindringen in Sinn und Bedeutung des Leibnizschen Möglichkeitsbegriffs sich von dem Wortlaut der Texte von Leibniz zu entfernen. Und die Tatsache, daß sowohl die Ansetzung einer Quelle der Möglichen als auch die Aussage, daß der göttliche Verstand als der Ort der Möglichen im Sinne einer um der Veranschaulichung willen konstruierten Chiffre zu verstehen sind, wird durch eine zweite Anwendung des „sozusagen" in einem Satz bestätigt, den wir in einem Brief Leibnizens an Arnauld (14. Juli 1686) finden. An dieser Stelle erläutert Leibniz seinen Begriff der Möglichkeit durch den Rekurs auf die (deutliche) Denkbarkeit, d. h. Widerspruchsfreiheit der Vorstellung (oder Notion). „Um etwas als ‚möglich' anzusprechen", schreibt er, „genügt es, wenn man sich von diesem etwas einen Begriff machen kann, der zumindest in dem göttlichen Verstand lokalisiert werden könnte, der sozusagen das Reich der möglichen Sinngehalte ist."[136]

Hinsichtlich der leibnizischen Terminologie ist hier anzumerken, daß als Gegenbegriff zu réalité possible nicht die réalité (oder existence) schlechtweg, sondern die réalité existente anzusetzen ist, entsprechend zu dem doppelten Bezug der realitas, die einmal als realitas existentium, zum anderen als realitas possibilium gedacht wird[137]. Daraus ergibt sich, daß Leibniz das Wort „realitas" in dem damals üblichen Sinne (vgl. z. B. Descartes' „realitas objectiva" in den Meditationen) verstand, d. h. in einem Sinn, den wir heute am ehesten durch den Ausdruck „Wirklichkeitsbezug des Sinngehalts" oder — mit Kant — „Sachheit" und „Sachgehalt" anzeigen könnten. Die richtige Deutung des Terminus „realitas" ist für uns besonders wichtig, da die „possibilitas" vor dem Hintergrund der „Quantität der Realität" von Leibniz gesehen wird.

---

[136] „Pour appeler quelque chose possible, ce n'est assez qu'on en puisse former une notion quand elle ne serait que dans l'entendement divin, qui est pour ainsi dire le pays des réalités possibles" (Brief an Arnauld, GP II 55).
[137] Cf. De rerum, GP VII 305.

Das pays des réalités possibles, die regio idearum und das, was in den Nouveaux Essais[138] die Région des verités éternelles (= der Bereich der ewigen Wahrheiten) genannt wird, sind synonym und werden gleichsam in dem göttlichen Verstand verankert. Zwar beruft sich Leibniz bei der Ansetzung eines Reiches der möglichen Sinngehalte auf die platonisch-augustinische Tradition, genauer gesagt auf Platons mundus intelligibilis und auf Augustinus' Zuordnung der ewigen Wahrheiten zu dem göttlichen Verstand[139], aber er deutet zugleich die Möglichkeit an, das genannte Theorem von dem mythologischen und theologischen Kleid, das es bislang getragen hatte, zu befreien. G. Martins Bemerkung über Leibnizens Auffassung von dem Ort der ewigen Wahrheiten bzw. ewigen Möglichkeiten, in der es heißt „Diese Auffassung der Wahrheit als Gedanken Gottes ist die Ideenlehre Platons in der Interpretation Augustins"[140] ist völlig richtig, sie übersieht aber die Vorbehalte von Leibniz, die in dem „ut sic dicam" und dem „pour ainsi dire" zum Ausdruck kommen, und die der Intention Leibnizens entspringen, auch diese überlieferte Lehre auf ihren rationalen Kern zu reduzieren. In der 1707 geschriebenen und 1716 zum ersten Male publizierten Epistola ad Hanschium de philosophia Platonica sive de enthusiasmo Platonico weist Leibniz auf die Verwandtschaft seiner Konzeption von der regio idearum mit dem platonischen mundus intelligibilis hin, merkt aber auch an, daß er den Ausdruck regio idearum vorzieht: „Interim pulcherrima sunt multa Platonis dogmata ... esse in divina mente mundum intelligibilem, quem ego quoque vocare soleo regionem idearum ... Mathematicae autem scientiae, quae agunt de aeternis veritatibus, in divina mente radicatis, praeparant nos ad substantiarum cognitionem."[141] Diese Abänderung kann nicht als Zeichen einer Sucht nach Originalität gedeutet werden. Ihr Grund liegt darin, daß Leibniz die durch den Ausdruck mundus intelligibilis nahegelegte Zwei-Welten-Theorie vermeiden will, weil er das Reich der Ideen, das für ihn mit dem Land der ewigen Möglichkeiten identisch ist, in die Tiefenschicht dieser unserer Welt verlegt, die die einzige wirkliche Welt, d. h. die von einer (vermeintlichen) wirklichen intelligiblen Welt nicht überholte Welt ist.

In der wichtigen Stelle, die den Abschluß des 11. Kapitels des 4. Buches der Nouveaux Essais bildet und in der sich Leibniz eine Frage stellt, die

---

[138] GP V, 429.
[139] GP V, 429.
[140] G. Martin, Leibniz, Logik und Metaphysik, 2. Aufl., Berlin 1967, S. 112.
[141] Erdmann 445 b.

der Frage Husserls anläßlich der Einführung der „idealen Möglichkeiten" ähnlich ist, geht es um die sachhaltige Grundlage des die allgemein wahren Sätze betreffenden Aktes der Einsicht, in Leibnizens Sprache: um das fondement réel de la certicude des vérités éternelles[142]. Würden diese ewigen Wahrheiten bzw. Möglichkeiten irgendwo verankert werden können, wenn überhaupt kein vernunftbegabtes Wesen im Weltall existieren würde? Leibniz bejaht diese Frage, auf den höchsten, universalen, nicht ausbleiben könnenden Geist („cet esprit suprême et universel qui ne peut manquer d'exister": a. a. O.) verweisend, insbesondere auf die Ansetzung des Verstandes dieses Geistes als Ort der ewigen Wahrheiten durch Augustinus. Diese notwendigen Wahrheiten selbst, die ihrerseits die Grundlage der ewigen Möglichkeiten bilden, interpretiert er jedoch in einer für uns sehr relevanten Weise: Sie enthielten den die Wirklichkeit des Wirklichen festlegenden Grund und das regulative Prinzip, das die Beziehungen jedes Wirklichen zu dem Unwirklichen und zu dem anderen Wirklichen regelt; auf diese Weise seien sie als die Gesetze des Universums anzusehen[143]. Die Deutung der regio idearum als die Dimension der Gesetze der sich entwickelnden Welt und somit als Weltgesetze erlaubt uns, das Zeichen „Gott" und die mit ihm äquivalenten Ausdrücke „notwendig existierende Substanz"[144], „Unum dominans Universi"[145] zu dechiffrieren und sie als verschiedene Namen für das zu verstehen, was wir heute das oberste Weltgesetz nennen würden. Auf zwei Fragen, die jetzt akut werden, geht allerdings Leibniz nicht mehr ein: Weder auf die Frage, welcher der ontologische Status des Entwicklungsgesetzes überhaupt ist, das als ein Beharrendes einen Prozeß beherrscht und steuert, noch auf die Frage, ob das oberste Weltgesetz, dessen Annahme wir ihm unterstellen, in irgendeiner Weltformel sich völlig adäquat formulieren läßt, und ob es nicht vielmehr neben der größten Einfachheit eine unendlich große Menge von Details — im Sinne von präzisierenden, einschränkenden Zusätzen — in sich birgt, die es dem menschlichen Verstand unmöglich macht, seinen Sinn restlos zu entfalten.

Die These, daß den Möglichen nicht nur eine logische, sondern auch eine ontologische Wirklichkeit zukommt, können wir die These von der

---

[142] GP V, 429.
[143] „...il faut considérer que ces vérités nécessaires continennent la raison déterminante et le principe régulatif des existences mêmes, et, en un mot, les lois de l'univers": a. a. O.
[144] De rerum, GP VII 303.
[145] a. a. O. 302.

„Objektivität" der Möglichen nennen, wobei das „Objektive" als das Gegenüberstehen, d. h. hier als das auf das Bewußtsein Bezogene, aber nicht in jeder Hinsicht Bewußtseinsimmanente (mag dieses Bewußtsein ein subjektives oder ein intersubjektives sein) verstanden wird[146]. Auf eine früher gegebene Formulierung zurückblickend, müssen wir jetzt, um der ontologischen Wirklichkeit und der Objektivität des Möglichen willen sagen: Die Definition des Möglichen als des Widerspruchsfreien besagt zwar — gegen die Gleichsetzung des cogitabile mit dem possibile — daß nur das Widerspruchsfreie möglich ist, und — gegen den von Descartes erneuerten ontologischen Gottesbeweis — daß das Widerspruchsfreie nur das Mögliche ist[147]; sie besagt aber nicht, daß die Möglichkeit des Möglichen sich in der Widerspruchsfreiheit des Begriffs des fraglichen Etwas erschöpft. — Einen ersten Hinweis darauf, daß sie sich nicht darin erschöpft, haben wir erhalten, als wir bei der Besprechung der These von der regio idearum eine Stelle gefunden haben, in der Leibniz die possibilitates (bzw. die possibilia) nicht, wie nach dem zitierten Brief an Arnauld zu erwarten wäre, mit den Begriffen oder Vorstellungen (notiones), sondern mit den Wesenheiten (essentiae)[148] gleichsetzt. Leibniz zeigt, über diesen Hinweis hinaus, die Plausibilität der These von der Objektivität auf. Er gibt sogar zwei (zunächst unverträglich miteinander zu sein scheinende) indirekte Beweise dieser These. Den präzisen Sinn der in Leibnizens Möglichkeitstheorie zentralen These von der Gradualität der Möglichen können wir erst dann verstehen, wenn wir sie als eine mit der Behauptung der Objektivität der Möglichen eng zusammenhängende These anzusehen vermögen, die genaue Art und Weise einsehend, in der sie damit zusammenhängt. Aus diesem Grund gilt es vor allem, den Nachweis der Plausibilität und den doppelten indirekten Beweis der Richtigkeit der letzten These zu erörtern.

In seinem Briefwechsel mit Arnauld, im Anschluß an die Übersendung des Discours de métaphysique (1686), führt Leibniz in seinem Brief vom 14. Juli 1686 an, Arnauld habe in seinem vorangegangenen Brief zwei grundsätzliche kritische Bemerkungen gemacht: Die eine über die Pluralität der Adame, die uns noch beschäftigen wird, und die zweite über

---

[146] In einem ähnlichen Sinn ist wohl der „Vorwurf" (oder Fürwurf), womit das „Objektive" durch Meister Eckhart ins Deutsche übersetzt wurde (s. R. Eucken, Gesch. der philosophischen Terminologie, Leipzig 1879, S. 120), verstanden worden.
[147] S. oben.
[148] Als deutsche Übersetzung der essentia hat Eucken bei Eckhart das Wort „istheit" gefunden (R. Eucken, a. a. O., S. 121).

die „Realität" der nur möglichen Substanzen[149]. Die Meinung Arnaulds zu der Frage nach der „Realität" der rein möglichen Substanzen zusammenfassend, schreibt Leibniz, Arnauld sei geneigt, diese Möglichen als lauter Chimären — Hirngespinste könnten wir sagen — anzusehen. Mit seiner üblichen Kunst des Umgießens von fremden und divergierenden Meinungen, bis sie in seine eigene hineingebogen werden können, antwortet Leibniz darauf: dagegen hätte ich nichts einzuwenden, vorausgesetzt, daß Sie diese Aussage so meinen, wie ich glaube, daß Sie es tun, nämlich daß diese reinen Möglichkeiten keine „Realität" haben, außer der Realität, die sie als in dem göttlichen Verstand und — wie Leibniz hier, die Formulierung von De rerum verdeutlichend hinzufügt — in der aktiven Kraft Gottes enthaltene haben[150]. Und um die Objektivität der durch die Widerspruchsfreiheit des Begriffs gekennzeichneten Möglichen plausibel zu machen, gibt Leibniz ein Beispiel, das — wie wir noch sehen werden — der reifen, ausgearbeiteten Fassung seiner These von den reinen, d. h. nie zur Wirklichkeit gelangenden Möglichen nicht entspricht, aber gut dazu geeignet ist, um die Objektivität, die dem Sinngehalt eines widerspruchsfreien Begriffs zukommt, sichtbar zu machen. „Indem ich über die Möglichen spreche", fährt er nach der oben zitierten Erläuterung des Begriffs ‚möglich' fort, „genügt es mir, daß man den Begriff des hinsichtlich seiner Möglichkeit oder Unmöglichkeit in Frage stehenden Etwas zergliedernd aus ihm wahre Sätze bilden kann; man kann zum Beispiel, nachdem man den Begriff des (vollkommenen) Quadrats zugrunde gelegt hat, auf dem Wege der Zergliederung dieses Begriffs eine Reihe von wahren Sätzen bilden, ohne auf einen unwahren zu stoßen, woraus sich ergibt, daß der Begriff des (vollkommenen) Quadrats keinen Widerspruch in sich schließt und daß das (vollkommene) Quadrat — nicht nur der Begriff des (vollkommenen) Quadrats — möglich ist, obwohl das vollkommene Quadrat nie und nirgends wirklich ist."[151]

---

[149] „... vous faites deux remarques considérables, l'une contre la pluralité des Adams, et l'autre contre la réalité des substances simplement possibles": Brief an Arnauld, GP II 54.

[150] „Quant à la réalité des substances purement possibles, c'est-à-dire que Dieu ne créera jamais, vous dites, Monsieur, d'être fort porté à croire que ce sont des chimères, à quoi ne m'oppose pas, si vous l'entendez comme je crois, qu'ils n'ont point d'autre réalité que celle qu'ils ont dans l'entendement divin et dans la puissance active de Dieu": a. a. O. 54 f.

[151] „Ainsi, en parlant des possibles, je me contente qu'on en puisse former des propositions véritables, comme l'on peut juger, par exemple, qu'un carré parfait n'implique point de contradiction, quand il n'y aurait point de carré parfait au monde": a. a. O. 55.

In einem ausführlicheren, unserer Meinung nach ein wenig späteren Manuskript spricht Leibniz in einem ähnlichen Zusammenhang nicht mehr von dem vollkommenen, sondern von dem genauen Fünfeck (accuratum pentagonum). Die Verwendung von accuratum an Stelle von perfectum oder perfectissimum ist als eine Revision der früheren Formulierung anzusehen. Diese ergibt sich aus der Tatsache, daß Leibniz den Gedanken des Vollkommenseins (und Vollkommenerseins), genauer gesagt, den Gedanken der Wirklichkeit von anderen Dingen, die vollkommener als das genaue Fünfeck sind (ohne allerdings noch genauere bzw. noch vollkommenere Fünfecke zu sein) und die durch die Verwirklichung des genauen Fünfecks an dem Übergehen zur Wirklichkeit verhindert werden würden, zur Erklärung des Verharrens des „genauen Fünfecks" (platonisch gesprochen: der Idee des Fünfecks) in der Dimension der Unwirklichkeit gebraucht[152]. Aus diesem Beispiel ersehen wir genauer, was Leibniz mit „Widerspruchsfreiheit" meint, nämlich „Ergiebigkeit bei der Benutzung als Grundlage für die Bildung wahrer Sätze auf dem Wege der Zergliederung". Das Beispiel weckt aber zugleich den irreführenden Anschein, als ob Leibniz etwa als Vorläufer der neukantianischen Theorie von dem idealen Sein oder Poppers Theorie von dem „objektiven Geist"[153] nur den Gebilden der Mathematik oder den mit ihnen gleich „idealen" Gebilden (z. B. Werten und Normen) eine Art von idealem Sein zubillige, das er mit dem Namen „Möglichkeit" belegt, so daß das auf Grund der so verstandenen Möglichkeit als ein Mögliches anzusprechende Etwas nichts anderes wäre hinsichtlich seines Verhältnisses zur Wirklichkeit als das, was Husserl „ideale Möglichkeit" nennt[154], während die reinen Möglichen (purs possibles), deren Theorie das spezifisch Leibnizsche in Leibnizens Philosophie, insbesondere in seiner Freiheitslehre mit ausmacht, nicht wegen ihrer (im Vergleich zu der Vollkommenheit des Wirklichen und Verwirklichten) größeren Vollkommenheit oder, wie wir, mathematische Begriffe verwendend, formulieren können, wegen ihres Grenz-

---

[152] Cf. Grua, Textes, S. 289.
[153] S. Sir Karl Popper, On the Theory of the Objective Mind, enthalten in: Akten des XIV. Internationalen Kongresses für Philosophie, Wien 1968, S. 25 ff.
Vgl. H. Rickert, Der Gegenstand der Erkentnnis.
[154] Die idealen Möglichkeiten sind nach Husserl Allgemeinheiten, die nicht in dem Akt der Ideation (d. h. hier in dem Akt der Einsicht) erlebt werden, und zwar aus einem ganz bestimmten Grund, nämlich weil das Erfassen, Erkennen, Bewußtwerden der Wahrheit, die sich in jenen Allgemeinheiten konkretisiert, nie und nirgends realisiert ist — gesetzt, es gäbe keine intelligenten Wesen, diese seien durch die Naturordnung ausgeschlossen (s. Husserl, Logische Untersuchungen, 1. Bd. S. 128).

wert-Charakters nie zur Wirklichkeit gelangen — sondern, umgekehrt, wegen ihrer letzten Endes geringeren Vollkommenheit.

Leibniz kommt es jedoch in diesem Augenblick nur darauf an, seinem Briefpartner das Geständnis abzuringen, daß etwas, das überhaupt nicht ist, dennoch ist, und zwar nicht nur „für mich" oder „für uns", sondern auch „an sich"; und daß man dieses nichtseiende Seiende sinnvollerweise ein „Mögliches" nennen kann. Um die Zustimmung von Arnauld zu erlangen, gibt Leibniz auch einen indirekten Beweis des Daseins dieser in dem Niemandsland zwischen Sein und Nichts angesiedelten reinen Möglichkeiten. In die Form des Syllogismus umgegossen, lautet die Argumentation: Es gibt zweifellos Phänomene, die wir der Kontingenz und der Freiheit zuzuschreiben haben; wenn man die reinen Möglichkeiten absolut zurückweisen würde, d. h. in keiner Weise für akzeptabel halten würde, würde man die Grundlage der Kontingenz und der Freiheit und im Gefolge die Kontingenz und Freiheit selbst zerstören; also ist, da wir die Phänomene der Kontingenz und der Freiheit als unzweifelhaft vorhanden ansehen, eine solche Zurückweisung der reinen Möglichkeiten unmöglich[155].

In einem angehängten Satz erklärt Leibniz, warum die Zurückweisung der reinen Möglichkeiten die Zerstörung der Freiheit und der Kontingenz zur Folge haben würde. Er erläutert die den Untersatz des Syllogismus ausmachende Behauptung, mit der Bemerkung, daß die Beschränkung des Attributs „möglich" auf das tatsächlich Hervorgebrachte bzw. jedes Wirkliche darauf hinausläuft, daß alles ein notwendig Hervorgebrachtes und ein notwendiges Wirkliches ist; bei dieser Bemerkung ist freilich der leicht einzuschaltende Gedanke vorausgesetzt, daß die Zurückweisung der reinen Möglichkeiten die Zurückweisung der Möglichkeit überhaupt (ausgenommen die Möglichkeit, die in das Wirkliche selbst hineingedacht werden kann) nach sich zieht, und letzten Endes das Bestreiten der Tatsache, daß die Unterscheidung zwischen Möglichkeit und Wirklichkeit eine sinnvolle, weil für den philosophierenden, d. h. die Analyse der Wirklichkeit betreibenden und den Entstehungsprozeß des Wirklichen im Blick auf das Verändern der Wirklichkeit gedanklich rekonstruierenden Menschen notwendig ist. Auf den Spezial- und Grenzfall der Freiheit Gottes angewandt und in dem Rahmen der (wieder als Chiffre aufzufassenden) christlichen Lehre, gemäß welcher die wirklichen Dinge

---

[155] „Et si on voulait rejeter absolument les purs possibles, on détruirait la contingence et la liberté", Brief an Arnauld, GP II 55 f.

entia creata sind, die Gott in Freiheit erschaffen hat, bedeutet das eben Gesagte: „Wenn es kein anderes Mögliches gäbe als das, was Gott tatsächlich geschaffen hat, würde das, was Gott tatsächlich geschaffen hat, notwendig sein und Gott könnte, als er im Begriff war, etwas zu erschaffen, einzig und allein dieses erschaffen, ohne die Freiheit der Wahl zu haben."[156]

Anschließend sei eine Stelle aus der von dem Leibniz-Herausgeber Foucher de Careil so genannten „Unveröffentlichten Widerlegung Spinozas" zitiert, in der Leibniz assertorisch — wenn auch mit Vorbehalt — über die Wesenheiten (und die mit ihnen gleichgesetzten Möglichen, wie wir hinzufügen müssen) sagt: Die Wesenheiten (oder die Möglichen) können — in gewisser Weise — ohne Gott vorgestellt werden („Essentiae quodammodo sine Deo concipi possunt")[157]. Sie seien allerdings mit Gott koeternell („Essentiae rerum sunt Deo coaeternae")[158], was wiederum besagt, daß Gott, der hier als ultima ratio rerum definiert wird[159] und die Möglichen als zwei Aspekte eines und desselben Sachverhaltes aufzufassen sind, die jeweils eine Eigenständigkeit haben, aber untrennbar sind und aufeinander angewiesen bleiben. Das Modell, gemäß welchem Strukturen durch gesetzmäßige Zusammenhänge jeweils in sich gefügt und zusammengehalten werden, wobei die durch die gesetzmäßigen Zusammenhänge bestimmten Strukturen durch den gemeinsamen Bezug auf ein allen Gesetzen zugrunde liegendes oberstes Gesetz unter sich zusammengehalten sind, läßt sich auf das Verhältnis der Möglichen zu Gott projizieren und für die Entmythologisierung der Leibnizschen Lehre von der Objektivität der Möglichen einsetzen, da das Verhältnis der Weltstrukturen (= der Möglichen bzw. der möglichen Welten) zu den einem obersten Gesetz analog ist. Diese Beziehung ist nämlich, ebenso wie die Beziehung zwischen den Möglichen und Gott, durch ein Doppeltes charakterisiert: durch die Eigenständigkeit der Relata und durch das ewige und koeternelle Angewiesensein der (ungewordenen und unvergänglichen) Pole der Relation aufeinander.

---

[156] „... s'il n'y avait rien de possible que ce que Dieu a créé effectivement, ce que Dieu crée serait nécessaire, et Dieu, voulant créer quelque chose, ne pourrait créer que cela seul, sans avoir la liberté du choix", Brief an Arnauld vom 14. 7. 1686, GP II 56.
[157] Réfutation inédite de Spinoza, S. 24.
[158] a. a. O., S. 24.
[159] a. a. O., S. 24.

ZWEITES KAPITEL

Die Gradualität der Möglichen

I. Vorbemerkung

Durch die vierfache Abhebung des leibnizischen Begriffs der Möglichkeit haben wir den Raum beschrieben, in dem dieser Begriff zu finden ist. Das Besetzen des Raumes, dessen Peripherie wir gleichsam gezeichnet haben, ist jedoch unumgänglich, da bei der Auseinandersetzung Leibnizens mit der Polemik zwischen Hobbes und Bramhall offenkundig geworden ist, daß Leibniz sich anheischig macht, einen Freiheitsbegriff zu lehren, der (im Unterschied zu dem von Hobbes) das Spezifische der menschlichen Freiheit trifft und es nicht bei der Art von Freiheit bewenden läßt, die in dem Bereich feststellbar ist, der noch nicht durch das betrachtende Bewußtsein in vernunftbegabte wählende Wesen und in nicht vernunftbegabte differenziert ist. Der Schritt, den Leibniz hinsichtlich des Freiheitsbegriffes über Hobbes hinaus tut, ist das Resultat des Schritts, mit dem er sich von dem Möglichkeitsbegriff von Hobbes und den anderen, mit ihm direkt oder (über den nominalistischen Ansatz) indirekt zusammenhängenden Möglichkeitsbegriffen entfernt, den für seine Freiheitstheorie zentralen und sein gesamtes Philosophieren prägenden Möglichkeitsbegriff konstruierend. Der Zug, der Leibnizens Theorie der Möglichen kennzeichnet, ist die Einführung der Gradualität in den Bereich der Möglichkeit. Die genaue Bedeutung des Theorems von der objektiven, d. h. nicht gefühlsmäßig-subjektiven Gradation der Möglichen wird nur dann sichtbar werden, wenn wir den Argumentationsweg nachvollziehen, der von der bloßen Ansetzung der Objektivität der Möglichen zu der Anerkennung und Einführung der Gradation der Möglichen und zu den Implikationen dieses Gedankens führt. Bei dem Nachvollziehen dieses rein gedanklichen Argumentationsweges werden wir nicht umhin können, Seitenblicke auf die tatsächliche Entwicklungsgeschichte von Leibniz zu werfen, denn die zeitlose Möglichkeit des Zurücklegens des genannten Weges ist in dem Fall Leibnizens und durch ihn konkretisiert worden und zur Wirklichkeit übergegangen. Es wird sich herausstellen, daß das fragliche Theorem sich aus der Konvergenz des Gedankens von der Objektivität der Möglichen und der These ergibt, gemäß welcher den Sinngehalten (sowohl der rein möglichen als auch der existierenden) Grade der

Vollkommenheit korrespondieren und daß diese Korrespondenz die Einführung der Gradualität in den Bereich der Sinngehalte selbst (in der Sprache Leibnizens: in den Bereich der realitates) gestattet. Der Schnittpunkt der konvergierenden Linien ist durch folgenden Satz von Leibniz markiert: „Itaque tenendum est id omne possibile esse quod aliquod includit gradum perfectionis"[1]; hier muß freilich daran erinnert werden, daß für die Vollkommenheit (perfectio) nicht die Wertung urteilender Subjekte ausschlaggebend ist, sondern daß sie einen strukturellen, auf dem Gedanken der Verbindung der Einheit mit der Mannigfaltigkeit beruhenden Sinn hat[2].

Die Lehre von der Objektivität der sowohl von dem Wirklichen als auch von der Potentialität des Wirklichen unterscheidbaren Möglichen hängt unmittelbar mit der Lehre von der Pluralität der Möglichen zusammen, d. h. mit der These, daß die Anzahl der Möglichen größer als die der Wirklichen ist, oder anders formuliert: daß es Möglliche — sogar jeweils sich verselbständigende Reihen von Möglichen — gibt, die nie und nirgends zu der Wirklichkeit gelangen, so daß die in der Vergangenheit, Gegenwart und Zukunft verwirklichten Möglichen lediglich eine Teilmenge innerhalb der Gesamtmenge der Möglichen darstellen. Die zuletzt genannte These läßt sich auch in den Worten ausdrücken: Es können durchaus mehrere Reihen (series) oder Kombinationen[3] von Möglichen vorgestellt werden, d. h. mehrere mögliche Welten und Reihen von Welten, und man darf nicht glauben, daß alle Möglichen existieren[4]. Diese These wird von Leibniz konsequent zu Ende gedacht und somit bis zu dem Gedanken gesteigert, daß es unendlich viele Reihen von Möglichen gibt[5]. Sie wird auch auf die kurze Formel gebracht: „Nicht jedes Mögliche gelangt zur Existenz"; „Non omne possibile ad existentiam pervenit"[6].

Die Lehre von der Objektivität hängt, genauer gesagt, unmittelbar mit der Art und Weise zusammen, in der Leibniz die Verbindungslinie

---

[1] Grua, Textes, S. 288.
[2] s. unten das Kapitel über die Parallelisierung von Möglichkeits- und Vollkommenheitsgraden.
[3] S. De rerum.
[4] Utique enim plures series fingi possunt, neque putandum est omnia possibilia existere: Grua, Textes, S. 16.
[5] „dantur infinitae series possibilium": a. a. O., S. 305, Leibniz fügt erläuternd hinzu: „una autem series in alia utique esse non potest, cum unaquaeque sit universalis, a. a. O. 305.
[6] a. a. O., S. 305.

zwischen dem Theorem über die Pluralität zu dem Satz vom Grund zieht, d. h. zu dem großen, für alle forschende Philosophen unleugbaren Prinzip, gemäß welchem nichts ohne Grund sich ereignet, den man, gesetzt, man sei allwissend, immer angeben (und dem nach ihm verlangenden Zuhörer oder Gesprächspartner erwidernd zurückgeben) kann, um zu erklären, warum eine Sache so und nicht anders ausgefallen ist und warum sich diese Sache bzw. genau diese Gestalt der Sache ereignet hat und nicht die andere Gestalt derselben Sache oder gar die andere Sache.

Heidegger hängt die hauptsächlichen Aussagen seiner Vorlesung über den Satz vom Grund[7] an dem Gerundivum „reddendae" auf, das in der Leibnizschen Formulierung „principium reddendae rationis" (Prinzip des zurückzugebenden Grundes) vorkommt. Als Beleg weisen wir auf eine Stelle aus der Zwölften Stunde hin, in der Heidegger von dem in der „zweiten Tonart" gehörten Satz vom Grund ausgeht, d. h. von dem Satz „Nichts **i s t** ohne **G r u n d**" (und nicht: „**N i c h t s** ist **o h n e** Grund"), und der in dieser Tonart anklingenden Selbigkeit und seinsgeschichtlichen Solidarität von Sein und Grund (= ratio). Indem Heidegger sich auf diese Implikationen der „zweiten Tonart" und die Übersetzung von ratio mit „Rechenschaft" (und von reddere mit „zustellen") beruft und die zwei Übersetzungen von ratio — „Grund" und „Rechenschaft" — kombiniert, gelangt er zu einer Bestimmung der (als principium verstandenen) ratio, in der Bezug auf ein Verlangendes und ein den Anspruch auf Zustellung der Rechenschaft Stellendes genommen wird. „Er (= der als Anspruch auf Zustellung der Rechenschaft interpretierte Grund) verlangt die Zustellung der Rechenschaft für die Möglichkeit einer Durchrechnung, die alles, was ist, als Seiendes errechnet."[8] Nachdem Heidegger auf diese Weise die Durchrechnung, die alles, was ist, errechnet hat, eingeführt hat, hat er nur noch einen Schritt bis zu dem Satz, der zu Heideggers Antwort auf die (in Heideggers Sinne verstandene) Frage nach dem Wesen der Technik gehört und in dem unter Hinweis auf unser Atomzeitalter festgestellt wird, daß, selbst wenn nach Nietzsches Wort Gott tot ist, „die gerechnete Welt noch bleibt und den Menschen überall in ihre Rechnung stellt, indem sie alles auf das principium rationis verrechnet"[9]. Mit dem Angeben (oder Zurückgeben, reddere, rendre) des Grundes will jedoch Leibniz, wie aus zahlreichen Stellen eindeutig her-

---

[7] S. M. Heidegger, Der Satz vom Grund. Pfullingen 1957, Zwölfte Stunde, S. 168 ff.
[8] a. a. O., S. 169.
[9] a. a. O., S. 170.

vorgeht, nicht die Verpflichtung oder N o t w e n d i g k e i t andeuten, dem Geheiß oder Anspruch des (etwa als Grundlage des Anspruchs auf das Erkannt-, Anerkannt- oder Angegebenwerden vorliegenden) Grundes, oder in Heideggers Sprache, Abgrundes zu entsprechen, sondern lediglich auf die für einen allwissenden Verstand stets bestehende M ö g l i c h k e i t hinweisen, den kompletten Grund für das Sichereignen der **Ereignisse anzugeben**. In diesem Sinne formuliert er ständig: „on p e u t toujours rendre"[10] oder: „celui qui saurait tout, p o u r r a i t rendre — la raison pourquoi il soit plustôt arrivé que non"[11]. Das „Müssen" kommt nur auf dem Umweg über die Möglichkeit hinein; es muß immer die Möglichkeit bestehen bzw. es muß stets als möglich angesehen werden, daß derjenige, der mehr weiß und vor allem derjenige, der alles weiß, den Grund des Ereignisses angibt; „supposé que les choses doivent exister; i l f a u t q u ' o n p u i s s e r e n d r e r a i s o n pourquoi elles doivent exister ainsi et non autrement"[12].

Zu diesem Grundsatz sind zunächst zwei Bemerkungen zu machen: Erstens, er hört nicht auf in dem Augenblick zu gelten, in dem man sich dem freiheitlichen Geschehen zuwendet, oder, in Leibnizens Worten: „ich bezweifle, ob es angemessen ist, zu sagen, daß ein anderer Grundsatz, der kaum weniger als der Satz vom Widerspruch angewendet wird (nämlich der Grundsatz, daß sich nichts ereignet, ohne daß es einen Grund gibt, den derjenige, der alles wüßte, angeben könnte, warum es sich eher ereignet hat und nicht vielmehr nicht ereignet hat), in Bezug auf die Freiheit aufhört zu gelten"; so wenig der Satz vom Widerspruch in Divinis, d. h. in dem Bereich der göttlichen Dinge seine Gültigkeit verliert, verliert nach Leibniz auch der Satz vom Grund seine Geltung bei der Thematisierung der Freiheit und bei dem Versuch, das Geschehen, das wir als ein aus der Freiheit entspringendes Geschehen ansprechen, zu deuten, und in seinem „metaphysischen Mechanismus" zu verstehen[13]. Und zweitens: Das, was wir als den Satz vom Grund angeführt haben, ist streng genommen nach Leibniz lediglich ein vulgäres, allgemein bekanntes Axiom, das als ein Korrolar des von Leibniz entdeckten und seine Philosophie prägenden

---

[10] S. Br. an Arnauld, GP II 56.
[11] Bodemann, Handschriften, S. 115, die Hervorhebungen sind von uns.
[12] Principes de la Nature et de la Grâce, fondés en raison, § 7, GP VI, 602.
[13] „Or c'est la même raison qui me fait douter, s'il est convenable de dire, qu'un autre principe qui n'a guère moins d'usage que celui de la contradiction, savoir que rien n'arrive sans qu'il y ait quelque raison que celui qui saurait tout, pourrait rendre, pourquoi il soit plustôt arrivé qu non, cesse à l'égard de la liberté": Bodemann, Handschr. S. 115.

großen Grundsatzes anzusehen ist, gemäß welchem es immer eine Grundlage des Zusammenhanges zwischen den Teilen eines Satzes geben muß, die stets als eine in den Begriffen bzw. Vorstellungen enthaltene Grundlage herausgestellt werden kann; „il faut toujours qu'il y ait quelque fondement de la connexion des termes d'une proposition, qui se doit trouver dans leurs notions. C'est là mon grand principe dont je crois que tous les philosophes doivent demeurer d'accord et dont un des corollaires est cet axiom vulgaire que rien n'arrive sans raison, qu'on peut toujours rendre, pourquoi la chose est plustôt allée ainsi qu'autrement"[14]. Das „große Prinzip" wird von Leibniz auch in folgender Weise artikuliert: „In jedem wahren allgemein bejahenden Urteil wohnt das Prädikat dem Subjekt inne, d.h. es gibt einen Zusammenhang zwischen Prädikat und Subjekt" („In omni propositione universali affirmativa vera praedicatum inest subjecto, seu datur connexio praedicati et subjecti": Grua, Textes, S. 305). Um den logischen Aspekt des „Satzes vom Grund", den die nicht-vulgäre Fassung des Satzes bietet und der Couturat dazu veranlaßt hat, von Leibniz' Panlogismus zu sprechen, und den ontologischen Aspekt, den das „vulgäre Axiom" bietet, in Einklang zu bringen, muß man beachten, daß nach Leibniz dem Wirklichen die objektiven, dem Sinngehalt nach mit dem Wirklichen identischen Möglichen zugrunde liegen, und daß aus diesem Umstand sich die Korrespondenz zwischen dem auf die Möglichen ausgerichteten Denken und dem Sein ergibt. Die Intelligibilität, d.h. die Verstehbarkeit und Erkennbarkeit der Welt, die eine der Hauptthesen der Philosophie des Rationalismus ausmacht und in eindrucksvoller Weise von Hegel wieder herausgestellt wird[15], ist eine Folge der genannten Korrespondenz. Dabei ist, wie Leibniz in dem Discours de métaphysique nahelegt und wie sich aus dem über das Verhältnis des Satzes vom Grund zu der Freiheit Gesagten ergibt, nicht nur an deskriptive Sätze wie „Der Schnee ist weiß" oder „Die Sonne erwärmt den Stein" zu denken, sondern an prognostizierende Sätze, in denen dem grammatischen Subjekt die Vorstellung eines menschlichen Subjekts, d.h. die Vorstellung eines individuellen Menschen zugrunde liegt, wie in dem Satz „Cäsar überschreitet den Rubikon" oder in dem Satz „Adam fällt in die Sünde, bzw. wird in die Sünde fallen".

Aus einem zweifachen Grund haben wir uns den Zusammenhang zwischen der These von der Objektivität und der Art und Weise, in der die

---

[14] Br. an Arnauld, GP II 56.
[15] S. seine erste Heidelberger Vorlesung.

Verbindungslinie von dem Theorem über die Pluralität zu dem Satz vom Grund gezogen wird, zu vergegenwärtigen: einmal wegen der zitierten Behauptung Leibniz', daß die Geltung des Satzes vom Grund selbst im Hinblick auf die Freiheit nicht aufhört, und der für die Interpretation sich ergebenden Notwendigkeit, die Paradoxie dieser Behauptung durch die Verdeutlichung des Sinnes des Satzes vom Grund als eine nur scheinbare Paradoxie auszuweisen; sodann wegen einer weiteren leibnizischen These in Bezug auf die Möglichen, die die These von der Inkompatibilität der Möglichen genannt werden kann und gemäß welcher die Möglichen, die sämtlich nach der Existenz streben, sich gegenseitig behindern. Die These von der Inkompatibilität, die ihrerseits in der These von der Pluralität eingeschlossen ist, steht nämlich auf dem Boden der Anerkennung der Gradualität der Möglichen und verweist uns auf diese. Und die Gradualität der Möglichen ist, wie bereits gesagt wurde, der Schlüsselbegriff in Leibnizens Theorie der Kontingenz und der Freiheit.

II. Die Verbindung der These von der Pluralität der Möglichen mit dem Satz vom Grund: Der Mechanismus Metaphysicus determinans

Die Geltung des Satzes vom Grund ist nach Leibniz mit der Tatsache gekoppelt, daß nicht alle objektiven Möglichen zu der Wirklichkeit gelangen, d. h. mit der These von der Pluralität der objektiven und inkompatiblen Möglichen. Es ist leicht zu sehen, daß nur dann, wenn die Pluralität der Möglichen als Pluralität von miteinander inkompatiblen (objektiven) Möglichen gedacht wird, die These von der Pluralität als eine mit der These von der durchgängigen Geltung des Satzes vom Grund gekoppelte These angesehen werden kann. Denn eine Auswahl — qua „natürliche Selektion" — und die Ansetzung eines den Auswahlprozeß auf einen Teil des ursprünglichen Ganzen festlegenden Grundes sind nur dann notwendig, wenn die vielen vorliegenden, im Status der Möglichkeit sich befindenden Gegebenheiten unverträglich oder inkompatibel sind und zwar in dem Sinne, daß sie nicht insgesamt, gleichsam en bloc, die Stufe der Wirklichkeit erreichen können — weder im Modus der Gleichzeitigkeit, noch im Modus der Sukzession. (Die These von der Pluralität würde übrigens bereits von sich aus auf die These von der Inkompatibilität verweisen, sobald man den Gedanken ernst nehmen würde, daß es sich bei den Möglichen, die hinsichtlich der Anzahl die Wirklichen übertreffen, um objektive, ontologisch wirkliche Mögliche handelt.)

Aus diesem Grunde finden wir an den entscheidenden Stellen in einer für die Richtigkeit des eben vorgeführten Gedankenganges bezeichnenden Weise die Koppelung der Anerkennung der Pluralität mit der Geltung des Satzes vom Grund in Texten, in deren Kontext das Theorem von der Inkompatibilität formuliert wird. Wir führen einige dieser Stellen an, weil durch ihr Nebeneinander sowohl die Nuancen in Leibniz' komplexe These und seine Terminologie in Erscheinung treten, als auch die Intensität der Bemühung von Leibniz, dieses Fundament seiner Freiheitstheorie, und über sie hinaus, seines Optimismus (d. h. der in seiner Lehre von dem optimus mundus erneut stattfindenden determinatio maximi) sicherzustellen, sichtbar wird.

Der chronologisch erste dieser Texte ist von Couturat, der ihn zum ersten Mal ediert hat, mit dem Titel „Note sur les possibles"[16] versehen worden. Er trägt das Datum „2. Dezember 1676" und muß unmittelbar nach der Rückkehr von Leibniz aus Paris nach Hannover, über England und die Niederlande, wo er Spinoza besucht hat, verfaßt worden sein. Die Koppelung der Geltung des Satzes vom Grund mit der These von der Pluralität gibt sich hier in der Formulierung kund: „Wenn alle Möglichen existieren würden, würde es nicht notwendig sein, einen Grund des Existierens anzusetzen; es würde nämlich (für das Erreichen der Wirklichkeit) bereits die Möglichkeit der Möglichen genügen"; „Si omnia possibilia existerent, nulla opus esset existendi ratione, et sufficeret sola possibilitas"[17]. Zuvor hatte Leibniz die Inkompatibilität der Möglichen festgestellt und anläßlich dieser Feststellung auf die Gradualität der die Möglichen ausmachenden Realität hingewiesen mit der Intention, einen Grund (ratio determinans) anzugeben, der das Heraustreten der Teilmenge der zur Wirklichkeit übergehenden Möglichen aus der Gesamtmenge der Möglichen festlegt („Principium autem meum est, quicquid existere potest, et aliis compatibile est, id existere, quia ratio existendi prae omnibus possibilibus non alia ratione limitari debet, quam quod non omnia compatibilia. Itaque nulla alia ratio determinandi, quam ut existant potiora, quae plurimum involvant realitatis"[18]. Die Notwendigkeit, daß in einem ähnlich strukturierten Fall, nämlich in einem Fall, in dem von mehreren das Eine oder aus einer Menge eine Teilmenge hervortritt, ein Grund für das Hervortreten besteht und, was für Leibniz immer damit gleichbedeutend ist, ein Grund — qua Potentialdifferenz der rivalisierenden Gründe — für das Überwiegen des einen Grundes über den Grund, der das Gegenteil herbeizuführen trachtet[19], hat Leibniz in einem anderen Konzept, das den Titel „De affectibus" trägt, herausgestellt: Wenn nicht der Grund für das Hervortreten des Einen den Grund für das Hervortreten des Anderen überwiegt, werden offenbar entweder alle hervortreten oder keiner: „Cum enim nulla sit ratio pro uno potius quam pro altero, patet omnia sequi aut nullum."[20]

---

[16] S. Couturat, Opuscules, S. 529 f.
[17] Couturat, a. a. O., S. 530.
[18] a. a. O., S. 530.
[19] Vgl. dazu das Hineintragen des Komparativs in den Grund und die Annahme eines Plus an Begründendsein, respektive an Begründetsein: „... nihil fieri sine ratione, et ex oppositis semper illud fieri, quod plus rationis habet": Grua, Textes, S. 305.
[20] Grua, Textes, S. 529.

Die Inkompatibilität, die Unverträglichkeit der Möglichen wird von Leibniz, der zunächst noch von „einer gewissen Unverträglichkeit" spricht, die zur Folge hat, daß nicht alle Möglichen existieren (obwohl in allen eine ratio existendi enthalten ist), sondern nur das am wenigsten Behinderte[21], in den späteren Entwürfen präziser gefaßt: Die die Unverträglichkeit begleitende Behinderung des Möglichen, aus welcher die Verwirklichung des am wenigsten behinderten resultiert, wird ausdrücklich als (die Koexistenz aller Möglichen ausschließende) gegenseitige Behinderung verstanden, in Leibnizens Worten „plura possibilia sibi obstant"[22], bzw. „se mutuo impediunt"[23].

Die Hinzufügung der Gegenseitigkeit zu der Behinderung und das Durchdenken des mit der gegenseitigen Behinderung gemeinten Sachverhaltes führt Leibniz zu einer neuen Bestimmung des Begriffs der Möglichkeit, und zwar zu einer Bestimmung, in der die These von der Objektivität der Möglichen und der objektiven Nähe der (inhaltlich von den Wirklichen nicht unterscheidbaren) Möglichen zu der Wirklichkeit unverkennbar ist. Diese neue Bestimmung heißt „Bereitschaft eher zu existieren als nicht zu existieren" bzw. „Überwiegen der Bereitschaft zu existieren über das Verharren im Nichtexistieren". Sie wird durch den Satz eingeführt: „Aus dem Umstand, daß gewisse Mögliche existieren, während sie auch als nichtexistierend vorgestellt werden könnten, folgt, daß die Möglichkeit eine gewisse Bereitschaft ist, eher zu existieren als nicht zu existieren"; „Quia possibilia quaedam existunt, cum aeque possint non existere, sequitur possibilitatem esse quandam ad existendum potius quam

---

[21] „Nam si constet unum eorum ex rei natura sequi, necesse est rationem reddi cur non alia omnia; quod si haec sola ratio reddatur, quod sint incompatibilia, videtur maximum sequi. Est enim ratio existendi in omnibus, et incompatibilitas quaedam existere impedit. Itaque existet quantum minimum impedietur", a. a. O., S. 530; das Manuskript, dem dieses und das vorige Zitat entnommen sind, trägt das Datum „10. April 1679".

[22] „Aliter: quoniam aliquid potius existit quam nihil, necesse est in ipsa Essentia [sive realitate] sive possibilitate aliquid contineri, unde existentia actualis sequatur [ac proinde ista existendi vis sit proportionalis essentiae sive realitati] ac proinde realitatem sive possibilitatem quandam ad existendum propensionem coexistere non possunt, unum existet quod plus habet realitatis, sive quod est perfectisimum", a. a. O., S. 16 f.; das Manuskript, dem dieses und das folgende Zitat später als das vorige sein. Die eingeklammerten Satzteile sind Ansätze zu Formulierungen, die Leibniz im Verlauf hat fallen lassen.

[23] „Pro certo habendum est non omnia possibilia [existere aut ex] ad existentiam pervenire; alioqui nullus fingi potest Romaniscus, qui non alicubi aut aliquanto existeret; imo non videtur fieri posse, ut omnia possibilia existant, quia s e m u t u o i m p e d i u n t": a. a. O., S. 305.

non existendum dispositionem"[24]. Mit dieser neuen Bestimmung der Möglichkeit hängt eng eine neue und prägnant formulierte These über das Verhältnis der Möglichen zu der Wirklichkeit zusammen: „Aus jeder Möglichkeit folgt die Wirklichkeit — wenn nichts hindert"; „Ex omni possibilitate sequitur existentia, si nihil impediat"[25]; Leibniz definiert hier den Unterschied seiner Position zu der megarischen Möglichkeitstheorie und den mit ihr verwandten Möglichkeitskonzeptionen, ihn auf die drei Wörter des Nebensatzes „si nihil impediat" und den durch sie angezeigten Sinn einschränkend. Aus dem über die Reziprozität der Behinderung Gesagten ergibt sich, daß das Hindernis nur darin bestehen kann, daß die Verwirklichung des einen Möglichen, und zwar des am Übergang zur Wirklichkeit gehinderten, die Verwirklichung eines an sich näher zu der Wirklichkeit stehenden (in Leibnizens Sprache: eines vollkommeneren) behindern würde. Aus diesem Grund gibt Leibniz auch die deutlichere, die Natur des Hindernisses präzisierende Formulierung: „Jedes Mögliche existiert, es sei denn, es verhindert die Existenz des vollkommeneren Möglichen"; „Proinde omne possibile existit, nisi impediat existentiam perfectioris"[26].

Die Art und Weise, in der man sich das gegenseitige Sichbehindern der Möglichen vorzustellen hat, wird von Leibniz anläßlich der Erläuterung der die Quintessenz des Leibnizschen Optimismus ausmachenden These vorgeführt, daß nur das Vollkommenste wirklich ist bzw. daß unter allen Möglichen dasjenige zur Wirklichkeit gelangt, welches die meiste Vollkommenheit und somit die — von Leibniz mit dem Grad der Vollkommenheit korrelativ verstandene — höchste Möglichkeit enthält. Gesetzt, sagt Leibniz, es lägen zwei Mögliche vor, von denen wir notwendig annehmen, daß entweder das eine oder das andere zur Wirklichkeit gelangen muß, und von denen wir wissen, daß das eine, das wir A nennen, mehr Vollkommenheit als das andere, das wir B nennen, enthält: Dann kann durchaus der Grund angegeben werden, warum A und nicht B zu dem Zeitpunkt X existiert; es kann vorausgesehen werden, welches von beiden existieren wird, ja es kann sogar auch bewiesen werden, d. h. es kann als

---

[24] a. a. O., S. 17.
[25] a. a. O., S. 531.
[26] a. a. O., S. 324; vgl. die Ausführungen Leibnizens über den Grund des Umstands, daß ein ganz genaues Fünfeck, das dennoch als ein Mögliches anzusehen ist, weder jetzt irgendwo existiert, noch irgendwann existieren wird.

gewiß herausgestellt werden aufgrund der Betrachtung der Beschaffenheit des Dinges[27].

An dieser Stelle muß angemerkt werden, daß Leibniz seine These von der Verwirklichung des Vollkommensten auch durch ein ausführlicheres Modell erläutert, das einerseits den einen Aspekt der These tatsächlich verdeutlicht, andererseits einen zweiten Aspekt verdeckt. Gesetzt, sagt Leibniz, es liegen vier Mögliche vor (A, B, C und D), die hinsichtlich des deutlich denkbaren und in ihnen enthaltenen Sinngehaltes und somit hinsichtlich der Perfektion (und letzten Endes hinsichtlich der Möglichkeit bzw. des Verlangens nach Wirklichkeit) untereinander gleich sind. Nehmen wir jetzt an, daß D sich mit A und B nicht verträgt, sondern nur mit C, während A, B und C miteinander verträglich sind: Dann kann vorausgesagt werden, daß diejenige Kombination zur Wirklichkeit gelangen wird, in der D fehlt, d. h. die Kombination A, B und C; denn die Verwirklichung von D würde die Verwirklichung der Kombination CD mit sich führen, die, als eine aus einer geringeren Anzahl von (unter sich gleichen) Elementen, d. h. hier als die eine geringere Summe von deutlich denkbarem Sinngehalt repräsentierende Kombination, eindeutig eine im Vergleich mit der Kombination ABC weniger vollkommene und (wegen der Parallelität der Grade der Vollkommenheit mit den Graden der Möglichkeit) weniger mögliche Kombination ist[28].

Bei dieser Darstellung wird deutlich, daß Leibniz auch dann, wenn er der Einfachheit halber von einzelnen Möglichen spricht, stets mögliche Kombinationen (oder Reihen) von Möglichen im Blick hat, und zwar solche Kombinationen oder Konstellationen, deren Einheiten wieder aus Kombinationen von Möglichen bestehen und so fort; diese Kombinationen, müssen wir hinzufügen, sind nicht nur größer oder kleiner, sondern sie können auch einer verschiedenen Größenordnung zugehören. Erst die Auffassung der Möglichen als (mögliche) Kombinationen von Möglichen erlaubt die bereits erwähnte und noch näher zu erläuternde Parallelisierung der Grade der Vollkommenheit, die Leibniz ihrerseits auf Grade der Essenz[29] oder Grade der „Realität" zurückführt, mit den Graden der Möglichkeit, und die mit dieser Parallelisierung gleichzeitige und von ihr

---

[27] „Sint duo possibilia A et B, quorum alterutrum existere debere necesse est, et ponamus plus perfectionis in A esse quam in B, tunc utique ratio reddi potest cur A existat prae B, et praevideri potest, quodnam eorum sit extiturum, quin imo demonstrari id potest, seu certum reddi ex natura rei": a. a. O., S. 288.
[28] Cf. GP VII 194.
[29] a. a. O., S. 194, vgl. De rerum.

nicht unterscheidbare Einführung von Graden der Möglichkeit überhaupt. Denn nur dort, wo wir es mit Gebilden zu tun haben, die (jeweils) innerlich differenziert sind und somit den Charakter von Ganzen haben, die aus Teilen zusammengesetzt sind (wobei die Frage, ob das Ganze den Teilen vorausgeht, oder umgekehrt, hier offen gelassen werden kann), befinden wir uns in einer Dimension, in der es sinnvoll ist, den Gesichtspunkt der Verbindung der Einheit mit der Mannigfaltigkeit und des Größer- und Kleinerseins dieser Verbindung geltend zu machen und auf diese Weise die Vollkommenheit und die Vollkommenheitsgrade ins Spiel zu bringen.

Das besprochene Modell mit den vier Einheiten, die entweder als Dreiergruppe oder als Zweiergruppe zur Wirklichkeit gelangen können, verdeckt jedoch den für das Verständnis des Mechanisch-Naturgesetzlichen in dem „metaphysischen Mechanismus" der Entstehungsprozesse der Dinge wichtigen Umstand, daß die Kombinationen, von denen die Rede war, nicht kollektive Ganze sind, in denen die Teile dem Ganzen vorausgehen, sondern gestaltete Ganze, in denen gleichsam das Ganze vorausgeht, was auch Leibniz selbst andeutet, indem er anmerkt, daß die unendlich vielen Reihen von Möglichen, weil jede von ihnen eine universale, d. h. allumfassende ist, sich durchgängig und völlig gegenseitig ausschließen und auf diese Weise nicht als ineinander geschachtelte Mengen zur Wirklichkeit gelangen können: Et dantur infinitae series possibilium, una autem series in alia utique esse non posset, cum unaquaeque sit universalis[30]. Nur wenn man nämlich die Kombinationen als gestaltete Ganze und somit als neue, einer höheren Größenordnung zugehörende Einheiten denkt, ist man imstande, sie als mit einer eigenen Gestalt ausgestattete Gebilde aufzufassen, und nur als mit einer eigenen Gestalt ausgestattete Gebilde kann man ihnen Eigendynamik beim Übergehen von der Möglichkeit zu der Wirklichkeit zusprechen; jene Eigendynamik, die Leibniz meint, wenn er global von dem „metaphysischen Mechanismus" des Prozesses der Verwirklichung spricht[31] und wenn er zu der weiteren Bestimmung des Möglichen vorstößt, die der Prägung des eben erwähnten Ausdruckes zugrunde liegt und gemäß welcher alle Möglichen nach der Verwirklichung verlangen und zur Wirklichkeit streben.

An dieser Stelle unserer Überlegung muß zwischen dem Erkenntnisgrund (ratio cognoscendi) der Tatsache, daß nur das Vollkommenere und

---

[30] Grua, Textes, S. 305.
[31] Cf. De rerum.

nicht das weniger Vollkommene zur Wirklichkeit gelangt und dem Seinsgrund (ratio essendi) des Gelangens der Vollkommeneren zur Wirklichkeit unterschieden werden. Der Erkenntnisgrund liegt in dem Gedanken, daß, wenn das Vollkommenere und das weniger Vollkommene inkompatibel sind, d. h. wenn nur eines von ihnen zur Wirklichkeit gelangen kann, das zur Wirklichkeit Gelangende — auf lange Sicht und zuweilen lediglich auf Umwegen — nur das Vollkommenere sein kann, vorausgesetzt, daß die Vollkommenheit nicht den Charakter einer subjektiven oder intersubjektiven Wertung hat, sondern einer auf die Gediegenheit der inneren Verfassung der vorgegebenen Sache sich beziehenden Angabe. Nach Leibniz läßt sich jedoch auch der Seinsgrund des Gelangens des Vollkommeneren und somit das Mechanisch-automatische im Mechanismus metaphysicus determinans einsehen. Er besteht darin, daß die vollkommensten Möglichen als die inhaltsvollsten und reicher differenzierten gleichsam die rücksichtsvollsten sind, d. h. hier, daß sie (im Vergleich zu allen anderen Möglichen) am meisten den anderen Möglichen einen Platz auf der Ebene der Wirklichkeit gewähren, oder anders formuliert, daß sie selber zur Existenz gelangend (wieder im Vergleich zu allen anderen Möglichen) den meisten Möglichen das Erreichen der Stufe der Wirklichkeit gestatten und somit weniger „anecken". Leibniz formuliert diesen in die letzten Begründungszusammenhänge einführenden Sachverhalt, den man auch „die metaphysische Toleranz" nennen könnte, wenn man dabei nicht die Gefahr der Mystifizierung heraufbeschwören würde, mit den Worten: „Ratio autem, cur perfectissima ante omnia existunt, manifesta est, quia, „Unde unum perfectum praeferendum multis imperfectis aequipollentibus, quia haec aliorum existentiam impediunt, dum occupant locum et tempus"; daraus ergibt sich, daß ein Vollkommenes mehreren einzelnen Unvollkommenen, die als zu einer summativen Einheit zusammengefaßte mit jenem einen Vollkommenen gleichwertig sind, vorzuziehen ist, denn diese vielen weniger Vollkommenen verhindern die Verwirklichung und das Wirklichsein anderer Möglicher, indem sie den Platz und die Zeit die jene Möglichen nach ihrer Verwirklichung in Anspruch nehmen würden besetzen[33]. Demnach läßt sich der Grad der Vollkommenheit und der korrelative Grad der Möglichkeit auch als Grad der Verdichtung oder Komprimierung einer gegliedert bleibenden Menge deuten.

---

[32] Die Handschrift, in der diese Ausführungen enthalten sind, ist vom 11. 2. 1676 und von Ivan Jagodinsky in „Leibnitiana, Elementa philosophiae arcanae de summa rerum", lat. mit russ. Übersetzung, Kazan 1913, S. 28, ediert worden.
[33] a. a. O., S. 28.

1. Die Veranschaulichung des metaphysischen Mechanismus

Als das Wesentliche des festlegenden metaphysischen Mechanismus des Übergangs von der Nicht-Wirklichkeit zur Wirklichkeit erweist sich auf diese Weise eine Tendenz zur Duldung von möglichst vielen Koexistierenden. Wir müssen jetzt, um Sinn und Reichweite der „metaphysischen Toleranz" zu begreifen, zu den beiden zuletzt angeführten Zitaten von Leibniz drei Anmerkungen machen: Die erste betrifft wieder die Reduzierung auf den rationalen Kern; die zweite den Begriff der Vollkommenheitsgrade; und die dritte die Verzweigungen des Theorems über das, was wir mit dem Stichwort „metaphysische Toleranz" genannt haben, in die Prinzipienlehre von Leibniz hinein. Die erste Anmerkung hängt mit dem Freiheitsproblem über ein Bild zusammen, das uns auf den rationalen Kern des hier fraglichen Gedankens verweist und dessen Variation zur Veranschaulichung des Geschehens, das wir „freie Wahl" nennen, von Leibniz benutzt wird; die zweite Anmerkung hängt mit dem Freiheitsproblem über die Präzisierung des Sinnes der Gradualität überhaupt vermittelst der Erörterung des Begriffs der Vollkommenheitsgrade zusammen, und über die Applikation des über die Gradualität überhaupt Geltenden auf die Gradualität der Möglichen; und die dritte Anmerkung hängt insofern mit der adäquat verstandenen durchgängigen Gradualität und dem mit ihr gekoppelten Gedanken zusammen, daß es nirgends und nie zwei völlig einander Entgegengesetzte gibt, als in ihr die Deduktion eines Spezialfalles des Leibnizschen principium identitatis indiscernibilium geliefert wird, d. h. eines Spezialfalles des Grundsatzes, der die komplementäre Seite der von Leibniz angesetzten und universalen Gradualität darstellt und gemäß welchem nirgends und nie zwei völlig ähnliche Gegebenheiten gefunden werden können.

Es gilt zunächst herauszuarbeiten, daß das Vorziehen des einen Vollkommeneren vor den mehreren weniger Vollkommenen nicht wörtlich gemeint ist, sondern einen Als-Ob-Charakter hat, d. h. daß es nicht erforderlich ist, eine intelligente, das eine Vollkommenere vorziehende Weltursache anzusetzen, sondern daß es sich tatsächlich um einen von sich aus funktionierenden metaphysischen Mechanismus handelt. Bereits J. E. Erdmann, der 1840 die Abhandlung De rerum originatione radicali zum ersten Mal veröffentlicht und der sie treffend als einen Aufsatz gekennzeichnet hat, der zu seinem eigentlichen Inhalt die Erfassung des Übergangs aus der bloßen Möglichkeit in die Wirklichkeit hat[34], hat darauf aufmerksam gemacht, daß bei der Erfassung des fraglichen Übergangs die Idee eines frei wählenden Gottes wegfallen kann, da Leibniz bemerkt, Gott sei darauf festgelegt, das Beste zu wählen, und da die bei dem Übergang der Möglichen zur Wirklichkeit sich ereignende Festlegung des Besten vermittelst der Verwirklichung (nur) des Vollkommensten auch in einem dynamo-teleologisch strukturierten Geschehensverlauf stattfindet und durch die dynamo-teleologische Struktur des Prozesses gewährleistet wird: „Ob man sagt, es habe jene Kombination s i c h verwirklicht, weil sie dem Endzweck am meisten entspreche, oder ob man sagt, G o t t habe sie verwirklicht, dies kommt, wenn man bedenkt, daß Gott sie verwirklichen m u ß, zeimlich auf Eins heraus. Denn ausdrücklich wird, wenn von einer W a h l Gottes gesprochen wird, dabei bemerkt, diese sei nicht als Willkür (d. h. nicht als Wahl) zu fassen. Gott sei d e t e r m i n i e r t, das Beste zu wählen, er handle dabei nach moralischer Notwendigkeit usw. B i s d a h i n also könnte, weil die Gottesidee keinen anderen Inhalt hat, als den der Verwirklichung der Harmonie, diese Idee, ohne daß das System in seinem Inhalt eine Veränderung erfahre, wegfallen."[35]

Die Möglichkeit, daß die Idee eines wählenden Gottes wegfallen kann, sieht man konkret dann ein, wenn man bedenkt: erstens, daß Leibniz den Raum (und entsprechend die Zeit) sich nicht als ein an sich selbst bestehendes und ungeheuer großes Gefäß oder als ein stetig nach allen Seiten bis ins Unendliche sich ausbreitendes Feld vorstellt, sondern als Gesamtheit von jeweils bestimmten, von den sie besetzenden Dingen überhaupt unabtrennbaren, nicht in einem absoluten Sinne vorhandenen Möglichkeiten der Koexistenz (d. h. des Neben-anderen-Dingen-seins) und der Sukzession (d. h. des Nach-anderen-Dingen-seins)[36]; auf jede dieser Möglichkeiten, die faktisch mit dem zusammenfallen, was wir gewöhnlich

---

[34] S. J. Erdmann: Leibniz, Opera omnia, S. 59 f.; die Abhandlung De rerum originatione radicali, die einundzwanzig Jahre nach der Niederschrift der zum ersten Mal durch Jagodinski veröffentlichten Gedanken (s. oben Anm. 32) verfaßt wurde, schließt sich sowohl hinsichtlich des Themas als auch hinsichtlich der Formulierungen ganz eng an die erwähnten Gedanken an, macht aber noch einen Schritt über sie hinaus, indem sie auch die Tendenz der Möglichen zur Wirklichkeit, das von Mahnke so genannte „Daseinsstreben" der Möglichen berücksichtigt und zur Vervollständigung der Theorie des Übergangs von der bloßen Möglichkeit in die Wirklichkeit formelhaft artikuliert.
[35] a. a. O.
[36] Leibniz definiert den Raum als ordre de coexistences possibles und die Zeit als ordre de successions possibles: s. 3. Brief an Clarke § 4.

unter Stellen im Raum und in der Zeit verstehen, und somit nichts anderes als abstrakte Existenzmöglichkeiten sind, die stets eine aus endlich vielen Elementen bestehende Menge ausmachen, gibt es unendlich viele Anwärter. Von den auf die Besetzung der jeweiligen „Existenzmöglichkeit" ausgerichteten Möglichen gelingt dem jeweils vollkommensten die Besetzung des freien Platzes, während die weniger vollkommenen abgedrängt werden und für immer in dem Status der bloßen Möglichkeit verharren. Es gilt, zweitens, zu bedenken, daß bei dem eben beschriebenen Andrang vor der jeweiligen freien Stelle auf Grund der Gegenseitigkeit des Behinderns die weniger die anderen behindernden Vollkommeneren zugleich diejenigen sind, die am wenigsten von den anderen behindert werden und die auf diese Weise die relativ maximale Leichtigkeit haben, die freie Stelle besetzend zu der Wirklichkeit überzugehen.

Wenn man die zwei eben genannten Gedanken sich vergegenwärtigt und miteinander verbindet, sieht man ein, daß die Eigendynamik der (mehr und weniger vollkommenen) Möglichen ausreicht, damit sich das ereignet, was Leibniz die determinatio maximi nennt und was mit der natürlichen Selektion in Darwins Lehre verglichen werden kann, und damit der Satz, den er in einem Brief an den Mathematiker Johann Bernoulli schreibt, als ein wahrer Satz anerkannt werden kann: Die Wirklichen sind nichts anderes als die besten unter den Möglichen, und zwar nachdem (bei dem Vergleich jedes der Möglichen mit allen anderen) alle möglichen Gesichtspunkte bezogen und verrechnet wurden: „Actualia nihil aliud sunt, quam possibilium (omnibus comparatis) optima"[37]. Dem zitierten Satz geht die uns bereits bekannte Definition voraus: „Possibilia sunt, quae non implicant contradictionem". Auf sie bezieht sich das, was auf den zitierten Satz folgt: „Itaque quae sunt minus perfecta, ideo non sunt impossibilia". Und die Definition wird, mit dem aus ihr Folgenden zusammen, auf die Notwendigkeit der Unterscheidung zwischen Möglichkeit und Potentialität bezogen, oder in der Sprache der Theologie gesprochen, auf die Notwendigkeit der Unterscheidung zwischen Gegenständen der göttlichen Macht und Gegenständen des göttlichen Willens: „distinguendum enim inter ea, quae Deus potest, et quae vult: potest omnia, vult optima"[38].

Der in die natürliche Auswahl des Besten kulminierende Andrang der Möglichen vor der jeweils freien Stelle der Wirklichkeit (bzw. des Raumes

---

[37] Brief an Johann Bernoulli, 21. Februar 1699, GM III, S. 574.
[38] a. a. O., S. 574.

und der Zeit) wird von Leibniz mit dem Drängen einer Flüssigkeit verglichen, die sich in einem elastischen Behälter befindet, der von außen gedrückt wird, und die hinausstrebt und schließlich an der schwächsten Stelle des Behälters durchbricht und durchfließt. Da jede Stelle des Behälters von einem Durchbruchsversuch der hinausssstrebenden Flüssigkeit betroffen ist, ist der Durchbruch an jedem Punkt zumindest möglich, wenn er auch schließlich nur an demjenigen Punkt verwirklicht wird, der den geringsten Widerstand leistet und an welcher der Durchbruch am leichtesten ist. Die Tatsache, daß jeder Punkt von einem Durchbruchsversuch betroffen ist, sieht Leibniz durch den Umstand belegt, daß bei einer Verlegung des schwächsten Punktes an irgendeine andere Stelle des Behälters dieser Weg sogleich von der Flüssigkeit eingeschlagen wird; denn, argumentiert Leibniz, die Flüssigkeit könnte den leichtesten Weg nicht herausfinden, wenn nicht in demselben Augenblick alle Wege versucht werden würden, der leichteste Weg könnte sich nämlich nicht stets als der Weg des Durchbruchs erweisen, wenn nicht alle Wege (jeweils und zugleich) miteinander verglichen worden wären[39]. Der von Leibniz angehängte Satz „Constat autem naturam esse opus Dei et quod natura tentat aliquid, id non nisi a voluntate Dei oriri, nam ipsa per se corpora actionum suarum causa non sunt, cum ne sint quidem eadem ultra momentum"[40] läßt sich als Hinweis auf ein oberstes, der dynamo-teleologischen Struktur des Weltalls zugrunde liegendes Prinzip verstehen, wenn Leibniz den pantheistisch-fatalistischen Optimismus seiner Zeit kritisiert, indem er sagt „Spinoza entkleidete Gott von der Einsicht und der Wahl, indem er ihm lediglich eine blinde Macht übrig läßt, aus der alles und jedes mit Notwendigkeit ausfließt"[41] will er dementsprechend nur die in einem dynamo-teleologischen Sinne verstandene Allmählichkeit der Entwicklung gegen die zu der festen und augenblicklich sich ereignenden Seinsstufung neigenden Emanation ausspielen. Und aus der Tatsache, daß jeder Punkt von einem Durchbruchsversuch betroffen ist, ergibt sich genau genommen, daß alle anderen Wege nicht nur möglich waren, sondern virtualiter bereits eingeschlagen waren. Der maßgebliche Unterschied zwischen ihnen und dem einen verwirklichten Weg beschränkt sich auf diese Weise darauf, daß die übrigen (außer dem einen) weniger gut, d. h. hier weniger leicht und somit weniger möglich waren.

---

[39] S. Bodemann, Handschriften, S. 74.
[40] a. a. O., S. 74.
[41] Theod. § 371.

Um die Parallele zu der von der Festlegung des Maximums beherrschten Verwirklichung der Möglichen zu ziehen, müssen wir hinzufügen: so wie die übrigen Wege insgesamt zur Wirklichkeit drängten, aber nur dem leichtesten der Übergang von der Potentialität bzw. Virtualität zur Wirklichkeit gelungen ist, so drängen sich zu jedem Punkt der Wirklichkeit unendlich viele — durch den jeweils anderen Vollkommenheitsgrad sich voneinander unterscheidende — Mögliche, von denen jeweils das vollkommenste, und nur dieses, zur Wirklichkeit gelangt.

Das Manuskript, das eben interpretiert wurde, wird von Couturat, der die These von dem Leibnizschen Panlogismus vertritt und daher die dynamischen Aspekte in dem Werk von Leibniz unterbelichtet, ein „merkwürdiges Fragment" („un curieux fragment")[42] genannt. Es hat sich jedoch gezeigt, daß ihm eine Schlüsselfunktion bei der Veranschaulichung des Sinnes der Leibnizschen Möglichkeitstheorie, insbesondere des Sinnes der Theorie über den Übergang von der bloßen Möglichkeit in die Wirklichkeit zukommt. Bezeichnend für die Wichtigkeit, die wir ihm zusprechen, ist der Umstand, daß Leibniz dasselbe Bild einige Jahrzehnte nach der Verfassung des von Bodemann edierten Manuskripts in dem § 325 der Theodizee verwendet. In dem vorausgegangenen Paragraphen hatte Leibniz die Kritik von Bayle an die als Indifferenz des Gleichgewichts verstandene Freiheit referiert. Im Zuge dieser Kritik hatte Bayle die Seele mit einer Waage verglichen, wobei die Gründe, Motive oder Beeinflussungen die Rolle der Gewichte spielen. Das Geschehen, das wir als Treffen einer Entscheidung bezeichnen, hatte Bayle mit Hilfe dieses Bildes erklärt und die Behauptung aufgestellt, daß der menschliche Wille, genau so wie die Waage, sich ruhig verhält, wenn die Gewichte auf beiden Schalen der Waage gleich sind, und daß er sich stets zu der einen oder zu der anderen Seite neigt, sobald die Waagschalen ungleich belastet sind, und zwar zu der stärker belasteten Waagschale sich neigend. Um die Plausibilität dieses Bildes zu erhöhen und für die zwei entgegengesetzten Bewegungsrichtungen der Waagschalen (= aufwärts und abwärts) einen entsprechenden Gegensatz in den Bereich des Willens zu finden, hatte Bayle auf die Handlungen hingewiesen, die von den Scholastikern „gemischte Handlungen" genannt wurden und deren Mischung darin besteht, daß zur Abwendung der Gefahr, ein Gut zu verlieren, das in der Wertskala einen relativ höheren Rang einnimmt, ein Gut preisgegeben wird, das einen relativ niedrigeren Rang einnimmt, so daß die Erhaltung der

---

[42] Couturat, Logique, S. 227 Anm. 1.

Wirklichkeit des Höheren die Notwendigkeit des Übergehens des Niedrigeren von der Wirklichkeit in die Unwirklichkeit impliziert (z. B. wenn die Ladung des Schiffes über Bord geworfen wird, um dem Sturm zu entkommen und das Leben zu retten)[43]. In diesem Fall ist es klar, daß das Opfern einerseits gewollt, andererseits nicht gewollt wurde, und daß schließlich das Opfern nur deswegen vollzogen wurde, weil das Wollen das Übergewicht über das Nichtwollen bekommen hat.

Mit der Intention der Bayleschen Analyse ist Leibniz vollkommen einverstanden, er schlägt jedoch ein adäquateres Bild vor, da, wie er sagt, es sich in den meisten Fällen nicht um einen direkten Konflikt des Wollens mit dem (auf eines und dasselbe bezogenen) Nichtwollen bzw. um einen Widerstreit zwischen dem Wollen des A und dem Wollen des Nicht-A handelt, sondern zwischen dem Wollen des A und dem Wollen des B, das erst sekundär zu einem Nicht-A wird, die anfängliche Dualität des Wollens in eine Antinomie verwandelnd, wenn und sobald es sich herausstellt, daß die beiden intendierten Inhalte weder zugleich verwirklicht werden können, noch sich in ein Mittel-und-Zweck-Verhältnis (oder in ein Weg-und-Ziel-Verhältnis) einbauen lassen. Es sei in diesem Fall so, als ob eine Kraft in verschiedene Richtungen einen Druck ausübt, aber ihr Wirken nur in der Richtung manifestiert, in der sie die größere Leichtigkeit oder die kleinere Schwierigkeit (d. h. hier den geringsten Widerstand) angetroffen hat. Die Luft in einem gläsernen Behälter z. B., die zu stark komprimiert wird, wird schließlich das Glas zerbrechen, um zu entweichen; und zwar versucht sie an jedem Punkt durchzubrechen, schließlich strömt sie jedoch aus dem Punkt heraus, an dem sich die schwächste Stelle des Behälters befand. Die Seele nämlich[44], fügt Leibniz erläuternd hinzu, neigt zu allen Gütern, die innerhalb ihres Bewußtseinshorizontes auftauchen, und zwar zu Gütern sehr verschiedener Art und Dignität. Die Wollungen aber, die von diesen Vorstellungen provoziert werden, beziehen sich lediglich auf den vorhergehenden Willen, d. h. hier auf die erste der zwei Phasen, in die der Prozeß des Wollens — auch das Wollen wird von Leibniz nicht als Zustand, sondern als

---

[43] Bayle, Réponse, Kap. 139.
[44] Es ist bezeichnend für die größere innere Kohärenz der Leibnizschen Kritik an der als Indifferenz des Gleichgewichts verstandenen Freiheit, im Vergleich zu der Kritik, die Bayle übt, daß Leibniz zunächst nicht von dem Willen (volonté), sondern von der Seele (âme) spricht, die wohl als das aus Verstand und Willen — und allen Zwischengraden zwischen ihnen — bestehende Ganze verstanden werden muß: Theod. § 325.

Prozeß verstanden — eingeteilt werden kann; der abschließende Wille (volonté conséquente), wie Leibniz formuliert, die scholastische Unterscheidung zwischen voluntas antecedens und voluntas consequens übernehmend, der gleichsam die Diagonale in dem aus den Willenszielen der ersten Phase gebildeten Parallelogramm der Kräfte ist, legt sich auf das fest, was die Seele am meisten berührt und beeindruckt; so daß sich eine Analogie zwischen dem Sichfestlegen des abschließenden Willens auf das die Seele am meisten Beeindruckende und dem Entweichen der zunächst nach verschiedenen Richtungen drängenden und schließlich an der Stelle des geringsten Widerstandes herausströmenden Luft ergibt.

Das, was begrifflich zwischen der „psychologischen", in die Theorie der freien Wahl und Entscheidung integrierten Lehre von dem Sichfestlegen des abschließenden Willens auf das am meisten Beeindruckende (wofür das Bild von dem Einschlagen des Weges des geringsten Widerstandes verwendet wird) und der ontologischen Lehre von der Verwirklichung des jeweils Vollkommensten unter den Möglichen (wofür genau dasselbe Bild verwendet wird) vermittelt, ist die Lehre von dem „erscheinenden Guten" (Aristoteles' ἀγαθὸν φαινόμενον, das bonum apparens in der scholastischen Terminologie); das „am meisten Beeindrukkende" („ce qui touche le plus") ist nämlich nur ein anderer Name für das „erscheinende Gute", das Leibniz an anderen Stellen ausdrücklich berücksichtigt. Nach dieser Lehre richtet sich der abschließende Wille immer nach der Vorstellung, die ihm die beste unter den ihm präsenten Möglichkeiten zu sein scheint, wobei bei dem Weisen das, was das Beste zu sein scheint, stets auch an sich das Beste ist, während bei allen vernunftbegabten Wesen, die auf irgendeiner Stufe zwischen vollkommener Weisheit und völliger Torheit stehen, das, was ihnen als das Beste anmutet, zuweilen ein Mögliches ist, das von dem hinsichtlich der konkreten Situation — d. h. hinsichtlich des Hier und Jetzt — superlativisch Guten mehr oder weniger abweicht. Da diese Abweichung dadurch zustande kommt, daß in den objektiv oder „an sich" bestehenden Gehalt der Vorstellung durch Affektionen bedingte Emotionen des vorstellenden Subjekts hineingetragen wurden, wobei der Nichtweise es unterlassen hat, die Mischung von objektiven und subjektiven Momenten auf dem Wege der Eliminierung der nur subjektiven Momente zu beseitigen, während der Weise die Separation geleistet bzw. die Möglichkeit dieser Separation vorgängig gewählt hat, ist bereits jetzt, vor der thematischen Behandlung des Verhältnisses des Willens zu dem Verstand, abzusehen, daß die Applikation des in die determinatio maximi mündenden metaphysischen Mechanismus auf das Geschehen der Wahl und der Entscheidung nicht notwendig das Unterschlagen des Spezifischen in diesen Vorgängen nach sich zieht.

Es sei noch hinzugefügt, daß die Hypothese (wie Bayle den Vergleich bezeichnet), daß der Wille des Menschen eine Waage ist, von Bayle in der Auseinandersetzung mit dem Buch von Jaquelot „Conformité de la Foi avec la Raison; ou défense de la Réligion contre les principales difficultés répandes dans le Dictionnaire historique et critique de Mr. Bayle" formuliert wird: die ausführliche Besprechung dieses Buches von Isaac Jaquelot, der als französisch-hugenottischer Hofprediger in Berlin tätig gewesen war, und der dazu neigte, die Verneinung der als absolute Indifferenz verstandenen Freiheit mit der Verneinung der Freiheit überhaupt gleichzusetzen, und entsprechend anzunehmen, daß die Freiheit nicht anders als mit der gänzlichen Zufälligkeit der Handlungen zu retten ist, umfaßt die Kapitel 128—262 der Bayleschen Réponse aux questions d'un provincial. Der Vergleich des menschlichen Willens mit einer Waage ist jedoch keine Erfindung von Bayle. Er ist ein Topos gewesen, der auf Cicero zurückzuführen ist und zu der Zeit von Bayle durch Gassendi[45] in der philosophischen Diskussion über die Freiheit des Menschen bedeutsam geworden ist.

Dieser Topos und noch mehr seine Transformation bzw. Dynamisierung, die uns in Leibniz' Emendation des Bayleschen Vergleichs begegnet ist, gehören konstitutiv zu der rationalen Theorie der Freiheit, wie auch seine wichtigste Implikation zu der genannten Theorie gehört, nämlich die Unterscheidung zwischen dem (in jeder Situation anders konkretisierbaren, demnach nicht in jeder Hinsicht mit sich selbst stets gleich bleibenden) an sich Guten und dem erscheinenden Guten, oder zwischen den Ideen des unerschütterlich Guten und den Ideen des weltlichen Guten, von denen Bayle spricht, wenn er im Rahmen seiner Verteidigung gegen Jaquelots Angriffe herausstellt: „Mögen die Ideen des unerschütterlich Guten noch so sehr die Ideen des weltlichen Guten übersteigen, sie hören dennoch nie auf, von den letzten durchkreuzt zu werden, so daß der Verstand nicht ohne irgendwelche Mühe das Urteil bildet, das den Willen auf das Vorziehen der Tugend festlegt."[46] Symptomatisch für die Zusammengehörigkeit des Bildes der Waage, genauer gesagt des diesem Bild zu-

---

[45] Opera, Band 2, S. 814.
[46] „Les idées du bien solide quelque supérieures qu'elles soient aux idées du bien mondain, ne laissent pas d'être traversées par celles ci, de sorte que l'entendement ne forme pas sans quelque peine le jugement qui nécessite la vonlonté à la préférence de la vertu": Bayle, Réponse, Kap. 139, S. 784.

grunde liegenden Gedankens (= daß der Entschluß, in dem das Geschehen der Wahl seine Vollendung erreicht, als ein Punkt aufzufassen ist, an dem von zwei rivalisierenden, antagonistischen Möglichen das stärkere die Wirklichkeit erreicht, während das schwächere in die Tiefenschicht der Wirklichkeit, gleichsam in den Untergrund abgedrängt wird) mit dem Begriff des erscheinenden Guten ist der Umstand, daß wir auch bei Cicero, dem Erfinder des Bildes der Waage, die Berufung auf das naturam accomodatum apparens (das dem eigenen Wesen zu entsprechen Scheinende) finden, und zwar als Latinisierung des stoischen Begriffs des οἰκεῖον „Ut enim necesse est lancem in libra ponderibus impositis deprimi, sic animum perspicuis cedere. Nam quo modo non potest animal ullum non appetere id quod accomodatum ad naturam appareat, Graeci id οἰκεῖον appellant: sic non potest obiectam rem perspicuam non approbare ... cuius (virtutis) omnis constantia et firmitas ex his rebus constat quibus assensa est, et quas approbavit, omninoque ante videri aliquid quam agamus, necesse est, eique quod visum sit assentiamur"[47]; diese Stelle aus Cicero wird von Bayle selbst in einer Anmerkung zu dem eben besprochenen, der Zurückweisung der Jaquelotschen Vorwürfe dienenden Kapitel aus der Réponse aux questions d'un provincial zitiert[48].

Die Art und Weise, in der Leibniz, der eine „Remarque sur l'Appendice du traité de M. Jaquelot de la conformité de la foi et de la raison, qui est intitulé: Système abregé de l'âme et de la liberté"[49] verfaßt hat, auf die gegen seine Freiheitstheorie gerichteten Einwände von Jaquelot antwortet, wird an geeigneter Stelle zu erörtern sein. Bei einem ersten Vergleich seiner Reflexionen über die Polemik zwischen Hobbes und Bramhall mit seinem Kommentar zu der Polemik zwischen Bayle und Jaquelot stellen wir fest, daß er sich mit denjenigen Gedanken identifiziert, die auf eine Milderung der Absolutheit der Freiheit hinauslaufen, und daß er sich aus diesem Grunde mit entscheidenden Aspekten der Position der Nicht-Klerikalen (Hobbes und Bayle) einverstanden erklärt.

2. Die Interpretation der Gradualität als Unterschied der intensiven Größe und die Pluralität des Individuellen (Leibniz contra Arnauld)

An der Behauptung von Leibniz, daß das Vollkommenere als das, was weniger als die anderen die Alleinexistenz beansprucht, weniger die

---
[47] Cicero, Academicae Quaestiones, lib. 2.
[48] Oeuvres diverses, 3. Bd., S. 783.
[49] S. Bodemann, Briefwechsel, S. 103.

übrigen Möglichen behindert und demzufolge weniger von ihnen behindert wird, woraus sich schließlich ergibt, daß es eher als die anderen den freien Platz auf der Ebene der Wirklichkeit zu besetzen vermag bzw. eher als die anderen zur Wirklichkeit gelangt, waren drei Anmerkungen anzubringen. Die zweite von ihnen betrifft den Gedanken der Vollkommenheitsgrade. Sie wird auf dem Wege der Klärung der Gradation überhaupt zur Klärung des Begriffs der Grade der Möglichkeit, d. h. des in der Freiheitstheorie von Leibniz maßgebenden operativen Begriffs beitragen.

Die Vollkommenheit oder Perfektion wird von Leibniz als gleichbedeutend mit der Ordnung (ordo) verstanden[50]. In der Terminologie von Leibniz liegt beiden Termini der Gedanke der Verbindung der Einheit mit der Mannigfaltigkeit zugrunde. Die Einheit jedoch, die durch ihre Verbindung mit dem Mannigfaltigen das Vollkommene konstituiert, kann in einem zweifachen Sinn verstanden werden: einmal als Ganzheit, die aus dem Zusammentragen und Zusammenlegen des Vielen resultiert, sodann als Einfachheit, die das Viele unterläuft und, es unterlaufend, in der Art einer zusammenhaltenden Kraft es miteinander verbindet; in Anlehnung an Spinozas Unterscheidung zwischen natura naturata und natura naturans läßt sich die erste Einheit auch als geeinte Einheit, die zweite als einigende Einheit bezeichnen. Aus dem Umstand, daß Leibniz die mehr oder weniger vollkommenen Möglichen als Eigenständige ansieht, denen der Durchbruch zu der Wirklichkeit in dem Fall gelingt, in dem sie den im Vergleich zu allen anderen Möglichen höchsten Vollkommenheitsgrad in Bezug auf die hier und jetzt zu besetzende Stelle der Wirklichkeit repräsentieren, geht hervor, daß er im Hinblick auf die in der Vollkommenheit anzutreffende Verbindung von Einheit und Mannigfaltigkeit die in dem Sinne der Einfachheit bzw. einigenden Einheit verstandene Einheit meint. Denn nur das irgendwo und irgendwie auf ein in ihm enthaltenes Einfaches hinauslaufende Komplexe, oder innerlich Differenzierte, ist imstande, die für das Überwinden der anderen Möglichen und für den Durchbruch zu der Wirklichkeit erforderliche Kohärenz aufzuweisen; ein zu einem Ganzen bloß nachträglich zusammengefaßtes Mannigfaltiges würde bei den hier metaphorisch anzusetzenden Reibungen in seine Bestandteile zerfallen.

Das das Einfache in sich enthaltende Komplexe darf allerdings nicht so verstanden werden, als ob wir es mit einem Ganzen zu tun haben,

---

[50] S. oben.

dessen Teile wieder in kleinere Teile zerlegbar sind, außer einem Teil, der keine Teile mehr hat und somit als ein Einfaches anzusprechen ist, denn in diesem Fall würde es nicht einsichtig gemacht werden können, warum ein solches Ganzes einen größeren Zusammenhalt, was wir auch eine größere Kohärenz nennen können, aufweist. Das die größere Kohärenz des Ganzen stiftende Einfache kann nur ein solches sein, das nicht lokalisierbar ist, d. h. nur ein solches, das sich nicht an einem bestimmten Punkt eines Raum einnehmenden Ganzen lokalisieren läßt, sondern ähnlich wie die Gestalt der körperlichen, Raum einnehmenden Dinge als das Andere zu allen Teilen zusammengenommen anzusehen ist. In unserem Fall, d. h. im Fall der nichtwirklichen Möglichen, die erst bei dem Übergang zu der Wirklichkeit auch zu der Körperlichkeit übergehen, kann aber das Einfache nicht die Gestalt selbst sein, denn das Einfache qua Gestalt — wir denken hier in erster Linie an die aristotelische morphé, die mit der hyle das syntheton ausmacht — ist auf die körperlichen Teile angewiesen. Das der Gestalt (oder der Anordnung) ähnliche Einfache kann nur das Geflecht der Beziehungen zwischen den Teilen oder Momenten sein, genauer gesagt die Gesamtheit der Verhältnisse der ein innerlich zweckmäßiges Ganzes darstellenden, d. h. in einer durchgängigen Wechselwirkung stehenden und auf Grund dieser Wechselwirkung interdependenten, wechselseitig voneinander abhängigen Teile. Da aber die Relation zueinander überhaupt das die relata miteinander Verbindende ist, ergibt sich, daß bei genauerem Zusehen wir es hinsichtlich der Vollkommenen nicht mit drei zu tun haben (= einer als Einfachheit aufzufassenden Einheit, einer Mannigfaltigkeit und der Verbindung der Einheit mit der Mannigfaltigkeit), sondern nur mit zwei, nämlich mit einem Netz von Beziehungen und mit Bestandteilen, die innerhalb dieses Netzes die Knotenpunkte darstellen; die als Einfachheit verstandene Einheit und die Verbindung selbst haben sich als eines und dasselbe erwiesen.

Auf Grund der doppelten Funktion der in der Definition des Vollkommenen eingebauten Einheit, nämlich das mit der Mannigfaltigkeit in eine Verbindung Eintretende zu sein, und zum anderen das, was die Einheit, die Teile der Mannigfaltigkeit unter sich verbindend, mit der Mannigfaltigkeit verbindet, ergibt sich wiederum eine logisch-ontologische Priorität der Einheit gegenüber der Mannigfaltigkeit (was man auch populärer ausdrückt, indem man sagt, daß in diesem Fall das Ganze seinen Teilen vorausgeht). Die eben herausgestellte Priorität besagt, sobald man das aus Einheit und Mannigfaltigkeit zusammengesetzte Voll-

kommene auf sein Mehr und Weniger an Vollkommenheit befragt, daß
das Mehr und Weniger in diesem Fall das Mehr und Weniger der Einheit
betrifft, woraus man folgern kann (da die Einheit oder das Einssein, mit
Hegel gesprochen: die Bestimmtheit, keine Quantität, sondern eine Qualität ist, und da die Quantität der Qualität nichts anderes als der Grad
ist)[51], daß wir hier berechtigt sind, von einer im strengen Sinne verstandenen, d. h. von dem numerisch-quantitativen Mehr und Weniger verschiedenen Gradualität zu sprechen: von der Gradualität, die die Grade
(d. h. jetzt: die intensiven Größen) des Einsseins und vermittelst ihrer die
(durch die Grade des Einsseins konstituierten) Grade des Vollkommenseins ausmachen. Inhaltlich bedeutet die Zurückführung des Mehr und
Weniger an Vollkommenheit auf (im Sinne der intensiven Größe verstandene) Grade der Vollkommenheit, und — was unmittelbar damit zusammenhängt — der Grade des Vollkommenseins auf Grade des Einsseins,
daß das vollkommenere Mögliche (und das Vollkommene überhaupt)
nicht dasjenige ist, was die größte Anzahl von Bestandteilen in sich enthält, sondern dasjenige, bei dem die Verflechtung der Teile miteinander
am stärksten ist. Für den Grad der Stärke dieser Verflechtung ist die Anzahl der enthaltenen Teile nicht völlig irrelevant: in erster Linie ist jedoch
für ihn die Frage maßgebend, ob und inwieweit die Teile wieder in Teile
differenziert sind, so daß mannigfaltige Querverbindungen zwischen
untergeordneten Teilen zueinander entstehen können, und ob die Differenziertheit der Teile eine gleichmäßige ist, oder (auch) eine verschiedene, so daß sich eine Skala der Differenziertheit durch den Bezug auf die
insgesamt differenzierten, das Ganze ausmachenden Teile konstruieren
läßt.

Den durch den durchgeführten Gedankengang beschriebenen Sachverhalt muß man Leibniz — als einen von Leibniz gemeinten Sachverhalt
— unterstellen, wenn man den folgenden Satz mit einem genauen und
plausiblen Sinn füllen will: „Man kann bezweifeln, daß die Vollkommenheit [genauer formuliert würde es heißen: die Zunahme an Vollkommenheit] in der Hinzufügung besteht, und daß sie sich durch Zusammensetzung [wieder genauer: durch eine in dem modus der Sukzession
sich vollziehende Zusammensetzung] bildet, wie die Zahlen; es sieht nämlich so aus, daß sie sich vielmehr durch Verneinung der Schranken und
somit durch Negierung des Negativen, das an einem zugrunde liegenden
Positiven haftet, bildet"; „On peut douter, si la perfection consiste dans

---

[51] Vgl. die Bestimmung in Kants Prolegomena: quantitas qualitatis est gradus.

l'addition, et si elle se forme par composition comme les nombres; puisqu'il paraît plutôt, qu'elle se forme par la négation des limites."[52] Diesen wichtigen Satz, auf den A. Heinekamp in seiner aufschlußreichen Abhandlung „zu den Begriffen realitas, perfectio und bonum metaphysicum bei Leibniz"[53] hinweist, um Couturats Deutung des Sinnes der durch die Vollkommenheitsgrade gebildeten Gradualität einer Kritik zu unterziehen, hätte tatsächlich Couturat mit seiner Interpretation der Vollkommenheitsgrade nicht in Einklang bringen können. Couturat ist nämlich der Meinung, daß durch die Bestimmung der Vollkommenheit und ihres jeweiligen Grades als Quantität einer Qualität, wobei diese Qualität bald mit dem Namen „essentia", bald mit dem Namen „realitas" angezeigt wird (so daß sich die Ausdrücke „quantitas essentiae", „gradus essentiae", „quantitas realitatis" und „gradus realitatis" ergeben)[54] offenkundig wird, daß Leibniz die Vollkommenheit weniger als etwas Qualitatives denn als etwas Quantitatives verstanden hat[55]: Das Operieren mit der Alternative „entweder (eher) ein qualitativer Unterschied, oder (eher) ein quantitativer" hindert Couturat daran, die Eigentümlichkeit und Eigenständigkeit des graduellen, ein Moment des quantitativen und ein Moment des qualitativen Unterschieds in sich vereinigenden Unterschieds der intensiven Größe zu sehen und anzuerkennen. Es muß allerdings hinzugefügt werden, daß die Bemerkung von Heinekamp „daß das Wort ‚Grad' oder ‚Quantität' in der Definition ‚perfectio est gradus seu quantitas realitatis' eine besondere, von der üblichen abweichende Bedeutung hat, und zwar deshalb, weil die Vollkommenheit und die Realität zu den ‚intensiven Größen' gehören[56], für eine erste Klärung des Sachverhaltes ausreichend ist, aber erstens den Hinweis auf die Möglichkeit der Konkretisierung des Sinnes dieser intensiven Größen mit Hilfe der Explikation der als Verbindung von Einheit und Mannigfaltigkeit verstandenen Vollkommenheit unterläßt, und zweitens dahin ergänzt werden muß, daß überhaupt, sobald die Quantität als Quantität einer Qualität verstanden und auf eine Qualität bezogen wird, das Wort „Quantität" eine von der „üblichen" abweichende Bedeutung hat, d. h. weder zur Be-

---

[52] Relation du Livre de Mons. Luttichau envoyé à Mons. Chauvin; L. Stein, Leibniz und Spinoza. Ein Beitrag zur Entwicklung der leibnizischen Philosophie. Berlin 1890, S. 344.
[53] Studia Leibnitiana, Supplementa, Bd. 1, Wiesbaden 1968, S. 221.
[54] S. De rerum, Phil. VII, 303.
[55] L. Couturat, La Logique de Leibniz, S. 224.
[56] Heinekamp, a. a. O., S. 221.

zeichnung einer Anzahl, noch zur Bezeichnung einer extensiven Quantität dient, indem jetzt eine intensive Größe, die man auch (kürzer) „Grad" nennt, gemeint ist, nämlich die intensive Größe der betreffenden Qualität, oder im Sprachgebrauch von Leibniz, der betreffenden Wesenheit (essentia) und des betreffenden Sinngehalts (realitas).

Die Richtigkeit der These, daß entgegen der Auffassung von Couturat die Größe der Vollkommenheit nicht ausschließlich von der Größe der Anzahl der Elemente abhängig ist, die in der die Mannigfaltigkeit ausmachenden Menge enthalten sind, d. h. daß der Unterschied zwischen den Graden der Vollkommenheit als ein Unterschied innerhalb einer intensiven Größe zu verstehen ist, und daß — inhaltlich gesprochen — der Grad der Vollkommenheit desto höher ist, um so dichter das Geflecht der Beziehungen ist, das die Bestandteile der Mannigfaltigkeit (und die Bestandteile dieser Bestandteile) miteinander verbindet, geht auch daraus hervor, daß eine Interpretation, die sich den Standpunkt von Couturat aneignen würde und zugleich berücksichtigen wollte, daß in der Definition der Vollkommenheit (und der Ordnung) die Einheit ebenso wie die Mannigfaltigkeit eingebaut ist, sich in unauflösbare Widersprüche verwickeln würde. Sie müßte nämlich zugeben, daß bei einer Zunahme der Größe der Anzahl der Elemente, die in der die Mannigfaltigkeit ausmachenden Menge enthalten sind, die Vollkommenheit sowohl zunimmt als auch abnimmt: das erste findet statt, weil die Größe der (zahlenmäßig-quantitativ verstandenen) Mannigfaltigkeit als maßgebend für die Größe der Vollkommenheit angesetzt wurde, und das zweite findet statt, weil die Vergrößerung der Mannigfaltigkeit die Vergrößerung der Entfernung von der Einheit mit sich bringt, die als ein in der Definition eingeschlossenes Moment für die Bestimmung des Grades der Vollkommenheit bedeutsam bleibt; entsprechend würde man aus der Abnahme der Mannigfaltigkeit: sowohl eine Annäherung an die Einheit und auf diese Weise eine Zunahme der Vollkommenheit, als auch eine Abnahme der Vollkommenheit ableiten können müssen und vor Aporie haltmachen.

Couturat verweist bei seiner Interpretation des auf die Vollkommenheit bezogenen Mehr und Weniger auf den § 54 der Monadologie: „Dieser Grund [= nämlich der Grund, der den entgegengesetzten Grund überwiegend, Gott auf die Wahl dieses Weltplanes festlegt] kann nur in der An ge m e s s e n h e i t oder in den Graden der Vollkommenheit gefunden werden, welche diese Welten enthalten, da jedes Mögliche das Recht hat, nach dem Maße der Vollkommenheit, die es einschließt, auf seine Verwirklichung Anspruch zu erheben"[57]. Aus diesem Paragraphen kann jedoch kein Beleg für die zahlenmäßig-quantitative Auffassung des fraglichen Mehr und Weniger geholt werden, da die Grade der Vollkommenheit hier lediglich dazu benutzt werden: einmal um den Gedanken der Angemessenheit (convenance) des Verwirklichten mit dem Hervorbringenden zu formulieren, wobei anzumerken ist, daß die convenance und das aus ihr abgeleitete principe de la convenance nur eine Umformulierung — und Entschärfung — des Sachverhaltes ist, der früher als im Zusammenhang mit dem mechanismus metaphysicus determinans stehende determinatio maximi bezeichnet wurde; sodann um die verschiedene Grade der Vollkommemheit verkörpernden Möglichen als Anspruch auf ihre Verwirklichung erhebende Mögliche auszulegen. Die (angesichts des zuletzt erwähnten Satzes von Leibniz sich zur Notwendigkeit zuspitzende) Möglichkeit, Leibniz die Meinung zu unterstellen, daß der graduell-qualitative Unterschied überhaupt und im Gefolge der Unterschied zwischen den Graden der Vollkommenheit als ein Drittes aufzufassen ist (neben dem inhaltlich-qualitativen und dem im gewöhnlichen Sinn verstandenen quantitativen in seinen zwei Variationen als auf die sukzessive Hinzufügung von Einheiten angewiesener numerisch-quantitativer und als auf die Kompräsenz des Verschiedenen angewiesener extensiv-quantitativer Unterschied), entsprechend-hinsichtlich der Denkfigur — zu der Überwindung der Alternative „Entweder bloß aktives Vermögen oder Tätigkeit des Vermögens" durch die Konzeption der vis activa primitiva, bleibt durchaus offen; es ist dabei festzuhalten, daß das Graduell-Qualitative und Intensiv-Quantitative des gegen die zwei Hauptarten des Unterschieds hier abgegrenzten Unterschieds nur zwei verschiedene Bezeichnungen für einen und denselben Sachverhalt sind.

Die Art und Weise, in der die höheren und die niedrigeren Grade der Vollkommenheit entstehen, ist exemplarisch für das Entstehen von Graden überhaupt: Die niedrigeren entstehen durch die Hinzufügung von nichts außer einem Nichts, das man genauer formulierend als ein privatives Nichts (nihil privativum) bezeichnen kann und das man gewöhnlich „Mangel" nennt; es hat den Charakter der Schranke (limite) und sein Ort an dem Etwas, dem es hinzugefügt wurde, ist unlokalisierbar, d. h. durch endliche Schritte der Überlegung nicht genau angebbar. Und die höheren

---

[57] „Et cette raison ne peut se trouver que dans l a c o n v e n a n c e, ou dans les degrés de perfection que ces Mondes contiennent; chaque possible ayant droit de prétendre à l'Existence à mesure de la perfection qu'il enveloppe": Monadologie, § 54.

Grade entstehen, wie auch Leibniz ausdrücklich sagt, durch Negation dieser Schranken, oder, was gleichbedeutend ist, durch Wegnahme des Mangels. Das eben Gesagte läßt sich durch die Anwendung auf das konkret verstandene Vollkommene konkretisieren und nachvollziehen: Der höhere Grad braucht nicht durch das Hinzukommen eines neuen Bestandteils der Mannigfaltigkeit oder durch die Tatsache definiert zu werden, daß ein Bestandteil, der isoliert stand, von nun an in das Geflecht der Beziehungen einbezogen ist, denn es genügt bereits, daß in einem System das Verhältnis der Wechselwirkung und Interaktion, das zwischen zwei Bestandteilen A und B vorlag und das bislang nur dadurch aufrechterhalten wurde, daß B dank der Vermittlung von C, D und E auf A zurückwirkte, nunmehr außer dieser indirekten Rückwirkung auch die direkte Rückwirkung von B auf A aufweist; eine Schranke, die in diesem Fall „Ausschließlichkeit der Indirektheit der Rückwirkung von B auf A" hieß, ist negiert worden; wobei das, was uns berechtigt, hier — und nur hier — von der Negierung einer Schranke zu sprechen, darin besteht, daß die Angabe des in Frage stehenden, das Novum ausmachenden Sachverhaltes kein Entweder-Oder herausfordert, denn auch das „Novum", das in der Tatsache liegen würde, daß B nur über C und D (und nicht mehr über C, D und E) auf A zurückwirkt, könnte sinnvollerweise als eine relative (= graduelle) Negierung der Ausschließlichkeit der Indirektheit bezeichnet werden, da sie als ein Schritt in Richtung auf die totale Negierung der Ausschließlichkeit aufgefaßt werden kann — während das Gehören und das Nichtgehören des Bestandteils zu der Menge, ebenso wie das Isoliertsein und das Einbezogensein Alternativen sind. Durch die gesamte hier gegebene Beschreibung ist allerdings, genauer besehen, zugleich angedeutet, daß die geringeren Grade stets — wenn auch nicht offenkundig — in dem höheren Grad als eigenständige geringere Grade enthalten sind und nicht nur als „Teile" des höheren Grades.

Angewandt auf die Möglichen und die Grade der Möglichkeit besagt die Abhebung des graduell-qualitativen Unterschieds von dem inhaltlich-qualitativen, daß die einen jeweils verschiedenen Grad der Möglichkeit repräsentierenden Möglichen sich nicht durch ein Merkmal oder irgendeine positive Bestimmung voneinander unterscheiden, daß sie sich also nicht so zueinander verhalten, wie etwa die Möglichkeit des Besuchens eines Kinos sich zu der Möglichkeit des Besuchens eines anderen Kinos oder des Nichtbesuchens eines Kinos überhaupt verhält, sondern lediglich durch das Anhaften von Schranken und die Negierung der anhaftenden Schranken, genauer gesagt durch die verschiedenen Grade des Anhaftens von Schranken (oder Mängeln) und der Negierung der anhaftenden Schranken sich voneinander unterscheiden — etwa wie sich der aufmerksamere Besucher eines Kinos von dem weniger aufmerksamen Besucher desselben Kinos unterscheidet. Mit anderen Worten: Es handelt sich nur um verschiedene, bessere oder weniger gute Versionen eines und desselben Inhalts (oder Sinngehalts), deren Verschiedenheit zwar immer enger umkreist werden kann, indem man gleichsam in die Tiefe geht und sich der Verschiedenheit zwischen den zwei an der Verschiedenheit schuldigen Subsystemen zuwendet (und so fort), die aber durch eine aus endlich vielen Schritten bestehende Überlegung nicht genau lokalisiert werden kann, da sie sich ständig auf eine noch tiefer gelegene Schicht verschiebt.

Auf das Ausbleiben jedes Hinzukommens oder Fehlens einer positiven, substantiellen Bestimmung bei der Konstituierung der höheren und der niedrigeren Grade der Möglichkeit wird von Leibniz sowohl direkt als auch indirekt hingewiesen. Beide Hinweise sind in dem Briefwechsel mit Arnauld enthalten. Leibniz hatte, den Sinn des Satzes von Grund vorführend, die Behauptung aufgestellt, daß alle Ereignisse, die das Menschengeschlecht betreffen, sich aus der Grundannahme ableiten lassen, daß der Weltschöpfer sich dazu entschieden hat, Adam zu erschaffen, so daß derjenige, welcher die individuelle Vorstellung „Adam" vollständig bis in die kleinsten Details und die Details dieser Details analysieren könnte, die gesamte zukünftige Geschichte dort keimhaft angelegt finden würde und wie in einem vor ihm liegenden offenen Buch ablesen könnte, wenn auch, wie Leibniz erläuternd hinzufügt, das Enthaltensein des Zukünftigen in dem Früheren und Individuell-Punktuellen lediglich eine Folge des Enthaltenseins dieses Individuellen in der universalen Einheit ist, in der alles mit allem zusammenhängt und jeder Punkt (bzw. jede individuelle Substanz) die Spuren der Auswirkungen aller anderen individuellen Substanzen in sich versammelt, und die von Gesetzen (Leibniz spricht in seiner oft mythologisierenden und verfremdenden Sprache von Plänen Gottes, desseins de Dieu) beherrscht ist, die sowohl für das eine universale Ganze selbst, als auch für alle in dem Ganzen situierten individuellen Substanzen gelten, und schließlich für die Bestimmung der Art und Weise, in der jede dieser individuellen Substanzen sich zu dem Ganzen verhält und in der die individuellen Substanzen miteinander zusammenhängen; die Vielheit der Gesetze oder Pläne müssen wir uns dabei, wie wir noch von uns aus hinzufügen müssen, als eine aus mannigfaltigen Modifikationen und Variationen eines Gesetzes bestehende Vielheit vorstellen, was auch von Leibniz selbst angedeutet wird, indem der Gedanke des Zusammenhangs zwischen den Beschlüssen und Plänen Gottes eingeführt wird[58].

Der zweite präzisierende Zusatz, neben dem Hinweis auf das Verhältnis der individuellen Substanz „Adam" zu diesem Universum und den anderen individuellen Substanzen dieses Universums[59] betrifft das Verhältnis Adams zu sich selbst, genauer gesagt des Sinngehaltes der Vorstellung von diesem Adam, der eine der Gegebenheiten im Reich der Möglichkeiten ist, zu den anderen möglichen Adamen. Leibniz betont nämlich, daß der tatsächlich geschaffene Adam nur der eine von unendlich vielen Adamen ist, die alle möglich und durchgängig bestimmt sind (und von denen der geschaffene der beste ist, was man allerdings nur dann sagen kann, wenn man die individuelle Substanz „Adam" nicht als eine isolierte, sondern als eine synchronisch und diachronisch mit allen Dingen und Begebenheiten und vermittelst dieser mit der besten aller möglichen Welten zusammenhängende Substanz betrachtet); und daß nur aus dem Adam, der nicht als ein vager, unbestimmter Adam (un Adam vague), sondern als ein durchgängig bestimmter und als aus einer unendlich großen Menge (un tel Adam déterminé à toutes ces circonstances, choisi parmi une infinité d'Adams possibles) aufgefaßt wird, die ganze Reihe der menschlichen Ereignisse — bis heute und darüber hinaus — abgeleitet werden kann.

Zu der Ansetzung einer Vielheit von möglichen Adamen hat Arnauld zwei Bemerkungen gemacht, von denen die eine den Status der rein mög-

---

[58] „Ainsi tous les évènements humains ne pouvaient manquer d'arriver comme ils sont arrivés effectivement, supposé le choix d'Adam fait; mais non pas tant à cause de la notion individuelle d'Adam, quoique cette notion les enferme, mais à cause des desseins de Dieu, qui entrent aussi dans cette notion individuelle d'Adam, et qui déterminent celle de tout cet univers, et ensuite tant celle d'Adam que celles de toutes les autres substances individuelles de cet univers, chaque substance individuelle exprimant tout l'univers, dont elle est partie selon un certain rapport, par la connexion qu'il y a de toutes choses à cause de la liaison des résolutions ou desseins de Dieu"; Brief an Arnauld vom 14. Juli 1686, GP II, 51.

[59] Die Formel, die Leibniz für die Bezeichnung dieses Sachverhaltes verwendet, lautet: „chaque substance individuelle exprime selon moi tout l'univers suivant une certaine vue" (GP II, 40 f.), „chaque substance individuelle exprimant tout l'univers, dont elle est partie selon un certain rapport" (a. a. O., S. 51); Leibniz ersetzt zuweilen in dieser Formel das Wort „ausdrücken" (exprimer) durch das Wort „vertreten", „darstellen" (représenter), wobei darauf aufmerksam gemacht werden muß, daß représenter und représentation meistens unzutreffend mit „vorstellen" und „Vorstellung" übersetzt werden (s. z. B. von Hermann Glockner in: Leibniz, Monadologie, hrsg. von H. Glockner, Stuttgart 1948, S. 47).

lichen Substanzen⁶⁰ und die andere die Pluralität der Adame betrifft. Es gilt nämlich, anläßlich der Ansetzung einer Vielzahl von jeweils durchgängig bestimmten, in dem Feld der Vorwirklichkeit angesiedelten Adame, die viel grundsätzlichere Frage zu klären, ob man sich wirklich eine Menge vorstellen kann, deren Elemente stets ein und dasselbe Individuum ausmacht, und zwar nicht so, daß ein Element das Original-Individuum ist, und die übrigen Elemente die durch Vervielfältigung des Originals entstandenen Kopien des Original-Individuums darstellen, sondern so, daß jedes der Elemente dasselbe Original-Individuum ist. Arnaulds Antwort auf diese Frage, die er zugleich als Einwand gegen das Modell von Leibniz vorbringt, ist ein glattes Nein, untermauert durch den Hinweis, daß es ebenso unmöglich ist, sich eine aus einem Individuum oder einem Einzelnen (nature singulière) bestehende Menge vorzustellen, wie es unmöglich ist, sich ein im strengen Sinne verstandenes alter ego und somit eine aus „Ich" (man müßte genauer sagen: aus mich) bestehende Vielheit vorzustellen. Leibniz bemerkt dazu, Arnauld habe nicht ohne Grund[61], ja entschieden mit gutem Grund[62] diesen Punkt moniert, er fühle sich aber von der Kritik nicht betroffen, denn er habe die fragliche Vielheit in einem anderen Sinn verstanden, nämlich als eine Vielheit, deren Elemente zwar ein durchgängig bestimmtes und somit festgelegtes, abgrenzbares und genau angebbares Einzelnes ausmacht (= un tel Adam déterminé à toutes ces circonstances[63], wobei mit „festlegende Begleitumstände" die Prädikate, die wir Adam zusprechen können, gemeint sind, z. B. daß er der erste Mensch ist, daß er in einen Lustgarten gesetzt würde, daß Gott aus seiner Rippe eine Frau gemacht hat), ein Einzelnes jedoch, das trotz dieser durchgängigen Bestimmung letzten Endes doch nicht als ein bestimmtes Einzelnes, ein genau festgelegtes einmaliges Individuum (un individu déterminé)[64] gelten kann.

Es sieht zunächst so aus, als versuche Leibniz die Schwierigkeit zu lösen, indem er die eine Paradoxie durch eine andere und nicht weniger befremdliche ersetzt. Denn ein Einzelnes, das keine Gattung oder Art ist, sondern durch seine Prädikate festgelegt und bestimmt ist und das doch nicht ein singuläres festgelegtes Einzelnes ist, scheint ebenso wie die aus einem Einzelnen bestehende Vielheit unvorstellbar zu sein. Diese be-

---

[60] s. oben.
[61] a. a. O., S. 41.
[62] a. a. O., S. 54.
[63] a. a. O., S. 54.
[64] a. a. O., S. 42.

fremdliche Konzeption, gemäß welcher ein und derselbe Vorstellungsgehalt ein — wie es in der scholastischen Terminologie hieß — sub ratione generalitatis (seu essentiae seu notionis specificae sive incompletae)[65] betrachteter Vorstellungsgehalt, d. h. ein nicht festgelegter, Variationen zulassender Vorstellungsgehalt ist, und zugleich ein durch seine Prädikate festgelegter Vorstellungsgehalt, führt Leibniz an folgender Stelle seiner „Bemerkungen über den Brief von Herrn Arnauld, der sich auf meine Behauptung bezieht: daß die individuelle Vorstellung jeder Person von Anbeginn alles einschließt, was ihr jemals zustoßen wird"[66] ein: „Das — die Ansetzung eines durch die bekannten Begleitumstände festgelegten, aus einer unendlich großen Menge möglicher Adame gewählten Adam — hat Herrn Arnauld nicht ohne Grund veranlaßt, einzuwenden, daß es ebenso wenig möglich ist, sich mehrere Adame vorzustellen — vorausgesetzt, daß man Adam einfach als ein Einzelnes (= und nicht als eine Gattung oder Art, die zwar auch jeweils ein Einzelnes ist, aber zu deren Umfang viele Einzelne gehören) ansetzt —, wie es unmöglich ist, sich mehrere Ich vorzustellen. Ich stimme zu, füge aber zugleich hinzu, daß ich, als ich von mehreren Adamen sprach, Adam nicht als ein festgelegtes Individuum ansetzte. Ich muß daher das von mir Gemeinte erläutern. Es war in folgender Weise gemeint: Wenn man im Hinblick auf Adam nur einen Teil des Bedeutungsgehalts der ihn festlegenden Prädikate (und nicht wie man den Ausdruck ‚une partie de ses prédicats' auch übersetzen könnte: nur einen Teil der ihn festlegenden Prädikate) im Blick hat, zum Beispiel, daß er der erste Mensch ist, der in einen Lustgarten versetzt wurde, aus dessen Rippe Gott eine Frau gemacht hat, und ähnliche Dinge, die jeweils sub ratione generalitatis verstanden werden, d. h. ohne die Erwähnung Evas bei der Festlegung durch das Prädikat: der erste Mensch, aus dessen Rippe eine Frau gemacht wurde, des Paradieses bei der Festlegung durch das Prädikat: der erste Mensch, der in einen Lustgarten versetzt wurde und anderer Begleitumstände, die auf dem Wege der Vervollständigung des Bedeutungsgehalts der festlegenden Prädikate in die Individualität münden, d. h. das festgelegte Individuum herbeiführen, und wenn man die Person, der diese Prädikate zugeschrieben werden, Adam nennt, reicht dies alles noch nicht zur Festlegung des Individuums aus, denn es kann unendlich viele Adame geben, d. h. unendlich viele, im Bereich der

---

[65] a. a. O., S. 52.
[66] Remarque sur la lettre de M. Arnauld, touchant ma proposition: que la notion individuelle de chaque personne enferme une fois pour toutes ce qui lui arrivera à jamais, a. a. O., S. 37.

Möglichkeit situierte Personen, denen die angeführten Prädikate zukommen, und die dennoch unter sich wenn nicht inhaltlich-qualitativ, so doch graduell-qualitativ verschieden sind."[67]

Hinter dem theologisch-biblischen Anstrich dieser Ausführungen, die wir übersetzt haben, Hinweise auf die Interpretation interpolierend, verbirgt sich eine neue Version der alten Frage, in welchem Sinne das Eine zugleich Vieles sein kann, und hinter der Wiederaufnahme dieser Frage ein Versuch Liebnizens, die die Logik und Ontologie angehende Alternative „Entweder Gattung bzw. Art oder Individuum" zu überwinden. Auf dem Weg, die Alternative zwischen „möglich" und „unmöglich" durch Ansetzung von Graden der Möglichkeit zu überwinden, ist das der dritte Leibnizsche Auflockerungsversuch, neben den beiden bereits besprochenen Alternativen zwischen bloßem Vermögen und Tätigkeit und zwischen Quantität und Qualität (bzw. nicht-intensivem quantitativem Unterschied und inhaltlich-qualitativem Unterschied). Die Besprechung der dritten Alternative und ihrer Überwindung durch Leibniz wird uns zugleich einen konkreten Einblick in das verschaffen, was Leibniz unter einem Möglichen versteht, denn das, was in der logischen Pyramide zwischen der untersten Art und dem Exemplar, d. h. dem wirklichen, festgelegten Individuum steht, ist nichts anderes als das ontologisch „Mögliche".

Die zitierte Erörterung in den Remarques entspricht fast wörtlich einer Passage des Briefes an Arnauld vom 14. Juli 1688, unterscheidet sich aber von ihr durch einen höheren Grad der Präzision. Die Konfrontation der beiden Fassungen wird uns dazu verhelfen, den Punkt zu lokalisieren, auf den es Leibniz bei der Ansetzung des zunächst befremdlichen Gedankens eines Einzelnen, das doch kein Einzelnes ist, ankommt, und somit den Nerv der Leibnizschen Dialektik bloßzulegen. Um das aus dem Vergleich sich ergebende Resultat durch einen anderen Zugang zu unserem Problem andeutungsweise vorwegzunehmen, müssen wir uns zuvor vergegenwärtigen, daß Leibniz ganz und gar bereit ist, zuzugeben, daß sobald irgendetwas an einem Ding, einer Person oder einer Begebenheit dieser Welt als fehlend oder als durch etwas anderes ersetzt vorgestellt wird, das ganze Ding, die ganze Person oder Begebenheit und (wegen der Spuren aller Wirkungen und Tätigkeiten, die jedes in dem großen Zusammenhang der Welt stehende Ding trägt) die gesamte Welt als eine andere, von der gegebenen verschiedene Welt vorgestellt werden müßte.

---

[67] a. a. O., S. 42.

Er unterstreicht nämlich: Wenn in dem Leben irgendeiner Person und selbst in diesem ganzen Universum irgendetwas anders ausgefallen wäre, als es tatsächlich ausgefallen ist, würde uns nichts hindern zu behaupten, daß es sich um eine andere Person und um eine andere Welt handelt, die aus dem Bereich der Möglichkeiten zur Wirklichkeit gelangt ist, während in diesem Fall die jetzt wirkliche in dem Bereich der Möglichkeit geblieben wäre, und diese Behauptung, fügt Leibniz hinzu, würde in der Tat zu Recht bestehen: „D'ailleurs si dans la vie de quelque personne et même dans tout cet univers quelque chose allait autrement qu'elle ne va, rien nous empêcherait de dire que ce serait une autre personne ou autre univers possible que Dieu aurait choisi. Ce serait donc véritablement un autre individu."[68] Er steigert diesen Gedanken bis zu der These, daß wir zwar der Meinung sind, dieser Marmorquader z. B., der von Genua hierhergebracht wurde, wäre ganz genau derselbe geblieben, wenn man ihn an seinem ursprünglichen Ort gelassen hätte, aber nur wegen der Struktur unserer Sinnesvermögen, die uns nur oberflächliche Beurteilungen gestatten; im Grunde und genau besehen wäre — wegen der allseitigen Verknüpfung der Dinge miteinander — das gesamte Universum mit allen in ihm denkbaren Teilen ein anderes geworden, und es hätte von Anbeginn an ein anderes sein müssen, um diese geänderte Situation des Quaders zuzulassen[69]. Auf das Problem des „Adam" angewandt besagt das: Es würde bereits nicht unser Adam vorliegen, sondern ein anderer, wenn die Ereignisse (évènements), die an ihm haften und ihn als diesen Adam festlegen, dieselben gewesen, aber anders kombiniert eingetreten wären.

Der genaue Vergleich der zwei Fassungen des Gedankenganges, mit dem Leibniz seine These von dem eine Vielheit ausmachenden einzigen Einzelnen erläutert, zeigt zunächst, daß Leibniz in der vorläufigen Formulierung der in dem Brief enthaltenen Fassung im Zuge seiner Bemühungen, das von ihm gemeinte Einzelne nach zwei Seiten hin abzugrenzen (= sowohl durch Abhebung von dem als festgelegtes Individuum — individu déterminé — aufgefaßten Einzelnen, als auch von dem als vages, nicht durchgängig bestimmtes Einzelnes aufgefaßten Einzelnen, das durch den Ausdruck „Adam vague" bezeichnet wird), zu sagen ge-

---

[68] a. a. O., S. 53.
[69] „Il nous paraît bien que ce quarré de marbre apporté de Gênes aurait été tout à fait le même, quand on l'y aurait laissé, parceque nos sens ne nous font juger que superficiellement, mais dans le fonds à cause de la connexion des choses tout l'univers avec toutes nos parties serait tout autre, et aurait été un autre dès le commencement, si la moindre chose y allait autrement qu'elle ne va": a. a. O., S. 42.

neigt ist, daß es sich um ein sub ratione generalitatis betrachtetes Einzelnes handelt, und daß die Begleitumstände (circonstances) zwar das Einzelne — in diesem Fall Adam — zu einem Individuum zu konkretisieren und festzulegen scheinen, in Wahrheit jedoch es nicht tun, weil sie es nicht genügend festlegen. In der Fassung, die in den Remarques enthalten ist, beschränkt sich Leibniz darauf zu sagen, daß die Prädikate, d. h. die festlegenden Begleitumstände sub ratione generalitatis betrachtet werden. Mit dieser Verschiebung von dem Einzelnen selbst auf seine Prädikate hängt die Tatsache zusammen, daß Leibniz den abschließenden Satz der Briefpassage in den Remarques weggelassen hat. Dort hieß es nämlich, daß eine Vielheit von Einzelnen in dem Bereich der Möglichkeit angesetzt werden kann, mag man das fragliche Einzelne mit einer noch so großen endlichen Zahl von Prädikaten ausstatten, denn diese würden stets hinter der vollständigen Anzahl der Prädikate zurückbleiben, das, was das sub ratione generalitatis Betrachtete in ein Individuum verwandelt, sei aber die absolute Vollständigkeit seiner Prädikate.

In den Remarques kann Leibniz bereits aus folgendem Grund nicht mehr auf die Unvollständigkeit der Anzahl der Prädikate rekurrieren: er bestimmt hier näher gerade den vagen Adam, d. h. das ganz offen gebliebene Einzelne — und nicht „unseren Adam" — als eine Person, der (nur) gewisse Attribute von Adam zukommen[70], also als ein mit einem Teil der Prädikate des festgelegten Individuums ausgestattetes Einzelnes. Den Unterschied zwischen dem in dem Bereich der Möglichkeit sich befindenden Einzelnen und dem zu der Wirklichkeit gehörigen festgelegten Einzelnen sieht er jetzt lediglich darin, daß die Prädikate des nur möglichen Einzelnen hinsichtlich ihres Bedeutungsgehaltes nicht erschöpfend festgelegt sind; die Anzahl der Prädikate selbst ist nach Leibniz in beiden Fällen gleich groß und gleichermaßen vollständig. Das mögliche Einzelne mit seinen der Präzisierung fähigen Prädikaten steht auf diese Weise zwischen dem wirklichen, festgelegten Einzelnen, dessen Prädikate und Attribute auch ihrerseits festgelegt sind, und der untersten Art, die bereits eine der Gestalten des logischen Abstrakt-Allgemeinen ist, die eine (wie auch der gegen den extremen Nominalismus ankämpfende Leibniz zugeben würde)[71] von dem denkenden Bewußtsein geliehene nur logische

---

[70] Une personne à qui certains attributs d'Adam appartiennent: a. a. O., S. 42.
[71] In diesem Zusammenhang ist es besonders wichtig, sich der differenzierten Haltung Leibnizens gegenüber dem Nominalismus, dem, wie er in der Nizolius-Schrift (GP IV 138 ff.) bemerkt, fast alle Erneuerer der Philosophie zu seiner Zeit zuzurechnen seien, bewußt zu werden. Auf der einen Seite identifiziert er sich mit dem

Existenz hat und die sich von dem Exemplar (oder Individuum) dadurch unterscheidet, daß nur ein Teil — nämlich der allen Individuen gemeinsam zukommende Teil — der Prädikate in ihr enthalten ist. Die Tatsache, daß in dem Fall des möglichen Einzelnen die Prädikate nicht vollkommen bestimmt sind, bringt mit sich den Spielraum für die verschiedenen Variationen der Anordnung, in der sie erscheinen können. Diese verschiedenen Weisen, in denen die Anordnung denkbar ist, machen wegen des jeweils verschiedenen Grades der Verflechtung der jeweils anders angeordneten Prädikate, Attribute, Begleitumstände der Ereignisse, ein mehr oder weniger kohärentes Einzelnes aus, und wegen des Parallelismus zwischen den Graden der Kohärenz (oder des Einsseins), der Vollkommenheit und der Möglichkeit, ein Mögliches höheren oder

nominalistischen Standpunkt zugrunde liegenden Meinung, daß die Hypothese eines Astronomen, der eine Begründung der Himmelserscheinungen aus wenigen Grundannahmen ableiten kann (nämlich aus einfachen Kreisbewegungen), der Hypothese eines Astronomen vorzuziehen sei, der vieler verschiedenartig ineinander geschlungener Kreise bedarf, um die himmlischen Dinge zu erklären; und mit der Konsequenz, die die Nominalisten aus dieser Maxime und Regel gezogen haben, nämlich daß man alles in der Natur erklären kann, auch wenn die Allgemeinbegriffe d. h. das Abstrakt-Allgemeine (universalia), keine Sonderexistenz — etwa in der Weise der platonischen Ideen — haben und daß man daher den Allgemeinbegriffen diese in eine Zwei-Welten-Theorie mündende Sonderexistenz nicht zubilligen darf. Keine Meinung, unterstreicht Leibniz, sei wahrer und „einem Philosophen unserer Zeit" angemessener als diese. Er untermauert diese Option für die Nominalisten mit der Forderung, man solle beim sorgfältigen Philosophieren nur Konkreta verwenden, und mit dem Hinweis, daß Aristoteles sogar meist so verfahren ist, wie aus dem Umstand ersichtlich werde, daß er die Begriffe ποσόν, ποιόν, τὰ πρός τι viel lieber gebrauchte, als ποσότης, ποιότης, σχέσις (oder, wenn man so sagen dürfte, προς — τινότης). Mit einem ironischen Unterton fügt Leibniz hinzu: Die Nachfolger entschuldigen dies, als sei es aus Mangel an Geistesschärfe geschehen, und sie bilden sich ein, sie seien scharfsinniger, wenn sie alles mit abstrakten Worten erfüllen, während gerade die Zügellosigkeit im Erdenken abstrakter Bezeichnungen, die man doch durchaus beim Philosophieren entbehren könne, uns fast die ganze Philosophie verfinstert hat. Den Kern der genannten Forderung bildet die These: „Die Abstrakta sind keine Dinge, sondern Modi der Dinge. Die Modi sind aber nichts anderes als die Beziehungen des Dinges zu dem Verstand, oder die Aspekte, in denen das, was ist, sich uns zu zeigen vermag" („Nam concreta vere res sunt, abstracta non sunt res, sed rerum modi, modi autem plerique nihil aliud sunt quam relationes rei ad intellectum, seu apparendi facultates"). Auf der anderen Seite distanziert sich Leibniz von einem extremen Nominalismus: von der Meinung eines Mannes, den man, wie Leibniz sagt, zu den gescheitesten Menschen des Jahrhunderts rechnen muß, nämlich von der Meinung von Thomas Hobbes, der als ein „Übernominalist" (plusquam nominalis) sich nicht damit zufrieden gab, mit den Nominalisten die allgemeinen Begriffe auf Namen zurückzuführen, sondern darüber hinaus die Behauptung aufstellte, daß die Wahrheit der Dinge in Namen besteht und, sich in diesen Namen erschöpfend, von der menschlichen Willkür und dem Gutdünken jedes Einzelnen abhängt.

niedrigeren Grades. Aus den vielen, dem Grade nach verschiedenen Möglichen ist die aus einem einzigen Einzelnen, d. h. zugleich aus einem einzigen (aber verschiedene Variationen hinsichtlich der Anordnung zulassenden) Komplex von Prädikaten bestehende Vielheit gebildet.

Es muß allerdings noch bemerkt werden, daß eine in der angegebenen Weise konstituierte Menge von Möglichen keineswegs die Annahme auch einer anders konstituierten Menge von Möglichen ausschließt, nämlich einer Anzahl von Möglichen, die sich auch hinsichtlich ihres Inhalts und nicht ausschließlich hinsichtlich der Anordnung der in ihnen enthaltenen Momente voneinander unterscheiden und sich von dem jeweils entsprechenden Wirklichen nicht durch den Umstand, daß in ihnen die Prädikate nur bis zu einem gewissen Grad festgelegt sind, abheben. Eine Menge von der zuletzt genannten Art meint Leibniz, wenn er von der aus den unendlich vielen möglichen Welten bestehenden Menge spricht. In dem die Theodizee abschließenden Mythos wird der Priester Theodore wegen der Solidarisierung mit einer Beschwerde, die Sextus bei Jupiter wegen seines Schicksals vorgebracht hatte, von Jupiter zu Pallas Athene geschickt. Sie führt ihn in einen Palast, der unzählig viele Zimmer enthält. Jedes dieser Zimmer umfaßt die Darstellung eines ganzen Weltenlaufs, muß demnach als eine antizipierte Verwirklichung jeweils einer der möglichen Welten angesehen werden und ist gleichsam eine Abbreviation eines Lebenslaufs in einer Theatervorstellung, wobei eine Teilmenge der Gesamtmenge der möglichen Welten einen jeweils anderen möglichen Sextus einschließt. Sextus sieht, wie der innerhalb des einen Weltenlaufs situierte Sextus nach Korinth geht, dort einen Garten kauft, in dem er einen Schatz findet, mit dem er als reicher und angesehener Mann sein Leben zu Ende führen kann, und wie der innerhalb eines anderen Weltenlaufs situierte Sextus nach Thrazien geht, dort die Tochter des Königs heiratet und nach ihm den Thron besteigt. Die möglichen, in den verschiedenen möglichen Weltenläufen enthaltenen Sextus verhalten sich offensichtlich nicht so zueinander, wie die verschiedenen Adame sich zueinander verhielten, denn die festlegenden Begleitumstände sind nicht einmal als sub ratione generalitatis betrachtete Begleitumstände dieselben. Um das Modell von Leibniz zu Ende zu denken und das über die möglichen Adame Gesagte mit dem über die möglichen Sextus Gesagte zu verbinden, muß man hinzufügen, daß eine Teilmenge der möglichen Welten alle möglichen, nur durch einen allen gemeinsamen Teil der Attribute konstituierten Sextus enthält, und eine Teilmenge dieser Teilmenge die möglichen Sextus, die sämtlich durch dieselben Begleitumstände festgelegt sind — vorausgesetzt, daß man diese als sub ratione generalitatis betrachtete Begleitumstände versteht.

Eine derartige Schachtelung von aus Möglichen bestehenden Mengen vermittelst der Anerkennung der Differenz zwischen auf rein inhaltlich-qualitative Unterschiede reduzierbaren Unterschieden und solchen, die sich wegen ihres vorwiegend graduell-qualitativen Charakters nicht auf inhaltlich-qualitative Unterschiede reduzieren lassen, deutet Leibniz durch eine Erläuterung seines Gedankens von den unendlich vielen möglichen Welten an. In dem bereits erwähnten Mythos, der am Schluß der „Theodizee" steht, bildet Leibniz eine Analogie zu Sachverhalten der Mathematik, um zu zeigen, daß ein einziges Einzelnes auf dieses einzige Einzelne, das es ist, festgelegt sein kann, ohne ein durch eine einzig und allein ihm zukommende Festlegung festgelegtes einziges Einzelnes zu sein. Er bringt nämlich den Begriff des geometrischen Ortes ins Spiel, nennt jetzt das, was er früher Prädikate, Attribute und Begleitumstände genannt hatte, Bedingungen (conditions) und erinnert daran, daß wir dann von einem geometrischen Ort sprechen, wenn ein Punkt durch die ihn festlegenden Bedingungen nicht hinreichend festgelegt ist, und zwar nicht darum, weil von der Gesamtzahl der zu der völligen Festlegung erforderlichen Bedingungen irgendwelche fehlen, sondern weil die (im Unterschied zu dem Vorliegen des universale in der Form des genus oder der species) vollzählig vorhandenen Bedingungen ihrerseits nicht völlig festgelegt sind, etwa wie in dem Fall, in dem man einen Punkt auf einer Ebene angibt, indem man sagt, daß er sich in gleicher Entfernung von den zwei Endpunkten einer Geraden befindet, ohne zu präzisieren, wie groß diese „gleiche Entfernung" ist und schließlich einsieht, daß man mit dieser Formulierung wenn auch nicht alle Punkte der Ebene, so doch unendlich viele Punkte angegeben hat, die sämtlich auf einer durchaus präzis angebbaren Linie liegen, nämlich auf der senkrechten Linie, die man über der Mitte der Geraden nach beiden Seiten zieht.

Sich auf die Art und Weise berufend, in der der einzelne Punkt auf dem geometrischen Ort liegt, ohne völlig festgelegt zu sein, während die den geometrischen Ort darstellende Gerade völlig festgelegt ist, prägt Leibniz in diesem Zusammenhang den Begriff der suite reglée de Mondes, der geregelten Folge von Welten, womit nichts anderes gemeint ist als die auf der Basis ihres jeweiligen Grades der Vollkommenheit in der Gestalt von möglichen Welten untereinander stehenden hochkomplexen Möglichen, die sich aus der Zusammenfassung von vielen — und im

Grunde stets denselben — weniger komplexen Möglichen zu Ganzheiten ergeben haben. „Auf diese Weise", sagt Athene zu Theodore, an das über den geometrischen Ort Gesagte anknüpfend, „können Sie sich eine geregelte Folge von Welten vorstellen, die sämtlich und allein unter allen möglichen Welten den Fall, um den es sich handelt, enthalten, und den sie im Hinblick auf seine Begleitumstände und seine Folgen variieren."[72] Und von den (nur) graduell-qualitativ verschiedenen Möglichen zu den (auch) inhaltlich-qualitativ verschieden übergehend, fährt die Göttin fort: „Wenn Sie aber einen Fall ansetzen, der von dem in dieser wirklichen Welt enthaltenen entsprechenden Fall auch nur hinsichtlich einer einzigen genau abgrenzbaren Begebenheit abweicht, und hinsichtlich ihrer Folgen, wird vor Ihnen eine bestimmte, fest umrissene und mit unserer wirklichen Welt nicht durch eine fließende Grenze verbundene Welt auftreten."[73]

Wegen der Möglichkeit und Notwendigkeit, die unter den Möglichen bestehende Verschiedenheit als einen zweifachen Typus von Verschiedenheit anzusetzen, stellt Leibniz bezeichnenderweise die These auf, daß es nicht nur unendlich viele mögliche Welten gibt, sondern unendlich viele Male unendlich viele. Die bloße Unendlichkeit würden nämlich bereits die inhaltlichen Unterschiede mit sich bringen, da die Welt — und zwar jede Welt — unendlich viele Bestandteile hat (die allerdings einzeln genommen jeweils einen endlich großen Umfang haben)[74] und da mit unendlich vielen Bestandteilen sich unendlich viele Kombinationen anfertigen lassen. Der Leibnizsche Gott macht jedoch unendlich oft unendlich viele Kombinationen (des combinaisons infiniment infinies)[75], oder wie Leibniz präzisiert: eine Unendlichkeit von geregelten, aus unendlich vie-

---

[72] „Ainsi vous pouvez vous figurer une suite reglée de Mondes, qui contiendront tous et seuls le cas dont il s'agit, et en varieront les circonstances et les conséquences": Theod. § 414.

[73] „Mais si vous possez un cas qui ne diffère du monde actuel que dans une seule chose définie et dans ses suites, un certain monde déterminé vous répondra": a. a. O., § 414.

[74] Die Definition der Welt als Ansammlung endlicher Dinge (nicht: endlich vieler Dinge), als Aggregatum rerum finitarum, findet man in dem ersten Satz von De rerum. Die Tatsache, daß Leibniz mit der eben erwähnten Definition des mundus nie die Endlichkeit qua endlich große Anzahl der in der Welt vorhandenen Dinge gemeint haben kann, geht eindeutig aus der Leibnizschen These hervor, daß die Körper nicht nur endlos teilbar sind, sondern aktual ins Unendliche geteilt sind und unendlich viele kleinere Körper einschließen („... il y a une infinité de créatures dans la moindre parcelle de la matière, à cause de la division actuelle du continuum à l'infini": Theod. § 195).

[75] Theod. § 225.

len Gliedern bestehende Folgen von Spielarten des Universums. Leibniz steigert hier das, was er im abschließenden Mythos als „suite reglé de Mondes" bezeichnet, in eine „infinité de suites possibles de l'univers": „La saggesse de Dieu, non contente, d'embrasser tous les possibles, les pénètre, les compare, les pèse les uns contre les autres, pour en estimer les degrés de perfection ou d'imperfection, le fort et le faible, le bien et le mal: elle va même au delà des combinaisons finies, elle en fait une infinité d'infinies, c'est à dire une infinité de suites possibles de l'univers, dont chacune contient une infinité de créatures."[76] Mit anderen Worten: Durch das Hinzukommen der graduellen Unterschiede, die sich gleichsam in jedwedem inhaltlichen Unterschied einschleichen und zwischen allen inhaltlich Verschiedenen vermitteln, und der auf den graduellen Unterschieden beruhenden „geregelten Folgen" (wobei „Folge" im mathematischen Sinn des Wortes und nicht im logisch — oder temporal-kausalen zu verstehen ist), entsteht eine Menge, die unendlich viele Male unendlich viele Elemente hat — und deren Elemente Welten und „geregelte Folgen von Welten" sind.

3. Die Funktion der Leibnizschen Lehre von der extensiven Größe (= von dem Raum) bei der Begründung der maximalen Hevorbringung von Möglichen

In dem Brief an Arnauld, in dem Leibniz auf die Frage nach der Einheit und Vielheit in dem Bereich der Möglichen eingeht, gibt er am Schluß der bereits besprochenen Stelle[77] ein Aperçu, das uns die Gelegenheit bietet, die letzte der drei bei der Darstellung des Grundes für das Sichereignen des Vollkommensten in Aussicht gestellten Anmerkungen zu bringen. Bei dieser dritten Anmerkung gilt es, einen Blick in das Gefüge zu werfen, das durch den Gedanken der Verwirklichung des Vollkommensten bzw. des am meisten Möglichen, die Lehre über die zwei extensiven Größen (= Raum und Zeit) und das principium identitatis indiscernibilium gebildet wird. Nur auf dem Wege der Vergegenwärtigung dieses Gefüges kann der an erster Stelle genannte, für die Ansetzung einer Stu-

---

[76] a. a. O., § 225. — An der eben zitierten Stelle möchten wir zwei Text-Konjekturen machen: Anstatt von „au delà des combinaisons finies" vermuten wir „au delà des combinaisons infinies", und anstatt von „chacune contient une infinité de créatures" vermuten wir „chacun contient une infinité de créatures"; es kann sich dabei um wohlwollende vermeintliche Korrekturen des Kopisten oder des Setzers — oder um lapsus von Leibniz selbst handeln.

[77] S. oben.

fung wichtige und vermittelst dieser Bedeutsamkeit für die Freiheitstheorie unentbehrliche Gedanke eine höhere Deutlichkeit und Plausibilität gewinnen.

An der erwähnten Stelle seines Briefes macht Leibniz seinen Briefpartner darauf aufmerksam, daß er sehr weit von der Annahme der — durch Arnauld ihm unterstellten — Mehrzahl eines und desselben Individuums entfernt sei, zumal da er von der durchgängigen Richtigkeit einer Lehre überzeugt sei, die Thomas von Aquin im Hinblick auf die reinen Geister vertreten hat, nämlich der Lehre, gemäß welcher es nicht möglich ist, daß irgendwo zwei gleiche Individuen vorliegen, oder anders formuliert, daß zwei Dinge gefunden werden können, die solo numero (d. h. hier allein durch den Zahlenindex, mit dem sie versehen werden können) sich voneinander unterscheiden[78]. Der eben formulierte Gedanke macht, wie leicht zu erkennen ist, den Inhalt jenes Prinzips aus, das er principium identitatis indiscernibilium (Prinzip der Identität der Nichtunterscheidbaren) nennt, und das er auch indirekt zu beweisen suchte, indem er auf den fêtes galantes im Park von Herrenhausen den philosophierenden Damen vorschlug, ihm zwei völlig gleiche Blätter vorzuweisen, mit der Nebenbemerkung, daß sie nie und nirgends zwei völlig gleiche Dinge finden würden.

Diesem Leibnizschen Grundsatz liegt der Gedanke zugrunde, daß das Vollkommenste und am meisten Mögliche zur Wirklichkeit gelangt. Denn mit dem genannten Gedanken ist die These verbunden, daß stets möglichst viele Mögliche verwirklicht werden. Auch die pure Anzahl und die Unmittelbarkeit der zahlenmäßig großen Menge behalten nämlich bei Leibniz ihre Dignität und Relevanz, wenn sie auch nicht zum ausschließlichen oder maßgebenden Kriterium für die Bestimmung des Grades der Vollkommenheit pervertiert werden dürfen, was offensichtlich mit der Tatsache zusammenhängt, daß die Grenze zwischen dem inhaltlich-qualitativen (und dem numerisch quantitativen) Unterschied auf der einen Seite, und dem graduell-qualitativen auf der anderen, eine fließende und der Übergang von dem einen Unterschied zum anderen ein vielfach vermittelter ist; das Festhalten an der Relevanz der puren Anzahl, genauer gesagt an der These, daß dem numerisch aufgefaßten Mehr und Weniger ein Rest von Relevanz nicht geraubt werden kann, macht es übrigens jeder Elite-Philosophie und jeder elitär-aristokratischen politischen Theo-

---

[78] GP II, 54; in den Remarques hat Leibniz den betreffenden Satz ohne irgendeine Änderung übernommen: a. a. O., S. 42.

rie (mag sie Platonischer oder Nietzschescher Prägung sein) unmöglich, Leibniz auf ihr Schild zu heben und sich auf die Verwirklichung des Besten (ariston) zu berufen.

Wenn daher Leibniz sagt, daß von den unendlichen Kombinationen von Möglichen und von den unendlichen Reihen von Möglichen diejenige verwirklicht wird, mit der das meiste an Essenz (bzw. Qualität) und Possibilität zur Wirklichkeit befördert wird[79], so darf das „meiste" weder in einem ausschließlich numerisch-quantitativen, noch in einem ausschließlich graduellen Sinn verstanden werden, sondern im Sinne des sich aus einer Kombination der Gesichtspunkte ergebenden „meisten"[80].

Die These wiederum, daß die superlativisch vollkommenen unter den Möglichen und zugleich möglichst viele Mögliche die Wirklichkeit erreichen, impliziert nach Leibniz den Gedanken, daß sie sie auf die vollkommenste Art und Weise erreichen; und die vollkommenste Verwirklichung überhaupt ist die, welche ein Maximum mit einem Minimum verbindet, und zwar derart, daß die (im eben erwähnten komplexen Sinn verstandene) maximale Wirkung mit dem minimalen Aufwand erzielt wird, also eine Art und Weise, die mit dem im 18. Jahrhundert berühmt gewordenen Prinzip des geringsten Aufwandes (principe de la moindre action)[81] zusammenhängt und die wir heute einfach als die effektivste bezeichnen würden. Aus diesem Grund waltet in allen Prozessen der Grundsatz des geringsten Aufwandes bzw. der größten Effizienz, der den Verwirklichungsprozeß steuert und als das principium determinationis die Wirklichkeit des jeweils zu der Wirklichkeit Gelangenden in einer permanent und strukturell selben Art und Weise festlegt: „Semper scilicet est in rebus principium determinationis quod a Maximo Minimove petendum est, ut nempe maximus praestetur effectus, minimo ut sic dicam sumptu."[82]

---

[79] „Hinc vero manifestissime intellegitur ex infinitis possibilium combinationibus seriebusque possibilibus existere eam, per quam plurimum essentiae seu possibilitatis perducitur ad existendum": De rerum.
[80] Sehr aufschlußreich ist in diesem Zusammenhang das in der Theodizee über die Gattung „Löwe" Gesagte: Nach Leibniz ist es fraglich, ob sie Gott, um des Daseins eines einzelnen Menschen willen, hätte unerschaffen lassen wollen (Theod. § 118).
[81] Über den Streit, den die Behauptung Königs ausgelöst hat, daß bereits Leibniz in einem Brief — die Abhandlung De rerum war noch nicht veröffentlicht — das von Maupertius so genannte principe de la moindre action aufgestellt hatte: s. M. Gueroult: Note sur le principe de la moindre action chez Maupertius, in: Dynamique et métaphysique Leibnizienne, Paris 1934.
[82] De rerum.

In diesem Fall, in dem die Wirkung (effectus) nicht irgendeine bestimmte Wirkung ist, sondern mit dem Erreichen der Wirklichkeit überhaupt gleichzusetzen ist, und entsprechend die maximale Wirkung mit dem Übergang des Maximums an Possibilität zur Existenz, sind die Gestalten der ordo possibilis existendi[83], d. h. der möglichen Ordnung des Existierenden (= der Raum und die Zeit), als der Aufwand (sumptus) anzusehen — wobei der Raum und die Zeit nichts anderes als die übliche Art und Weise sind, das Fassungsvermögen und die Kapazität der Welt (receptivitas vel capacitas mundi)[84] zu umschreiben. Und so wie die Konstruktion eines möglichst bequemen Gebäudes mit möglichst vielen und möglichst schönen Zimmern auf einem vorgegebenen Grundstück als das Erreichen der maximalen Wirkung mit dem Aufwand, der von vornherein zugelassen worden war und somit (angesichts des Maximum-Charakters der Wirkung und symmetrisch zu ihm) als ein Minimum an Aufwand anzusprechen ist, gedeutet werden muß, so ist auch die sich stets ereignende Verwirklichung des Maximums an möglichen Sinngehalten, Essenzen, Qualitäten oder Formen in der gegebenen receptivitas vel capacitas mundi als das Erreichen der maximalen Wirkung mit dem minimalen Aufwand zu deuten: Der Bequemlichkeit des Gebäudes und der Anzahl und Schönheit seiner Zimmer entsprechen die Anzahl, die Gediegenheit und die Güte der Kombination der verwirklichten Sinngehalte; und dem Grundstück entspricht das Fassungsvermögen — die Rezeptivität und Kapazität — der Welt.

Aus dieser Überlegung ergibt sich, daß es weder in der Welt noch um die Welt herum ein Leeres gibt: keine Lücke und keinen durch einen positiven Inhalt unbesetzt gebliebenen Platz irgendwo innerhalb der Welt, keinen leeren, ein Jenseits zu der Welt bildenden Rand außerhalb der Welt[85], — da die Bejahung des Vorkommens einer Lücke bzw. die Verneinung der repletio maxima[86] unvereinbar wäre mit der Ansetzung der nur gegenseitig sich behindernden und sich vor jedem Platz in der Wirklichkeit, der besetzt werden kann, gleichsam drängenden Möglichen.

---

[83] a. a. O.
[84] a. a. O.
[85] Die Frage nach der Endlichkeit oder Unendlichkeit der Welt kann bei der in dieser Untersuchung wichtigen Perspektive auf diese Sachverhalte offen bleiben; Leibniz würde wohl, wenn er gezwungen worden wäre, die geläufigen Kategorien gebrauchend die Frage zu beantworten, einer Formulierung zustimmen, die mit der Einsteinschen Relativitätstheorie aufgekommen ist: Die Welt ist endlich, aber ohne Grenzen.
[86] De rerum.

Oder, wie Leibniz wörtlich sagt: „Es besteht (aber) ein ganz bestimmter Grund, warum das mit dem geringsten Aufwand gekoppelte Maximum an Ausfüllung erreicht wird: Wie aus dem Umstand, daß die Verwirklichung eines Dreiecks beschlossen wurde, ohne die Hinzufügung eines näher festlegenden Beschlusses, sich ergibt, daß ein gleichseitiges Dreieck hervorgebracht wird, und wie aus dem Umstand, daß ein Verbindungsweg zwischen diesem Punkt und einem anderen Punkt herzustellen ist, wobei die Art des Weges noch in keiner Weise festgelegt ist, sich ergibt, daß der leichteste, d. h. hier der kürzeste Weg vorgezogen werden wird; so ergibt sich auch aus dem Umstand, daß das weniger mit dem Nichtsein Behaftete die Oberhand über das mehr mit dem Nichtsein Behaftete gewinnt, oder mit anderen Worten, daß ein Grund da ist, warum dieses Etwas eher existieren wird, als daß es nicht existieren wird, bzw. daß ein Übergang von der Möglichkeit zu der Wirklichkeit zu geschehen hat, selbst beim Ausbleiben jeder auf die Art und Weise sich beziehenden Festlegung, daß stets so viel wie möglich (angesichts der Kapazität der Zeit und des Raumes, d. h. des Fassungsvermögens der möglichen Gestalten der Ordnung der existierenden Dinge) zu der Wirklichkeit gelangt; genau so, als ob viereckige Fliesen, mit denen eine vorgegebene Fläche zu belegen ist, so zusammengesetzt werden, daß eine möglichst große Anzahl von ihnen von der zu belegenden Fläche aufgenommen wird: „Uti ergo si ponamus decretum esse ut fiat triangulum, nulla licet alia accidenti determinandi ratione, conrequens est, aequilaterum prodire; et posito tendendum esse a puncto ad punctum, licet nihil ultra iter determinat, via eligetur maxime facilis seu brevissima; ita posito semel ens praevalere nonenti, seu rationom esse cur aliquid potius extiterit quam nihil, sive a possibilitate transeundum esse ad actum, hinc, etsi nihil ultra determinetur, consequens est, existere quantum plurimum potest pro temporis locique (seu ordinis possibilis existendi) capacitate, prorsus quemadmodum ita componuntur tesselae ut in proposita area quam plurimae capiantur."[87] Das durchgängige Ausgefülltsein der Welt sieht Leibniz, wie hier noch hinzugefügt werden kann, als eine Bedingung des allgemeinen Zusammenhangs der Dinge an, und der Wirkungen und Gegenwirkungen der miteinander zusammenhängenden Dinge aufeinander[88].

---

[87] a. a. O.
[88] „Tout est plein dans la nature... Et comme à cause de le plénitude du Monde tout est lié, et chaque corps agit sur chaque autre corps, plus ou moins, selon la distance, et en est affecté par réaction — il s'ensuit que chaque Monade est un

Der gesamte bisherige Gedankengang hat ein unmittelbares und ein mittelbares Resultat. Das erste besagt: Die das Vorhandensein von leeren Räumen leugnenden, sich an Descartes anschließenden „Plenisten" (von plenum, voll) haben in ihrem Streit mit den das Leere annehmenden Atomisten (= Gassendi) Recht; und das zweite besagt, daß die Absolutheit des Raumes (und in der Verlängerung auch der Zeit) verneint werden muß, d. h. der Raum ist kein riesengroßes, unbewegliches Gefäß, selbst dann nicht, wenn die Größe des Gefäßes bis ins Unendliche gesteigert, und die Stofflichkeit des Gefäßes durch die Immaterialität ersetzt werden würde, er ist auch nicht ein sensorium Dei (wie ihn der den absoluten Raum verteidigende Newton nannte), mit einem Wort: er ist nicht ein Etwas, das imstande wäre, auch dann da zu sein, wenn schlechtweg alle in ihm sich befindenden Dinge annihiliert werden würden oder in einem Gedankenexperiment in annihilierte verwandelt werden würden; das mittelbare Resultat ist bereits andeutungsweise zur Sprache gekommen, als die im Sinne der möglichen Ordnung der existierenden Dinge verstandenen Raum und Zeit auf Umschreibungen des Fassungsvermögens (Kapazität) und der Empfangsbereitschaft (Rezeptivität) der Welt zurückgeführt wurden[89]. Positiv gewendet: Die Zeit — das Entsprechende gilt, mutatis mutandis auch für den Raum — muß mit den Dingen koexistieren und kann sich nicht anders zu einer Vorstellung konstituieren als durch die Vermittlung der Vorstellungen von der Ordnung, in der sich die Veränderung überhaupt abspielt, und dem Wieviel (in unserem Fall in der Gestalt des Wieschnell), das die jeweilige Veränderung kennzeichnet und auszeichnet: „... le temps doit coexister aux créatures, et ne se conçoit que par l'ordre et la quantité de leurs changements."[90] Die Auffassung des Raumes als eines auf nichts weiter Angewiesenen und somit als eines Absoluten, kann nicht umhin, die Vorstellung eines von der Materie, von allen körperlichen Dingen und von aller Füllung (repletio) unabhängigen Raumes und demnach eines (irgendwo) leeren Raumes als eine legitime Vorstellung anzuerkennen und umgekehrt: mit der Absage an die zuletzt genannte Vorstellung entfällt jeder Anlaß, den Raum als einen absoluten, an sich selbst seienden Raum hinzustellen. Es bleibt nur

---

miroir vivant, ou doué d'action interne, réprésentatif de l'univers, suivant son point de vue, et aussi réglé que l'univers lui-même": Principes de la Nature et de la Grâce, fondés en raison, § 3; GP VI 598 f.
[89] S. oben; über Leibnizens Kritik an Newtons Auffassung des Raumes als sensorium Dei: s. Leibnizens Briefwechsel mit Clarke.
[90] 5. Schreiben von Leibniz an Clarke.

folgende Lösung übrig: „Es gibt, außer dem stofflichen Universum, keinen Raum, der mit einem eigenständigen Etwas gleichgesetzt werden kann ... womit aber nicht gesagt sein soll, daß die Materie und der Raum eines und dasselbe sind. Ich sage lediglich, daß es keinen Raum geben würde, wenn es keine Materie geben würde, und daß der für sich allein genommene Raum nichts Selbst- und Eigenständiges ist. Der Unterschied zwischen dem Raum und der Materie besteht nämlich nur in einem Unterschied, der von der Art des Unterschiedes zwischen der Zeit und der Veränderung ist; es handelt sich um Sachen, die zwar voneinander unterscheidbar sind, die sich aber als voneinander untrennbar herausstellen"[91].

Die Verneinung der Absolutheit von Raum und Zeit bringt die Verneinung des schlechthin Einförmigen und völlig Homogenen mit sich, denn die beiden extensiven Quanta, der Raum und die Zeit, sind das Prototyp der Fiktion, die den Anspruch erhebt, mehr als eine bloße Vorstellung zu sein und sich auf ein bestimmtes Etwas zu beziehen, ohne irgendeine Mannigfaltigkeit in diesem Etwas vorauszusetzen und somit, ohne imstande zu sein, irgendwelche innere begriffliche Merkmale (dénominations intrinsèques) in diesem angeblichen Etwas anzugeben. Mit der Einsicht in die bloße Idealität von Raum und Zeit ist demnach die Einsicht gekoppelt, daß „das schlechthin Einförmige, das keinerlei Mannigfaltigkeit in sich schließt, immer nur eine Abstraktion ist — wie die Zeit, der Raum und die übrigen Wesenheiten der reinen Mathematik"; „Les choses uniformes et qui ne renferment aucune varieté, ne sont jamais que des abstractions, comme le temps, l'espace et les autres Êtres des Mathématiques purs"[92].

Die Verneinung der Existenz von zwei völlig ähnlichen Dingen, positiv gewendet, die Aufstellung des Prinzips der Identität der Ununterscheidbaren, kann als eine bestimmte Ausformung des Gedankens aufgefaßt werden, daß das schlechthin Einförmige, das keine Mannigfaltigkeit in sich schließt, das heißt, das rein von der extensiven Größe her verstandene Kontinuum, lediglich eine Abstraktion ist. Dieser Aspekt wird erst dann voll verständlich, wenn wir uns vergegenwärtigen, daß beliebige

---

[91] „... il n'y a point d'espace réel hors de l'univers matériel ... Je ne dis point que la matière et l'espace est la même chose; je dis seulement qu'il n'y a point d'espace, où il n'y a point de matière; et que l'espace en lui même n'est point une réalité absolue. L'espace et la matière diffèrent comme le temps et le mouvement. Cependant ces choses quoique différantes se trouvent inséparables": 5. Schreiben an Clarke, § 29 und 62.

[92] GP V 100. — Die Begründung wird mit dem daran anschließenden Satz gegeben: „Il n'y a point de corps dont les parties soient en repos, et il n'y a point de substance qui n'ait de quoi se distinguer de toute autre" (a. a. O.).

zwei Teile (gleichsam Fragmente) des absoluten, durch die Abstraktion gebildeten und in der Dimension der Abstraktion anzutreffenden Raumes (und entsprechend die Teile der Zeit) einander völlig ähneln, im Unterschied zu zwei „ausgefüllten", d. h. in der Tat wirklichen Teilen; „Les parties du temps ou du lieu, prises en elles mêmes sont des choses idéales, ainsi elles se ressemblent parfaitement comme deux unités abstraites. Mais il n'en est pas de même des deux uns concrets, ou de deux temps effectifs, ou de deux espaces remplis, c'est à dire véritablement actuels"[93]. Genau auf den zuletzt erwähnten Gedanken sich berufend, bekämpft übrigens Leibniz die These von Clarke, daß Gott die Schöpfung der Welt hätte vorverlegen können, wenn es ihm so beliebt hätte, denn — so argumentiert Clarke — er erschafft die Dinge zu der Zeit und in der Zeit, die ihm gefällt[94].

Man könnte geneigt sein, gegen die Leibnizsche These (= daß die Teile des Raumes unter sich völlig gleich sind) einzuwenden, daß sie sich, wenn auch nicht durch einen jeweils anderen und besonderen Inhalt, so doch durch die jeweils andere Situation innerhalb des Ganzen, durch ihren verschiedenen Platz voneinander unterscheiden. Bei einem solchen Einwand würde man aber die Tatsache vernachlässigen, daß wir in diesem Fall keinerlei Bezugspunkte haben, die eine Lokalisierung erlauben würden, und daß in bezug auf den absoluten Raum und innerhalb der Unendlichkeit des ganz ungegliederten, undifferenzierten und leeren absoluten Raumes die Bezeichnung „hier" und „dort" oder „dieses Stück und nicht das andere" jeglichen Sinn verlieren. Und wenn die Legitimation der Generalisierung bestritten werden sollte, die beim Übergang stattfindet von der Verneinung der Existenz des absoluten Raumes bzw. der Existenz zweier Raumteile, die sich vollkommen gleichen, zu der Verneinung von irgendwelchen zwei Dingen (etwa von zwei Wassertropfen oder von zwei Blättern), die sich vollkommen gleichen, so ist zu sagen, daß es sich im Grunde um gar keine Verallgemeinerung handelt, denn der Gedanke von dem Gelangen der meisten Possibilität zur Existenz, die zu der (der Verneinung der Absolutheit des Raumes zugrunde liegenden) Verneinung des leeren Raumes geführt hat, führt, sobald die Sinngehalte, von denen möglichst viele verwirklicht werden, nicht nur sub ratione

---

[93] 5. Schreiben an Clarke, § 27.
[94] „On ne doit donc point dire, comme l'on fait ici, que Dieu a créé les choses dans un espace ou dans un temps particulier, QUI LUI A PLU; car tous les temps et tous les espaces en eux même, étant parfaitement uniformes et indiscernables, l'un ne saurait PLAIRE plus que l'autre": a. a. O., § 60.

generalitatis als Sinngehalte überhaupt, sondern (auch) als jeweils bestimmte, qualitativ faßbare Sinngehalte verstanden werden, zu der These, daß alle zur Wirklichkeit gelangenden Sinngehalte hinsichtlich der inneren Beschaffenheit unter sich verschieden sind, sich nicht lediglich im Hinblick auf die Situation oder solo numero voneinander unterscheidend. Wir haben es mit anderen Worten mit zwei aus einer Wurzel getrennt sich ergebenden Thesen zu tun, zwischen denen, abgesehen von dem gemeinsamen Ursprung aus der Ansetzung der Verwirklichung der meisten Possibilität und letzten Endes der Anerkennung der Geltung des Satzes vom zureichend festlegenden Grund, auch eine auf einer möglichen Querverbindung, d. h. auf einer inhaltlichen Verwandtschaft beruhende Affinität besteht.

Es darf bei dieser Auslegung nicht verschwiegen werden, daß Leibniz die Geltung des principium identitatis indiscernibilium aus der Weisheit Gottes ableitet, wenn er, den Sinn seines Prinzips präzisierend, sagt, daß er zwar das Vorhandensein zweier ganz ähnlicher Wassertropfen oder zweier anderer ununterscheidbarer Körper leugne, aber nicht in der Meinung, daß die begriffliche Unmöglichkeit ihrer Setzung behauptet werden kann, sondern nur weil die Existenz dieser ähnlichen Körper, als einer der göttlichen Weisheit widerstreitende, unmöglich ist[95]; dieser Punkt ist eindringlich sowohl von Friedrich Kambartel, „Der Satz vom zureichenden Grunde und das Begründungsproblem der Mechanik", als auch von Raili Kauppi „Einige Bemerkungen zum principium identitatis indiscernibilium bei Leibniz" herausgearbeitet worden[96]. Wir haben jedoch gesehen, daß auch gemäß dem expliziten, in der Abhandlung De rerum festgehaltenen Gedankengang von Leibniz die Entfaltung der Anwendung des Satzes vom zureichend festlegenden Grund und des mit jener Entfaltung zusammenhängenden Gedankens von dem Gelangen der meisten Möglichkeit zu der Wirklichkeit konsequent in die Verneinung des leeren Raumes und — in der Verlängerung — des absoluten Raumes und schließlich der Vielheit von Ununterscheidbaren qua ununterscheidbare Teile des Raumes (oder der Zeit) mündet.

Auf Grund der eben durchgeführten Überlegung kann man daher Kauppi zustimmen, daß das Vorhandensein von zwei oder mehreren ununterscheidbaren Gegenständen eine Inkonvenienz wäre[97], man müßte

---
[95] a. a. O., § 25.
[96] Beide Aufsätze sind in dem Sonderheft der Z. f. ph. F. enthalten, s. dort S. 464 f. und S. 498.
[97] s. R. Kauppi, a. a. O., S. 498.

aber präzisierend hinzufügen, daß die Inkonvenienz auch einen anderen, rein logischen Aspekt hat, nämlich des Geratens in Widerspruch zu der Anerkennung der Geltung des in seinem entfalteten Sinn gedachten Satzes vom zureichend festlegenden Grund; die Notwendigkeit dieser Präzisierung wird übrigens auch durch den Umstand nahegelegt, daß der Gott, mit dessen Weisheit die Hervorbringung von zwei vollkommen gleichen Dingen unverträglich ist (nach Leibniz), ein die Geltung des Satzes vom festlegenden Grund beachtender und anerkennender Gott ist, also kein nach ganz anderen Maßstäben und Prinzipien oder bloß willkürlich und launenhaft verfahrender Gott. Die absurditas logica und die absurditas moralis (und die mit ihr direkt zusammenhängende „Inkonvenienz") werden von Leibniz voneinander zwar geschieden, was aber nicht bedeutet, daß sie unvermittelt nebeneinander stehen. Das Vermittelnde ist der Gedanke: „logischer Widerspruch oder Widerstreit" (= absurditas logica) zu der Anerkennung der Geltung des in seinem entfalteten Sinn gedachten Satzes vom festlegenden Grund", wobei anzumerken ist, daß die Nichtanerkennung dieser Geltung eine absurditas moralis darstellen würd, da der Satz vom festlegenden Grund und seine Geltung nicht wilkürlich Gesetze sind.

III. Die Parallelisierung von Vollkommenheits- und Möglichkeitsgraden

1. Vorbemerkung

Die erste der beiden konvergierenden Linien, deren Schnittpunkt die Basis für die Einführung des Gedankens der Grade der Möglichkeit abgibt[98], besteht in dem kombinierten Operieren mit der These von der Pluralität der Möglichen und mit dem Satz vom Grund, und zwar derart, daß die Anerkennung der Geltung des Satzes vom Grund zum Erkenntnisgrund (ratio cognoscendi) der Inkompatibilität der vielen Möglichen und im Gefolge zum Erkenntnisgrund der Verwirklichung der besten oder vollkommensten unter den vielen inkompatiblen Möglichen wird[99]; die Verwirklichung nur einer bestimmten Menge von Möglichen ist ihrerseits der Seinsgrund der Geltung des Satzes vom Grund, und die Anerkennung der Verwirklichung nur jener bestimmten Menge ist die (ausdrückliche oder unausdrückliche) logische Voraussetzung für die Annahme der Geltung bzw. der Anwendbarkeit des Satzes vom Grund[100]. Der Anschein des Zirkels, der sich hier einstellt, löst sich auf, sobald wir zwischen Erkenntnisgrund und Seinsgrund, zwischen Erkenntnisgrund und logischer Voraussetzung und zwischen (geltendem) Sinngehalt des Satzes vom Grund und Anerkennung der Geltung seines Sinngehalts unterscheiden.

Die zweite Linie besteht in der symmetrischen Behandlung von Vollkommenheit und Möglichkeit — von perfectio und possibilitas — und zwar im Sinne der Ansetzung, parallel zu den Graden der Vollkommenheit, deren Begriff ohne weiters akzeptabel ist, wenn auch ihr bestimmter Inhalt offen bleibt oder strittig ist, von — zunächst rätselhaften — Graden der Möglichkeit, und in der These, daß jedem Grad der Vollkommenheit ein Grad der Möglichkeit eindeutig zugeordnet ist[101]. Die Einführung

---

[98] S. oben.
[99] S. Couturat, Opuscules, S. 530.
[100] = „Si omnia possibilia existerent, nulla opus esset existendi ratione, et sufficeret sola possibilitas": a. a. O., S. 530.
[101] Wegen des engen Zusammenhangs der Möglichkeits- mit der Vollkommenheitsproblematik müssen Mahnkes Vermutung, daß die Wurzel der Konzeption der

der eben genannten Korrespondenz beruht wiederum auf zweierlei: erstens, auf der entschiedenen Einführung der Gradualität in den Bereich der „realitas", d. h. der neutralen, weder auf die Möglichkeit noch auf die Wirklichkeit festgelegten Sinngehalte, und zweitens auf der Einsicht der Affinität, das heißt der Gemeinsamkeit und der Differenz zwischen realitas und possibilitas — zwischen neutralem Sinngehalt und Möglichkeit. Die Vergegenwärtigung der zweifachen Bedingung der Etablierung der Korrespondenz ist auf diese Weise mit der Erkundung des begrifflichen Gevierts verbunden, das das Zentrum des ontologischen Begriffsnetzes von Leibniz bildet, nämlich mit der Erörterung des Verhältnisses des neutralen Sinngehaltes (realitas), der Wesenheit (essentia), der Vollkommenheit (perfectio) und der Möglichkeit (possibilitas) zueinander.

Die Nähe der realitas zu der essentia wird von Leibniz, wie aus einer Bemerkung in der kurzen Studie „De iis quae per se concipiuntur" (September 1677) hervorgeht, mit berücksichtigt, und zwar unbeschadet des zwischen ihnen bestehenden Unterschiedes. Der Unterschied ergibt sich aus folgender Überlegung: Die Dinge sind im Hinblick auf das Vorliegen eines Sinngehalts überhaupt unter sich gleich, im Hinblick aber auf das Vorliegen eines bestimmten Sinngehalts, oder einer Wesenheit, unter sich verschieden. Mit anderen Worten: die im Sinne von „Vorliegen eines Sinngehalts überhaupt verstandene realitas, für welche Leibniz auch die äquivalenten Ausdrücke cogitabilitas, Denkbarkeit[102] und entitas, Etwassein[103] hat, ist überall — wegen ihrer inhaltlichen Leere und Unbestimmtheit — dieselbe, die Wesenheit aber, d. h. der im Sinne des bestimmten Sinngehalts verstandene Sinngehalt, ist ein jeweils anders bestimmter und in

---

Möglichkeitsgrade in Leibnizens Beschäftigung mit der Wahrscheinlichkeitsrechnung liegt und die Tendenz, die Möglichkeitsgrade mit den Wahrscheinlichkeitsgraden zu identifizieren (s. Mahnke, a. a. O., S. 384 ff.), zurückgewiesen werden. Das in der Berechnung der Wahrscheinlichkeit (probabilitas), die Leibniz gelegentlich als gradus possibilitatis bestimmt (zitiert von Mahnke, a. a. O., S. 559, Anm. 94 u. 95) und der fraglichen Konzeption der Möglichkeitsgrade Gemeinsame, und zugleich das zwischen ihnen Vermittelnde, besteht lediglich erstens in dem Denkmittel der Gradualität; und zweitens in dem ontologischen Aspekt beider Gradualitäten, denn das Wahrscheinlichere ist nämlich nach Leibniz das leichtere (facilius) und darum auch Sicherere (tutius), das wegen der kleineren Zahl oder des geringeren Gewichts seiner Voraussetzungen (requisita) h ä u f i g e r einzutreten pflegt. Charakteristisch für die Möglichkeit und ihre Grade ist der Umstand, daß bei ihr die Häufigkeit keine Rolle spielt — sondern nur die Frage, ob der Übergang zu der Wirklichkeit gelingt.

[102] GP I 272.
[103] Grua, Textes, S. 325.

verschiedenen Dingen verschieden[104]; die bei Gelegenheit der Interpretation des Unterschieds zwischen realitas und essentia gewonnene schärfere Fassung des Sinnes von realitas ist übrigens die Bedeutung, die allen bei Leibniz vorkommenden Bedeutungen des Wortes zugrunde liegt und auf die sich alle zurückführen lassen[105]. Die realitas kann allerdings wegen der mit ihrer inhaltlichen Leere einhergehenden Unfestgelegtheit hinsichtlich der Möglichkeit und der Wirklichkeit, den Charakter einer zwei Arten umfassenden Gattung annehmen: sie differenziert sich in die realitas possibilis und in die realitas existens, wobei die zweite Art auch einfach das existens, das Existierende oder Wirkliche genannt werden kann. Die realitas qua realitas possibilis ist das, was mit der essentia identisch ist, und das eine Wesenheit oder einen möglichen Sinngehalt (wirklich, nicht nur möglicherweise) Repräsentierende ist wieder nichts anderes als das Mögliche[106].

Das Bestreben von Leibniz geht darauf, den Umstand, daß innerhalb des Bereichs der im Sinne von „weder eindeutig mögliches noch eindeutig wirkliches Vorliegen eines Sinngehalts überhaupt" verstandenen realitas eine Stufung anzusetzen ist, zu artikulieren und in seinen logischen Konsequenzen für die Definition der verwandten Begriffe auszuwerten. Vor diesem Hintergrund ist die Formel zu verstehen, die Leibniz sowohl in seinen kritischen Bemerkungen zu Spinozas Ethik als auch in seinem Briefwechsel mit Eckhard über den ontologischen Gottesbeweis verwendet, nämlich der Satz „perfectio est gradus realitatis"[107], bzw. „ego definire malim perfectionem esse gradum seu quantitatem realitatis seu essentiae, ut intensio gradus qualitatis et vis gradus actionis"[108]. Die polemische Spitze dieser Formulierungen geht gegen die Gleichsetzung der realitas — und zwar jeder realitas — mit einem Vollkommenen durch Spinoza und gegen die ähnliche Gleichsetzung durch Eckhard[109], und gegen die These des letzten, daß die Distinktion zwischen

---

[104] „Discrimen realitatis et essentiae: Eadem est in omnibus realitas, non vero eadem in omnibus essentia": GP I 271.
[105] Heinekamp zählt fünf verschiedene Bedeutungen von „realis" und „realitas" auf, fügt aber hinzu, daß er das gegenseitige Verhältnis der einzelnen Bedeutungen nicht zum Gegenstand der Untersuchung gemacht hat: a. a. O., S. 220.
[106] „Unde porro sequitur, omnia possibilia, seu essentiam vel realitatem possibilem exprimentia...": De rerum, S. 79.
[107] Grua, Textes, S. 279; GP I, 225, 228.
[108] GP I 266.
[109] „perfectionem esse omne attributum seu omnem realitatem": Colloquium cum Dno Eccardo, GP I 214.

ens (Etwas) und perfectum lediglich eine distinctio rationis, d. h. eine nicht in den den Sachen innewohnenden Sinngehalten begründete Unterscheidung ist[110]. Diese Gleichsetzungen, nämlich von ein-Etwas-sein und ein-Vollkommenes-sein neigen dazu, indem sie den graduellen Unterschied in Bezug auf das Sein — genauer gesagt, auf das ein-Etwas-sein — unberücksichtigt lassen, den Unterschied zwischen vollkommenen und unvollkommenen Dingen als einen Artunterschied innerhalb der Gattung „Ding" oder „Etwas" zu verstehen, und somit das Vorhandensein von Unvollkommenheiten neben Vollkommenheiten ausschließlich als eine Zunahme der Mannigfaltigkeit und Varietät (im Vergleich zu dem ausschließlichen Vorkommen von vollkommenen Dingen) zu deuten.

2. Die Kritik an der Gleichsetzung von perfectio und realitas als die Kritik an dem spinozischen Pantheismus

Die Deutung des Nebeneinander von Vollkommenem und Unvollkommenem bzw. von Vollkommenerem und weniger Vollkommenem nicht als ein Nebeneinander von verschiedenen Seinsgraden der Dinge, sondern allein als ein Koexistieren von verschiedenen Arten und Unterarten der Dinge und in der Verlängerung als gesteigerte Mannigfaltigkeit der Welt, bekommt einen eminenten Stellenwert in einer Theodizee pantheistischer Prägung, d. h. in einer Lehre, die das Unvollkommene, das Übel und das Böse in der Welt vor den Hintergrund der These stellt, daß das Gute und das Maximum an Mannigfaltigkeit identisch sind und auf diese Weise das Böse wegargumentiert. Eine pantheistische Theodizee — oder treffender Kosmodizee — solcher Art hat nicht nur Modellcharakter. Sie ist geschichtlich wirklich und wirksam geworden mit dem philosophischen Haupwerk von Spinoza, und durch dieses. Die sich in dem Satz perfectio est gradus realitatis dokumentierende Einführung des Gedankens der Realitätsgrade, die nicht mehr in Gattungs- und Artunterschiede uminterpretiert werden können, hat demnach innerhalb des Werks von Leibniz die Funktion, den spinozischen pantheistischen Monismus und die seinen Kern bildende pantheistische Theodizee durch den Übergang zu einer differenzierteren Weltbetrachtung zu überwinden. Bevor wir die

---

[110] Eckhard an Leibniz: „Perfecti vocabulum me non aliter accipere dicebam ac omnes in universum Philosophi, qui perfectum ab ente non distinguunt nisi sola ratione. Ens enim et positivum opponitur non enti. Et quoniam ens verum et realem conceptum involvit, quem non ens non habet, praestatque aliquid esse, quam nihil esse, ideo omne ens dicitur perfectum. In quo omnes conveniunt: GP I 225.

Auswirkung der Einführung der Realitätsgrade auf die Auffassung des formalen Verhältnisses des Möglichen zu dem Wirklichen besprechen und noch bevor wir mit der Darstellung der Affinität zwischen realitas und possibilitas (d. h. mit der Darstellung der zweiten Voraussetzung der These von der Korrespondenz der Grade der Vollkommenheit mit den Graden der Möglichkeit) beginnen, müssen wir uns die konkrete Art und Weise vergegenwärtigen, in der Spinoza von der unpräzisierten Gleichsetzung der perfectio mit der realitas Gebrauch macht. Diese Vergegenwärtigung ist um so notwendiger, als die im pantheistischen Sinne verstandene Kosmotheodizee mehrfach Leibniz unterstellt wurde: sowohl, um ihn wegen dieser ihm angedichteten Leistung zu loben (Dilthey)[111], als auch um ihn zu tadeln (Max Scheler)[112].

Mit der das Wesen des Pantheismus ausdrückenden These „alles ist eins" hängt notwendig die These zusammen „Alles ist gut", genauer gesprochen die These: alles ist jenseits von Gut und Böse. Denn sobald jemand, sich auf seinen subjektiven Standpunkt versteifend, irgendetwas als böse bezeichnet, läßt sich mit genau derselben Berechtigung von einem anderen, aber ebenfalls subjektiven Standpunkt aus sagen, daß das eben als ein Böses Bezeichnete ein Gutes ist. Von dem Blickpunkt aus, der den umfassenden Blick auf das Ganze gewährt und der daher der objektive und absolute Standpunkt genannt werden kann, ist allerdings nur folgende Aussage berechtigt und möglich: Alles ist notwendig. Sobald man aber das Sichergeben des Notwendigen und somit die sich aus der einen schöpferischen Ursache (natura naturans) ergebende notwendige Sache oder Begebenheit (natura naturata) als gut und vollkommen auffaßt — und diese Auffassung ist bei Zugrundelegung dieser Denkfigur notwendig — dann muß man auch sagen: alles ist gut. Der pantheistische Monismus bzw. die spinozische Lehre von der Einzigkeit der Substanz und die Kosmotheodizee im Sinne der Rechtfertigung des Bösen sind daher untrennbar voneinander.

Die Kritik Leibnizens an Spinozas Lehre von der Substanz hängt deswegen mit der Eigentümlichkeit der leibnizischen Theodizee eng zusammen. Beide bei Spinoza vorfindbaren Gedanken (= sowohl der von der Einzigkeit der Substanz als auch der von dem Fehlen des Bösen) sind zwar in Leibnizens Denken lebendig, jedoch beide sind modifiziert und mit

---

[111] S. oben.
[112] S. Der Formalismus in der Ethik und die materiale Wertethik, 4. Aufl., Bern 1954, S. 183 und 276 f.

neuen, auf einem höheren Niveau der Reflexion beheimateten Momenten angereichert. Die Rückprojizierung der Philosopheme von Leibniz auf die von Spinoza ist aus diesem Grund nicht nur eine popularisierende, sondern auch eine verfälschende Vereinfachung. Das zusammenfassende Wort von Leibniz in dem Brief an Bourguet (Dezember 1714) auf die Beschuldigung Bourguets hin, die Philosophie von Leibniz sei ein Spinozismus, darf nicht als ein ironisches Bonmot verstanden werden. „Spinoza hätte recht", schreibt Leibniz, „wenn es keine Monaden gäbe"[113], das heißt, wenn es nur eine einzige Substanz gäbe, wenn der Unterschied zwischen der einzigen höchstrangigen Substanz und den ihr untergeordneten Substanzen oder, in der Leibnizschen Terminologie, zwischen der einzigen Zentralmonade und den vielen von ihr abhängigen Monaden ein in einen Artunterschied und in der Verlängerung ein in einen kontradiktorischen Gegensatz uminterpretierbarer Unterschied, also ein inhaltlich-qualitativer Unterschied mit privativem Charakter wäre[114]. Auf die Bemerkung Bourguets über den Spinozismus näher eingehend, antwortet nämlich Leibniz: „Je ne sais, Monsieur, comment vous en pouvez tirer quelque Spinozisme; c'est aller un peu vite en conséquences."[115] Und um seine eigene Meinung von seinem Verhältnis zu dem Spinozismus zu erläutern, fügt er hinzu: „Au contraire c'est justement par ces Monades que le Spinozisme est détruit, car il y a autant de substances véritables et pour

---

[113] GP III 575.
[114] Nur wenn die Anreicherung der Spinozischen Lehre von der Substanz durch den Gedanken einer Vielheit von lediglich graduell voneinander unterschiedenen Substanzen gering geschätzt wird, und das besagt wiederum: nur wenn die wahre Bedeutung und die weittragenden Konsequenzen und Verästelungen des Gedankens von dem echten, von dem dem inhaltlich-qualitativen Unterschied mit privativem Charakter neben- und übergeordneten Unterschied der Grade der Realität verkannt werden, läßt sich sagen, die Philosophie von Leibniz sei im Grunde ein Monismus des Geistes, weil die Wirklichkeit der Materie und deren Grenzen zu dem Geist fließend und fragil seien. So urteilt G. Friedmann: „Partout où il y a monades, il y a, en dernière analyse, pensée plus ou moine confuse, esprit plus ou moins enveloppé ou developpé. Partout où il y a monades il y a dieu. La philosophie de Leibniz est, dans le fond, un monisme de l'esprit où, malgré des efforts de l'auteur, la réalité de la matière, et ses frontières avec l'esprit sond fuyantes et fragiles ... les pensées de Leibniz et de Spinoza ont à leur centre des intuitions, qui, malgré l'opposition des systèmes qu'ils en ont tirés, sont toutes deux, à leur source, monistes et naturalistes (G. Friedmann, a. a. O., 242 f.). — Friedmanns Interpretation gipfelt in der These, Leibniz habe bei seinen Angriffen auf Spinozas philosophisches System aus Gründen der publizistischen Taktik die Unterschiede überbetont und die Analogien und Gemeinsamkeiten verdeckt und der Vergessenheit anheimgegeben (a. a. O., 244).
[115] GP III 575.

ainsi dire, de miroirs vivants de l'univers toujours subsistants, ou d'univers concentrés qu'il y a de Monades, au lieu que, selon Spinoza, il n'y a qu'une seule substance. Il aurait raison, s'il n'y avait point de monades; alors tout, hor de dieu, serait passager et s'évanouirait en simples accidents ou modifications, puisqu'il n'y aurait point la base des substances dans les choses, laquelle consiste dans l'existence des Monades."[116]

Spinoza hat seine Theodizee in dem Vorwort zu dem 4. Teil der „Ethik", in dem „Von der Knechtschaft des Menschen und der Macht der Affekte" gehandelt wird, entwickelt. Unter „Knechtschaft" versteht Spinoza das Unvermögen des Menschen, seine Affekte zu beherrschen und zu mäßigen; als Einleitung zu der Abhandlung über die Knechtschaft scheinen ihm einige Bemerkungen über das Vollkommene und das Unvollkommene, das Gute und das Böse angebracht. Der Gedanke, der die ganze spinozische Theodizee trägt, die innerhalb dieses Rahmens aufgestellt wird, ist die Gleichsetzung von Realität und Vollkommenheit und die Parallelisierung der Arten der ersten mit den Arten der zweiten. Leibniz hat den vierten Teil der Ethik, die er kurz nach Erscheinen der Opera posthum, 1678 kennenlernte, sehr spärlich mit Marginalnoten und Kommentaren versehen, obwohl zu den zwei ersten Teilen zahlreiche Notizen uns erhalten sind[117]. Der kritische Ansatz, der zu der Modifikation der spinozischen Theodizee und der Herausarbeitung der Leibnizschen führen wird, ist aber bereits in jener Korrektur enthalten, durch welche die völlige Gleichsetzung von realitas und perfectio in die Bestimmung der perfectio als gradus realitatis umgewandelt wird[118]. Die intensive Beschäftigung Leibnizens, Spinozas, des Kartesianers Eckhardd und ihrer Zeitgenossen mit der genauen Bestimmung der Begriffe realitas und perfectio und ihres Verhältnisses zueinander und die Wichtigkeit, die sie diesen Bemühungen zumaßen, ist nur scheinbar ein Nachhall der scholastischen und spätscholastischen Begriffsbestimmungen. In erster Linie ist sie als Exponent und Symptom der Dringlichkeit zu werten, die das Problem der Theodizee für die gesamte Epoche bekommen hatte. Diese besondere Aktualität des dem spekulativen Denken seit alters vertrauten, in dem Spruch des Anaximander zum ersten Mal aufgeworfenen Kosmotheodizeeproblems, ist wiederum eine Begleiterscheinung des Erstarkens des kritischen und zugleich selbstkritischen philosophischen und naturwissen-

---

[116] a. a. O., 575.
[117] S. GP I 139 ff. und Grua, Textes, S. 277 ff.
[118] s. oben.

schaftlichen Denkens, das den Gedanken „Alles hat einen Grund" zu Ende denken will und nach einem plausiblen Grund für das Gute und für das Böse Ausschau hält. Eine der Lösungen — nämlich die spinozische — besteht in der Negierung der Frage selbst. Spinoza erfindet die These von der Einzigkeit der Substanz, von der puren Notwendigkeit des Hervorgehens aller Dinge aus diesem einzigen, auch unter dem Namen „Gott" denkbaren Ursprung und von dem Entfallen der Berechtigung, die Dinge in gute und böse bzw. in vollkommene und unvollkommene einzuteilen.

Die Gleichsetzung und Parallelisierung von realitas und perfectio verlangen zu ihrer Ergänzung und Untermauerung ein negatives Geschäft. Es muß gezeigt werden, daß der sonstige Gebrauch der Kategorien „vollkommen" und „unvollkommen" der philosophischen Kritik nicht standhält. Um dies zu erreichen, beruft sich Spinoza zunächst auf die etymologische Herkunft des Wortes perfectum (Vollkommenes) von perficere (verfertigen, ausführen, vollenden, zustandebringen) und facere (tun, machen, bearbeiten, künstlich gestalten); und auf den Umstand, daß der Prozeß des gestaltenden Hervorbringens eines Kunstdinges seinen Anfang und sein Ende hat, und zwar ein Ende, das von dem Sinn, dem Ziel dieses Prozesses diktiert und deswegen als Abschluß zu bezeichnen ist. Man könnte daher sagen: der Hauptgedanke ist hier, daß das Ende (auch) des in der k ü n s t l i c h e n und künstlerischen Gestaltung bestehenden Prozesses, normalerweise, das heißt wenn keine durch fremde Umstände und Einflüsse bedingte Unterbrechung stattfindet, also wenn kein böser Zufall das Vorhaben durchkreuzt, ein n a t ü r l i c h e s ist, wobei „natürlich" als Gegenbegriff zu „nur willkürlich" und somit auch zu „unberechenbar" und „zufällig" verstanden wird. Die Erörterung des Vollkommenen und Unvollkommenen wird nämlich mit der Feststellung eröffnet: „Wenn jemand sich vorgenommen hat, irgendein Ding herzustellen, und er hat es dann vollendet, so wird er ... sagen, daß das Ding vollendet und vollkommen ist"; „Qui rem aliquam facere constituit, eamque perfecit, rem suam perfectam esse ... dicet"[119]. In diesem Satz sind die Worte eingeschoben: „Nicht nur er selber wird es sagen, sondern auch sonst jeder, der den Gedanken des Urhebers dieses Werkes und seinen Zweck richtig kennt oder zu kennen glaubt"; „non tantum ipse, sed etiam unusquisque, qui mentem Auctoris illius operis et scopum recte noverit, aut se novisse crediderit"[120].

[119] Spinoza, Ethik, 4. Teil, Vorrede.
[120] a. a. O.

Auf dieser Parenthese liegt der Akzent. Spinoza kommt es hier auf den Umstand an, daß bei der planvollen künstlichen Gestaltung eines Stoffes im Bereich der bewußten menschlichen Tätigkeit von einer Vollkommenheit — gegebenenfalls von einer Unvollkommenheit — der Sache selbst gesprochen werden kann, und nicht nur von der Vollkommenheit in Sinne der Nützlichkeit, der Tauglichkeit der Sache für eine Verwendung im Hinblick auf unser subjektives oder gar individuelles Vorhaben. Als Beleg für den objektiven Charakter der in diesem Bereich angetroffenen Vollkommenheit dient die intersubjektive Allgemeingültigkeit des Urteils: die Übereinstimmung verschiedener Subjekte in der Beurteilung einer und derselben Sache.

Der Nachweis des intersubjektiven und objektiven Charakters der Vollkommenheit eines Kunstdinges gelingt hier: erstens durch den Hinweis auf das unmittelbar vorhandene Einvernehmen darüber, wann der Prozeß der Verfertigung abgeschlossen, beendet ist, zweitens, durch den Hinweis auf die etymologische Verwandtschaft zwischen Ausführen und Beenden (perficere) auf der einen Seite und Vollkommenheit (perfectio) auf der andern; Spinoza macht den Leser auch ausdrücklich auf diesen Zusammenhang aufmerksam, indem er schreibt: „Und dies [nämlich daß das ‚Vollkommensein' nichts anderes als ‚Ausgeführt- und Beendetsein' meint] scheint die erste Bedeutung dieser Wörter, nämlich perfectum und imperfectum, gewesen zu sein."[121] Bei der Berufung auf die Etymologie wird aber übersehen, daß die Sache dann ausgeführt ist, wenn keine Teile fehlen und sie auf diese Weise, als eine vollständige, ihre eigentümliche Funktion verrichten kann. Diese Funktion kann aber unvollkommener oder weniger unvollkommen, anders gesagt: unvollkommen oder (relativ) vollkommen verrichtet werden, und dies hängt jetzt von der Art und Weise der Zusammenfügung der Teile ab, also von der Frage, ob ihre Verbindung eine gute, der Funktion adäquate, oder eine schlechte ist. Es gilt zu sehen, daß die unvollkommene Sache, bei der die Ausführung unterbrochen wurde und bei der die Verfertigung eines Teils noch aussteht, in ihrem Verhältnis zu der ausgeführten einen unechten Unterschied des Grades der Vollkommenheit ausmacht, denn an einer bestimmten und umgrenzbaren Stelle ist bei der einen ein etwas, ein Inhalt, und bei der anderen ein Nichts, im Sinne des privativen Nichts, d. h. im Sinne der leeren Leinwand oder des unbehauenen oder nicht genügend modellierten Marmorblocks, während die unvollkommene Sache, bei der die Unvoll-

[121] a. a. O.

kommenheit nur in einer weniger adäquaten Anordnung der Teile besteht, in ihrem Verhältnis zu der besser, kunstvoller zusammengefügten, einen echten, unlokalisierbaren Unterschied der Grade der Vollkommenheit ausmacht. Das Unterschlagen des Unterschieds zwischen diesen zwei Unterschieden, dessen Symptom die Anführung jener Etymologie und die Berufung auf sie ist, ist typisch für die Gedankenwelt Spinozas und stellt den eigentlichen Stein des Anstoßes für Leibniz dar.

Nachdem Spinoza die Objektivität der Vollkommenheit — streng genommen: nur die Objektivität des Abschlusses — im Bereich des Machens (facere) und der Artefakte bewiesen hat, unternimmt er den Versuch, sie auf diesen Bereich einzuschränken und zu zeigen, daß die Rede von unvollkommenen Produkten der Natur, somit die Einteilung der Naturdinge in vollkommene und unvollkommene letzten Endes unsinnig ist, denn die Vollkommenheit — und erst recht die Unvollkommenheit — entbehrt in diesem Fall der Objektivität, der Unabhängigkeit von dem denkenden und urteilenden Verstand des Menschen. Vollkommen und unvollkommen, gut und böse, von den Naturdingen prädiziert, gehören nicht zu den entia realia, sondern zu den entia rationis. Die noch nicht differenzierende, globale Zuordnung von gut und böse zu den Gedankendingen, also zu den Charakteren oder Eigenschaften, die den Dingen nur dann anhaften, wenn sie von dem menschlichen Verstand zu einem Gegenstand gemacht werden, finden wir in der „Kurzen Abhandlung" Spinozas von 1662, in der die Ergebnisse von seinen Kolloquien mit seinen Freunden in Rijnsburg festgehalten sind.

In dieser frühen Abhandlung schreibt er: „Das ist die Frage, die sich hier stellt: Gehören das Gute und das Böse zu den entia rationis oder gehören sie zu den entia realia? Da das Gute und das Böse nichts anderes als Relationen sind, ist es nicht zweifelhaft, daß man sie zu den entia rationis zählen muß. Denn niemals sagt man, daß eine Sache gut ist, wenn sie nicht auf eine andere, die nicht so gut ist, oder die uns nicht so nützlich ist, bezogen ist."[122] Spinoza beweist die pauschale Zuordnung von gut und böse zu den Gedankendingen, auf den komparativen Charakter des Guten und des Bösen hinweisend, das heißt durch die Herausarbeitung der Tatsache, daß sowohl dem Guten als auch dem Bösen notwendig eine Relativität zukommt (und zwar im Sinne der Gradualität) wegen der Nachbarschaft zu einem Niedrigeren — im Falle des Guten — oder einem Höheren — im Falle des Bösen. Der Unterschied zwischen „relativ" und

---

[122] Kurze Abhandlung über Gott und den Menschen, I, X.

"relational", zwischen "Abhängigkeit von dem menschlichen Verstand" und "Eingeordnetsein in eine Stufung" — zwischen Bezogensein auf den Verstand und Bezogensein auf den niedrigeren oder höheren Grad — wird dabei verwischt. Die Argumentation beruht lediglich auf der (an sich richtigen) These, daß die Verhältnisse (Relationen) entia rationis sind; die von Spinoza herausgestellte Relationalität von gut und böse kann aber, genau besehen, nur zu der Einsicht führen, daß das absolute oder reine Gute und das absolute oder reine Böse im Sinne von Grenzwerten zu verstehende Gedankendinge sind, und nicht zu der Subsumierung von gut und böse überhaupt zu den Gedankendingen.

In der "Ethik" hat Spinoza die Argumentation der "Kurzen Abhandlung" verlassen. Er gibt jetzt zu, daß auch der Entwurf, der Plan, die antizipierte und den Prozeß der Verfertigung leitende Gestalt ein Vollkommenes ist, das zwar zunächst zu den entia rationis gezählt werden kann, das aber im Augenblick des Abschlusses der Ausführung die Wirklichkeit erreicht. Daher schließt er lediglich die Sphäre der Naturdinge aus den Dingen aus, denen wirklich die Vollkommenheit (oder Güte) zukommen kann und sagt über sie: "Von den natürlichen Dingen nämlich pflegen die Menschen ebenso wie von den künstlichen allgemeine Ideen zu bilden (ideae generales), die sie dann gleichsam für die Musterbilder der Dinge halten und von denen sie glauben, daß die Natur (die nach ihrer Ansicht alles eines Zweckes halber tut) auf sie hinschaue und sie sich als Musterbilder vorsetze. Wenn sie daher etwas in der Natur entstehen sehen, was mit dem vorgefaßten Musterbild, das sie von derartigen Dingen haben, nicht übereinstimmt, so glauben sie, daß dann die Natur selbst gefehlt oder ein Versehen begangen oder dieses Ding unvollkommen gelassen habe. Wir sehen daher, daß die Menschen gewöhnt sind, die natürlichen Dinge mehr einem Vorurteile zufolge vollkommen oder unvollkommen zu nennen als auf Grund der wahren Erkenntnis von ihnen."[123]

Der These, daß den Naturdingen die Unvollkommenheit (und die normative, mit der bloßen realitas nicht zusammenfallende Vollkommenheit) in einem objektiven Sinn nicht zukommt, liegt die Auffassung Spinozas und in gewissem Sinne die des ganzen Zeitalters zugrunde, daß Physik und Metaphysik die Zwecke, die causae finales (zum mindesten im Sinne des als "äußere oder zufällige Zweckmäßigkeit" verstandenen

---

[123] Ethik, 4. Teil, Vorrede.

Finalnexus) aus ihrem Forschungsbereich und ihren begrifflichen operativen Mitteln zu verbannen haben[124] und daß nur bei der Beschreibung des technischen Hervorbringens, der Poiesis, allgemeiner der bewußten, Poiesis und Praxis umfassenden Tätigkeit des auf ein Ziel gerichteten Menschen die Begriffe „Zweck", „scopus" und „causa finalis" zugelassen werden können. Die Menschen unterstellen nach Spinoza der Natur, daß sie nach der Verwirklichung von Zwecken strebt und sich so wie die Menschen bei Ausübung ihrer Kunst verhält, das heißt, die Zwecke sich zwar selber aus der Notwendigkeit des eigenen Wesens und der eigenen „Natur" setzt, aber zur Konstitution des den Zweck ausmachenden Inhalts nicht entscheidend beiträgt, sondern diesen Inhalt, nachdem er übernommen wurde, entweder mit anderen Inhalten kombiniert und umformt oder in seiner Unmittelbarkeit beläßt. Eine solche anthropomorphe Auffassung von Natur und Gott — von deus sive natura — sei aber absurd, denn sie haben nichts anderes außer sich, auf das sie angewiesen oder an das sie gebunden sein könnten.

Aus diesem Grund, nämlich wegen der Betonung des Nichtangewiesenseins und des Nichtunterliegens (im Falle Gottes und der Natur) unter ein Fatum, lehnt Spinoza auch in e r s t e r L i n i e die Meinung derer ab, die behaupten, Gott tue alles im Hinblick auf das Gute, sub ratione boni. In der zweiten Anmerkung zum 33. Lehrsatz der Ethik, der besagt: „Die Dinge konnten auf keine andere Weise und in keiner anderen Ordnung von Gott hervorgebracht werden, als sie hervorgebracht sind", ist zwar der Gegner, mit dem Spinoza sich länger auseinandersetzt, der Kartesianismus und dessen These, daß es von Gottes Willen abhängt, was als gut oder als böse, als vollkommen oder als unvollkommen, als wahr oder falsch zu gelten hat; von jenem göttlichen Willen, den Spinoza mit dem seither klassischen Namen „asylum ignorantiae", Zufluchtsstätte der Unwissenheit[125] belegt. Zum Schluß gibt er aber seinem Gedanken eine neue Wendung und erklärt: „Ich gestehe, daß diese Meinung, die alles einem indifferenten Willen Gottes unterwirft und von seinem Gutdünken alles abhängen läßt, weniger von der Wahrheit entfernt ist als die Meinung derer, die behaupten, Gott tue alles im Hinblick auf das Gute, denn diese nehmen damit etwas außerhalb Gottes an, was von Gott nicht abhängt, auf das Gott beim Handeln wie auf ein Vorbild hinblickt, oder auf

---

[124] Über die Polemik gegen die Zweckursachen s. vor allem den Appendix zum ersten Teil der Ethik.
[125] Ethik, 1. Teil, Anhang.

das er wie auf ein bestimmtes Ziel zustrebt. Dies heißt in der Tat nichts anderes als Gott dem blinden Schicksal unterwerfen, und etwas Ungereimteres kann man von Gott nicht behaupten, der, wie wir zeigten, von der Wesenheit aller Dinge ebenso wie von ihrer Existenz die erste und einzige freie Ursache ist."[126]

Es könnte scheinen, und das ist zum Beispiel die Meinung Friedmanns, daß Leibniz mit dieser letzten Wendung der abwägenden Kritik getroffen ist (wohl nur der Sache nach, denn Leibniz war bis zum Tode Spinozas noch nicht mit eigenen Arbeiten zu diesen zentralen philosophischen Fragen hervorgetreten): Spinoza, vor der Wahl zwischen Kartesianismus und Leibnizianismus, zieht den ersten als das geringere Übel vor, weil der letzte zwar das reine Belieben beseitigt, Gott aber an etwas außerhalb ihm sich Befindendes bindet. Auch in diesem Fall ist aber Leibniz mit Spinoza teilweise einverstanden, nämlich mit der Distanzierung von den eine äußere Zweckmäßigkeit errichtenden Final- oder Zweckursachen, von einem nach einem Absoluten sich richtenden und die Dinge manipulierenden Gott. Spinoza wendet sich nämlich ausschließlich gegen diese Art von zweckhaftem Geschehen und Sein: gegen die Auffassung, verschiedene Dinge und für sich lebende Wesen seien von Gott füreinander bestimmt, einander untergeordnet und in ein Rangverhältnis hineingebaut worden, insbesondere die Dinge in der Welt seien um des Menschen willen geschaffen. „Und da alle Vorurteile (= praeiudicia), die ich hier zu besprechen gedenke", schreibt er in dem Anhang zu dem ersten Teil der Ethik, „von dem einen abhängen, daß nämlich die Menschen gemeiniglich annehmen, alle Dinge in der Natur handelten, wie sie selber, um eines Zweckes willen und sogar als gewiß behaupten, daß Gott selbst alles auf einen bestimmten Zweck hinleite — sagen sie doch, Gott habe alles um des Menschen willen gemacht, den Menschen aber, damit dieser ihn verehre — so werde ich zuvörderst dieses eine Vorurteil betrachten."

Die Ausweisung der Zweckursachen — in erster Linie der „äußeren Zweckmäßigkeit" — aus dem Gebiet der physikalischen und metaphysischen Erforschung der Naturdinge ist die gemeinsame Wurzel zweier eng miteinander zusammenhängender Aspekte der Spinozischen Philosophie. Zunächst ist sie die Wurzel der Auffassung von Vollkommenheit und Unvollkommenheit als entia rationis, oder als Modi des Denkens (modi cogitandi) des denkenden Menschen, als fingierte Notionen und als auf Grund einer Gewohnheit notwendige Fiktionen. Es handelt sich hier

---

[126] a. a. O., 1. Teil, Lehrsatz 33, Anmerkung 2.

um die Gewohnheit, alle Individuen in der Natur auf eine einzige Gattung zurückzuführen, die wir die allgemeinste nennen, mithin auf den Begriff des Seienden, der überhaupt in allen Einzeldingen der Natur enthalten ist (wenn nicht als das Logisch-Allgemeine, so doch als das Transzendental-Allgemeine) und um die auf diese Abstraktion folgende Komparation, nämlich die Vergleichung der Individuen miteinander, wobei wir feststellen, daß die einen mehr Inhalt als die anderen haben, d. h. differenzierter als die anderen sind, moderner formuliert; daß in den einen mehr Arbeitszeit und intensivere Arbeit investiert ist, was uns schließlich veranlaßt, zu sagen, die einen seien vollkommener als die anderen. Bei der Vergleichung sehen wir uns nämlich gezwungen, den einen etwas beizulegen, was eine Verneinung impliziert, wie Schranke, Ende, Unvermögen — den anderen aber nicht oder weniger. Die Verschiedenheit in der Art und Weise, in der die Dinge unseren Geist affizieren, projizieren wir in die Dinge selbst hinein und nennen diejenigen, die unseren Geist stärker affizieren, das heißt, denen wir nichts beilegen, was eine Verneinung impliziert, vollkommen, die anderen aber unvollkommen. Und meinen, den sogenannten unvollkommenen fehle etwas, was zu ihnen gehörig wäre: die die Dinge, die Individuen hervorbringende Natur habe in diesem Fall ein Versehen, eine Sünde begangen[127].

Wir bilden diese Meinung, übersehend, daß nichts der Natur, dem Wesen eines Dinges zukommt als das, was aus der Notwendigkeit der Natur der dem Einzelding zugrunde liegenden effizierenden Ursache folgt; daß das, was aus der Notwendigkeit der Natur der effizierenden Ursachen folgt, notwendig geschieht[128]; und daß das Notwendige, das Resultat eines notwendigen Geschehens und Entstehens jenseits bzw. diesseits von Gut und Böse, von Vollkommenheit und Unvollkommenheit steht. In diesem Diesseits stehend, ist das Notwendige jedoch schließlich

---

[127] „Solemus enim omnia Naturae individua ad unum genus, quod generalissimum appellatur, revocare; nempe ad notionem Entis, quae ad omnia absolute Naturae individua pertinet. Quatenus itaque Naturae individua ad hoc genus revocamus, et ad invicem comparamus, et alia plus entitatis seu realitatis quam alia habere comperimus, eatenus alia aliis perfectiora esse dicimus; et quatenus iisdem aliquid tribuimus, quod negationem involvit, ut terminus, finis, impotentia, etc., eatenus ipsa imperfecta appellamus, quia nostram Mentem non aeque afficiunt ac illa, quae perfecta vocamus, et non quod ipsis aliquid, quod suum sit, deficiat, vel quod Natura peccaverit": a. a. O., 4. Teil, Vorrede.

[128] „Nihil enim naturae alicuius rei competit, nisi id, quod ex necessitate naturae causae efficientis sequitur, et quicquid ex necessitate naturae causae efficientis sequitur, id necessario fit": a. a. O., 4. Teil, Vorrede.

auf einem Umweg dennoch als ein Vollkommenes anzusprechen, nämlich auf Grund der moralisch-psychologischen Notwendigkeit, das Notwendige mit dem Vollkommenen und Guten gleichzusetzen — jener moralisch-psychologischen Notwendigkeit, die der stoische Weise mit der Mahnung zu der Liebe zu dem Gegenwärtigen (stergein ta paronta) andeutet. Die abstrahierende Ideation als Schaffen eines genus generalissimum und ihm untergeordneter Gattungsbegriffe (ideae generales)[129], die in ihren Folgen geschilderte und zu den fiktiven Notionen „Vollkommenes" (oder metaphysisch Gutes) und „Unvollkommenes" (oder metaphysisch Böses) schließlich führende Abstraktion ist nämlich ein Bedürfnis, und zwar ein des Menschen, aber diesmal Bedürfnissen und Interessen individueller und praktischer Natur, beruhen nach Spinoza die Fiktionen „gut" und „böse". Als Beleg für die Richtigkeit dieser Interpretation dient ihm die Relativität von gut und böse im Sinne der Abhängigkeit von dem jeweiligen individuell-subjektiven Blickpunkt. Ein und dasselbe Ding kann nämlich zu derselben Zeit gut und schlecht, sogar gut, schlecht und indifferent, gleichgültig sein. Als Beispiel für diesen Sachverhalt führt Spinoza die Musik an, die für den Melancholiker gut, für den Trauernden schlecht und für den Tauben weder gut noch schlecht, also indifferent ist[130].

Die Polemik gegen die causae finales ist, zweitens, die Wurzel der Gleichsetzung von realitas und perfectio und der mit ihr gekoppelten Parallelisierung der Grade der Vollkommenheit mit den Graden der „Realität", bei gleichzeitiger Reduzierung der individuellen Divergenzen hinsichtlich der Vollkommenheit und der Differenziertheit auf Unterschiede zwischen kleinsten, aus einem Individuum bestehenden Arten — d. h. bei gleichzeitiger Reduzierung der Gradunterschiede auf Artunterschiede. Spinoza selbst formuliert diesen Zusammenhang, indem er das notwendige Begleitetwerden der These über den fiktiven Charakter des Vollkommenen und Unvollkommenen von der These über die Synonymität von „Realität" und „Vollkommenheit" als eine Begründung von dieser durch jene auffaßt, mit folgenden Worten: „Vollkommenheit also und Unvollkommenheit sind in Wahrheit nur Modi des Denkens, nämlich

---

[129] Auf diese Ideen führt Spinoza die Fiktionen von „gut" und „böse" in der „Kurzen Abhandlung" von 1662 zurück.

[130] „Bonum et malum quod attinet, nihil etiam positivum in rebus, in se scilicet consideratis, indicant, nec aliud sunt praeter cogitandi modos, seu notiones, quas formamus ex eo, quod res ad invicem comparamus. Nam una eademque res potest eodem tempore bona et mala, et etiam indifferens esse. Ex. gr. Musica bona est Melancholico, mala Lugenti, Surdo autem neque bona neque mala": a. a. O., 4. Teil, Vorwort.

Begriffe, die wir uns auf Grund davon einzubilden pflegen, daß wir die Individuen derselben Art oder derselben Gattung miteinander vergleichen: und aus dieser Ursache habe ich oben (Definition 6 des 2. Teiles) gesagt, daß ich unter Realität und Vollkommenheit dasselbe verstehe"[131]; die Definition 6 des 2. Teils der Ethik, auf die Spinoza hier verweist, ist jene von Leibniz korrigierte Stelle, in der es heißt: „Unter ‚Realität' und Vollkommenheit verstehe ich dasselbe"; „Per realitatem et perfectionem idem intelligo". Nach Spinoza ist die Verwendung der Vokabeln „vollkommen" und „unvollkommen" nur dann legitim, wenn sie in der Rede von dem Vollkommenerwerden und Unvollkommenerwerden im Hinblick auf die Fluktuation der ein Lebewesen oder ein Einzelding konstituierenden Wirkungskraft zwischen einem Mehr und einem Weniger gebraucht werden. „Ich muß nämlich darauf besonders aufmerksam machen", schreibt er, „daß ich, wenn ich sage, jemand gehe von geringerer zu größerer Vollkommenheit über und umgekehrt, darunter nicht verstehe, daß er sich aus einer Wesenheit oder Form in eine andere verwandele — denn ein Pferd zum Beispiel geht ebensowohl zugrunde, wenn es sich in einen Menschen, als wenn es sich in ein Insekt verwandelt —, sondern, daß wir uns seine Wirkungskraft (potentia agendi), sofern diese als seine Natur verstanden wird, in Vermehrung oder Verminderung begriffen denken"; „Nam apprime notandum est, cum dico, aliquem a minore ad majorem perfectionem transire, et contra, me non intelligere, quod ex una essentia seu forma in aliam mutatur. Equus namque ex. gr. tam destruitur, si in hominem, quam si in insectum mutetur; sed quod eius agendi potentiam, quatenus haec per ipsius naturam intelligitur, augeri vel minui concipimus"[132]. Der Erläuterung des Sinnes des von ihm verwendeten Wortes „perfectio" und des angemessenen Verständnisses des Übergangs von geringerer zu größerer Vollkommenheit und umgekehrt, fügt er die Bemerkung hinzu: „Endlich werde ich, wie schon erwähnt, unter Vollkommenheit im allgemeinen die Realität verstehen, das heißt die Wesenheit eines jedes beliebigen Dinges, dergemäß es auf gewisse Weise existiert und operiert — ohne dabei Rücksicht auf seine Dauer zu nehmen"[133], denn kein Einzelding kann deswegen vollkommener heißen, weil es, über die Zeit hinaus, während der ein anderes Ding existiert hat,

---

[131] a. a. O., 4. Teil, Vorwort.
[132] a. a. O., 4. Teil, Vorwort.
[133] „Denique per perfectionem in genere realitatem, uti dixi, intelligam, hoc est, rei cuiuscunque essentiam, quatenus certo modo existit et operatur, nulla ipsius durationis habita ratione": a. a. O., 4. Teil, Vorwort.

noch länger im Existieren verharrt hat und eine größere Lebensdauer aufweist[134].

Der Gleichsetzung von realitas und perfectio liegt, wie wir zum Abschluß der Darstellung der Funktion dieser Gleichsetzung innerhalb des spinozischen Systems noch beifügen möchten, das Theorem zugrunde: die hervorbringende Natur muß viele — sie muß alle (realisierbaren) Dinge realisieren, sie muß alle Essenzen in die Wirklichkeit, in die Existenz entlassen (beide Wörter, das „muß" u n d das „alle" tragen hier den Akzent, für den Prozeß des Entlassens ist sowohl die Notwendigkeit des Entlassens selbst als auch die Vollständigkeit und Vollzähligkeit des Entlassenen charakteristisch). Die Natur bringt, indem sie, gemäß der ihr eigenen Notwendigkeit alle Naturdinge produziert, das mannigfaltigste, reichste Ganze, die größte Menge, die Menge, die noch größer als die unendlich große Menge ist, auf die Welt. Sie muß mehr als alle Wesenheiten zur Wirklichkeit befördern, selbst wenn diese als unendlich viele gedacht werden, denn sie muß jede einzelne zu der Menge aller Wesenheiten gehörende Wesenheit (essentia) auf allen den Stufen der Wesenheit, jede Essenz in allen ihren Nuancen, jeden Stärkegrad der Wirkungskraft eigens und für sich getrennt entlassen. Das notwendige Hervorgehen aller möglichen Einzeldinge in allen möglichen Ausgaben, Versionen, Schattierungen oder Modifikationen spricht der Lehrsatz 16 des 1. Teils der Ethik aus, gemäß welchem aus der Notwendigkeit der göttlichen Natur unendlich vieles auf unendlich viele Weisen folgen muß — und somit alles, was in dem unendlichen Verstand ein Gedachtes sein kann[135]. Fatalistische Verwirklichung aller Möglichkeiten, nominalistische Verneinung des Ansichseins der Vollkommenheit und Unvollkommenheit und pantheistische duldende Bejahung alles Wirklichen bilden ein in sich kohärentes Ganzes. Wenn es einer Kritik unterzogen werden soll, müssen alle seine Bestandteile revidiert werden. Auf diese dreifache Revision hat sich Leibniz eingelassen. Durch sie hindurchgehend hat er die ontologischen und ethischen Hauptpositionen seines eigenen Systems erreicht[136].

---

[134] „Nam nulla res singularis potest ideo dici perfectior, quia plus temporis in existendo perseveravit": a. a. O., 4. Teil, Vorwort.

[135] „Ex necessitate divinae naturae infinita infinitis modis (hoc est omnia quae sub intellectum infinitum cadere possunt) sequi debent": a. a. O., 1. Teil, Propositio 16.

[136] Den eben zitierten Satz Spinozas über die Notwendigkeit der göttlichen Natur, der in Spinozas Gedankengebäude eine Schlüsselstellung einnimmt, hält er für superlativisch falsch: er nennt ihn „sententia falsissima" (s. die sogenannte Réfutation inédite de Spinoza par Leibniz in: Foucher de Careil, Lettres et Opuscules inédits de Leibniz, Paris 1854, S. 48). Er errichtet die Gegenposition, indem er die

3. Die Affinität zwischen dem Etwas (realitas) und dem Möglichen (possibile)

Die zweite Bedingung für die symmetrische Behandlung der Vollkommenheit und der Möglichkeit ist, neben der Einführung der Gradualität in den Bereich des ein-Etwas-seins (realitas), und der auf Grund dieser Einführung sich ergebenden Parallelität von Graden des Vollkommenseins und Graden des ein-Etwas-seins, die Einsicht in die Affinität zwischen den Graden der „Realität" und den Graden der Möglichkeit. Das Erreichen dieser Einsicht bedeutet ein Hinausgehen über die These, daß essentia, realitas und possibilitas als beinahe gleichbedeutende Ausdrücke anzusehen sind, wie es bereits durch folgende Bemerkung in „De iis quae per se cincipiuntur" (1677) nahegelegt worden war: „Quemadmodum existentia per se concipitur, ita videtur etiam per se concipi essentia seu realitas in genere, sive possibilitas (vel intelligibilitas)."[137] Als Markstein der neuen Etappe des Reifeprozesses des neuen Möglichkeitsbegriffs kann der letzte Absatz des mit der Überschrift „Elementa verae pietatis, sive de amore dei super omnia" (1679?) versehenen Manuskripts bezeichnet werden, in dem die These von der Reziprozität der (als intensive Quantität verstandenen) Quantität der „Realität" und der Quantität der Possibilität im Verlauf einer Reflexion über die Differenz zwischen Wirklichkeit und Möglichkeit ausdrücklich formuliert wird.

In diesem Absatz geht Leibniz von dem uns bekannten Gedanken aus, daß die verwirklichten Möglichen, die possibilia existentia, sich in irgendeiner Hinsicht von den nicht zur Wirklichkeit gelangten Möglichen, d. h. von den „reinen Möglichkeiten" unterscheiden müssen, vorausgesetzt, daß alles einen Grund hat, d. h. daß der Satz vom Grund gilt, oder, was für Leibniz damit gleichbedeutend ist, daß ein Grund da ist und angegeben werden kann, warum gerade diese Möglichen eher als die anderen zur Wirklichkeit gelangt sind bzw. daß der Grund für die Verwirklichung dieser Möglichen stärker ist und somit eher da ist als der Grund

hier nicht weiter begründete Behauptung aufstellt: Die Welt ist eine eigene, mit Absicht hervorgebrachte Wirkung Gottes (wobei der Als-Ob-Charakter der Absicht und des persönlichen Gottes mitzudenken ist), wenngleich die Gründe, die bei dieser Hervorbringung am Werk sind, nur ein Übergewicht herbeiführende und dominierende Gründe sind, nämlich über den jeweils entgegengesetzten Grund obsiegende und durch die Differenz der antagonistischen Intensitäten zureichend bestimmende Gründe; „Mundus est effectus Dei voluntarius sed ob rationes inclinantes seu praevalentes" (a. a. O., S. 48). — Die Paraphrasierung des „Geneigtmachens" (inclinare) durch das „Obsiegen" (praevalere) finden wir auch bei Grua, Textes, S. 305.

[137] GP I 271.

für die Verwirklichung der von ihnen verschiedenen und in irgendeinem Sinne entgegengesetzten Möglichen: „possibilia existentia a non existentibus differe aliquo debent, quod sit ratio cur ipsa potius quam alia existant"[138].

Das gesuchte Unterscheidungsmerkmal, das auch den Grund für die fragliche Verwirklichung ausmacht, kann, fährt Leibniz fort, nur in einem Unterscheidungsmerkmal bestehen, dessen Allgemeinheit nicht überbietbar ist, d. h. das nicht nur zur Abhebung der inhaltlich voneinander verschiedenen Möglichen (wobei der inhaltlichen Verschiedenheit ein privativer Charakter anhaften kann oder auch nicht) tauglich ist, sondern auch zur Kennzeichnung der nur graduell voneinander verschiedenen Ausführungen oder Gestaltungen eines und desselben Inhalts, Gestaltungen, die wir anläßlich der Diskussion der Frage nach den möglichen Adamen kennengelernt haben. Ein derartiges allgemeinstes Unterscheidungsmerkmal und ein durchgängig anwendbarer Unterscheidungsgrund ist lediglich die Größe der Komplexität der jeweiligen Inhalte, in der Sprache von Leibniz der Grad des ein-Etwas-seins (oder der „Realität") bzw. die intensive Größe des stets als ein bestimmtes Etwas (essentia) konkretisierten Etwas überhaupt: „Hoc discrimen debet consistere in aliquo generalissimo; generalissimum autem possibilium discrimen est ipse gradus realitatis seu quantitas essentiae."[139]

Nach der Bestimmung des als Prinzip der Individuation und als Unterscheidungsgrund fungierenden Unterscheidungsmerkmals hinsichtlich seiner bloßen Form, schickt sich Leibniz an, es inhaltlicher zu fassen. Bei dieser Wendung zu der inhaltlicheren Bestimmung stellt er zunächst fest, daß es streng genommen zwei discrimina zu geben scheint, denen das Attribut der nicht überbietbaren Allgemeinheit und durchgängigen Anwendbarkeit zugesprochen werden kann; einmal nämlich kann der Grad der „Realität", das heißt hier der Intelligibilität, Komplexität und Differenziertheit als ein solches discrimen gelten, zum anderen der Grad der Möglichkeit: „Imo duo videntur fingi posse discrimina generalia: unum quantitas realitatis, alterum quantitas possibilitatis."[140] Diese Dualität der

---

[138] Grua, Textes, S. 17.
[139] a. a. O., S. 17. — Anläßlich der eben gegebenen Interpretation ist daran zu erinnern, daß „Komplexität" und „Kompliziertheit" nicht verwechselt werden dürfen: Die erste hat einen systematischen Charakter, die zweite einen parataktischen. Beispiel: Das ptolemäische Weltbild ist komplizierter als das kopernikanische, aber nicht komplexer.
[140] a. a. O., S. 17.

discrimina stelle aber keine echte Zweiheit dar, denn zwischen den Graden der „Realität" und den Graden der Possibilität waltet eine Reziprozität, d. h. sie sind lediglich zwei verschiedene und sich ergänzende Aspekte eines und desselben Sachverhaltes, wie bereits daraus erhellt, daß das Möglichere, d. h. das, was am ehesten dazu prädestiniert ist, den Übergang zu der Wirklichkeit zu vollziehen bzw. das Leichtere stets auch das Gediegenere (im Sinne des — wenn auch im Vorfeld der Wirklichkeit — aktuell am meisten Differenzierten und nicht im Sinne des nur die reichste Anlage irgendwo in sich Bergenden und nur potentiell die Differenziertheit des höchst Differenzierten Übertreffenden) ist, und zwar wegen der geringeren Reibungen und gegenseitigen Behinderungen, die sich bei dessen Übergang zur Wirklichkeit ergeben, wie wir anläßlich der Präzisierung des Sinnes der Vollkommenheit, die nur ein anderer Name (wenn auch nicht für die „Realität" selbst, so doch) für den immanenten Reichtum der jeweiligen „Realität" ist, gesehen haben: „verum videtur [darauf folgte ursprünglich ein ‚eadem esse', das Leibniz aber gestrichen hat, um eine nunancierte Formulierung anzubringen] quantitas realitatis et possibilitatis tantum differe ut aliquod reciprocum, unumquodque enim quo plus habet realitatis, hoc est facilius."[141]

Durch den letzten Schritt des besprochenen Absatzes gewinnt Leibniz eine verbesserte, in unserer Erläuterung antizipierte Formulierung des den Ausgangspunkt darstellenden Gedankens. Auf Grund der mittlerweile erarbeiteten These von den Graden der Möglichkeit (quantitas possibilitatis) und der Ansetzung des Besitzes des überragenden Grades der Möglichkeit als ratio existendi, d. h. als Grund für den Übergang von der Möglichkeit zu der Wirklichkeit, ist er jetzt imstande, den formalen Grund der Verwirklichung[142] eher dieser Möglichen (= die tatsächlich den Übergang zu der Wirklichkeit vollzogen haben) und nicht der anderen anzugeben: er besteht in der Tatsache, daß der mit der inneren Verfassung der Möglichen identische Grund der Verwirklichung in diesem Fall grö-

---

[141] a. a. O., S. 17.
[142] Wenn Leibniz schreibt, daß es dem Menschen versagt ist, die vera ratio formalis existentiae einzusehen, so bedeutet hier formalis ratio nicht das, was wir im heutigen Sprachgebrauch mit „formalem Grund" meinen, sondern eher das Gegenteil davon, nämlich den vollinhaltlich vorgestellten, konkreten Grund. Der Satz: „Quia non possumus cognoscere veram rationem formalem existentiae in ullo casu speciali, involvit enim progressum in infinitum ...: menti nostrae principium, nihil fieri sine ratione, et ex oppositis semper illud fieri, quod plus rationis habet" (a. a. O., S. 305) es widerstreitet demnach keineswegs dem über den formalen Grund der Verwirklichung Gesagten.

Die Affinität zwischen „Realität" und Möglichkeit 225

ßer war, im Vergleich zu dem Grund der Verwirklichung der von ihnen verschiedenen Möglichen, oder einfacher darin, daß ihre innere Verfassung stärker, besser, gediegener, vollkommener als die der nicht verwirklichten Möglichen ist, woraus sich schließlich ergibt, daß alle Möglichen existieren, ausgenommen diejenigen, die durch ihre Verwirklichung eine in bezug auf die gegenwärtige Phase der Weltentwicklung (und im Vergleich zu dieser) vollkommenere und möglichere Phase an dem Übergang zu der Wirklichkeit verhindern würden („Proinde omne possibile existit, nisi impediat existentiam perfectioris")[143]: „Verum rectius ratiocinabimur: cum sit aliquid potius quam nihil, necesse est, rationem esse majorem existendi potius quam non existendi. Hoc semel posito reddenda est ratio cur non existant omnia. Quod cum fieri nequeant, sequitur existere quanta plurima possunt."[144]

Auf der Basis des über die Verwirklichung des Vollkommenen Gesagten und auf Grund der referierten Reflexion über die Affinität zwischen der inneren Spannung und Spannweite des Inhalts und dem ihr korrespondierenden Grad der Möglichkeit, kann Leibniz jene Formel prägen, die wir als den Schnittpunkt bezeichnet haben, der durch zwei konvergierende Gedankenlinien gebildet wird und dessen Erreichung die Konsolidierung der Konzeption der Möglichkeitsgrade mit sich brigt: „Tenendum est id omne possibile esse quod aliquod includit gradum perfectionis."[145] Jedes Mögliche schließt einen Grad der Vollkommenheit ein; und jeder Sinngehalt, der irgendeinen Grad der Vollkommenheit einschließt, ist als ein möglicher anzusehen, und zwar derart, daß zwischen enthaltener Vollkommenheit und Möglichkeit des Sinngehalts eine Funktion besteht, wobei der Grad der Vollkommenheit die unabhängige Variable und der Grad der Möglichkeit die abhängige Variable vertritt.

---

[143] a. a. O., S. 324.
[144] a. a. O., S. 17.
[145] S. oben.

IV. Der durchgängige Anspruch der Möglichen auf Verwirklichung

Der Gedanke der Möglichkeitsgrade wird von Leibniz, nachdem er konsolidiert wurde, durch die These der Stärkegrade des Strebens der Möglichen zu der Wirklichkeit ausgebaut. Diese Stärkegrade verhalten sich proportional zu den Möglichkeitsgraden und zu den ihnen korrespondierenden Vollkommenheitsgraden (oder Graden der Komplexität der sachlichen Bestimmtheit) und somit auch zu den Graden der sachlichen Bestimmtheit selbst (realitas) und den Graden der diversen Weisen ihrer Konkretisierung (essentia). Mit anderen Worten: je höher der Vollkommenheitsgrad ist und je höher die Möglichkeit des jeweiligen Möglichen einzuordnen ist, um so stärker ist das Verlangen nach der Wirklichkeit (exigentia existentiae)[146] oder der Quasi-Anspruch auf Wirklichkeit (praetensio ad existendum)[147] oder die Neigung zum Existieren (inclinatio ad existendum)[148]. Die Formel „omne possibile existit (nisi impediat existentiam perfectioris)" macht deswegen eine Transformation durch und wird zu der Formel: „Omne possibile exigit existere (et proinde existeret nisi aliud impediret, quod etiam existere exigit et priori incompatibile est)"[149].

Für die zuletzt angeführte These stellt Leibniz einen Beweis a posteriori auf, der von der Erfahrungstatsache ausgeht, daß irgendetwas tatsächlich existiert. Rückschließend läßt sich nun folgende Alternative bilden: Entweder alle Möglichen existieren; in diesem Fall kommt eben allen Möglichen sowohl das Verlangen nach der Wirklichkeit zu, als auch das tatsächliche Wirklichsein (hier übersieht allerdings Leibniz, daß die These „alle Möglichen existieren" im Grunde die Legitimation des Gedankens „objektiv Möglichn" und erst recht des Begriffs „nach der Wirklichkeit verlangendes Mögliches" leugnet). Oder einige existieren nicht; in diesem Fall muß es möglich sein, den Grund für ihre Nichtverwirklichung bzw. für die Verwirklichung der von ihnen verschiedenen Möglichen anzu-

---

[146] De rerum.
[147] a. a. O.
[148] GP VII 194.
[149] a. a. O., S. 194.

geben. Dieser Grund kann aber (wie wir bereits bei der Interpretation des letzten Absatzes der Elementa verae pietatis gesehen haben) in nichts anderem bestehen, als in einem allgemeinsten Unterscheidungsmerkmal (discrimen generalissimum) bzw. in einem allgemeinen, den konkreten Inhalt selbst und seine Möglichkeit betreffenden Unterscheidungsgrund (ratio generalis essentiae seu possibilitatis), auf der Basis der Annahme, daß jedes Mögliche von sich aus nach der Wirklichkeit verlangt[150]; er kann genauer gesagt in nichts anderem bestehen als in dem Grad der Stärke des besagten Verlangens, der sich proportional zu dem Grad der Möglichkeit der konkreten sachhaltigen Bestimmtheit und — derivierterweise — zu dem Grad der konkreten sachhaltigen Bestimmtheit selbst verhält: „Haec propositio: omne possibile exigit existere, probari potest a posteriori, posito aliquid existere; nam vel omnia existunt, et tunc omne possibile adeo exegit existere, ut etiam existat, vel quaedam non existunt, tunc ratio reddi debet, cur quaedam prae aliis existant. Haec autem aliter reddi non potest quam ex generali essentiae seu possibilitatis ratione, posito possibile exigere sua natura existentiam, et quidem pro ratione possibilitatis seu pro essentiae gradu."[151]

In De rerum finden wir eine damit sehr eng verwandte Formulierung, die aber eine reifere Version zu sein scheint, weil, erstens, der Versuch, das Verlangen nach der Wirklichkeit a posteriori zu beweisen, nicht wieder aufgenommen wird, zweitens, der Gedankengang als Folge der die Anerkennung der Geltung des Satzes vom Grund bereits implizierenden Aussage „aliquid potius existit quam nihil" (= „Das Wirklichsein deutet auf die Übermacht des Grundes für das Wirklichsein über den Grund für das Nichtwirklichsein hin") dargestellt wird, und drittens vorsichtig mit eingeschobenen „ut sic dicam" und „ut verbo complectar" darauf hingewiesen wird, daß es sich bei der Rede von dem Anspruch, dem Verlangen und der Tendenz der Inhalte bzw. der Möglichen zu der Wirklichkeit um letzte formelhafte Komprimierungen von Sachverhalten handelt, die einen „Als-Ob-Sinn" haben und die zu ihrer adäquaten Beschreibung eine Reihe von Sätzen (etwa die Reihe von Sätzen, die diesen Teil unserer Untersuchung ausmacht) beanspruchen würden. In dieser Schrift wird die durch den Ausbau des Gedankens der Möglichkeitsgrade sich ergebende Einsicht in das Verhältnis der Möglichen zu der Wirklichkeit mit folgenden Worten umrissen: „Ut autem paulo distinctius explicemus,

---

[150] a. a. O., S. 194.
[151] a. a. O., S. 194.

quomodo ex veritatibus aeternis sive essentialibus vel metaphysicis oriantur veritates temporales, contingentes sive physicae, primum agnoscere debemus eo ipso, quod aliquid potius existit quam nihil, aliquam in rebus possibilibus seu in ipsa possibilitate vel essentia esse exigentiam existentiae, vel (ut sic dicam) praetensionem ad existendum et, ut verbo complectar, essentiam per se tendere ad existentiam. Unde porro sequitur, omnia possibilia, seu essentiam vel realitatem possibilem exprimentia, pari jure ad existentiam tendere pro quantitate essentiae seu realitatis, vel pro gradu perfectionis quem involvunt; est enim perfectio nihil aliud quam essentiae quantitas."[152]

Erst in einem Brief an Wolff (15. Mai 1715) präzisiert Leibniz, wie noch hinzuzufügen ist, den Sinn der Ausdrücke quantitas essentiae und gradus essentiae (die als äquivalent mit den Ausdrücken quantitas realitatis und gradus realitatis anzusehen sind), und zwar anläßlich der Erläuterung der Bestimmung der Vollkommenheit (perfectio) als Grad des konkreten Sinngehalts: „Du kannst auch sagen, daß der Vollkommenheitsgrad auf den Grad des konkreten Inhalts zurückzuführen ist, wenn vorausgesetzt worden ist, daß der konkrete Inhalt mit Hilfe von einer kontinuierlichen Steigerung fähigen Eigenschaften geschätzt wird, die gleichsam sein Gewicht und seine Bewegungskraft ausmachen"; „Posses etiam dicere (die Vollkommenheit) esse gradum essentiae, si essentia ex proprietatibus harmonicis aestimetur, quae ut sic dicam faciunt essentiae pondus et momentum."[153] Voraussetzung für die Plausibilität der vorgeschlagenen Definition der Vollkommenheit ist mit anderen Worten das Einverständnis darüber, daß die Schätzung nach der intensiven Größe sinnvollerweise auch auf den Träger von Prädikaten, Attributen und Eigenschaften, nämlich auf die als Ganzes genommene selbständige und substantielle sachhaltige Bestimmtheit angewandt werden kann. Ein erster Ansatz zu der These, daß Unterschiede der intensiven Größe gedacht werden können, die keine „bloßen" Gradunterschiede sind, das heißt, die das zugrunde liegende Etwas selbst und nicht nur etwas Akzidentielles an ihm betreffen, ist allerdings bereits in der Kritik enthalten, die Leibniz an der propositio IX des ersten Teils von Spinozas Ethik übt, nämlich an dem Satz, gemäß welchem das, was als Bezugspunkt mehrerer Attribute angesehen werden muß, auch als der — der Anzahl der Attri-

---

[152] De rerum.
[153] Briefwechsel zwischen Leibniz und Chr. Wolff, Hrsg. von Gerhardt, Halle 1860, S. 172.

bute entsprechend — höhere Grad der realitas oder des Seins bezeichnet werden kann, wegen der Gewohnheit (wegen des transzendentalen Scheins, würde Kant sagen), die wir haben, die Individuen einer Gattung auf die allen gemeinsame Gattung zu beziehen und miteinander zu vergleichen[154]. Leibniz wendet dagegen ein, daß eine Sache deswegen mehr realitas im Vergleich zu einer anderen haben kann, weil sie an die als Idealtypus aufgefaßte Gattung näher herankommt, oder weil sie an einem Attribut, das sich bei zwei oder mehreren Sachen feststellen läßt, mit einem vergleichsweise größeren Anteil beteiligt ist[155]. Der junge Leibniz, im Unterschied zu dem späteren, der diesen Gedanken mit Beispielen aus der Physik exemplifiziert, bringt als Beispiel für das von ihm Gemeinte einen geometrischen Sachverhalt, nämlich das Verhältnis des Kreises zu dem in ihm eingeschriebenen Quadrat, im Vergleich zu welchem der Kreis stets mehr Ausdehnung hat und somit als größer zu bezeichnen ist, ohne daß man dabei auf eine neue Bestimmtheit (außer der Ausdehnung) zurückzugreifen braucht[156]. Dieses Beispiel deutet aber nur sehr vage den von Leibniz intendierten Sinn an, denn der Unterschied zwischen intensiven Größen wird erklärt auf Grund der für beide gemeinsam — für Intensitäten und Extensionen — kennzeichnenden Allmählichkeit (oder Stetigkeit) der Zunahme, die aber im einen Fall eine „nur quantitative Zunahme", eine durch die Kompräsenz feststellbare Vergrößerung ist, und im anderen Fall eine Steigerung der Intensität, die nur auf dem Umweg über eine Apparatur (etwa das Thermometer für die Grade der Wärme oder der Tachometer für die Grade der Geschwindigkeit) auf die Ebene des extensiv-quantitativen Unterschiedes übertragen werden kann.

Die erwähnte Betrachtung, mit welcher die These von dem Stärkegrad des Strebens nach der Wirklichkeit eingeführt und bewiesen wird, gipfelt in der Aussage, daß überhaupt nichts existieren würde, wenn nicht eine „gewisse Neigung zu dem Wirklichsein" (quaedam ad existendum inclinatio) die konkrete inhaltliche Bestimmtheit konstituieren, das „Wesen der Wesenheit" ausmachen würde: „Nisi in ipsa Essentiae natura esset quaedam ad existendum inclinatio, nihil existeret"[157]. Der formale Grund des Wirklichseins des Wirklichen wird auf diese Weise mit einem neuen

---

[154] „Quo plus realitatis aut esse unaquaeque res habet, eo plura attributa ipsi competunt": GP I 144.
[155] „Potest una res plus realitatis habere quam alia, ideo quod ipsa maior est in suo genere seu maiorem attributi alicuius partem habet": a. a. O., S. 144.
[156] „E. g. circulus plus extensionis habet quam quadratum inscriptum": a. a. O., S. 144.
[157] GP VII 194.

Moment bereichert, indem die Spontaneität den Möglichen zugesprochen wird und der Übergang von der Möglichkeit zu der Wirklichkeit als ein Prozeß angesehen wird, der seinen letzten Grund in der durchgängig alle Möglichen kennzeichnenden inclinatio ad existendum und somit in dem spontanen Sichverwandelnwollen der Möglichen hat. Gleichsam aus dem homogenen Medium des Strebens ragen die das stärkste Streben verkörpernden Inhalte heraus — wegen ihrer eminenten Differenziertheit und ihres eminenten Strebens. Sie bilden die Kammlinie der Existenz[158].

Mit dieser neuen Wendung seines Gedankens von den Möglichkeitsgraden bereitet Leibniz die Koppelung seines Optimismus, genauer gesagt, seines gradualistischen Optimismus (im Sinne der Verwirklichung des jeweils optimalen Weltzustands) mit einem Evolutionismus vor, wobei sich der Optimismus als ein Meliorismus in der Dimension der Zeit entpuppt. Die ausdrückliche Verbindung des in die optimistische Lehre von der determinatio maximi eingebauten Theorems von dem „Wirklichkeitsstreben der Möglichen" mit einem Entwicklungsgedanken, der wegen des Fehlens der Gleichförmigkeit — die man auch als den linearen Charakter der Entwicklung bezeichnet — und wegen der Einsicht in die Notwendigkeit, Schritte zurück zu machen, um Anlauf zu nehmen und besser zu springen — Leibniz zitiert die französische Redewendung: qu'on recule pour mieux sauter — als ein dialektischer Entwicklungsgedanke angesprochen werden kann, hat aber zu Leibnizens Lebzeiten (und darüber hinaus bis 1840) nicht die Wirklichkeit des Gedruckten und Veröffentlichten erreicht, denn sie ist in der Abhandlung De rerum originatione radicali durchgeführt, auf deren Publikation Leibniz (vielleicht aus Vorsicht?) verzichtet hat und die mit den zahlreichen anderen Manuskripten, Notizen, Briefen und Exzerpten in dem Leibniz-Nachlaß geblieben war.

---

[158] „Ajo Existens esse Ens quod cum plurimis compatibile est seu Ens maxime possibile, itaque omnia coexistentia aeque possibilia sunt": Couturat, Opuscules, S. 376. — Die durchgängige maximale Possibilität aller Möglichen, die in dem jeweiligen status mundi und in der ihn ausmachenden Kombination von Möglichen integriert sind, ist das, was Leibniz dazu veranlaßt, die Vollkommenheit (= perfectio seu Essentiae gradus) als Prinzip der Existenz — und die Möglichkeit (= possibilitas) als Prinzip der Essenz — zu bezeichnen und die zu jener Kombination gehörenden Möglichen „compossibilia" zu nennen und von den übrigen Möglichen abzuheben; mit der Bemerkung, daß er der megarischen Möglichkeitstheorie zustimmen würde, wenn man sie auf die compossibilia — und nicht auf die possibilia überhaupt — beziehen würde: s. De rerum und den Brief an Bourguet vom Dezember 1714, GP III 572 f.

V. Der Leibnizsche Möglichkeitsbegriff als Weiterführung des aristotelischen Ansatzes

Die Leibnizsche Möglichkeitstheorie zusammenfassend kann man sagen, daß Leibniz den Schritt wiederholt, den Aristoteles in seiner Auseinandersetzung mit der Philosophie der Eleaten vollzogen hatte. Als die Eleaten das Entstehen und in der Verlängerung jedes Werden leugneten, sich auf den Umstand berufend, daß das Seiende entweder aus dem Seienden oder aus dem Nichts hervorgegangen sein kann. Da aber das zweite Glied der Alternative undenkbar ist und das erste das vorgängige Dasein des Seienden — zumindest eines anderen Einzelseienden — bedeuten und somit das Entstandensein aus dem kategorial Anderen ausschließen würde, woraus sich ergäbe, daß das Seiende als ein von dem Entstehen — und Vergehen — Unberührtes anzusehen sei, entgegnete Aristoteles, daß, obgleich das Seiende (oder Wirkliche) nicht direkt aus einem aktuell Wirklichen entsteht, entstehe es dennoch aus einem dynamei on, aus einem potentiell Wirklichen[159]. Der aristotelische Begriff der Dynamis, zu dem, wenn auch nur als ein Moment, die Möglichkeit im Sinne der Widerspruchsfreiheit gehört, dient hier als Schlüssel zur Lösung der „Aporie der Alten" (he ton archaion aporia)[160]. Es ist hinzuzufügen, daß der Ausweg, der noch übrig zu bleiben scheint, nämlich daß dieses Seiende da, das zwar nicht durch dieses selbe Seiende hervorgebracht sein kann, trotzdem als Produkt eines anderen Seienden verstanden werden kann, zu Recht in der Diskussion zwischen Aristoteles und den Eleaten unerwähnt bleibt, denn jenes Andere erreicht entweder durch eine totale oder partielle Transformation von sich selbst die Produktion des fraglichen Seienden, zumindest: durch eine Formation, das heißt die Bearbeitung und Gestaltung eines vorliegenden rohen Stoffes, in welchem Fall es selbst in das Neue eingehen würde, wenn auch nur qua in der Gestalt kristallisierte Tätigkeit und Arbeit; oder aber durch eine ausschließlich effiziente Kausalität und das besagt im Grunde durch eine Art Schöpfung aus dem

---

[159] Cf. Aristoteles, Physik, Buch A, Kap. 8, vgl. Metaphysik, Buch Θ.
[160] Arist., Physik A, 8. Kap., 191 a 23.

Nichts (creatio ex nihilo). Das an zweiter Stelle Genannte ist aber bereits durch die (Aristoteles und den Eleaten gemeinsame) Verneinung der Entstehung aus dem reichen Nichss hinfällig geworden. Und das an erster Stelle Genannte läßt sich auf den aristotelischen Begriff des der Potentialität nach Vorliegenden (dynamei on) zurückführen. Solange dieser Begriff nicht entdeckt oder akzeptiert ist — und er ist so lange nicht akzeptiert, wie die Denkgewohnheiten von dem Operieren ausschließlich mit Alternativen und vollständigen Disjunktionen beherrscht sind — kann die Seienden, hier im Sinne der Pluralität von Einzelseienden verstanden, nicht thematisch werden.

In dem System von Leibniz wird das Dritte, das mehr als das reine Nichts und weniger als das sich Aktualisierthabende (das energeia oder entelecheia on) ist und somit als Mittleres zwischen Sein und Nichts oder Wirklichkeit und Unwirklichkeit durch Artistoteles eingeschoben wurde, erstens entpotenziert, indem ihm keine Kraft (Dynamis), sondern nur ein Anspruch auf und ein Verlangen nach Wirklichkeit zugesprochen werden; und zweitens aus einer Grenzlinie zwischen den beiden anfänglichen Hauptbereichen (= dem Sein und dem Nichts) in einen neuen, eine eigene Tiefendimension besitzenden Bereich durch die Ansetzung verschiedener Intensitäten des Anspruchs umgewandelt. Bei der Durchführung dieser Umwandlung steht Leibniz auf derselben Grundlage, sowohl die Entstehung aus dem Nichts als auch — wie wir genauer sehen werden — die effiziente Kausalität der Ursache (wegen der in ihr latenten Entstehung der Wirkung ex nihilo) ablehnend, und zugleich, ebenfalls wie Aristoteles, die Legitimation der Forderung einsehend, die in unserer Umwelt stattfindenden Entstehungsprozesse als wirklich anzuerkennen und den inneren Mechanismus, die Implikationen dieser Prozesse zu durchdenken und bloßzulegen. Die beiden Aspekte, die die Umwandlung kennzeichnen, das heißt die Entpotenzierung und die Gradualisierung des Mittleren, beruhen auf dem Umstand, daß Leibniz zwischen Kraft (vis, potentia agendi) und Möglichkeit (possibilitas) klar unterscheidet, sich aber nicht mit einem scholastischen Distinguieren zufrieden gibt, sondern bereit ist, nach der Trennung sich auf die entscheidende und stets schwierigere Aufgabe der Vereinigung und Vermittlung einzulassen. Die philosophische Intention der Lehre von den verschiedenen stark, wenn auch mit gleichem Recht (pari jure) auf die Verwirklichung Anspruch erhebenden, von den zugrundeliegenden Kräften, „Seelen" oder Entelechien unterscheidbaren Möglichen kann man nur dann würdigen, wenn man sie vor dem Hintergrund des Versuches sieht, die erwähnte Aufgabe zu lösen und wenn man zuvor das in Aristoteles' und Leibnizens Position Gemeinsame ausgesondert hat. Die Vergegenwärtigung der Intention ist ihrerseits die Vorbedingung für den Nachvollzug der logischen Funktion, die dem entfalteten Möglichkeitsbegriff bei der Beantwortung der Frage nach der Vereinbarkeit der Freiheit und der Kontingenz mit der Determination zukommt.

DRITTES KAPITEL

Die Vereinigung von Kontingenz und Determination

I. Die Auffassung der Freiheit als Spezialfall der allgemeinen Kontingenz (Vorbemerkung)

Der Freiheitstheorie von Leibniz liegen unmittelbar zwei ontologische Thesen zugrunde. Die eine besagt, daß der Bereich der Möglichen in sich strukturiert ist und eine Gradualität aufweist. Mit der zweiten wird die Behauptung aufgestellt, daß das Wirkliche, und zwar jedes Wirkliche, sowohl kontingent als auch determiniert ist. Diese Verbindung wird deutlich in dem Scholion des Fragmentes De libertate ausgesprochen: „Nulla est in rebus singularibus necessitas, sed omnia sunt contingentia. Vicissim tamen nulla est in rebus indifferentia, sed omnia sunt determinata."[1] In der französischen Fassung dieses Manuskripts wird der Gedanke wiederholt und auf die Handlungen spezifiziert: „Toutes les actions sont contingentes ou sans nécessité. Mais aussi tout est déterminé ou reglé, et il n'y a aucune indifférence."[2] Durch die Anwendbarkeit der Verbindung von Kontingenz und Determination auf die freien Handlungen gewinnt diese These eine besondere Relevanz für die Freiheitstheorie. Die ausdrückliche Beziehung der fraglichen These auf das Freiheitsproblem vollzieht Leibniz in dem § 132 der Theodizee, in dem er, im Verlauf seiner Auseinandersetzung mit Bayle, bemerkt, daß er nicht, wie Bayle, die Wörter „frei" und „indifferent" in einem Atem nennen würde, und daß er das Freie nicht dem Determinierten entgegensetzen würde. Erläuternd fügt er hinzu, daß man sich nie in einer vollkommenen Indifferenz, gleichsam in einer Indifferenz des Gleichgewichts befindet. Man sei vielmehr stets einem doppelten Einfluß ausgesetzt, und berge stets eine doppelte Neigung (inclination) in sich: etwas zu verwirklichen und zugleich dieses Etwas nicht zu verwirklichen bzw. sein Gegenteil zu verwirklichen. Dementsprechend würde bei dem Sachverhalt, den wir als freie Entscheidung und freie Handlung bezeichnen (und überhaupt bei jedem Übergang zur Existenz) lediglich die Differenz der Intensität von zwei rivalisierend-determinierenden und determinierend-rivalisierenden Tendenzen oder Neigungen und somit nur ein Plus an Determination ausschlaggebend

---

[1] GP VII 109.
[2] GP VII 110.

sein. Daraus ergibt sich, daß wir es bei der Verwirklichung jedes Wirklichen, eingeschlossen die Verwirklichung der Entscheidung und der ihr folgenden Handlung, nur mit einem Unterschied des Grades der Stärke des Festgelegtseins oder Determiniertseins zu tun haben, ein Unterschied, der zwar nur graduell aber permanent ist, wenn auch das Maß des Überwiegens jeweils verschieden ist und wenn auch über die Fluktuation des Überwiegens hinaus die überwiegende Festlegung einmal auf der einen Seite und zum anderen auf der anderen liegen kann, genauer gesagt und auf die Dimension des Bewußtseins angewandt: einmal auf der Seite der überwiegenden Festlegung durch Vernunftgründe und zum anderen auf der Seite der überwiegenden Festlegung durch die der Vernunft entgegenarbeitende und das vernunftbegabte Wesen durch eine Art von Gravitationskraft an sich ziehende Sinnlichkeit.

Wegen der die ausschlaggebende Festlegung stets begleitenden unterschwelligen, in dem Phänotypus der Dinge und Verläufe nicht vorkommenden Festlegung auf das Gegenteil ist Leibniz imstande: erstens, das Determiniertsein (oder Festgelegtsein) von der unausweichlichen Notwendigkeit oder dem Nezessitiertsein unterscheidend, zu sagen, „man ist niemals genötigt oder nezessitiert, zu der Entscheidung, die man trifft"[3], und zweitens, die Notwendigkeit in absolute und metaphysische Notwendigkeit auf der einen Seite, und in — mit der Freiheit vereinbare — moralische Notwendigkeit und — mit der Kontingenz vereinbare — hypothetische Notwendigkeit auf der anderen Seite zu differenzieren, um die Determination, der — wegen der im Untergrund stets wirksamen Gegentendenz — der Charakter der unausweichlichen Nötigung abgeht, als eine hypothetische Notwendigkeit und infolgedessen als eine moralische Notwendigkeit (= die Manifestation der hypothetischen Notwendigkeit im Bereich der der Einsicht fähigen Wesen) zu bezeichnen. Das „Hypothetische" in der hypothetischen Notwendigkeit darf nicht[4] im Sinne einer vorläufigen Denkform oder eines der Verifizierung oder Falsifizierung ausgesetzten Modells, sondern an Hand des etymologischen Sinnes von „hypothesis", den man mit „Untermauerung" andeuten könnte, verstanden werden. Dieses bedeutet, daß mit dem hypothetisch Notwendigen die nicht-absolute, positiv ausgedrückt die bedingte und abhängige Begebenheit gemeint ist. Entsprechend ist die moralische Notwendigkeit nicht mit der sittlichen Notwendigkeit gleichzusetzen, denn

---

[3] Theod. § 132.
[4] Wie auch O. Market, a. a. O., S. 75 treffend bemerkt.

das Moralische in der moralischen Notwendigkeit ist in erster Linie von dem lateinischen mos (= Wille, Gewohnheit, Sitte, Brauch, Verhalten) her zu denken. Die sittliche Notwendigkeit ist nur eine ausgezeichnete Daseinsweise der moralischen Notwendigkeit — aus welcher übrigens Leibniz die sittliche Notwendigkeit, die in der „glücklichen Notwendigkeit" kulminiert, nicht als eine besonders strukturierte Notwendigkeit heraushebt[5].

Auf Grund der für die Leibnizsche Freiheitstheorie charakteristischen Negierung der Unvereinbarkeit von Freiheit und Determination sieht Leibniz eine Verwandtschaft zwischen seiner Position und der Lehre der Anhänger von Thomas von Aquin über die Freiheit des Menschen und die Gnadenwahl. „Was die Frage nach der freien Entscheidung (franc arbitre) anbetrifft", schreibt er in einem Brief an Bayle, „bin ich der Meinung der Thomisten und anderer Philosophen, die die Ansicht vertreten, daß alles von vorausgehenden Ursachen festgelegt, prädeterminiert ist, und ich sehe keine Möglichkeit, dies in Zweifel zu ziehen. Dieser Umstand verhindert allerdings nicht die Tatsache, daß wir frei sind, und zwar im Sinne einer Freiheit, die nicht nur zu der äußeren Notwendigkeit, oder zu dem Zwang das Andere darstellt, sondern auch zu der unmerklichen inneren, psychologischen Notwendigkeit; und er bringt mit sich die grundsätzliche Gleichheit von menschlicher und göttlicher Freiheit oder, wie wir, wegen der Identität der Freiheit des perfekten Weisen mit der Freiheit Gottes[6] auch sagen können, von der Freiheit des Nicht-Weisen mit der Freiheit des Weisen, die mit der Tatsache einhergeht, daß Gott bzw. der Weise bei seinen Handlungen immer determiniert ist, und zwar in dem Sinne, daß er bei seinen Entscheidungen nicht davon abweichen kann, sich für das Beste zu entscheiden."[7] Die Identifizierung mit denjenigen, die die

---

[5] „Je ne prendrais point l i b r e et i n d i f f é r e n t pour une même chose, et ne ferais point oppposition entre l i b r e et d é t e r m i n é. On n'est jamais parfaitement indifférent d'une indifférence d'équilibre; on est toujours plus incliné et par conséquent plus déterminé d'un côté que d'un autre: mais on n'est jamais nécessité au choix qu'on fait. J'entends ici une nécessité absolue et m é t a p h y s i q u e; car il faut avouer que Dieu, que le sage, est porté au meilleur par une nécessité m o r a l e. Il faut avouer aussi qu'on est nécessité au choix par une nécessité hypothétique. Lorsqu'on fait le choix actuellement, et même auparavant, on y est nécessité par la vérité même de la futurition, puisqu'on le fera. Ces nécessités hypothétiques ne nuisent point": a. a. O. § 132.

[6] S. a. a. O., § 132; vgl. Theod. 1 Anhang, Antwort auf den VIII Einwand.

[7] „Pour ce qui est du franc arbitre, je suis du sentiment du Thomiste et autres philosophes qui croient que tout est prédéterminé, et je ne vois pas lieu d'en douter. Cela n'empêche pourtant pas que nous n'ayons une liberté exempte non seulement

Freiheit nicht nur als eine libertas a coactione, sondern als eine libertas a coactione **und** a necessitate auffassen, sieht sich Leibniz gezwungen eigens zu unterstreichen, weil zu seiner Zeit die Frage, ob die Freiheit nur als ein Ausbleiben des von einem Äußerlichen ausgeübten Zwanges oder darüber hinaus auch als ein Fehlen der Notwendigkeit verstanden werden muß, wegen der theologischen Streitigkeiten zwischen Jansenisten und Jesuiten in Frankreich und der auf der Synode von Dordrecht diskutierten Meinungsverschiedenheiten der niederländischen Theologen und Philosophen auf der Tagesordnung stand. Die auf der Seite der Beschlüsse der Synode von Dordrecht stehenden protestantischen Theologen neigten dazu, die Freiheit auf die libertas a coactione zu beschränken und somit die Freiheit auf die bloße Scheinfreiheit zu reduzieren[8]. Die päpstliche Bulle vom 31. Mai 1653, die fünf Thesen von Jansenius verurteilte, erwähnte an zweiter Stelle den Satz, daß es genügt, um den Menschen nach dem Fall als der Gnade würdig bzw. unwürdig anzusehen, ihm eine Freiheit zuzusprechen, die das Gegenteil des Zwanges (coactio) ist, mag sie auch von der Notwendigkeit (necessitas) substantiell nicht unterscheidbar sein.

Die zu Leibnizens Zeit zur Diskussion vorgebrachten Ansichten systematisierend kann man sagen, daß es zwei extreme Positionen gab. Die eine, vertreten von den Anhängern der Synode von Dordrecht, behauptete, die Freiheit sei nichts anderes als das Fehlen des Zwanges, d. h. des Erleidens einer Gewalt, während die zweite, vertreten durch die Molinisten (auf die Leibniz mit den Worten anspielt: „einige Scholastiker, die sich in ihren subtilen Unterscheidungen zuweilen verstricken, und die das Stroh der terminologischen Fixierungen mit dem Korn der Sachen selbst verwechseln")[9], die Freiheit als eine durch das Fehlen des Zwanges, das Fehlen der Notwendigkeit und das Fehlen der Determination gekennzeichnete Freiheit deutete. Zwischen diesen Extremen steht die Thomistische und Leibnizsche Position, die zwar das Fehlen von Zwang **und** Notwendigkeit zugibt, aber die Determination — und die Gewißheit (certitude) bzw. Treffsicherheit (infaillibilité) der Prognose, die Voraussagbarkeit — beibehält[10]. Wir müssen allerdings hinzufügen, daß, wie

---

de la contrainte, mais encore de la nécessité: et en cela il en est de nous, comme de Dieu lui-même, qui est aussi toujours déterminé dans ses actions, car il ne saurait manquer de choisir le meilleur": GP III 58 f.

[8] Cf. Theod. § 371.
[9] a. a. O., § 320.
[10] „Cette fausse idée de la liberté, formée par ceux qui non contents de l'exempter, je ne dis pas de la contrainte, mais de la nécessité même, voudraient encore

aus einer von Bodemann publizierten Notiz Leibnizens über Gibieufs Definition der Freiheit als adhaesio ad Deum und über die an dieser Definition geübte Kritik von Seiten des Jesuiten Théophile Raynaud, Verfasser des Buches „Calvinismus religio bestiarum", hervorgeht, Leibniz selber zu einer bestimmten Zeit geschwankt hat und dazu tendierte, die Freiheit lediglich als das Oppositum zu dem Zwang aufzufassen[11]. Mit dieser Tendenz hängt die von ihm selbst erwähnte anfängliche Unfähigkeit zusammen, die Argumente von Hobbes und Spinoza zum Beweis der absoluten Notwendigkeit jeglichen Geschehens zu entkräften, ein Unvermögen, das, wie Leibniz am 23. Januar 1700 an den Berliner Hofprediger Jablonski schreibt, er erst vor wenigen Jahren vollkommen überwunden hat, als er die „rationes contingentiae recht ausgefunden" hat: „Ich habe von meiner zarten Jugend an, als ich kaum solcher Dinge fähig, über diese Materie meditirt, da mir, ehe ich noch ein Akademicus geworden, einesteils Lutheri Buch de servo arbitrio, andernteils Jacobi Andreae Colloquium Mompelgardense und das Aegidii Hunni scripta zu Händen kommen. Worauf ich ferner nicht nur viele Streitschriften der unsrigen und Reformierten darüber zu lesen begierig gewesen, sondern nach der Hand auch teils der Jesuiten und Arminianer, teils der Thomisten und Jansenisten Bücher zu Rat gezogen, hernach auf meinen Reisen mit viel vornehmen Theologis und anderen, sonderlich dem berühmten Arnauld, darüber conferiret. Habe aber vor dem 16ten Jahr meines Alters, aus sonderbarer Schickung Gottes, wie es scheinet, mich zu einer sonst an sich selbst schweren, und dem Ansehen nach, unannehmlichen Untersuchung angetrieben gefunden, aber für wenig Jahren erst mich völlig vergnüget, als ich rationes contingentiae recht ausgefunden, da ich zuvor des Hobbii und Spinosae argumentis pro absoluta omnium,

---

l'exempter de la certitude et de la détermination, c'est à dire de la raison et de la perfection, n'a pas laissé de plaire à quelques Scolastiques, gens qui s'embarrassent souvent dans leur subtilités, et prennent la paille des termes pour le grain des choses. Ils concoivent quelque notion chimérique, dont ils se figurent de tirer des utilités, et qu'ils tâchent de maintenir par des chicanes. La pleine indifférence est de cette nature: l'accorder à la volonté, c'est lui donner un privilège semblable à celui que quelques cartésiens et quelques mystiques trouvent dans la nature divine, de pouvoir faire l'impossible, de pouvoir produire des absurdités, de pouvoir faire que deux propositions contradictoires soient vraies en même temps": a. a. O., § 320.

[11] „Si libertatem ita accipiamus, ut necessitati opponatur, nihil aliud erit, quam contingentia rationalis. Contingentiae radix est infinitum. Veritas contingens est, quae est: indemonstrabilis. Sed si libertas sumatur pro perfectione, opponetur coactioni et consistat in minime impedita agendi ratione, ita alius alio liberior": Bodemann, Handschriften, S. 121.

quae fiunt, necessitate nicht so vollkommen Genüge tun können, als ich gewollt."[12]

Der Charakter des ausschlaggebenden Überwiegens, welcher der in Leibnizens Sinne verstandenen Determination zukommt, wird von Leibniz auch im sprachlichen Ausdruck berücksichtigt, indem die Formel von der die Neigung zu einer von zwei entgegengesetzten Möglichkeiten[13] mit sich bringenden Determination (détermination inclinante) geprägt wird: „La liberté est exempte non seulement de la contrainte, mais encore de la nécessité, quoiqu'elle ne soit jamais sans la certitude infaillible, ou sans la détermination inclinante."[14] Der détermination inclinante entspricht terminologisch der Ausdruck détermination certaine (gewisse, voraussehbare Festlegung)[15], den Leibniz umformuliert, indem er von dem déterminer certainement, dem die Voraussage gestattenden Festlegen spricht, im Unterschied zu dem Festlegen, das bereits den Begriff von Fluktuationen im Hinblick auf die Weise des Sichereignens des Ereignisses ausschließt und das er déterminer nécessairement nennt[16]. Dem zuletzt genannten Begriffspaar liegt die Unterscheidung zwischen dem Notwendigen (nécessaire) und dem Gewissen (certain) zugrunde[17], die völlig parallel zu der Unterscheidung zwischen metaphysischer Notwendigkeit und moralischer Notwendigkeit verläuft und die polemisch gegen einen Gedankengang gerichtet ist, der von Cicero dem Epikur zugeschrieben wird[18]. Es ist noch anzumerken, daß die Übersetzung von détermination inclinante mit „bestimmende Neigung", was eigentlich dem — von Leibniz nie gebrauchten — Ausdruck inclination déterminante eher entsprechen würde, die nuancierende Absicht Leibnizens ganz verdeckt und deswegen irreführend ist[19]. Sachlich verweisen sämtliche in diesem Zusammenhang erwähnten terminologischen Fixierungen von Leibniz auf die Konzeption, gemäß welcher ein Drittes, das heißt eine Art Indifferenz

---

[12] GP VI 3.
[13] Wenn auch nur privativ und nicht kontradiktorisch oder konträr entgegengesetzten.
[14] Theod. § 28.
[15] Cf. Theod. § 367, 369.
[16] Cf. a. a. O., § 371. — Korrelativ zu der détermination inclinante prägt Leibniz den Begriff der (pré)détermination nécessitante, aber nur um sich von ihm zu distanzieren: s. a. a. O., § 43.
[17] S. a. a. O., § 282.
[18] Cf. Cicero, De fato, X 21.
[19] S. Leibniz, Die Theodizee, in der Übersetzung von Artur Buchenau, 2. Aufl., Hamburg 1968, S. 314. — Auf einige revisionsbedürftige Stellen dieser Übersetzung, allerdings nicht auf die eben korrigierte, macht Albert Heinekamp in seiner Rezension aufmerksam: s. Studia Leibnitiana, I (1969)/4.

und Freiheit anzusetzen ist, die zwar der absolut unausweichlich festlegenden Notwendigkeit entgegengesetzt, aber mit den (intensiv, nicht zahlenmäßig) überwiegenden und dank dem Überwiegen eine bloß inklinierende Determination mit sich führenden Tendenzen verträglich ist[20].

Das Theorem von der détermination inclinante ist als eine abgekürzte Gestalt der Lehre von der raison prévalente anzusehen, von dem über den Grund zum Gegenteil die Oberhand gewinnenden und wegen der Koexistenz mit dem (unterlegenen) entgegengesetzten Grund nur eine Neigung zu etwas und keine absolut notwendige Zuwendung erzeugenden Grund; „Il y a toujours une raison prévalente qui porte la volonté à son choix, et il suffit pour conserver sa liberté, que cette raison incline, sans nécessiter"[21]. In dem Sprachgebrauch von Leibniz wird die „raison prévalente" auch durch die inclination prévalente, das heißt hier die in der Dominanz sich befindende Tendenz variiert[22], wobei darauf zu achten ist, daß Dominanz nie absolute Alleinherrschaft bedeutet, was von Leibniz in dem Satz thematisiert wird: „Wenn wir von der größeren (= dominierenden) Tendenz des Willens sprechen, meinen wir das R e - s u l t a t aller Tendenzen"[23]. In die Dimension des Bewußtseins transponiert erscheint die den Kern der dynamologischen Ontologie mitausmachende Lehre von der raison bzw. inclination prévalente als Lehre von der représentation prévalente: von der das Übergewicht erhaltenden Vorstellung des Guten oder des Bösen, mag dieses Gute und Böse das in dieser Situation wahre Gute und Böse oder ein nur scheinbares zu sein: „La substance qui pense est portée à sa résolution par la représentation prévalente du bien et du mal, et cela certainement et infailliblement, mais non pas nécessairement, c'est à dire par des raisons qui l'inclinent sans la nécessiter."[24]

---

[20] Cf. a. a. O., § 367: „Un moliniste sage se contentera d'une indifférence opposée à la nécessité, mais qui n'exclura point les inclinations prévalentes". Leibniz sieht sich hier in der Perspektive des „weisen Molinisten", den er sonst nirgends findet.
[21] a. a. O., § 45. Vgl. dazu auch die Anm. 136 im vorigen Kapitel.
[22] Cf. a. a. O., § 367, 369.
[23] a. a. O., § 43. — Wir ziehen die Übersetzung von „inclination" mit „Tendenz" vor, weil das Wort bei Leibniz einen ganz weiten dynamologisch-ontologischen Sinn hat, während „Neigung", das wörtlicher wäre, seit Kant und Schiller als Gegenbegriff zur Pflicht fungiert und das Verständnis unvermeidlich auf den psychologisch-moralischen Bereich einengt. Mit anderen Worten: Selbst das Befolgenwollen der Pflicht ist, nach der Leibnizschen Terminologie, eine Inklination oder „Neigung".
[24] Bemerkungen zu dem Buch über den Ursprung des Bösen, 3. Anhang zur Theodizee, § 14, vgl. § 3.

Die hier thematische Struktur des Sichtreffens von zwei entgegengesetzten bestimmenden Gründen oder Tendenzen an einem Punkt, so daß das jeweils Wirkliche seine Verwirklichung der Differenz der stets mit verschiedener Intensität bestimmenden Gründe verdankt, ist, wie wir sehen werden, für jedes Wirkliche und die Verwirklichung überhaupt gültig. In der Dimension der Verwirklichung, die — um ein Wort Kants zu gebrauchen — auf der „Kausalität der Freiheit" beruht, hat sie die Form des überwiegenden Einflusses der einen von zwei oder mehreren Vorstellungen auf den Willen auf Grund der (auch wirklichen oder nur eingebildeten) überwiegenden Güte des Gegenstandes, der dieser Vorstellung korrespondiert: „Jamais la volonté n'est portée à agir, que par la représentation du bien, qui prévaut aux représentations contraires. ... C'est pour cela même que le choix est libre et indépendant de la nécessité, parce qu'il se fait entre plusieurs possibles, et que la volonté n'est déterminée que par la bonté prévalente de l'objet."[25]

Die Vereinbarkeit der Determination mit der Kontingenz (und der Freiheit) zeichnet sich nach dieser ersten Erläuterung der Eigentümlichkeit der in Leibnizens Sinne verstandenen Determination ab. Denn das Kontingent-Wirkliche ist nach Leibniz nichts anderes als das, für was ein Plus an festlegendem Grund, ein im intensiv-quantitativen Sinn verstandenes Mehr an Determination im Vergleich zu dem auf die Verwirklichung des Gegenteils (bzw. die Nicht-Verwirklichung des tatsächlich Verwirklichten) ausgerichteten festlegenden Grund angesetzt werden muß[26]; denn dieses „Mehr" legitimiert den Geist, Wirklichkeit eine Transparenz zu verleihen und jedes Wirkliche als ein im Hintergrund von möglichen Fluktuationen Umgebenes zu betrachten, insbesondere von Fluktuationen des gerade verwirklichten Reifegrades der Kraft und ihres Strebens. Dieses Mehr, diese Differenz ist aber auch das, kraft dessen der festlegende Grund überhaupt das Wirkliche auf die Wirklichkeit festlegt. Das Determiniertsein und die Kontingenz des Wirklichen schließen sich daher nicht aus. Sie sind vielmehr zwei voneinander untrennbare Aspekte eines und desselben Sachverhaltes, und zwar eines Sachverhaltes, der durchgängig die Wirklichkeit jedes Wirklichen konstituiert, mag die Verwirklichung der „Kausalität der Natur" oder mag

---

[25] a. a. O., § 45.
[26] „Omnis veritas quae identica non est, probationem recipit: necessaria ostendendo contrarium implicare contradictionem; contingens ostendendo p l u s r a t i o n i s e s s e p r o e o q u o d f a c t u m e s t q u a m p r o o p p o s i t o": „Origo veritatum contingentium", (1689?) Grua, Textes, S. 326.

sie der „Kausalität der Freiheit" zu verdanken sein. Bevor wir zu der noch ausstehenden Konfrontation der angeführten Bestimmung der Kontingenz durch Leibniz mit den anderen wichtigen Definitionen dieses Begriffs und vor allem mit seiner traditionellen Bestimmung übergehen, um die Art und Weise, in der die konkrete und universale Gestalt des Sichtreffens von zwei verschieden starken und entgegengesetzten Gründen vorzustellen ist, zu besprechen, müssen wir uns die unechte Verbindung der Kontingenz mit der Determination in ihren beiden Spielarten vergegenwärtigen, um uns entschieden von ihnen zu distanzieren.

Die in der angegebenen Weise verstandene Vereinigung von Kontingenz (oder Freiheit) und Determination erlaubt es jedenfalls, wie schon jetzt sichtbar wird, die Kontingenz des Wirklichen zu bejahen, ohne den Satz des festlegenden Grundes und den Determinismus aufzugeben. Dem ein oberstes Welt- und Denkprinzip ausmachenden Satz vom Grund[27] würde nur eine Freiheitsdefinition widerstreiten, der gemäß die Freiheit in dem Vermögen bestünde, zu handeln oder nicht zu handeln, selbst nachdem sowohl die äußeren als auch die inneren „Requisiten" (d. h. Existenzbedingungen) des Handelns gesetzt worden sind, mit anderen Worten, nachdem sowohl die objektiven als auch die subjektiven Bedingungen der Ausführung einer Tat vollzählig vorliegen; ein solches Vermögen wird aber von Leibniz aus Gründen, die noch genauer zu analysieren sind, als unmögliche Chimäre, als Hirngespinst bezeichnet[28]. Für die Annahme der Freiheit genügt es, daß das freie vernünftige Wesen, nachdem alle äußeren Bedingungen des Handelns vorliegen, zu handeln oder nicht zu handeln imstande ist, je nachdem bis zu welchem Grad es seine es determinierende eigene vernünftige Natur — determiniert, aber nicht nezessitiert — bearbeitet und welchen Habitus oder welche Disposition es sich zugelegt hat. Aus diesem Grunde kann Leibniz der überlieferten Definition der Freiheit als spontaneitas rationalis — bei dem den Neothomisten nahestehenden Kardinal Bellarmin hatte Leibniz die Formel appetitus

---

[27] „Principium omnis ratiocinationis primarium est, nihil esse — aut — fieri, quin ratio reddi possit, saltem ab omniscio, cur sit potius quam non sit, aut cur sic potius quam aliter, paucis O m n i u m   r a t i o n e m   r e d d i   p o s s e": Couturat, Opuscules, S. 25. Im Anschluß an diese Ausführungen könnte man die Formulierung „Satz vom zureichenden Grund" durch die Bezeichnung „Satz von dem durch die jeweilige Differenz (im Sinne des Restpostens) die Verwirklichung jedes Dinges und jeder Eigenschaft festlegenden Grund" ersetzen.
[28] „Definitio libertatis, quod sit potestas agendi aut non agendi positis omnibus ad agendum requisitis, omnibusque tam in objecto quam in agente existentibus paribus, est chimaera impossibilis, quae contra primum principium quod dixi pugnat": a. a. O., S. 25.

rationalis gefunden — zustimmen mit der Bemerkung, daß mit dieser Definition implizit gesagt wird, daß sich das Freie zu dem Spontanen wie die Art zu der Gattung verhält und daß die Rationalität oder Einsicht (Leibniz wandelt nämlich die Formel spontaneitas rationalis auch in die Formel spontaneitas intelligentis ab) die spezifische Differenz darstellt, die durch ihr Hinzukommen die Gattung (hier: die Spontaneität) in die Art (hier: die Freiheit) verwandelt; das Spontane umfaßt auch das Freie, die Grundlage von diesem bildend, aber sein Umfang ist weiter, denn nach der Definition, die wir bereits kennen: „Spontaneum est cuius agendi principium in agente est."[29]

Leibniz hat offensichtlich, wie noch hinzuzufügen ist, zwischen den beiden Formulierungen geschwankt: soll er das Verhältnis der Spontaneität zu der Freiheit als ein Verhältnis der Gattung zu der Art oder als ein Verhältnis einer niedrigeren Stufe zu der höheren fassen? Als gültiger und als dem Leibnizschen Denkmittel der (nicht nur auf sekundäre Qualitäten bezogenen) graduellen Abstufung und intensiven Größe adäquater ist der Gedanke anzusehen, daß die Freiheit lediglich durch den höheren Vollkommenheitsgrad konstituiert wird, denn „das, was im Hinblick auf die Tiere und die anderen Substanzen, die nicht mit Einsicht und Vernunft begabt sind, Spontaneität heißt, ist bei den Menschen auf einen höheren Vollkommenheitsgrad gehoben und wird Freiheit genannt"; „Ce qu'on appelle spontanéité dans les bêtes et dans les autres substances privées d'intelligence, est élevé dans l'homme à un plus haut degré de perfection, et s'appelle liberté"[30].

Zusammenfassend kann man sagen: erstens, die Freiheit ist ein höherer Grad der (letzten Endes mit ihr qualitativ identischen) Spontaneität; und zweitens: das in und durch Freiheit Verwirklichte ist ein Spezialfall der Kontingenz, denn diese haftet an jedem Existierenden, d. h. an allem und jedem, das auf der Ebene der Wirklichkeit angetroffen wird.

---

[29] „Apud Veteres liberum a spontaneo differt, ut species a genere, nimirum libertas est spontaneitas rationalis. Spontaneum est cuius agendi principium in agente est, idque — et — in libertate contingit. Nam positis omnibus ad agendum requisitis e x t e r n i s, mens libera agere potest aut non agere, prout — scilicet — ipsamet disposita est": Couturat, Opuscules, S. 25. — Zur Begriffsgeschichte des wegen der Doppelung in nomen rei actae und nomen actionis sehr wichtigen Terminus „dispositio" (und „disposition"), der die Dialektisierung der Kausalitätstheorie und die Distanzierung von der direkten und linearen effizienten Kausalität erlaubt: s. das Kapitel „Zur Terminologie der indirekten Kausalität" in dem Buch von Rainer Specht „Commercium mentis et corporis. Über Kausalvorstellungen im Cartesianismus", Stuttgart 1966, besonders S. 39 f. und 51 f.
[30] GP VII 109.

Die Freiheit als Spezialfall der Kontingenz 245

II. Die unechten Weisen der Verbindung von Kontingenz und Determination

1. Die Verteilung von Kontingenz und Determination auf verschiedene Zeitabschnitte

Das Spezifische der skizzierten und noch näher zu erläuternden Vereinigung von Daseinsweisen, die zunächst sich auszuschließen scheinen, besteht in der Gleichzeitigkeit beider Aspekte und in der Selbigkeit des Standpunktes, von dem aus sie sich dem Betrachter zeigen. Die unechte Weise der Verbindung, von der wir uns distanzieren müssen, hat zwei Hauptformen: Hier wird einmal mit der Ansetzung eines zeitlichen Nacheinander, d. h. eines früheren oder späteren Augenblicks in der Zeit operiert; zum anderen wird ein unvermittelter qualitativer Unterschied zwischen zwei Blickpunkten auf eine und dieselbe Sache angenommen, genauer gesagt, zwischen dem Blickpunkt des menschlichen und des göttlichen Verstandes, wobei der Blickpunkt Gottes als das Objektive und der Blickpunkt des Menschen als das Subjektive ausgegeben wird, und das vom göttlichen Standpunkt aus Sagbare als das „an sich" Gültige, während das von dem menschlichen Standpunkt aus Vertretbare das nur „für uns" Gültige sei. Die Verteilung von Kontingenz und Determination auf zwei verschiedene Augenblicke in der Zeit kann wiederum entweder als Zuordnung der Kontingenz und der Freiheit dem Früheren und der Determination dem Späteren, oder aber — umgekehrt — als Zuordnung der Determination zu dem vorausgehenden Augenblick und der Kontingenz zu dem folgenden erscheinen. Bei der zuletzt genannten Weise der Zuordnung kann es sich allerdings um nichts anderes als um den von Kant so genannten psychologischen oder komparativen Begriff der Freiheit und somit um die auf die Freiheit vom äußeren Zwang (libertas a coactione) reduzierte Freiheit handeln; was wiederum heißt, daß die auf die Determination folgende Kontingenz nur eine Scheinkontingenz sein kann — Kant unterstellt der Leibnizschen Freiheitslehre gerade diese Scheinkontingenz und moniert, daß sie die im „eigentlichen" transzendentalen Sinn verstandene Freiheit (und Kontingenz) unterschlägt.

Die Auffassung, der gemäß der Kontingenz die zeitliche Priorität zukommt, finden wir bei Bayle, und zwar in dem Kapitel 144 der Réponse aux questions d'un provincial, in dem Bayle, im Verlauf seiner Auseinandersetzung mit Jaquelot, die theologische Lehre auf sieben Sätze zurückführt, gegen die er neunzehn philosophische Maximen richtet, gleichsam neunzehn schwere Geschütze, wie Leibniz schreibt, die eine Bresche in die Festung zu schlagen haben. Leibniz, der die neunzehn Maximen zu Beginn des zweiten Teils der Theodizee einzeln kommentiert, setzt sich an siebzehnter Stelle[31] mit der These auseinander, daß es auf eines und dasselbe hinausläuft, ob man die Ursache einer Veränderung in der Welt als eine notwendig wirkende oder als eine freie, frei wirkende und handelnde Ursache versteht, denn es käme nur darauf an, den Zeitpunkt, in bezug auf welchen man die Aussage macht „das Wirken der Ursache ist ein determiniertes und — nach der Ansicht des zwischen Determination und Notwendigkeit nicht unterscheidenden Bayle — notwendiges", richtig anzusetzen. Bayle erläutert seinen Gedanken mit dem Hinweis darauf, daß, wenn ich die Veränderbarkeit eines Dinges meiner Umwelt durchschaut habe und es daraufhin verändere, die Ursache der Veränderung einerseits als eine freie, andererseits als eine notwendige anzusehen ist, denn während der Wahl zwischen dem Verändern und dem Nichtverändern bin ich zwar frei, nachdem ich aber die Entscheidung getroffen habe, bin ich an meine eigene Entscheidung gebunden und auf diese Weise auto-determiniert und einer Notwendigkeit unterworfen. Es ist nämlich unmöglich, daß ein Wesen frei oder — wie der zwischen Freiheit und Indifferenz nicht konsequent unterscheidende Bayle hinzufügt — indifferent ist, im Hinblick auf das, zu dem es bereits determiniert ist, und hinsichtlich der Zeit, während welcher es determiniert ist. Zur Bekräftigung dieser These beruft sich Bayle auf einen berühmten Satz aus dem 9. Kapitel in Aristoteles' De interpretatione: Das Sein ist dem Seienden, wenn und solange und sofern dieses ist, ein Notwendiges; und das Nichtsein ist dem Nichtseienden, wenn und solange und sofern dieses nicht ist, ein Notwendiges („Necesse est id quod est, quando est, esse; et id quod non est, quando non est, non esse"). Er macht die Bemerkung, daß Duns Scotus und eine Reihe anderer Scholastiker diesen aristotelischen Satz zu verwerfen scheinen, während die Nominalisten — Ockham und seine

---

[31] Theod. § 132.

Anhänger — ihn übernehmen, selbst Duns Scotus akzeptiere ihn jedoch letzten Endes, wenn auch nur auf dem Umweg von präzisierenden und einschränkende Zusätze ausmachenden Unterscheidungen[32].

Die grundsätzliche Zustimmung Leibnizens zu diesen Ausführungen von Bayle, die sich in den Worten ausdrückt „Auch diese ‚Maxime' kann man hinnehmen, ich würde allerdings in der Formulierung einiges ändern"[33] ist lediglich dahin zu verstehen, daß Leibniz die Freiheit (und die Spontaneität) unter den Begriff der Determination durch sich selbst subsumiert: „Quatenus quid per se determinatur, eatenus spontaneum vel (si intelligens sit) liberum est; quatenus determinatur aliunde, eatenus servit seu est coactum"[34]; und daß er das gegenseitige (zeitliche und sachliche) Sichausschließen von völliger Unabhängigkeit und Determination, das von Bayle herausgestellt wurde, für einen Sachverhalt hält, der klar vergegenwärtigt werden muß, damit die Unhaltbarkeit der Lehre von der als absolute Indifferenz ausgelegten Freiheit eingesehen wird, nämlich auf Grund der Unmöglichkeit, sich eine Vermittlung zwischen absoluter Indifferenz und auf ihr folgender Determination vorzustellen: das völlige Ausbleiben der Plausibilität des Übergangs, mit anderen Worten das Jähe und rein Sprunghafte des Umschlags des einen Zustands in den anderen ist nach Leibniz das Indiz der Unrichtigkeit jener Lehre. Neben der Zustimmung und hinter den Worten, daß nur in der Formulierung einiges zu ändern sei (nämlich in der Bayleschen Gleichsetzung von „indifferent" und „frei" und Entgegensetzung von „frei" und „determiniert") ist die gravierende Ablehnung der Meinung verborgen, daß die Einspannung der

---

[32] „C'est tout la même chose, d'employer une cause nécessaire et d'employer une cause libre, en choisissant les moments où on la connaît déterminée. Si je suppose que la poudre à canon a le pouvoir de s'allumer ou de ne s'allumer pas quand le feu la touche, et que je sache certainement qu'elle sera d'humeur à s'allumer à huit heures du matin, je serai autant la cause de ses effets en y appliquant le feu à cette heure-là, que je le serais dans la supposition véritable, qu'elle est une cause nécessaire. Car à mon égard elle ne serait plus une cause libre; je la prendrais dans le moment où je la saurais nécessitée par son propre choix. Il est impossible qu'un être soit libre ou indifférent à l'égard de ce à quoi il est déjà déterminé, et quant au temps où il y est déterminé. Tout ce qui existe, existe nécessairement pendant qu'il existe (Τὸ εἶναι τὸ ὂν ὅταν ᾖ καὶ τὸ μὴ ὂν μὴ εἶναι ὅταν μὴ ᾖ, ἀνάγκη: Necesse est id quod est, quando est, esse; et id quod non est, quando non est, non esse. Arist. de interpret. cap. 9). Les nominaux ont adopté cette maxime d'Aristote. Scot et plusieurs autres Scolastiques semblent la rejeter, mais au fond leurs distinctions reviennent à la même chose. Voyez les Jésuites de Coimbre sur cet endroit d'Aristote, p. 380 et seq.:" cf. Theod. § 132.
[33] a. a. O., § 132.
[34] GP VII 109.

Kontingenz (bzw. der Freiheit) und der Determination in ein zeitliches Folgeverhältnis eine zulässige Art und Weise ist, um die Vereinbarkeit und die Verbindung der beiden darzustellen. Denn die mit der Indifferenz (qua Indifferenz des Gleichgewichts oder völlige Unabhängigkeit) gleichgesetzte Freiheit drängt die Determination aus dem Spiel zwischen einem Mehr und Weniger heraus und gerät in einen kontradiktorischen Gegensatz zu dem — nunmehr punktualisierten und nicht mehr elastischen — Determiniertsein, so daß einzig und allein die Struktur des Nacheinander übrig bleibt, um Freiheit und Determination zusammenzufassen.

Die Abwehr der vorgeführten Form der Vereinigung von Notwendigkeit und Freiheit ist um so dringlicher, als es den Anschein hat, daß Leibniz, der auf der einen Seite nach dem Wortlaut seiner Ausführungen an dem Dogma der christlichen Theologie, daß Gott die Welt in Freiheit erschaffen hat[35], festhält, auf der anderen Seite aber das Geschehen in der Welt als durchgängig determiniert ansieht, zu den Repräsentanten der These zu zählen sei, daß durch die freie Wahl der Schöpfung und dem anschließend an ihr stattfindenden Schöpfungsakt ein Geschehen in Gang gebracht wird, bei dem jede einzelne Etappe determiniert ist, so daß die in dem Aufeinanderfolgen der Ursachen und der Wirkungen bestehende goldene Kette zustandekommt, die Jupiter vom Himmel herabhängen läßt und die sich nicht zerreißen läßt, „man hänge daran was man wolle", und auf welche Leibniz mit folgenden Worten Bezug nimmt: „Daß alles durch ein festgestelltes verhängniß herfür bracht werde, ist ebenso gewiß als daß dreymahl drey Neun ist, denn das verhängniß besteht darinn, daß alles an ein ander henget wie eine Kette, und ebenso unfehlbar geschehen wird, ehe es geschehen, als ohnfehlbar es geschehen ist, wenn es geschehen. Die alten Poeten als Homerus, und andere, haben es die güldne Kette genennet, so Jupiter vom Himmel herabhengen laße, so sich nicht zerreißen läßet, man henge daran was man wolle. Und diese Kette bestehet in dem verfolg der ursachen und der würckungen."[36] Als ein Ganzes jedoch genommen, könnte man argumentieren, ist diese Kette von der göttlichen freien Wahl abhängig und somit kontingent.

---

[35] Das Florentiner Konzil von 1439 präzisierte, auf die scholastische Unterscheidung zwischen libertas contradictionis und libertas contrarietatis Bezug nehmend: „Der Schöpfungsakt war frei libertate contradictionis, d. h. Gott konnte schaffen oder nicht schaffen" (De fide def.): cf. Pohle-Gierens, Lehrbuch der Dogmatik, 8. Aufl. Paderborn 1931, I. Bd., S. 369.
[36] GP VII 117 f.

Dieser Schein löst sich sofort auf, sobald man bedenkt, daß nach Leibniz in beiden Fällen beides anzusetzen ist: Jeder binnenweltliche Verwirklichungsprozeß ist sowohl kontingent als auch determiniert; das durch die freie Wahl und Entscheidung — sei es die menschliche, sei es die göttliche — Verwirklichte ist ebenfalls sowohl kontingent als auch determiniert. Im Hinblick auf den zuletzt erwähnten Punkt ist der von Leibniz oft wiederholte Gedanke in Betracht zu ziehen, der besagt, daß (auch) Gott und der Weise in ihren Handlungen stets festgelegt sind, da sie immer sub ratione boni wählen und von dem Sichentscheiden für das jeweils Beste nicht abweichen können, ohne daß deswegen ihre Freiheit den Charakter der Wahlfreiheit und ohne daß das nie Gewählte den Charakter des „an sich Möglichen" dabei verlieren, denn dem Grad der Vollkommenheit des vernünftigen Wesens bzw. dem Grad seiner Freiheit entspricht der Grad des Festgelegtseins auf die Verwirklichung des Guten (im Sinne des von dem Standpunkt des umfassendsten räumlichen und zeitlichen Ganzen Sinnvollsten), so daß die unübersteigbare Freiheit mit der unübersteigbaren Determination durch das Gute und zu dem Guten einhergeht — im Sinne des unübersteigbaren Aufbringens der Bereitschaft sich durch das Gute und zu dem Guten determinieren zu lassen. Zu der höchsten Freiheit gehört nämlich sowohl das am meisten gesteigerte Denkvermögen und die mit seiner Hilfe erzielte maximale Ausdehnung des Wissensbereichs, als auch das maximale Fehlen der Bereitschaft und Fähigkeit des Willens, das von dem am meisten wissenden Verstand, d. h. dem vollkommenen Denkvermögen Präsentierte und zur Verwirklichung Empfohlene zu durchkreuzen[37].

2. Die Ansetzung der Freiheit als Lücke im kausalen Geschehen und der dichotomische Seinsentwurf der Zweiweltentheorie

Eine zweite, mit der besprochenen verwandte Art und Weise, die Determination mit der Kontingenz vorschnell zu verbinden, besteht in der Ansetzung der menschlichen Freiheit als Insel innerhalb des determinierten Verlaufs der Entstehung aller Dinge, Eigenschaften und Bege-

---

[37] „En cela il en est de nous, comme de Dieu lui-même, qui est aussi toujours déterminé dans ses actions, car il ne saurait manquer de choisir le meilleur. Mais s'il n'avait pas de quoi choisir, et si ce qu'il fait, était seul possible, il serait soumis à la nécessité. Plus on est parfait, plus on est déterminé au bien, et aussi plus libre en même temps. Car on a une faculté et connaissance d'autant plus étendues, et une volonté d'autant plus resserrée dans les bornes de la parfaite raison": GP III, S. 58 f.

benheiten in der Welt. Gegen diese Art der Vereinigung polemisiert bereits der junge Leibniz (in den Jahren 1670 oder 1671) und zwar in einer Abhandlung, deren lateinische für Boineburg bestimmte Fassung verloren gegangen ist, von der aber eine deutsche Version als Bruchstück uns erhalten ist; es wurde zum ersten Mal von Ludwig Stein im Anhang seines Buches „Leibniz und Spinoza" unter dem Titel „Ein deutscher Entwurf zur Theodizee" (S. 345 ff.) veröffentlicht[38]. Hier spricht Leibniz von zwei Hauptsophismata oder betrüglichen Vernunftschlüssen, von denen der eine „vor die Sünder", der andere wider Gott, der eine wider die Buße und Vermeidung künftiger Sünden, der andere wider die Strafe vergangener gerichtet ist (a. a. O., § 7). Von diesen zwei harten Knoten, die mit keinem Alexander-Schwert aufzulösen seien[39], läßt sich der zweite in folgenden Formschluß bringen: Wer wissentlich die Sünde zuläßt, alle Gelegenheiten dazu verschafft und macht, daß es der Täter tun kann, ja den Willen des Täters selbst dazu reizt und macht, daß er es tun will: da er doch wohl die Sünde hindern, ja die Gelegenheiten dazu zu schaffen und den Willen zu reizen unterlassen konnte, der ist als ein Urheber der Sünde zu achten.

Gott tut ein solches, wie erwiesen. Deswegen ist er als ein Urheber der Sünde zu achten[40].

Dies wird durch ein Beispiel erläutert: „Worumb sündige ich jeze und begehe einen todtschlag? weil ich will und kan. Dass ich kan, giebt mir Gott; dass ich will, geben mir die umbstände. Aber die hat ja Gott auch geschaffen mit der ganzen Kette ihrer ursachen bis auf den anfang der welt zurück. Ich will, weil mich der andere (vielleicht unwissend) verlezet und ich eines cholerischen temperaments, darin durch erziehung gestärcket, etwa in lauter glück und Freyheit erzogen, einer stetn unterwerffung und schmeicheley gewohnt. Diess alles hat wieder seine ursachen, dass man, wenn der menschliche verstand fähig were, diesem strohm bis zu seinem quell ohne abbrechen nachzugehen, endtlich auff den von Gott selbst erschaffenen ersten zustand der welt, daraus dieses alles erfolget, kommen würde."[41]

Gegen den durchgeführten Gedankengang bringt man, wie Leibniz sagt, so lahme Sachen vor, Gott zu entschuldigen, daß sich der Advokat

---

[38] Vgl. jetzt auch die Akad. Ausgabe VI, 1, S. 537 ff.
[39] a. a. O., § 15.
[40] a. a. O., § 15.
[41] a. a. O., § 17.

eines Beklagten ihrer vor einem verständigen Richter schämen würde. Auf die augustinische Lehre von der (den Gegenbegriff zu der causa efficiens darstellenden) causa deficiens anspielend, argumentieren die „schönen Advokaten göttlicher Gerechtigkeit, die zugleich alle Sünder unstrafbar machen werden", folgendermaßen: „So ist denn ein übeler Musicant nur der schläge oder striche und nicht der daraus folgenden dissonanz ursache; scilicet wer kan dafür, dass sie sich nicht reimen wollen, soll dessen der musicant entgelten?" Der Einwand Leibnizens gegen diese Argumentation stellt heraus, daß ein derartiges Vorgehen bei der Entlastung Gottes konsequent zu Ende gedacht die Entlastung jedes Sünders mit sich bringen würde: „Ja ich sehe nicht, warumb man den Sünder selbst für einen ursacher der Sünde hält; er thut die that (gleichwie Gott alles, aus dem die that folgt), wer kan dafür, dass sie sich mit der Liebe Gottes nicht zusammen reimet. Es ist solche unvollkommenheit oder dissonanz ein non ens, ein negativum, darin kein concursus noch influxus, wie sie es nennen, statt hat."[42] Mit anderen Worten: Leibniz widerlegt die erwähnte Argumentation durch eine reductio ad absurdum, denn die Behauptung, daß kein Übeltäter strafbar sei, ist, als eine der täglichen pädagogischen Praxis, den Stufen der rächenden, nicht nur heilenden Gerechtigkeit[43] und darüber hinaus dem Urteil des Gemüts, das „von keinen unverständlichen Grillen der Philosophen verdrehet und gleichsam gefälscht" ist[44] widerstreitende Behauptung, etwas Unhaltbares. Die Widerlegung ist allerdings erst dann vollständig, wenn die Vereinigung von (nicht-nezessitierender) Determination und Kontingenz bzw. von (nichtfataler) Notwendigkeit und Freiheit durch die Vorführung des diese Vereinigung ermöglichenden metaphysisch-psychologischen Mechanismus modellhaft-konkret aufgezeigt worden ist.

Bei einem zweiten Versuch, das den zweiten harten Knoten ausmachende Hauptsophisma zu entlarven, bemühen sich andere, denen der Rückgriff auf die Lehre von der causa deficiens unbefriedigend erscheint, „unterm Vorwand des menschlichen freyen willens die adamantine Kette der aus einander folgenden Ursachen zu zerreissen und Gott zur erhaltung seiner gerechtigkeit seine eigne natur (dass er sey die erste und lezte

---

[42] a. a. O., § 18.
[43] Über diese Differenzierung der Gerechtigkeit, die Leibniz von dem Rechtsgelehrten Conring übernimmt, und die entsprechenden Straftheorien: cf. Theod., 3. Anhang, § 17.
[44] a. a. O., § 19.

ursache aller dinge) zu benehmen"[45]. Eine vorläufige, aber nicht unrichtige Definition der Freiheit zugrundelegend, gemäß welcher derjenige frei ist, der tun kann, was er will, und der das will, was (dem Verstand) als ein Gutes erscheint, fährt Leibniz fort: „Derowegen, obwohl die menschen insgemein, so lang ihr gemüth von keinen gezwungenen unverständtlichen Grillen der Philosophen verdrehet und gleichsam gefälschet, dafür halten, derjenige habe freyen willens gnug, der das thun kan was er will, und will was er guth befindet, so haben doch die guthen herren, welche gesehen, dass eine Kette der Ursachen gleich daraus folge (dieweil der will auf die erscheinende güthigkeit und solche wiederumb aus andern umbständen wie ein effect aus seiner vollkommenen ursach entsteht), alle ihre kräfte des gemühts angewendet, solche natürliche auslegung aus den gemüthern zu tilgen."[46] Im Verlauf der Darstellung der Art und Weise, in der die natürliche Auslegung der Freiheit und die diese natürliche Auslegung begleitende These, daß die Freiheit nur als eine irgendwann und immer wieder resultierende, im Horizont der Geschichtlichkeit und des Mehr und Weniger stehende Modifikation innerhalb des Kontextes der Notwendigkeit anzusehen ist, aus den Gemütern getilgt wurde, entwirft Leibniz eine gedankliche, wenn auch keine philosophiegeschichtliche Entstehungsgeschichte der als absolute oder pure Indifferenz verstandenen Freiheit: „Welches nämlich die Tilgung sie dann bey ihren schühlern auch verlanget und wunder meinen, wie sie der göttlichen gerechtigkeit geholffen haben. Demnach sagen sie, der **f r e y e w i l l e** ist eine solche Krafft eines verständigen Geschöpfes, dass es ohne einige (= irgendeine) Ursach dieses oder jenes wollen kan. Dieses nun heissen sie indifferentiam puram, geben ihm wunderliche Nahmen, titel und unterschiede, und bringen eine unzählbare Menge unbegreifflicher dinge und philosophischer wunderwercke, wie leicht zu erachten, darauss."[47]

Aus dem bisher Gesagten erhellt: Wenn die Freiheit als eine Lücke in der Kette der Ursachen, oder als eine Insel in dem homogenen Medium der Notwendigkeit angesetzt wird, und die Vereinigung von Determination und Freiheit eine unvermittelte bleibt, dann kann die Freiheit nur in der reinen Indifferenz bestehen und somit als ein Entstehen ohne irgendeine Ursache, letzten Endes als das, was Leibniz in seiner Auseinandersetzung mit Hobbes „un hasard réel" genannt und mit Hobbes gemeinsam abgelehnt hat, verstanden werden. Leibniz spricht, seine Ablehnung

---

[45] a. a. O., § 19.
[46] a. a. O., § 19.
[47] a. a. O., § 19.

des Zufalls und der mit ihm strukturidentischen völligen Indifferenz präzisierend, von dem cas fortuit effectif[48], mit anderen Worten von der (angeblich) in der Sache selbst vorliegenden Un-Bedingtheit und Unableitbarkeit des Geschehens, im Unterschied zu der unleugbaren Unableitbarkeit und Zufälligkeit, die lediglich „für uns" gilt, d. h. für vernünftige Wesen, deren Wissen stets ein partielles ist, indem ihm immer ein Nichtwissen über einen Teil des Gesamtverbandes der Gründe, Bedingungen und Ursachen der Vorgänge anhängt — und im Unterschied zu der nicht nur mit dem fragmentarischen menschlichen Bewußtsein korrelativen, sondern auch von dem Standpunkt des vollkommenen Weisen aus zu akzeptierenden Kontingenz jedes Wirklichen.

Ein Verständnis der Freiheit und der Kontingenz, das sich an dem Modell der Lücke oder der Insel orientiert, würde aber nicht nur direkt der Anerkennung der Geltung des Satzes vom Grund Abbruch tun. Für seine Ablehnung sprechen, außer der eben genannten Unverträglichkeit noch zwei andere Gründe, die ihrerseits mit der Anerkennung der Geltung des Satzes vom Grund zusammenhängen und von denen der eine sich auf ein Theologoumenon bezieht, das besagt, daß Gott, als der Urheber und Erhalter aller Dinge, allwissend ist und alles vorauszusehen vermag. Leibniz übernimmt nämlich diesen Gottesbegriff, was sich auch in seiner These ausdrückt, daß die Handlungen des Willens in einer doppelten Weise festgelegt sind: einmal durch das Vorherwissen und die Providenz Gottes, zum anderen durch die in den Tendenzen (inclinations) der Seele[49] bestehenden Dispositionen der unmittelbar zugrundeliegenden konkreten Ursache: celles (= les actions) de la volonté se trouvent déterminées en deux manières, par la prescience ou providence de Dieu, et aussi par les dispositions de la cause particulière prochaine, qui consistent dans les inclinations de l'âme[50]. Hier müssen wir noch darauf aufmerksam machen, daß das, was Leibniz „dispositions de la cause particulière

---

[48] Theod. § 362.
[49] Auch an dieser Stelle ist die Übersetzung des Wortes inclinations durch „Neigungen" irreführend, nachdem seit Kant die Neigung als „habituelle sinnliche Begierde" (Anthr. 1 T § 73) und als „Abhängigkeit des Begehrungsvermögens von Empfindungen" (GMS 2 Abs. 3 Anm.) verstanden wird, denn in dem Sprachgebrauch von Leibniz werden die Tendenzen und Antriebe jeder Art, also auch die auf dem Anstreben des Guten um seiner selbst willen beruhende Tendenz als „Neigung" (inclination) bezeichnet. Dieser Sprachgebrauch dokumentiert sich in der Lehre von Leibniz von der détermination inclinante und von den inclinations prévalentes, von den die Übermacht erlangenden Tendenzen, die keineswegs immer mit den die Übermacht erlangenden habituellen sinnlichen Begierden gleichzusetzen sind.
[50] Theod. § 365.

prochaine" nennt, keine „Anlagen" sind, etwa im Sinne von erblichen, völlig außerhalb der Reichweite der bewußten Transformation liegenden Charakteranlagen. Es handelt sich vielmehr um Zurüstungen, Vorbereitungen und Arrangements, d. h. hier um den Grad der Bewußtheit und die Art der Reflektiertheit, die das denkende Wesen sich erarbeitet hat und die, von Fall zu Fall verschieden, jeweils im Augenblick vor dem Vollzug einer Entscheidung (= Handlung des Willens) vorliegen.

Leibniz beruft sich dabei auf den Dialog von Laurentius Valla gegen Boetius, in dem die Freiheit mit dem Vorherwissen (prescience), d. h. mit der Voraussagbarkeit des modellhaft vorgestellten und antizipierten Geschehens versöhnt wird, fügt aber hinzu, daß er noch einen Schritt weitergeht: er versöhnt die Freiheit auch mit der Providenz (providence), d. h. mit der Voraussagbarkeit der spätesten Folgen des initiierten tatsächlichen Geschehens und zwar auf Grund der These, daß hinsichtlich des Inhalts das Wirkliche nicht mehr enthält im Vergleich zu demselben Etwas im Status der Möglichkeit, wenngleich die Inhalte, die sich durchsetzen und zur Wirklichkeit gelangen, mehr enthalten bzw. zu einem reicher strukturierten großen Ganzen gehören im Vergleich zu den Inhalten, die das weniger reich strukturierte und unwirklich gebliebene Ganze ausmachen[51]; und daß der Beschluß, eine Sache oder Handlung zur Existenz zu befördern, die Natur der betreffenden Sache nicht mehr ändert als deren einfaches Bezogensein auf das Erkenntnisvermögen, das die „Natur" selbst als Vorstellung bzw. als ein Mögliches vor sich hat[52].

Das philosophisch Relevante in dieser theologischen Diskussion über die Providenz läßt sich in zwei Punkten zusammenfassen. Es besteht, erstens, in der Auffassung, daß prinzipiell schlechthin alles vorhersehbar und voraussagbar ist, selbst das in der entferntesten Zukunft Liegende; eine Auffassung, die auf die Bewegungen der Körper eingeschränkt durch Laplace und den Laplaceschen Geist berühmt geworden ist: „wer alles übersieht, sieht in dem, was ist, das, was sein wird"; „celui qui voit tout, voit dans ce qui est, ce qui sera"[53]. Die genannte Auffassung beruht auf der These, daß die Gegenwart stets mit der Zukunft schwanger geht, wie Leibniz bereits 1702 in einem Brief an Bayle[54], formuliert, seinen Satz

---

[51] S. Bodemann, Handschriften, S. 120 f.
[52] a. a. O., § 365.
[53] Theod. § 360.
[54] GP III 66, ähnlich in der Theodizee und in der Monadologie, vgl. auch N. E. —, Das zitierte Bild wird durch den Gedanken expliziert, daß in jeder Substanz alle ihre zukünftigen Zustände bereits jetzt angedeutet sind (GP III 66).

vom Grund interpretierend und zugleich die Vorstellung von der „adamantinen Kette der aus einander folgenden Ursachen" vertiefend: „le présent est gros de l'avenir". Diese These ist, wie Leibniz sagt, „eine der Regeln meines Systems der durchgängigen Harmonie" (harmonie générale)[55], wobei die durchgängige Harmonie, wie aus derselben Passage erhellt, nichts anderes als der vollkommene Zusammenhang der Dinge (la parfaite connexion des choses)[56] ist, d. h. das Fehlen von Dingen oder Komplexen von Dingen, die von den anderen koexistierenden Dingen völlig isoliert und untangiert sind, und das Fehlen von Lücken und (unvorbereiteten) Sprüngen im Geschehen — gleichsam eingestreuten Parzellen des Nichts.

Der zweite relevante Punkt besteht in der Einsicht, daß es kein Wissen gibt, nicht einmal ein idealtypisch und als Grenzfall angesetztes unendliches Wissen, das uns zu erlauben vermöchte, die Vereinbarkeit der Voraussagbarkeit mit den Handlungen einer völlig grundlos in Aktion tretenden Ursache zu denken, woraus sich ergibt, daß das Wesen, dem eine als indifferentia pura verstandene Freiheit unterstellt wird, und das eine Ursache von der angegebenen Art darstellen würde, ein Hirngespinst ist: „Il n'y a point de science, quelque infinie qu'elle soit, qui puisse concilier la science et la providence de Dieu avec des actions d'une cause indéterminée, c'est à dire avec un être chimérique et impossible."[57] Von dieser Position aus überschüttet Leibniz Fonseca und Molina, die Erfinder des sogenannten mittleren Wissens (scientia media), das Gott das vermeintliche Voraussehen von Handlungen gestattet, die aus einer als absolute Indifferenz verstandenen Freiheit entspringen, mit seinem Spott, indem er schreibt: „Weil aber also (nämlich durch die Ansetzung der Freiheit als Vermögen eines vernunftbegabten Wesens, das sich völlig grund- und ursachlos, mithin rein zufällig zu dem Vollzug der ihm eigentümlichen Tätigkeit, d. h. zu dem Wollen von diesem oder jenem überführen kann) die Kette der Ursachen zerrissen wird, wissen sie (nämlich die

---

[55] Theod. § 360.
[56] a. a. O., § 360.
[57] a. a. O., § 365. Der referierte Gedankengang zeigt eindeutig, daß Jalaberts Auffassung unhaltbar ist; nämlich die Auslegung, gemäß welcher der Unterschied (zwischen der höchsten göttlichen Vernunft und der mit Schranken versehenen menschlichen Vernunft letzten Endes, trotz aller Vorbehalte, mit einem prinzipiellen Unterschied äquivalent ist. Zur Begründung dieser Auslegung wird auf den hier anzusetzenden Abstand des Endlichen von dem Unendlichen verwiesen. Aber dieser Ansatz „trägt" nicht, wie wir eben gesehen haben, die versuchte Einordnung Leibnizens in eine „dialektische Theologie". Cf. Leibniz, Essais de Théodicée, Préface et notes de Jacques Jalabert, Paris 1962, S. 14.

‚guten Herren', die das genannte Philosophem formuliert haben, d. h. die molinistischen Theologen der Spätscholastik) nicht, wie sie die allwissenheit Gottes, als die darauff gegründet, dass er die erste Ursach (ens a se, a quo omnia, wie sie selbst lehren) ist, erclären sollen. Zum Exempel als Abjathar dem David aus gottlichem eingeben prophezeyet, wenn Saul vor Ziclag käme, würden ihn die Bürger dem Belagerer liefern, da wissen sie nicht, wie sie es machen sollen; umb zu sagen, wie doch Gott solches immermehr wissen können, was die Bürger von Ziclag einmahl würden gethan haben, da doch der Ziclager freyer wille ein ganz indifferentes, an keine Ursachen gebundenes ding, darinn Gott nicht das geringste sehen können, und wenn er gleich alle umbstände noch so genau betrachtet hätte, dahin doch menschen ihre zuflucht und offt unfehlbar gnugsam zu nehmen pflegen; woraus er gewissen wissen können, wohin die balance ihres freyen willen ausschlagen würde. Wie muss es doch nun Gott immermehr gemacht haben, dass er dieses geheimnüss errathen? Seine allmacht, dadurch er alles weis was er schaffet, hat hier nicht helffen können, dieweil dem freyen willen seine ungebundene Natur lässet und nicht das geringste in ihm würcket, wie sie glauben, dadurch der ausschlag verursachet werde. So hat auch seine Unendlichkeit und Allgegenwart, dadurch künfftige Dinge gleichsam als jezo gegenwärtig vor ihm stehen, nichts dabey thun können, denn hier war nicht die frage, was künfftig geschehen werde, sondern was da würde geschehen seyn, wenn Saul kommen und David bleiben were, obwohl weder David bleiben, noch Saul kommen. Hier ist nun der unvergleichliche Geist zweyer Spanier Fonsecae und Molinae der nothleidenden allwissenheit Gottes eben recht zu hülffe kommen und hat dem menschlichen geschlecht eröffnet, wie dass Gott alle solche consequenzen der dinge, da der freye wille mit eingemischet, wisse, durch eine gewisse wissenschaft, so, glaub ich, im Himmel scientia media genennet werde. ... Diese wird als eine grosse subtilität, als eine übernatürliche erfindung, ja als ein Meisterstück des menschlichen Verstandes gerühmet, davon man nicht als den laut des worths verstehet."[58]

An dieser Stelle muß erwähnt werden, daß jede dualistische Freiheitstheorie, d. h. jede Theorie, die die Versöhnung von Determination und Kontingenz (oder Freiheit) auf der Grundlage einer Zwei-Welten-Lehre unternimmt, zu der Annahme eines Einbruches der aus der Schicht der Freiheit entspringenden Wirkungen in die durch die adamantine Kette

---

[58] Ein deutscher Entwurf zur Theodizee, § 19. Fonseca und Molina waren die gelehrtesten Jesuiten des ausgehenden sechzehnten Jahrhunderts.

der aus einander folgenden Ursachen repräsentierte Schicht und somit zu der Einführung eines Bruches, zum mindesten eines Sprunges in diese Kette gedrängt ist. Bereits aus diesem Grunde ist die Interpretation der Freiheitstheorie von Leibniz durch Gottfried Martin revisionsbedürftig. Martin schließt sich nämlich der Auslegung von Kurt Hildebrand an, der Platons Zweiweltentheorie als Basis und Muster nimmt, um bei Leibniz eine entsprechende Konzeption hineinzulesen[59]; er macht allerdings die Einschränkung, daß ein solcher Ansatz sich auf gute Stellen sowohl bei Leibniz als auch bei Platon stützen könne und wohlbegründet sei, daß man aber aus systematischen Erwägungen heraus geltend machen müsse, daß eine Zweiweltentheorie weder das letzte Wort von Platon noch das letzte Wort von Leibniz ist[60]. Unbeschadet dieser Einschränkung glaubt Martin sagen zu können, Leibniz nähme mit Recht in Anspruch, daß seine Zweiweltentheorie, seine Lehre von den beiden Reichen (= dem Reich der Natur und dem der Gnade), verbunden mit der Lehre von der prästabilierten Harmonie, eine Lösung des Freiheitsproblems darstellt, wozu der Zusatz gemacht wird: „Man mag einwenden, daß die Künstlichkeit der Lehre von der prästabilierten Harmonie auch die Lösung des Freiheitsproblems zu einer recht künstlichen mache. Selbst wenn man das zugäbe, so muß man einräumen, daß Leibniz durch seine Lösung das Problem klar gemacht hat."[61]

Zu der Unterscheidung zwischen den beiden Reichen ist zu sagen, daß sie Leibniz übernimmt, weil sie in der Diskussion seiner Zeit ihren festen Platz hatte, nachdem Malebranche seinen Traité de la Nature et de la Grâce (1680) veröffentlicht hat; ein Werk, das Leibniz in seiner Privatbibliothek besessen[62] und zu dem er mit seinen Principes de la nature et de la grâce fondés en raison ein Gegenstück geliefert hat. Gemäß seiner These von dem vollkommenen Zusammenhang der Dinge und von der durchgängigen Harmonie betont jedoch Leibniz gegenüber Bayle, daß die Verfassung der Welt nicht zur Beförderung des Glücks der vernunftbegabten Wesen eingerichtet ist und daß somit keine eindeutige Zuordnung und Unterordnung des Reichs der Natur unter das Reich der Gnade, eine im Sinne der äußeren Zweckmäßigkeit verstandene Teleologie besteht; das Reich der Natur ist vielmehr an das Reich der Gnade angeglichen, da alles miteinander verbunden ist, und zwar nicht im Sinne

---

[59] S. K. Hildebrandt, Leibniz und das Reich der Gnade, Den Haag 1953.
[60] G. Martin, Leibniz. Logik und Metaphysik, Berlin 1967, 2. Aufl., S. 179 f.
[61] a. a. O., S. 179.
[62] S. A. Robinet, Malebranche et Leibniz, S. 19.

der Verbindung des reinen Mittels mit dem reinen Zweck oder des das Ziel nicht ahnen lassenden Weges mit dem das Unterwegssein ganz abgestreift habenden Ziel, auch nicht im Sinne von zwei gleichgehenden Uhren, die völlig unabhängig voneinander funktionieren und stets miteinander übereinstimmen. Zur Verdeutlichung muß gesagt werden, daß Leibniz zwar dieses Uhrengleichnis gebraucht, um seine Konzeption der prästabilierten Harmonie sowohl von der occasionalistischen Lehre des ständigen korrigierenden Eingreifens als auch von der ein Nebeneinander von Aktivität und völliger Passivität annehmenden Lehre über den influxus physicus abzugrenzen. Der Sinn aber, mit dem er dieses Gleichnis erfüllt, ist ein ganz anderer im Vergleich zu dem Sinn, den Geulinx[63] ihm beigibt; wenn er übrigens kein anderer wäre, ließe sich die These von dem vollkommenen Zusammenhang der Dinge in ihr genaues Gegenteil verkehren, so daß man mit zumindest gleicher Berechtigung von der vollkommenen Zusammenhanglosigkeit der Dinge sprechen könnte. Die vorschnelle Interpretation des (im spezifisch Leibnizschen Sinne zu deutenden) Uhrengleichnisses, das bereits Kant dazu verführt hat, die prästabilierte Harmonie als das „wunderlichste Figment, das je ausgedacht worden ist" zu bezeichnen[64], hat bislang die gesamte Leibniz-Forschung daran gehindert, den Widerstreit zwischen der von Leibniz ganz ernst genommenen und nicht nur als Verlegenheitslösung angesehenen prästabilierten Harmonie und der parfaite connexion des choses zu beseitigen und den logischen Zusammenhang zwischen den beiden wichtigen Theoremen herzustellen. Dieser Zusammenhang kommt zum Vorschein, wenn die Harmonie im musiktheoretischen Sinn der harmonischen Töne der Akkorde verstanden wird; und das Prästabilierte der Harmonie nicht als permanente zeitliche Koinzidenz, sondern als eine nie ausbleibende Transformation der Tätigkeit des Wirkenden in ein Stimulans für selbsthervorgebrachte Veränderungen im Leidenden. Tuendes und selbsttätig Leidendes sind aneinander akkomodiert, analog zu dem Reich der Gnade, das „irgendwie" an das Reich der Natur akkomodiert ist[65].

---

[63] Georg Schmitz weist in seiner Übersetzung der Ethik von Arnold Geulinx (1665) auf die Tatsache hin, daß sich das durch Leibniz berühmt gewordene Uhrengleichnis bereits bei Geulinx in einer Anmerkung zur Ethik findet, allerdings ohne das Spezifische in Leibnizens Uhrengleichnis zu ahnen oder gar zu explizieren: Arnold Geulinx, Ethik, übers. und eingel. von Georg Schmitz, Meiner, Hamburg, Anhang, S. 69 f.

[64] Kant, Fortschritte.

[65] „Comme tout est lié dans le grand dessein de Dieu, il faut croire que le règne de la grâce est en quelque façon acommodé à celui de la nature": Theod. § 118.

Die Schwierigkeiten, in die sich die Projizierung des „dichotomischen Seinsentwurfs der Zweiweltentheorie"[66] auf die Weltsicht von Leibniz verwickelt, werden auch durch den Umstand sichtbar, daß Martin sich gezwungen sieht, allen Monaden Einlaß in das Reich der Gnade zu gewähren, mag ihnen, wie dem Menschen und den höheren Monaden, die apperceptio, oder mag ihnen, wie den Tieren und den anderen niederen Monaden, nur die perceptio zukommen[67]; während Leibniz, nach der besprochenen Stelle aus der Theodizee, offensichtlich nur die Menschen und die der Einsicht fähigen Wesen überhaupt dem Reich der Gnade zuzählt, so daß die Trennungslinie zwischen den beiden Reichen mit der Scheidelinie zwischen Freiheit und bloßer Spontaneität zusammenfällt, und das über die gültige Beurteilung des Verhältnisses der Freiheit zu der bloßen Spontaneität Gesagte, auch für die Beurteilung des Verhältnisses des Reichs der Gnade zu dem Reich der Natur gilt. Bei Leibniz finden wir weder den dichotomischen Seinsentwurf der Zweiweltentheorie, noch erhebt er den Anspruch, daß seine nichtvorhandene Zweiweltentheorie, verbunden mit der Lehre von der prästabilierten Harmonie, eine Lösung des Freiheitsproblems darstellt.

Der klassische Beleg für den Versuch, mit Hilfe des Dualismus der Zweiweltentheorie, d. h. hier der Unterscheidung zwischen dem Bereich des Phänomenalen und des Noumenalen und zwischen dem empirischen (oder sensiblen) und dem intelligiblen Charakter des Menschen das Freiheitsproblem zu lösen und die Vereinigung von Determination qua Kausalität der Natur mit der Kausalität der Freiheit zu erreichen, finden wir in der Lehre, die Kant zur Schlichtung der dritten kosmologischen Antinomie in der transzendentalen Dialektik der „Kritik der reinen Vernunft" entwickelt. Die Tatsache, daß der Kantsche Dualismus nicht ohne weiteres mit dem platonischen gleichzusetzen ist, braucht uns hier nicht zu beschäftigen; von Heinz Heimsoeth wurde übrigens schon gebührend herausgestellt, daß die „intelligible Welt" für die gesamte Tradition des Platonismus bis zu Kant hin als Region des Ansich-Seienden galt, das durch reinen Verstand (intellectus purus) faßbar und durch dessen Begriffsarbeit erschließbar sei, während für Kant die über alle Erscheinung hinausliegenden Noumena, vom Erkenntnisanspruch her gesehen, immer nur solche „in negativer Bedeutung" sind[68]. Das für uns hier Relevante

---

[66] Martin, a. a. O., S. 177.
[67] a. a. O., S. 178.
[68] H. Heimsoeth, Transzendentale Dialektik. Ein Kommentar zu Kants Kritik der

besteht darin, daß weder Kant noch seine Interpreten es vermocht haben, in präziser Weise die Vereinbarkeit der nach Kant toto genere von einander verschiedenen Kausalitäten, d. h. der Kausalität der Natur mit der der Freiheit, vorzuführen. Heimsoeth gibt in seiner Kant-Interpretation bezeichnenderweise zu, daß das Vermögen, das durch die Entfaltung eines in völliger Unabhängigkeit aus sich selbst kommenden Wirkens auf das, was erscheint, konstituiert wird, weder erfahrbar, noch aus erfahrenen Wirkungen erschließbar wäre; dennoch läge die aus dem Vernunftzusammenhang sich ergebende Aufgabe vor, gewisse Wirkungs-Begebenheiten auf ein so geartetes Vermögen problematisch zu beziehen: „Jede W i r k u n g eines tätigen Wesens von der Art des Menschen hat dann eine „doppelte Seite", und ebenso sein „Vermögen" einzuwirken: in den Erscheinungsreihen ist es ein seinerseits bedingtes (wie Kräfte sonst in der Natur, z. B. auch Instinkte von Lebewesen), dagegen könnte dem Ansich-sein eben dieses Wesens (gedacht als nicht empirischer, sondern als „transzendentaler" Gegenstand bzw. „transzendentales Subjekt") die andere Art Wirksamkeit eigen sein"[68']. Mit anderen Worten: Nur der Rückgriff auf den „Vernunftzusammenhang" und das sich aus ihm Ergebende, d. h. auf die Ergebnisse des in der Kräfteanspannung der sinnlichen und intellektuellen Praxis auf sich selbst reflektierenden Menschen legt uns nahe, einen Punkt außerhalb der einzigen Reihe der Naturordnung anzusetzen — und die Wirkungs-Begebenheiten auf ihn „problematisch zu beziehen", d. h. die Schwierigkeiten, die der dynamische, ausgreifende Charakter dieses gleichsam archimedischen, eine Unordnung in die „einzige Reihe der Naturordnung" bewirkenden Punktes mit sich bringt, zu für das spekulative Denken unlösbare Schwierigkeiten abzustempeln und somit theoretisch offen zu lassen, damit wir uns nicht eingestehen müssen, daß ein außerhalb der „einzigen Reihe der Naturordnung" (die nichts anderes als die „adamantine Kette der auseinander folgenden Ursachen"

reinen Vernunft, 2. Teil: Vierfache Vernunftantinomie; Natur und Freiheit; intelligibler und empirischer Charakter, Berlin 1967, S. 347, Anm. 235.

[68] a. a. O., S. 348. — In bestimmterer Weise spricht Heimsoeth auf S. 351 f. davon, daß dasselbe Subjekt und dieselben Handlungen zweierlei Bezugssinn haben können: den auf vorhergehende Ursachen und den auf etwaigen Ursprung aus einem Vernunftwollen, welches jenem noumenalen Bereiche zugehört, der die Erscheinungen überhaupt und so auch das Erscheinen einer Handlung und des Charakters, der sich darin äußert, bedingt. Dennoch bleibt immer noch die Frage im Dunkeln, wie denn ein solches Bedingungsverhältnis bestehen kann, ohne daß eine Beimischung des bedingenden Bereichs in den bedingten stattfindet und ohne daß die Vorgänge, die durch den „Bezugssinn" auf die vorhergehenden Ursachen geprägt sind, getrübt und gestört werden.

ist) angesiedelter dynamischer Punkt nur als ein mit der indifferentia pura ausgestattetes tätiges Wesen gedacht werden kann, und daß sein In-Erscheinung-Treten nur als ein Bruch oder Sprung in der Kette vorstellbar ist.

Nach Nicolai Hartmann, der zu Recht betont, daß die kategoriale Freiheit — d. h. die Kontingenz — die Vorbedingung der sittlichen Freiheit[69] und die Freiheit des Willens nur ein Spezialfall der kategorialen Freiheit ist[70], ist die Kantsche Fassung des Problems der Freiheit, gemäß welcher dasselbe Subjekt als Ding an sich frei sein kann, was als Erscheinung in Ansehung derselben Handlung, doch nicht frei ist[71], die maßgebende geblieben, obgleich Kants Lösungsversuch, wie Hartmann hinzufügt, nur einen Anfang darstellt[72]. Das in unserer Überlegung Beunruhigende besteht darin, daß Hartmann die Kantsche Problemfassung als die maßgebende ansprechen zu können glaubt, obwohl er klar sieht, daß es im Wesen aller Reihenabhängigkeit liegt, daß sie dort, wo sie überhaupt besteht, auch unaufhebbar fortläuft und nicht nachträglich durch Gegenmächte suspendiert werden kann, und daß die Aufstellung der halben These eines partiellen Indeterminismus, die mit den Lücken operierte und den durchgehenden determinativen Weltzusammenhang selbst in Abrede stellte, als ein Zerhauen, nicht als ein Lösen des Knotens zu bezeichnen ist[73].

Hartmann erhebt den Anspruch, daß „alte Rätsel der Vereinigung von Notwendigkeit und Freiheit" zu lösen[74] und den Kantschen Lösungsversuch, der von der Nachwelt voll gewürdigt worden sei, den sie aber nicht auszuwerten vermochte, zu Ende zu denken[75]. Er knüpft dabei an die Unterscheidung zwischen „Freiheit im negativen Verstande" (= Unbestimmtheit, indifferentia pura) und „Freiheit im positiven Verstande" an, und ordnet das, was Kant „erstes Anheben einer Kausalreihe" nennt und was Hartmann mit „Einsetzen einer positiven Bestimmung höherer Ordnung" interpretiert, einseitig-ausschließlich der Freiheit im positiven Verstande zu, darauf verweisend, daß Kant die Möglichkeit der zuletzt genannten Gestalt der Freiheit in einer bereits kausal determinier-

---

[69] N. Hartmann, Neue Wege der Ontologie, S. 99.
[70] a. a. O., S. 102.
[71] S. Heimsoeth, a. a. O., S. 349, Anm. 237 a.
[72] N. Hartmann, a. a. O., S. 98.
[73] a. a. O., S. 100.
[74] a. a. O., S. 103.
[75] a. a. O., S. 101.

ten Welt darin erblickt, daß hinter dieser Welt sich eine zweite auftut — eine „intelligible" Welt, die Welt des Ansich[76], aber nicht bedenkend, daß im Falle, in dem das erste Anheben einer Kausalreihe wirklich ein erstes ist, dieser absolute Anfang nur von einem aus einer absoluten Indifferenz heraus tätigen Wesen gesetzt werden kann, da sich andernfalls vorausgegangene Vorbedingungen aufzählen ließen und eine Prädetermination bestünde. Hartmann ist jedoch der Meinung, die vorausgegangenen Vorbedingungen zugeben zu können, ohne die Determation und Prädetermination akzeptieren zu müssen, und zwar auf Grund seiner Theorie von der Vielschichtigkeit der Welt, die eine Umbildung der Kantschen Unterscheidung zwischen phänomenaler und intelligibler Welt bzw. zwischen empirischem und intelligiblem Charakter des Menschen darstellt. Indem er von Determinationen ausgeht, die als Determinationen verschiedener Schichten, als höhere und niedere sich voneinander unterscheiden und jeweils ein „kategoriales Novum" (im Vergleich zu der niederen) aufweisen, den Satz zugrunde legt „frei ist jede Determination, die sich über einer niederen erhebt"[77] und die Determinationsform des Kausaldeterminismus als eine niedere und als eine durch die höhere — nämlich durch die Determinationsform des Finaldeterminismus — „überformbare" versteht, gelangt er zu der Gleichsetzung der Freiheit mit der (freien, nicht kausal-determinierten) Lenkung von Kausalprozessen.

Die Überformbarkeit des Determinationsmodus des Kausaldeterminismus durch die höhere Determinationsform wird nämlich in die These von der Lenkbarkeit des Kausalprozesses umformuliert, d. h. von der Möglichkeit, den Kausalnexus in einen Finalnexus einzubauen, genauer gesagt in das, was Hartmann die dritte Etappe des Finalnexus nennt, und das in der Verwirklichung des Zweckes durch eine Reihe der Mittel besteht (Mittel, die zuvor in dem den Zeitlauf antizipierenden Bewußtsein rückläufig selegiert wurden — zweite Etappe —, nachdem die Zwecksetzung — erste Etappe — stattgefunden hat): „Kausalprozesse sind lenkbar, weil sie nicht auf Endziele festgelegt sind, sondern gleichgültig ablaufen; sie sind zwar nur dann lenkbar, wenn der Mensch ihre Gesetzlichkeit durchschaut und sich ihr anpaßt; ist diese Bedingung aber erfüllt, so leisten sie seiner Lenkung keinen aktiven Widerstand."[78] Aus den zuletzt zitierten Sätzen wird sichtbar, daß Hartmann die Vereinigung von Notwendigkeit und Freiheit erreicht und das alte Rätsel löst, indem er

---

[76] a. a. O., S. 101.
[77] a. a. O., S. 102.
[78] a. a. O., S. 105.

mit der ebenfalls alten Unterscheidung zwischen Mittel und Zweck, Weg und Ziel arbeitet und die beiden zu Vereinigenden verteilt: Die Freiheit auf das intendierte Ziel und die Notwendigkeit auf den Bereich des Instrumentalen, d. h. auf den Weg. Auf Grund dieser Einsicht in die Hartmannsche Methode läßt sich sagen, daß der ganze Aufwand, den wir bei Hartmann gesehen haben, auf die Unterscheidung zwischen nur notwendiger (= instrumentaler) und hinreichender Bedingung sich reduzieren läßt, und auf die These, daß die Kausaldetermination, d. h. die Determination durch vorhergehende Ursachen, genau besehen zur Determination und vollständigen Rekonstruktion des aus der freien Entscheidung Entsprungenen nicht ausreicht. Bezeichnenderweise spricht Hartmann auch von einem „Plus an Determination", um seinen Gedanken von der Überformbarkeit des Kausalnexus zu erläutern[79], wobei allerdings anzumerken ist, daß dieser Ausdruck bei Hartmann einen additiven Sinn hat, da er die Superposition von (auch) isoliert vorkommenden Seinsschichten einer von vornherein stratifizierten Welt meint, während wir in unserer Leibniz-Interpretation durch ihn die Prävalenz der einen von zwei in Korrelation und zugleich in Opposition sich befindenden Tendenzen bezeichnen[80].

Nimmt man aber die Unterscheidung zwischen nur notwendiger und hinreichender Bedingung als Hartmanns letztes Wort zur Frage nach der

---

[79] S. N. Hartmann, Einführung in die Philosophie. Auch die genuine Kantsche Antwort auf das Problem der dritten Antinomie bekommt nur dann den Anstrich der Nachvollziehbarkeit und Rationalität, wenn man annimmt, daß auf der Ebene der Erscheinungen die nur notwendigen Bedingungen der Ereignisse und der vorkommenden sprunghaften Änderungen der Richtung von laufenden Kausalprozessen angetroffen werden, und auf der Ebene des Intelligiblen die Bedingungen, die geeignet sind, die Spanne zwischen nur notwendigen Bedingungen und zureichenden Bedingungen auszufüllen. Durch diese Deutung vermeidet man zwar die Lücken im Kausalprozeß, nimmt aber in Kauf, daß die Glieder der Kette der Naturkausalität unvollständige, ein Komplement heischende — und somit eine Lücke innerhalb der Einzelursache selbst aufweisende — Ursachen sind. Nicht einmal Adornos Bemühungen, Kants Konzeption durch den Begriff des „Hinzutretenden" zu reaktivieren, helfen uns aus diesem kantianischen Dilemma herauszukommen (cf. Th. W. Adorno, Negative Dialektik, Frankfurt a. M. 1970, S. 224—228).

[80] Verwandter mit dieser Prävalenz ist Louis Althussers Begriff der „intensiven Überdeterminierung", den Althusser der Linguistik und der Psychoanalyse entleiht, der aber von Mao Tse-tungs Lehre inspiriert ist, daß in jeder der verschiedenen Etappen des Entwicklungsprozesses nur ein Hauptwiderspruch existiert, der die herrschende Rolle spielt, und daß wir es stets mit komplexen, strukturierten Ganzen zu tun haben, die sich in den jeweiligen Hauptwiderspruch und in die Nebenwidersprüche aufgliedern lassen: s. Louis Althusser, Für Marx, Frankfurt a. M. 1968, S. 52 ff., 152 ff.

Möglichkeit der Vereinigung von Determination und Freiheit, so ergibt sich, daß die Differenz, die nach dem Abzug der nur notwendigen Bedingung von der vollständigen, hinreichenden Bedingung übrigbleibt, etwas ist, das völlig grundlos ist und als eine Begebenheit zu verstehen ist, für die sich überhaupt kein (vorhergehender) Grund angeben läßt. Aus diesem Grund ist der Hartmannsche Lösungsversuch und die zu Ende gedachte Kantsche Lösung streng genommen von der Theorie, die Lücken und somit den reinen Zufall in die Abhängigkeitsketten der determinativen Zusammenhänge interpoliert, nicht unterscheidbar; obwohl Hartmann sowohl dem Wort nach als auch der nicht zur adäquaten Durchführung gelangenden denkerischen Intention nach die eben erwähnte Theorie ablehnt[81], und zwar weil ihm hintergründig die Leibnizsche Lösung und der stoische, als eine Vorform der Leibnizschen Lösung interpretierbare Satz vorschwebt, daß die Notwendigkeit in der Gestalt der sich auf Umwegen durchsetzenden Vernünftigkeit den willig-vernünftig Wollenden führe, den Widerstrebenden ziehe: Ducunt volentem fata, nolentem trahunt. Diese Lösung läßt sich aber mit den Kantschen Denkmitteln, die völlig außerhalb der Dimension der Dialektik liegen, weil sie durch Dichotomien gewonnen werden und unvermittelte Polaritäten darstellen, nicht konkretisieren und nachvollziehen.

Das, was Adolf Trendelenburg zur Abgrenzung und Würdigung der Freiheitslehre der „realistischen Stoiker" und zur Kritik an der platonischen Lehre sagt, läßt sich gut auch auf die Kantsche und von Kant inspirierte Weise der Vereinigung von Determination und Freiheit sagen: „Die Theorie einer intelligiblen Tat, welche uns aus der Welt der Zeit hinaus und in den Raum unserer Tätigkeit kaum wieder hinein versetzt, hilft wenig. Sie bietet nur einen idealen Trost. Vielmehr im Kampf mit dem Zwang der Affecte erwirbt sich der Mensch die Freiheit, indem er seine Kraft in die Zwecke des Ganzen legt und mit der Macht des vernünftigen Ganzen geeinigt in ihr frei wird."[82] Die Möglichkeit, die Verschiedenheit zwischen der platonischen und der stoischen Freiheitslehre in der Verschiedenheit zwischen Positionen der neuzeitlichen Philosophie wiederzufinden, hat übrigens Trendelenburg durchschaut und ausgesprochen, wenn er auch als Gegenspieler Kants nicht Leibniz, sondern den in vielen Punkten Leibniz sich anschließenden Herbart anführt. Nach Tren-

---

[81] a. a. O., S. 100.
[82] A. Trendelenburg, Notwendigkeit und Freiheit in der griechischen Philosophie. Ein Blick auf den Streit dieser Begriffe, Darmstadt 1967, S. 68, enthalten auch in: Beiträge zur Philosophie, 2. Bd., Berlin 1855.

delenburg schließt nämlich die griechische Philosophie (wenn man von Epicur wegsieht, der mehr keck behauptet, als gründlich beweist)[83] mit einer doppelten Ansicht von der Notwendigkeit und Freiheit in den menschlichen Dingen: „Die eine Ansicht, welche von Plato stammt, will die Freiheit außerzeitlich in einer intelligiblen Tat begreifen; die andere, welche Aristoteles vorbereitet hat, ist die Ansicht der Stoa, die in dem ursächlichen Zusammenhang des Weltganzen den Menschen durch seine Beistimmung frei hält und in der Überwindung der Affecte und der Einigung mit dem göttlichen Willen frei macht. Das Analogon zu dieser doppelten Ansicht findet sich auch in der neuern Philosophie, wenn man z. B. auf die eine Seite Kants und Schellings intelligible Freiheit und auf die andere Herbarts realistischen Determinismus stellt."[84]

3. Leibnizens Distanzierung von dem Dualismus als die komplementäre Seite der Kritik an dem pantheistischen Monismus

Jeder unvermittelt bleibende Dualismus, nicht nur der manichäische, der zwei Weltprinzipien annimmt (ein gutes zur Erklärung des Guten und ein böses zur Erklärung des Bösen), und zu dem Bayle tendierte, ist einer geistigen Konstitution, die der Leibnizschen ähnlich ist, fremd; und zwar nicht weniger fremd als der pantheistische Monismus, den Leibniz nicht nur implizite anläßlich seiner Auseinandersetzung mit Spinoza kritisiert hat, sondern auch eigens widerlegt hat, nämlich in seiner Abhandlung „Von einem einzigen allumfassenden Geist" (D'un esprit universel unique), in der sich Ergebnisse seiner Diskussion mit John Toland niedergeschlagen zu haben scheinen. Nicht nur die Zweiweltentheorie platonischer Prägung hat in Leibnizens Gedankensystem keinen Platz. Auch die Zäsur innerhalb dieser Welt, die bei der Unterscheidung zwischen Seele und Körper und der korrespondierenden Unterscheidung zwischen Wirkursachen und Zweckursachen (causae efficientes und causae finales) irgendwie bejaht wird[85], da diese beiden Weisen des Nexus die Struktur eines jeweils eigenen „Reiches" darstellen, wird — im Hegelschen Sinn des Wortes — aufgehoben.

Leibniz hat für den komplexen Sinn, den Hegel mit dem Verb „Aufheben" ausdrückt, das Wort „absorbieren" und zwar um genau dieselbe

---

[83] a. a. O., S. 74.
[84] a. a. O., S. 74.
[85] Cf. Monadologie, § 78 und 79.

Komplexität anzuzeigen. Er verwendet es in der „Antwort auf die Bemerkungen über das System der prästabilierten Harmonie, die in der zweiten Auflage des kritischen Wörterbuchs von Herrn Bayle (Artikel ‚Rorarius') enthalten sind". Anläßlich der Formulierung seiner These, daß alle Dinge miteinander zusammenhängen und daß aus diesem durchgängigen Zusammenhang eine neue Einheit resultiert, die nicht nur größer als jedes ihrer Elemente ist, sondern auch einer anderen, eine andere Perspektive bedingenden Größenordnung zugehört, so daß von dieser neuen, gültigeren Perspektive aus gesehen das befremdlich Erscheinende aus seiner Isoliertheit herausgenommen wird und sich als eine sichere Folge der Verfassung der räumlich-zeitlichen Gesamtheit der Dinge zeigt[86], bemerkt er: „Das Verwunderliche des allumfassenden Ganzen beseitigt (= hebt auf) und absorbiert sozusagen das, was in Bezug auf das Besondere verwunderlich ist, da es Rechenschaft darüber gibt und das zunächst Befremdliche plausibel macht"; „Le merveilleux universel fait cesser et absorbe, pour ainsi dire, le merveilleux particulier, puisqu'il en rend raison"[87].

Die Aufhebung der Dualität von effizienter Kausalität in der Dimension der Körper und finaler Kausalität in der Dimension der Seelen wird durch Leibniz mit dem Schlußsatz des § 79 der Monadologie vollzogen, wonach sich die zwei Reiche harmonisch zueinander verhalten: „Les âmes agissent selon les lois des causes finales par appétitions, fins et moyens. Les corps agissent selon les lois des causes efficientes ou des mouvements. Et les deux règnes, celui des causes efficientes et celui des causes finales sont harmoniques entre eux."[88] Der Sinn des Ausdruckes „harmonisches Verhalten" ist nämlich nicht damit erschöpft, daß beide Abläufe — jeweils einer in einer der beiden Dimensionen — genau einander korrespondieren und in einer zeitlichen Parallelität verharren[89]. Es handelt sich vielmehr um zwei Weisen der Gesetzlichkeit, die entsprechend der maßgebenden, allein Steigerungen aufweisenden Daseinsweise der „Seelen" oder „Entelechien" einen jeweils verschiedenen erkenntnistheoretischen Wert haben, und zwar darum, weil das Geschehen, das sich in dem Bereich der Seelen — d. h. hier des Strebens und der Tendenzen — abspielt, wegen seines stochastischen Charakters durch die Kategorie der

---

[86] „Ce qui paraît si étrange quand on le considère détaché, est une conséquance certaine de la constitution des choses": GP IV 557.
[87] a. a. O., S. 557.
[88] Monad. § 79.
[89] So G. Martins Auslegung der zitierten Stelle: s. Martin, a. a. O., S. 178.

Zielstrebigkeit und somit durch die finale Kausalität beschreibbar ist, während das Geschehen in der Dimension der Körper sowohl durch das, was Leibniz die „Gesetze der Bewegungen" nennt (d. h. hier des mechanischen Druckes und Stoßes) beschrieben werden, als auch in einer metaphysisch strengen, zu den principia Mechanismi vordringenden Betrachtung durch die Ansetzung von Tendenden bzw. strebenden Kräften (conatus) gedeutet werden kann[90]. Die Wiedereinführung der durch die kartesianische Physik ausgeschalteten Zweckursachen wird in der Abhandlung „Specimen dynamicum" näher begründet: „In universum tenendum est, omnia in rebus dupliciter explicari posse: per regnum potentiae seu causas efficientes, et per regnum sapientiae seu per finales ... permeantibus sese ubique ambobus regnis, inconfusis tamen et imperturbatis legibus utriusque, ita ut simul et regno potentiae maximum et regno sapientiae optimum obtineatur."[91]

Aus diesem Umstand folgt, daß es so ist, als ob es selbst auf der Ebene der Körper zwei Reiche gäbe: zwei Reiche, die sich durchdringen (den mit dem „Aufheben" gemeinten Sachverhalt, den Leibniz auch als „Absorbieren" bezeichnet hatte, nennt er hier „Durchdringen", pénétrer), allerdings ohne sich zu vermischen und einander zu behindern. Das eine wird von Leibniz auch „Reich der Kraft" genannt, die hier als physisch-mechanische, „derivative" Kraft zu verstehen ist, und das andere „Reich der Weisheit"; das erste gestattet die mechanische, Wirkursachen annehmende Erklärung der Veränderungen in der Körperwelt, während das zweite die „architektonische", Zweckursachen (im Sinne von zielstrebigen Tendenzen) ansetzende Erklärung gestattet. In der Exemplifizierung, die Leibniz zu dieser These von den zwei Reichen gibt, bezieht er sich auf die jede Teleologie und Finalität eliminierende Aussage von Lukrez, nach welcher die Lebewesen deswegen sehen, weil sie Augen haben: Man könne Lukrez dies einräumen, aber ohne darum die Auf-

---

[90] Cf. „Omnino enim (quicquid dixerit Cartesius) non efficientes tantum, sed et finales causae sunt physicae tractationis; prorsus quemadmodum domus male exponeretur, si quis partium structuram traderet tantum, non usum. Jam supra etiam monui, cum omnia in natura explicari dicimus Mechanice, excipiendas esse ipsas Legum Motus rationes seu principia Mechanismi, quae non ex solis mathematicis atque imaginationi subjectis, sed ex fonte metaphysico, scilicet ab aequalitate causae et effectus, deduci debent aliisque hujusmodi Legibus quae sunt Entelechiis essentiales. Nempe ut jam dictum est, Physica per Geometriam Arithmeticae, per Dynamicen Metaphysicae subordinatur": GP IV, 398.
[91] GM VI 243; vgl. dazu auch: Br. an Hoffmann 1699, Erd. S. 161 a, Sur le principe de la vie, 1705, Erd. S. 430 b, Br. an Bierling, 1711 Erd. S. 678, Principes de la nature et de la grâce, 2. Teil.

fassung aufgeben zu müssen, nach welcher wir Augen haben, um zu sehen — obwohl viele, die großen Wert darauf legen, als ein Freigeist zu erscheinen, nur den ersten Teil der zweiteiligen Wahrheit akzeptieren: „Il y a, pour parler ainsi, deux Règnes dans la nature corporelle même qui se pénètrent sans se confondre et sans s'empêcher: le règne de la puissance, suivant lequel tout se peut expliquer mecaniquement par les causes efficientes, lorsque nous en pénétrons assez l'intérieur; et aussi le Règne de la sagesse, suivant lequel tout se peut expliquer architectoniquement, pour ainsi dire, par les causes finales, lorsque nous en connaissons assez les usages. Et c'est ainsi qu'on peut non seulement dire avec Lukrèce, que les animaux voient parcequ'ils ont des yeux; mais aussi que les yeux leur ont été donnés pour voir, quoique je sache que plusieurs n'admettent que le premier pour mieux faire les esprits forts."[92]

Das von der Tendenz angestrebte Ziel wird hier offensichtlich mit dem Verrichten der dem Vermögen eigentümlichen Tätigkeit und Funktion gleichgesetzt — ein Verrichten, dessen Ausbleiben auf die Dauer die Verkümmerung des Vermögens mit sich bringt. Der Leibnizsche Finalismus muß in diesem Fall als ein Funktionalismus verstanden werden, und zwar im Sinne eines organologischen Funktionalismus. Leibniz würde nie sagen, daß wir eine Nase haben, um eine Brille zu tragen, daher ist er nicht der Kritik Voltaires an den „causes finaliers" ausgesetzt, wobei zu bemerken ist, daß umgekehrt Voltaire nicht in Abrede stellt, daß wir einen Magen haben, um zu verdauen, Augen, um zu sehen, Ohren, um zu hören[93]. Voltaire und Leibniz würden darüber einig sein, daß in China die Seidenraupen nicht deswegen geboren wurden, damit wir in Europa Seide haben; beide würden es bestätigen: „ein armseliges zurückgebliebenes Mädchen, das mit vierzehn Jahren in ein Kloster eingesperrt wird, schlägt für immer die Tür bei sich zu, aus der eine neue Generation

---

[92] Tentamen Anagogicum, GP VII 273. Auf die Durchdringung der effizienten Kausalität durch die finale und die auf diesem Weg stattfindende Aufhebung des Dualismus der zwei Reiche hat Joseph Moreau in seinem Werk „L'univers Leibnizien", Paris und Lyon 1956, S. 167 hingewiesen, hinzufügend, daß die Versöhnung von Mechanismus und Finalität zu kurz gedacht wird, wenn man darunter nur die Tatsache versteht, daß die Finalität den Mechanismus zu überformen vermag, indem sie ihn in ihren Dienst nimmt und für die Verrichtung der Zwecke einspannt; das von Leibniz angeführte Beispiel wird aber nicht ausgewertet.
[93] „Il paraît qu'il faut être forcené pour nier que les estomacs foient faits pour digérer, les yeux pour voir, les oreilles pour entendre": Voltaire, Dictionnaire philosophique, Art. Fin, causes finales.

entstehen sollte, jedoch die Zweckursache hört deswegen nicht auf, da zu sein — sie wird zur Wirkung übergehen, sobald sie befreit ist."[94]

4. Die Verteilung von Kontingenz und Determination auf verschiedene Blickpunkte

Aus den durchgeführten Überlegungen über die Notwendigkeit, in Polaritäten mündende Dualismen aus der Leibnizschen Philosophie auszuschließen, ergibt sich die prinzipielle Unmöglichkeit, neben oder über den Blickpunkt der menschlichen Vernunft einen ganz anderen Blickpunkt, etwa den der göttlichen Vernunft, zu statuieren, um auf diese beiden Blickpunkte die Kontingenz und die Determination zu verteilen, die Kontingenz der unvollkommenen menschlichen und die Determination der vollkommenen göttlichen Vernunft zuordnend. Die Unmöglichkeit wird deutlicher, wenn man bedenkt, daß zur Logik eines derartigen Lösungsversuchs des Problems der Vereinigung von Determination und Kontingenz die Auffassung der Determination als Voraussagbarkeit und der Kontingenz als Nichtvoraussagbarkeit gehören würde, etwa im Sinne Max Plancks, für den ein Ereignis dann kausal bedingt bzw. determiniert ist, wenn es mit Sicherheit vorausgesagt werden kann. Von dieser Interpretation der Determination ausgehend kommt nämlich Planck zu der These, daß der menschliche Wille vom subjektiven Standpunkt des Selbstbewußtseins aus betrachtet frei (d. h. hier nicht voraussagbar) ist, (da man den gegenwärtigen Zustand der eigenen Innenwelt nicht feststellen kann, ohne ihn durch die Beobachtung zugleich zu beeinflussen), während er vom idealtypisch gedachten objektiv-wissenschaftlichen Standpunkt aus als ganz in die Verkettung kausaler Zusammenhänge eingebettet erscheint[95]. Jedoch nach Leibniz würde, wie wir anläßlich der Besprechung der Frage nach den Lücken in der adamantinen Kette und der Kritik an Molinas scientia media gesehen haben, nicht die Freiheit, sondern nur die — chimärische — indifferentia pura und die als absolute Indifferenz verstandene Freiheit der Voraussagbarkeit einen auf allen Ebenen unüberwindlichen Widerstand leisten können[96].

---

[94] Voltaire, a. a. O.
[95] Cf. D. Laptschinski, Das Freiheitsproblem in der Auffassung von Max Planck, enthalten in: Philosophia Naturalis 10, 1967, S. 83 ff.
[96] Vgl. zu dem frühen Deutschen Entwurf zur Theodizee die späte, als vierter Anhang zu den Essais de Theodicée erschienene Zusammenfassung „Causa Dei", § 102 ff.: „Necessitatem non faciunt futuritio veritatum, nec praescientia et praeordinatio Dei, nec praedispositio rerum ... Nec praescientia aut praeordinatio Dei necessi-

Diese Deutung des Verhältnisses der Freiheit zu der Voraussagbarkeit besagt, daß sowohl von dem göttlichen als auch von dem menschlichen Standpunkt aus gesehen das Wirkliche überhaupt, insbesondere das durch die Entscheidung des Menschen Verwirklichte als determiniert und kontingent zugleich zu bezeichnen ist. Der Unterschied zwischen dem göttlichen und dem menschlichen Verstand besteht demnach darin, daß der letzte, den eine unendlich große Anzahl von Bedingungen einschließenden komplexen Grund nur partiell überschauend und unfähig, das der Kausalität der Freiheit Entsprungene vorauszusagen, lediglich weiß, daß das kontingent Wirkliche auch determiniert ist, während der erste die unendliche Menge der Stränge der Verursachung und ihr gesamtes Geflecht sich vergegenwärtigen kann und auf diese Weise imstande ist, sowohl den Verlauf jeder Entscheidung als auch das in der fernsten Zukunft Liegende vorauszusehen und vorauszusagen: „Propositio vera contingens non potest reduci ad identicas, probatur tamen, ostendendo continuata magis magisque resolutione, accedi quidem perpetuo ad identicas, nunquam tamen ad eas perveniri. Unde solius Dei est, qui totum infinitum Mente complectitur, nosse certitudinem omnium contingentium veritatum."[97]

Die Einsicht, daß nur die als absolute Indifferenz verstandene Freiheit, die völlige Ursachlosigkeit und der reine Zufall (hasard réel) mit der Determination und demzufolge auch mit der Voraussagbarkeit unvereinbar wären, hat Leibniz auch formelhaft fixiert, indem er folgende Definition des Indifferenten, d. h. der „zeitlosen Tat, die nichts mehr von der Kausalität des Alltags an sich hat", gibt: „I n d i f f e r e n s cum non est major ratio cur hoc potius fiat quam illud"[98]; „Indifferent" wäre dann das Wirkliche, wenn es keinen stärkeren Grund für die Verwirklichung des sich tatsächlich Verwirklichten als für die Verwirklichung eines anderen geben würde. In dem Satz, der sich dieser Definition anschließt, stellt Leibniz heraus, daß das in dem angegebenen Sinn verstandene Indifferente — und nur dieses — als der Gegenbegriff zu dem Determinierten anzusehen ist[99].

tatem imponit, licet ipsa quoque sit infallibilis. Deus enim vidit res in serie possibilium ideali, quales futurae erant, et in iis hominem libere peccantem, neque hujus seriei decernendo existentiam, mutavit rei naturam, aut quod contingens erat necessarium fecit".
[97] Leibniz, Generales Inquisitiones de Analysi Notionum et Veritatum, § 134, in Couturat, Opuscules, S. 388.
[98] GP VII 108.
[99] „Eique opponitur d e t e r m i n a t u m", a. a. O., S. 108.

III. Der durchgängige Zusammenhang der Dinge (nexus universalis) als Grundlage der Vereinigung von Kontingenz und Determination

Aus der Auffassung des Determinierten als Gegenbegriff zu dem Indifferenten ergibt sich, daß für die Verwirklichung des Determinierten stets ein stärkerer Grund da ist, im Vergleich zu dem Grund seiner Nichtverwirklichung. Da aber das Kontingente nach der bereits zitierten Definition[100] dasjenige ist, für dessen Wirklichkeit und Verwirklichung ein allwissender Geist den Grund und zwar im Sinne der Differenz zwischen dem (stärkeren) Grund der Verwirklichung und dem (schwächeren) Grund der Nichtverwirklichung angeben kann, fallen die Definitionen des Determinierten und des Kontingenten im wesentlichen zusammen. Es kommt daher der Schein auf, daß die Verbindung der Determination und Kontingenz nur durch Manipulation der Definitionen und durch willkürliche terminologische Fixierungen erreicht wird. Um diesen Schein zu beseitigen und den konkreten Charakter der Verbindung einzusehen, ist es erforderlich, uns eine zweite Definition des Kontingenten bzw. der kontingenten Wahrheit (= des kontingent wahren Aussagesatzes) zu vergegenwärtigen und vor dem Hintergrund der Lehre von der parfaite connexion des choses, die man auch die Lehre von dem nexus universalis genannt hat, d. h. von dem allseitigen und durchgängigen Zusammenhang der Dinge zu interpretieren; vorläufig ist nur festzuhalten, daß sich Leibniz, anstatt sich immer auf das kontingent Existierende direkt zu beziehen, die Sätze thematisiert, in denen das Existieren des kontingent Existierenden ausgesagt wird (und die als solche stets wahr sind), weswegen er auch von propositiones existentiales sive contingentes spricht[101], sie den propositiones essentiales oder necessariae[102] entgegensetzend, oder auch von vérités de fait, im Unterschied zu den vérités de raisonnement[103]. Das kontingent Existierende und der (wahre) Satz, durch den seine Existenz konstatiert wird, sind in dieser Betrachtung äquivalent.

---

[100] S. oben.
[101] Couturat, Op., S. 18.
[102] a. a. O., S. 17.
[103] Monadol., § 33.

Die jetzt zu erwägende Definition lautet: „Veritas est contingens quae infinitas involvit rationes, ita tamen ut semper aliquod sit residuum cujus iterum reddenda sit ratio (continuata autem analysi prodit series infinita quae tamen a DEO perfecte cognoscitur)"[104]; „kontingent wahr ist der Satz, der unendlich viele Gründe einschließt, aber so, daß stets etwas übrig bleibt, für das wiederum der Grund zu ermitteln ist (indem aber die Zergliederung fortgesetzt wird, entsteht eine unendliche Reihe, die jedoch nur Gott in vollkommener Weise erkennt). Entsprechend heißt es an anderer Stelle: „Ex his apparet radicem contingentiae esse infinitum in rationibus"[105]; „daraus erhellt, daß die Wurzel der Kontingenz in der Unendlichkeit hinsichtlich der Gründe besteht".

Nachdem wir die unendlich große Anzahl der Gründe oder Ursachen als die Wurzel der Kontingenz herausgestellt haben, gilt es, die Vorstellung der unendlich vielen Gründe zu präzisieren. Denn das Zusammenwirken von unendlich vielen Ursachen kann in vielfacher Weise verstanden werden. Es kann, zuerst, als eine komplexe Ursache verstanden werden, die aus unendlich vielen Teilursachen besteht, und zwar aus gleichzeitig und jeweils nur partiell zur Hervorbringung der gemeinsamen Wirkung beitragenden Ursachen; zweitens, als Ursachenkette, die aneinandergereihte, in einem Nacheinander stehende Ursachen ausmachen, so daß zwar jede einzelne Wirkung eine und nur eine Ursache hat, diese aber wieder eine andere und so fort ad infinitum. Diese Version scheint sogar sich auf Leibnizsche Formulierungen direkt stützen zu können, denn in der Definition, von der wir hier ausgegangen sind, war die unendliche Reihe bzw. unendliche Folge (series infinita) genannt worden. Die Unendlichkeit der Ursachen kann, drittens, als jeweilige Kooperation der Hauptursache und einer Nebenursache gedacht werden und zwar einer Nebenursache, die entweder ihrerseits in unendlich viele Teilursachen zerlegbar ist oder deren Wirken wiederum auf eine Hauptursache und auf eine Nebenursache zurückgeführt werden kann — einer neuen Nebenursache, die wiederum in eine Haupt- und eine Nebenursache analysierbar ist usf. Wir müssen uns die Frage stellen, welche dieser drei Möglichkeiten sich mit dem uns bekannten, aus den veröffentlichten und den erst später edierten Arbeiten rekonstruierbaren Gedankensystem von Leibniz am besten verträgt. Die Entscheidung darüber ist die Voraussetzung für die Klärung des in der Definition des Kontingenten ein-

---

[104] Origo veritatum contingentium ex processu in infinitum ad exemplum Proportionum inter quantitates incommensurabiles, in: Couturat, Opuscules, S. 2.
[105] a. a. O., S. 3.

gegangenen Begriffs der unendlichen Reihe der Gründe; und die Erkundung dieser Definition ist unumgänglich, um den konkreten Sinn der (nicht durch terminologisch-definitorische Willkürakte herbeigeführten) Verbindung von Kontingenz und Determination herauszustellen. Antizipierend können wir hier schon sagen, daß der zuletzt genannten der drei Lösungen der Vorzug gegeben werden muß.

Den ersten der drei Sachverhalte, den Fall nämlich, in dem eine große Anzahl von zum Teil jeweils sehr wenig beitragenden Ursachen zustande kommt und die eine komplexe Ursache der fraglichen Wirkung bildet, zieht Leibniz in Betracht, aber nicht um das Entstehen des (kontingent) Wirklichen überhaupt zu erläutern, sondern um auf dem Umweg über „die große Menge aller Kleinigkeiten, die zu einer jeden Wirkung gehören", einen Spezialfall innerhalb des Wirklichen zu erhellen und die Meinung abzuwehren, daß irgendetwas in der Welt „ohngefähr" geschehe, d. h. nicht um die Kontingenz (und ihre Verbindung mit der Determination) nachzuweisen, sondern um den Satz zu erhärten: es gibt nichts Zufälliges im Sinne des völlig Grund- und Ursachlosen (= casus non datur). Wir meinen die Stelle, in der er schreibt: „Diejenigen, so die Artillerie in etwas verstehen, wißen wie eine kleine änderung machen kan, daß eine Kugel einen ganz andern lauff nimt; daher hat es an einem kleinen gelegen, daß Turenne (zum exempel) getroffen worden, und wenn das gleichwohl nicht geschehen, hätte der ganze damahlige krieg anders lauffen können, und also wären auch die iezige Sachen anders herauskommen. So weiß man auch, daß ein Funcke feuer so in ein Pulver-Magasin fället, eine ganze statt verderben kan. Und eben diese Würckung der kleinigkeiten verursacht, daß diejenigen so den dingen nicht recht nachdenken, sich einbilden, es geschehe etwas ohngefähr, und nicht durch verhängniß, da doch der unterschied nicht in der that, sondern nur in unsern verstand, als der die große menge aller kleinigkeiten, so zu einer jeden würckung gehöhren, nicht begreiffet und die ursache nicht bedencket, die er nicht sieht, also sich einbildet, die augen in den Würffeln fallen von ohngefähr."[106]

Bei dieser Leibnizschen Beschreibung des Phänomens, das oberflächlich betrachtet auch als reiner Zufall erscheint, ist allerdings nicht die Tatsache ausgeschlossen, daß eine Hauptursache angesetzt werden muß und daß die große Menge aller Kleinigkeiten nur die Nebenursache betrifft, d. h. die Modifikation und Beeinträchtigung des Wirkens der Haupt-

[106] GP VII 119.

ursache konstituiert. Diese Auslegung drängt sich auf, wenn man bedenkt, daß andernfalls das Vorhandensein des Gesamtkomplexes der für das Zeitigen der Wirkung erforderlichen Ursachen lediglich die Determination der Wirkung, aber nicht die mit der Kontingenz verbundene Determination herbeiführen würde. Sie wird außerdem durch die in demselben Manuskript formulierte These nahegelegt, gemäß welcher jede Ursache eine ganz bestimmte Wirkung hat, die von ihr zu Wege gebracht werden würde, wenn sie allein wäre; da sie aber nicht allein ist, sondern mit anderen Ursachen koexistent ist und da alles miteinander zusammenhängt, ergeben sich Schnittpunkte im Feld des Wirkens, oder das, was Leibniz den aus der Zusammenwirkung der vielen Ursachen — und zwar nach dem Maß der Kräfte eines jeden dynamischen Punktes — entstehenden „gewissen ohnfehlbaren Effect oder Auswurff" nennt: „Nehmlichen iede ursach hat ihre gewiße würckung, die von ihr zu wege bracht würde, wenn sie allein wäre, weilen sie aber nicht allein, so entstehet aus der zusammenwürckung ein gewißer ohnfehlbarer Effect oder auswurff, nach dem maaß der Kräffte eines ieden, und das ist wahr, wenn nicht nur zwey, oder 10, oder 1000, sondern gar ohnendtlich viel dinge zusammen würcken, wie dann wahrhafftig in der Welt geschicht."[107]

Die Art und Weise, in der diese Zusammenwirkung der unendlich vielen Dinge zu denken ist, von denen im Hinblick auf jede einzelne Wirkung jeweils eines als Hauptursache anzusetzen ist, wird durch die Anführung eines Beispiels deutlich: Leibniz rekurriert auf die entelechiale Präformation der Blumen und der Tiere in den Samen, um zu erklären, wie das Lebendige aus sich selbst entsteht und somit sich ganz spontan bildet, ohne daß deswegen die (sowohl — indirekte — positive als auch — direkte — negative) Rolle des Äußeren für die Bildung des Resultats ihre Relevanz verlöre. Im Zuge der Explikation des Satzes „le présent est gros de l'avenir" bzw. „die ganze künftige Welt steckt in der gegenwärtigen", schreibt er nämlich: „Denn gleichwie sich findet, daß die blumen, ja die thiere selbst schohn in dem Saamen eine bildung haben, so sich zwar durch andere zufälle etwas verändern kan, so kan man sagen, daß die ganze künfftige welt in der gegenwärtigen stecke, und vollkommentlich vorgebildet sey, weil kein zufall von außen weiter dazu kommen kan, denn ja nichts außer ihr."[108] Die in dem angeführten Zitat erwähnte Veränderung einer sich selbst bildenden Anlage durch äußere

---

[107] GP VII 118.
[108] GP VII 118.

Zufälle bedarf aber aus einem zweifachen Grund der Präzisierung: einmal angesichts der These von Leibniz, daß kein influxus physicus angenommen werden kann und daß die Substanzen nicht aufeinander wirken (= die Monaden haben keine Fenster)[109], denn in der Veränderung „durch andere Zufälle" ist doch eine Art Wirken im Blick; sodann wird uns die Präzisierung die Möglichkeit verschaffen, uns die Herstellung der unendlichen Reihe von Ursachen durch wiederholte Teilung der Nebenursache, was wir bereits als eine der Spielarten die Unendlichkeit der Ursachen zu denken, erwähnt haben, inhaltlich vorzustellen. Die das Wirken betreffende These lautet in der gültigen Fassung der Monadologie: „une cause externe ne saurait influer dans l'intérieur de la Monade"[110].

Das von Leibniz abgelehnte Wirken der Dinge aufeinander ist lediglich als Zurückweisung des positiven Übertragens der eigenen Tätigkeit und Wirksamkeit auf ein anderes der Verminderung des inneren Prinzips der Tätigkeit durch ein anderes zu verstehen. Die so verstandene Ablehnung beruht ihrerseits auf der Ablehnung des unvorbereitet sprunghaften, eine Lücke im Geschehensverlauf ausmachenden Übergangs, den Leibniz durch die Aufstellung der lex continuitatis[111] ganz grundsätzlich eliminiert. Eine Übertragung von Tätigkeit würde nämlich — im Hinblick auf das die Tätigkeit Empfangende, d. h. das von der Ruhe zu der Bewegung Übergegangene — als ein Überspringen von niedrigeren Stufen der fraglichen Tätigkeit und als ein plötzliches, unvermitteltes Erscheinen derselben Tätigkeit in irgendeinem Stärkegrad auf einem anderen Träger gedacht werden können[112]; Leibniz erinnert auch daran, daß es zwischen einer bestimmten noch so kleinen Bewegung bzw. kleinen Geschwindigkeit und der vollkommenen Ruhe unendlich viele Grade gibt: „On sait aussi, qu'il y a des degrés en toutes choses. Il y a une infinité de degrés entre le mouvement, tel qu'on voudra et le parfait repos, entre la dureté et la parfaite fluidité qui soit sans résistance aucune, entre Dieu et le néant."[113] Demnach würde eine derartige Übertragung dem Gesetz der

---

[109] „Les Monades n'ont point de fenêtres, par lesquelles quelque chose y puisse entrer ou sortir. Les accidents ne sauraient se détacher, ni se promener hors des substances comme faisaient autrefois les espèces des scolastiques. Ainsi, ni substance ni accident peut entrer de dehors dans une Monade": Monadol. § 7.
[110] Monadol. § 11.
[111] Cf. GP IV 399.
[112] Cf. a. a. O., S. 398 f.
[113] Considérations sur la doctrine d'un Esprit Universel Unique, GP VI 537. Von dieser Überlegung ausgehend gewinnt Leibniz die entscheidende Motivation für die Aufstellung seiner Monadenlehre bzw. für die Absage an die Gegenüberstellung

Kontinuität und dem es fundierenden Satz vom Grund widerstreiten. Die Beschränkung der Verneinung jedes influxus physicus auf die Negierung der Möglichkeit, fremde Aktivität zu übernehmen und sich anzueignen, und durch fremde Aktivität hinsichtlich des inneren Prinzips: der eigenen Tätigkeit gestört zu werden, erlaubt uns, zwei Hauptthesen von Leibniz in Einklang zu bringen: die These von der Isoliertheit der (stets tätigen) Substanzen, d. h. der vires activae primitivae und die These, daß alles miteinander zusammenhängt. Die Beschränkung auf die Negierung der Übernahme von Aktivität und der Verminderung des eigenen inneren Prinzips besagt in ihrer positiven Ergänzung: die tätigen Substanzen können wohl durch den Zusammenstoß mit anderen tätigen Substanzen an der Erreichung ihres Telos gehindert und auf einen geringeren Reifegrad festgelegt werden.

Die beeinträchtigende Modifikation, die indirekt, nämlich auf dem Umweg über eine Stauung schließlich auch zu einer Steigerung der beeinträchtigten Äußerung des inneren Tätigkeitsprinzips führen kann, ist in der Welt der Monaden einkalkuliert, wie auch aus einer Stelle aus einem Brief Leibnizens an die Königin Sophie Charlotte hervorgeht, in der es heißt: „Die, welche über die Gesetze der Natur nachdenken, stellen fest, daß kein Wirken und kein Eindruck (impression) verloren geht, nicht einmal im Bereich der Materie. Es ist ungefähr so, wie wenn man in das Wasser mehrere Steine auf einmal wirft, von denen jeder konzentrische Kreise bildet, die sich überschneiden, ohne einander zu tilgen; wenn aber die Anzahl der Steine sehr groß ist — und die Anzahl der in der Welt tätigen Substanzen oder Monaden ist unendlich groß — werden die Augen verwirrt" („Ceux qui méditent sur les loix de la nature trouvent qu'aucune impression ne se perd pas même dans la matière. C'est à peu près comme lorsqu'on jette dans l'eau plusieurs pierres à la fois, dont chacune fait des cercles qui se croisent sans se détruire, mais quand le nombre des pierres est trop grand, les yeux s'y confondent": GP VI 516). Mit anderen Worten: Einfließen des Wirkens und der Tätigkeit von dem Einen in das Andere ist unmöglich, genau so unmöglich, wie das Einfließen der

---

eines „Geistes", der das rein Aktive und das nur Aktive darstelle, und der „Materie", die das rein Passive und das nur Passive und Rezeptive darstellt („Ainsi il y a de même une infinité de degrés entre un actif tel qu'il puisse être et le passif tout pur. Et par consequent il n'est pas raisonnable de n'admettre qu'un seul Actif, c'est à dire l'Esprit Universel, avec le seul Passif, c'est à dire la matière": a. a. O., S. 537). Die Aktivität ist: mannigfaltig, gestuft, gestreut, zusammenstoßend, im Übergang zu immer neuen und stets andersartigen Polarisierungen und Konflikten.

Weisheit von dem einen Kopf in den Kopf des neben dem Weisen Sitzenden — um mit den Worten von Platons Symposion zu sprechen. Das Verleihen von Eindrücken (impressions) bis zu dem räumlich und zeitlich entferntesten Punkt der Welt ist aber unvermeidlich, da nicht nur nichts aus dem Nichts entsteht, wie uns der Sinn des durchdachten Satzes vom Grund zeigt, sondern auch nichts (= kein Wirken) sich in das völlige Nichts verwandelt und da es keine lokalen oder kausalen Lücken in der Welt gibt, die die Fortpflanzung des Wirkens aufhalten würden.

Die Tendenz der Natur, die, wie Leibniz in demselben Brief in popularisierender Form sagt, nach ihrer Gewohnheit stets eine schöne Ordnung beibehält (und zwar eine Ordnung, aus der sich ihre Tendenz ablesen läßt, die Dinge zu ihrer Reife zu bringen und zu vervollkommnen)[114], wird durch das gegenseitige „Beeindrucken" und Beeinflussen der Dinge durchkreuzt und retardiert; der Reifeprozeß wird zuweilen sogar zurückgeworfen oder durch Seitenschritte abgelenkt; er kehrt aber, sich wieder einpendelnd, zurück und mündet in einen „gewissen gut geregelten Fortschritt", ein, d. h. in eine Bewegung, die von einem alle partiellen Bewegungen und deren Folgen übersehenden und die extensiven Größen mit den Intensitäten verrechnenden Geist als eine Zunahme an Vollkommenheit erwiesen werden könnte, wenn auch nicht als eine eindeutige, sondern als eine Abschweifungen und Schleifen einschließende und different in den Teilen des differenzierten Weltganzen repräsentierte: „L'ordre de la nature demande que tout se redeveloppe et retourne un jour à un état remarquable, et qu'il y ait dans ces vicissitudes un certain progrès bien reglé, qui serve à faire mûrir et perfectionner les choses."[115] Das, was wir als oberstes, in der Zunahme der Vollkommenheit bestehendes Weltgesetz bezeichnet haben, was Leibniz hier „Ordnung der Natur" nennt, was als das von dieser Ordnung Geforderte zur Sprache kommt, d. h. der „gewisse gut geregelte Fortschritt" und das, was Leibniz auch schlicht den „Boden der Struktur" (le fond de la structure) nennt, der im Unterschied zu der in einer ständigen Veränderung, in einem ununterbrochenen Fließen befindlichen Materie permanent ist[116], sind als letztlich gleichbedeutende Ausdrücke anzusehen.

---

[114] „La nature suivant sa coutume garde quelque bel ordre qui tend à mûrir et à perfectionner les choses": GP VI 517.
[115] a. a. O., S. 535.
[116] „Quoique la même matière ne demeure pas, puisque elle est dans un flux continuel, il reste toujours le fond de la structure": a. a. O., S. 517.

Bevor wir zur Präzisierung der Vorstellung der durch Einteilung in Haupt- und Nebenursachen sich ergebenden unendlichen Reihe der Ursachen übergehen, müssen wir noch ergänzen, daß die mit der These über die Verbindung von Determination und Kontingenz gekoppelte Lehre von dem allgemeinen Zusammenhang in der Welt zunächst in zwei Weisen verstanden werden kann, die aber unzureichend sind, weil sie nicht den Begriff der Modifikation der Äußerung der inneren Tätigkeitsprinzipien berücksichtigen. Die beiden Weisen werden von J. G. Walch in dem Artikel „Nexus universalis" seines philosophischen Lexikons anläßlich der an dem Nexus universalis geübten Kritik exponiert: „Daß aus dem allgemeinen Zusammenhang folgen sollte, die Zernichtung und das Verderben einer einzigen Sache oder Veränderung in dieser Welt, würde den Verlust und Umsturz der ganzen Welt nach sich ziehen, ist abermals offenbar falsch. Zwar sucht man die Sache dadurch zu erhärten: wenn das eine Verknüpfte wegfällt, so fällt auch das andere weg; allein der Satz ist wieder nur unter der Einschränkung wahr: wenn das eine Verknüpfte, in wie fern es mit dem andern in Verknüpfung steht, wegfällt, so fällt auch das andere weg. Wenn z. B. Cajus als ein Vater, oder als verknüpft mit seinen Kindern betrachtet wird, so muß, wenn ich ihn als Vater setze, auch sein Kind oder seine Kinder gesetzt werden: zernichte ich aber Cajum als einen Vater, oder nehme an, er soll nicht Vater seyn, so fällt auch weg, daß er Kinder habe. Wird hingegen Cajus nur für seine Person vernichtet, so folgt nicht, daß auch keine Kinder desselben mehr vorhanden wären. Es kommt mir die Lehre der Neuern eben so vor, als wenn ich sagte: ich habe ein wenig Kalk mit dem Messer von der Wand meines Hauses abgeschabet, und also ein Connexum mit meinem Hause entfernt, folglich wird das ganze Haus umstürzen. Wenn Dinge nur in Beysammenseyn und Folge verbunden sind, so kann das eine entfernt und zernichtet werden, ohne Schaden des andern. Ein anders aber ist, wenn zwey Dinge also verbunden sind, daß das eine ohne dem andern gar nicht bestehen kann, oder daß das eine blos auf dem andern beruhet, und durch seine Wirkung das andere erhält, da kann ich sagen, durch Entfernung und Zernichtung des einen wird auch das andere zerstöret. Z. E. Ich reiße alle vier Hauptpfeiler meines Hauses ein, so stürzt alsdann ganz sicher das ganze Gebäude hinter drein. Wer kann aber beweisen, daß alle Dinge in der Welt und alle Veränderungen in einem solchen Zusammenhang stehen?" (Bd. 2, Sp. 267 f.).

Die von Walch angeführten Möglichkeiten, den Connexus zu verstehen, verhalten sich jedoch nicht alternativ zueinander, weswegen auch die von ihm gestellte Frage gegenstandslos ist. Auf Grund des über die unendlich große Anzahl von nach allen Seiten Eindrücke ausstrahlenden dynamischen Punkte Gesagten können wir, um Leibnizens Konzeption zu erläutern, gegenüber Walch geltend machen, daß man zwar bei Zugrundelegung des Nexus universalis gezwungen ist anzunehmen, daß das Wegfallen irgendeines Bestandteils des Universums, selbst des geringsten, ein anderes Universum zur Folge haben würde, daß man aber zwischen dem Einstürzen und Verschwinden des Kosmos schlechtweg und dem Verschwinden dieser bestimmten, auf dieser bestimmten Weise der Beeinträchtigungen der den Dingen innewohnenden Tendenzen beruhenden Konstellation der Dinge unterscheiden muß — kurz: zwischen der Destruktion und der Variation. So wie es zwischen dem völligen Tilgen der zusammenstoßenden Tendenzen und dem völlig ungehemmten Sichentfalten, diesen beiden Extremen, die sich nie ereignen, unendlich viele Abstufungen und Zwischenlösungen gibt, die in dem Detail des Weltgeschehens repräsentiert sind, so gibt es auch zwischen dem Sein und dem Nichtsein dieser Weltordnung einen mittleren, mit einer unendlichen Tiefe versehenen Bereich: den Bereich der Möglichkeiten und des Anderssein-könnens, dessen — allerdings nicht sinnlich wahrnehmbares — Vorliegen uns berechtigt, die durch den nexus universalis gekennzeichnete Welt und die durch das Vorhandensein von Gründen durchaus bedingte und festgelegte Einzelbegebenheit in der Welt als kontingent anzusprechen, gemäß der traditionellen Definition des Kontingenten, als des Nicht-Notwendigen bzw. als des Auch-Nichtsein-könnenden, genauer gesagt, als desjenigen, dessen Nichtsein und somit dessen Gegenteil möglich ist. Diesem überlieferten Verständnis des Kontingenten schließt sich Leibniz an; er verteidigt es sogar ausdrücklich, um das Abgleiten in die mit der absoluten Indifferenz gleichgesetzte Kontingenz zu verhindern. In diesem Sinne betont er, daß er mit den Scholastikern, denen die Charakterisierung der Freiheit durch die Selbsttätigkeit (spontanéité) und die Einsicht (intelligence) nicht genügte, und die als drittes Moment die Indifferenz eingeführt haben, sich unter der Voraussetzung einverstanden erklären würde, daß man unter Indifferenz die als Nicht-Notwendigkeit begriffene Kontingenz verstehen würde: „Jusqu' ici nous avons expliqué les deux conditions de la liberté dont Aristote a parlé, c'est à dire la spontanéité et l'intelligence, qui se trouvent jointes en nous dans la délibération; au lieu que les bêtes manquent de la seconde condition. Mais les Scolastiques en demandent encore une troisième, qu'ils appellent l'indifférence. Et, en effet, il faut l'admettre, si l'indifférence signifie autant que c o n t i n g e n c e, car j'ai déjà dit ci-dessus que la liberté doit exclure une nécessité absolue et métaphysique ou logique. ... Je n'admets donc l'indifférence que dans un sens, qui la fait signifier autant que c o n t i n g e n c e ou n o n - n é c e s s i t é[117].

Die ursprünglichen aktiven Kräfte, Entelechien, Seelen oder Monaden, die wir als dynamische Punkte bezeichneten, werden von Leibniz metaphysische Punkte genannt, im Unterschied zu den physischen Punkten oder den Atomen (die es nach Leibniz nicht gibt, da alles noch weiter zerlegbar ist) und den mathematischen Punkten, die es ebenfalls nicht gibt. Indem Leibniz in einem Brief an einen Ungenannten sich gegen die Bezeichnung der Seelen als der Einsicht fähige Punkte wendet, präzisiert er, daß die Rede von Punkten in der Metaphysik nur eine hinkende Metapher ist: „De dire que les Âmes sont des p o i n t s i n t e l l i g e n t s, ce n'est point une expression assez exacte. Si je les appelle des centres ou des concentrations des choses externes, je parle par analogie. Les points, à parler exactement, sont des extremités de l'étendue, et nullement des parties constitutives des choses; la Géometrie le montre assez."[118] Aus einem Brief an Bayle geht sogar hervor, daß selbst der für die Leibnizsche Philosophie so wichtige Begriff der Kraft eine Metapher ist, und daß somit der durch Leibniz vollzogenen Dynamisierung der Substanz eine Entsubstanzialisierung der Kraft sich anschließen muß. Die „Kraft" (force) wird nämlich durch die Tendenz selbst bzw. die geregelte, einem Gesetz entsprechende Tendenz (tendance reglée) expliziert[119]. Es drängt sich auf diese Weise der Gedanke auf, daß die Kraft nur ein Name für das die Veränderung strukturierende Gesetz ist, man könnte auch sagen, wenn man die Umschreibung des Strebens (conatus) durch die vis tendendi ad futurum mit dem Ausdruck tendance reglé au changement kontrahiert: für die bleibende Tendenz zu der Veränderung, die im Begriff ist, manifest zu werden[120], und daß die Kritik von Lasswitz, der Leibniz vorwirft, er falle in eine Substanzialisierung der Kraft zurück, ungerechtfertigt ist[121], weil Leibniz wohl wußte, daß der unveränderliche Träger, der Boden der Struktur der Veränderung qua Gesetz eine undingliche und somit nichtsubstantielle Substanz ist, worauf auch die vage genug gehaltene Bestimmung der Substanz hinweist, gemäß welcher die Natur

---

[117] Theod. § 302 f.
[118] Brief an einen Ungenannten.
[119] GP III 58 und 66.
[120] Cf. GP IV 399 u. 564.
[121] Cf. Kurd Lasswitz, Gesch. der Atomistik, 2. Bd., S. 479.

der Substanz in der Fruchtbarkeit und in dem Entstehenlassen von Folgen oder Mannigfaltigkeiten besteht: „Généralement la nature de la substance est d'être féconde et de faire naître des suites ou variétés (au lieu que l'étendu ne donne que des possibilités sans enfermer quelque activité)."[122]

Das Bisherige zusammenfassend können wir jetzt sagen, daß die Lehre von der Verbindung der Determination mit der Kontingenz, die in der Definition des Kontingenten als des in eine unendliche Reihe von Ursachen Analysierbaren impliziert ist, auf den nexus universalis verweist, den Leibniz auch mit dem Hippokratischen, im Hinblick auf den menschlichen Körper gesprochenen sympnoia panta[123] („alles korrespondiert") belegt und auch auf die Formel bringt: „Omnes propositiones quas ingreditur existentia et tempus, eas ingreditur eo ipso tota series rerum, neque enim tò nunc vel hic nisi relatione ad caetera intelligi potest"[124]; „In alle Sätze, in die Existenz und Zeit eingehen, geht eben damit die ganze Reihe der Dinge ein, denn das Jetzt oder Hier kann nur durch die Beziehung auf das Übrige verstanden werden". Und diese These verweist ihrerseits auf die metaphysischen Verlängerungen der Leibnizschen Dynamik, insbesondere auf seine These, daß die Physik vermittelst der Dynamik der Metaphysik untergeordnet ist und auf die dynamische Auffassung der Substanz.

---

[122] Brief an Alberti, GP VII 444. — Durch diese Bestimmung wird immerhin die Abkehr Leibnizens von dem aristotelischen Verständnis der Substanz als Träger von Akzidentien sichtbar. Die nicht-aristotelische Substanz ist nichts anderes als der generative Bezugspunkt von Reihen von Phänomenen; vgl. GP III 58.
[123] GP VI 627.
[124] Couturat, Opuscules S. 19.

IV. Die in dem Gedanken des nexus universalis implizierte Kritik an der effizienten Kausalität

Die noch ausstehende inhaltliche Füllung des Modells, nach welchem die unendliche Reihe der Ursachen durch Einteilung in Haupt- und Nebenursache, und dieser wiederum in zwei entsprechende usf. sich ergibt, kann jetzt geleistet werden. Wir müssen allerdings zweierlei berücksichtigen: erstens den Umstand, daß in diesem und durch diesen allseitigen Zusammenhang immer wieder der Fall eintritt (und zwar immer dann, wenn wir vermeinen, daß ein Körper auf einen anderen im positiven Sinne wirkt), in dem ein Ding dem anderen die Gelegenheit zu wirken gibt, es von seinem Hindernis befreiend, d. h. das Hindernis kompensierend und dessen negative Tätigkeit verhindernd; in Leibnizens Worten, die die mechanischen Vorgänge der Ortsbewegung und des durch die Einführung der vis elastica erklärten Stoßes betreffen, die sich aber auf das Verhältnis der Dinge überhaupt zueinander und somit auf das Problem der Kausalität beziehen lassen und die in der Gleichsetzung der Determination mit dem Gewähren der Gelegenheit des Wirkens gipfeln: „corpora motum a concursu proprium semper habent a vi sua propria, cui impulsus alienus tantum occasionem praebet agendi et ut sic dicam determinationem"[125]. Als Zweites ist die Tatsache zu berücksichtigen, daß die Behinderung nie fehlt; wieder in den Worten von Leibniz, der allen Körpern eine innere unsichtbare Bewegung zuschreibt („Omne corpus habet motum intestinum")[126]: „Motus intestinus in cursu suo solito impeditur."[127] Von dem stets eine Anfangssituation darstellenden Konflikt der Kräfte aus gesehen und auf Grund der Zurückführung des scheinbar positiven Wirkens aufeinander auf das Gewähren der Gelegenheit des Wirkens, zeigt sich jetzt das eigene Streben als die Hauptursache, so daß die Dinge in erster Linie aus sich selbst entstehen, obwohl Leibniz den Begriff der causa sui, mit welchem Spinoza die scholastische Formel des ens a se übersteigt und die Daseinsweise des mit der einzigen Substanz iden-

---
[125] GP IV 397.
[126] GP IV 397; Leibniz spricht an derselben Stelle auch von einer vis intestina.
[127] a. a. O., S. 397.

tifizierten Gottes angibt, nicht verwendet, wohl um den Eindruck zu vermeiden, daß er das Entstehen von etwas für denkbar hält, bei dem das Zusammenspiel von Kräften in jeder Hinsicht ausbleiben und das sich selbst in einer völligen Isoliertheit vollziehen könnte[128]. Die Nebenursache besteht in jenem Gewähren der Gelegenheit, d. h. in der Beseitigung des Hindernisses, die durch das Hinzukommen eines das Hindernis neutralisierenden Dritten herbeigeführt wurde. Das neutralisierende Wirken der befreienden dritten Kraft unterliegt der analogen Doppelbetrachtung. Auf diese Weise wird klar, daß die unendliche Folge der Ursachen, auf die wir bei der Analyse des Kontingenten stoßen, sich mit Hilfe des konstruierten Modells plausibel machen läßt und die Kohärenz aller die Kausalität betreffenden Theoreme von Leibniz restauriert.

Die Plausibilität der hier durchgeführten Interpretation erhöht sich, wenn man bedenkt, daß die Kette der als causae efficientes, als Wirkursachen aufgefaßten Ursachen oder Gründe nur den Status eines vorläufigen, durch die philosophische Reflexion überwindbaren Scheins hat und daß demzufolge das dritte Modell, das sich zur Deutung der unendlichen, auf das Kontingente hinführenden Reihe der Ursachen anbot, ausscheidet. Die Kritik an der effizienten, in dem Zeitmodus der Sukzession sich vollziehenden Kausalität finden wir nämlich nicht erst bei Hume, der den Kant aus seinem „dogmatischen Schlummer" weckte und der bekanntlich die Aufstellung des Kausalgesetzes als eine unreflektierte Verwandlung des Folgens auf etwas in ein Erfolgen aus etwas (des post hoc in ein propter hoc) entlarvte. Bereits zu Leibnizens Zeit wird eine ähnliche Kritik in der Leibniz wohlbekannten und von ihm hochgeschätzten Logik des Port-Royal vorgetragen. In dem neunzehnten, elenktischen Kapitel, in dem die Hauptarten der Trugschlüsse vorgeführt und die in ihnen versteckten Fehler aufgedeckt werden, wird als drittes Sophisma das vorschnelle Zusprechen des Ursachecharakters angeführt („non causa pro causa"), nachdem von demselben Gesichtspunkt aus die bereits erwähnte Kritik an den Begriffen „Vermögen" (faculté) und

---

[128] In seinen Notizen zu Spinozas Ethik notiert sich Leibniz die Definition „C a u s a s u i est id cujus Essentia involvit existentiam" (GP I 139), ohne sie zu kommentieren. Es ist jedoch bemerkenswert, daß er die Formel „Die Essenz schließt die Existenz ein" beibehält, um das absolut oder metaphysisch Notwendige zu umschreiben und um dagegen das Kontingente abzugrenzen, denn: „Ego cum aliis contingens sumo pro eo, cujus essentia non involvit existentiam" (a. a. O., 148), womit nichts anderes als das Bestehen der Möglichkeit des Gegenteils, d. h. das Auch-Nichtseinkönnen gemeint ist.

„Kraft" (vertu)¹²⁹ geübt worden ist. Die Verfasser sprechen mit folgenden Worten über diese „gewöhnliche Täuschung des menschlichen Geistes", die sie mit der Zurückführung der Hitze der „Hundstage" auf das Sternbild des Hundes (Sirius) exemplifizieren: „Unter diese Art von Sophismata muß man auch folgende gewöhnliche Täuschung des menschlichen Geistes einordnen: ‚post hoc, ergo propter hoc': Dieses hat sich nach jener Sache ereignet, also muß jene Sache die Ursache von dieser sein. Von daher hat man erschlossen, daß ein Stern (= der ‚Hundsstern') die Ursache der außergewöhnlichen Hitze sei, die man während der Tage empfindet, die man Hundstage nennt. Dies hat Virgil, als er von diesem Stern sprach, den man im Lateinischen Sirius nennt, veranlaßt zu sagen:

Aut Seirius ardor:
Ille sitim morbosque ferens mortalibus aegris
Nascitur, et laevo contristat lumine coelum.

Indessen gibt es, wie Herr Gassendi sehr gut bemerkt hat, nichts weniger Wahrscheinliches als diese Fiktion; denn da dieser Stern auf der anderen Seite des Äquators steht, müßten seine Wirkungen auf die Orte viel stärker sein, über denen er sich senkrecht befindet, und trotzdem sind die Tage, die wir Hundstage nennen, die Zeit des Winters auf jener Seite: so daß sie mehr Grund haben in jenem Land zu glauben, daß der Hundsstern ihnen die Kälte bringt, als wir Grund haben zu glauben, daß er die Hitze bei uns versursacht."¹³⁰

Die Leibnizsche Kritik an der effizienten Kausalität wird zuweilen nur beiläufig gestreift, wenn Leibniz von dem für den menschlichen Verstand möglichen und notwendigen Übergang von einem Kontingenten (im Sinne des kontingent Wirklichen, oder auch einfach: das Wirklichen) zu einem anderen, früheren und einfacheren Kontingenten spricht, also von dem transitus ab uno contingente ad aliud contingens prius et simplicius¹³¹, der keinen Endpunkt haben kann (qui exitum habere non potest)¹³² und zwar weil — wegen des durchgängigen Zusammenhangs der Dinge in der Welt — die vollkommene Einsicht in die Bedingtheit eines Wirklichen die vollkommene Erkenntnis aller Teile des Universums, die cognitio perfecta omnium partium universi voraussetzen würde, die aber nie von dem

---

[129] Arnauld und Nicole polemisieren lediglich gegen das Umgehen der philosophischen Forschung durch die Erfindung von nomina actionis, die eine Scheinerklärung von physikalischen Befunden und Sachverhalten überhaupt erlauben.
[130] a. a. O., S. 242.
[131] Couturat, Opuscules S. 19.
[132] a. a. O., S. 19.

Menschen erreicht werden kann und bei der der menschliche Verstand nur in einer unendlichen Approximation asymptotisch ankommt; der Gedanke der unendlichen Annäherung ist Leibniz erst nach der Vertiefung in die Mathematik und in die mathematische Analysis des Unendlichen aufgegangen[133], was auch seine Aussage verständlich macht, daß er die radix contingentiae erst „vor wenigen Jahren" deutlich begriffen hat[134] und daß die zwei Labyrinthe, von denen er zu sprechen pflegt (das Labyrinth der Natur der Freiheit und das Labyrinth der Zusammensetzung des Kontinuums) aus einer und derselben Quelle kommen; und zwar aus dem Unendlichen[135]. Da es nämlich keinen Teil der Materie gibt, der nicht wirklich (actu) in andere unterteilt ist, kann man sagen, daß die Teile jedes beliebigen Körpers wirklich — und nicht nur im Sinne der endlosen Teilbarkeit — unendlich sind, daß sie relative, ineinander geschachtelte und voneinander abhängige Ganze bilden und auf den Ganzen und deren Bestandteilen mannigfache Spuren von Tätigkeit hinterlassen. Das daraus resultierende Unvermögen bei dem Verfolgen der Verweisungszusammenhänge irgendwann auf einen absoluten Anfang zu stoßen, darf uns nicht wundern, denn es ist nur das Symptom dafür, daß das eine Kontingente nicht die Ursache des anderen ist, nie und nirgends, obwohl es uns so scheint[136].

Die hier nur angedeutete Kritik wird expressis verbis in den „Primae veritates" wieder aufgenommen, wo Leibniz den Begriff des requisitum comitans, der begleitenden Existenzbedingung prägt, oder, wie wir auch sagen könnten, der auslösend-befreienden Veranlassung, die wir vorläufig Nebenursache genannt hatten, wobei anzumerken ist, daß nach Leibniz das Requisit eine durch ihre größere Einfachheit gekennzeichnete Bedingung und die Bedingung eine unerläßliche Voraussetzung ist[137]. Nachdem nämlich Leibniz die These aufgestellt hat, daß auf der Ebene der meta-

---

[133] Cf. a. a. O., S. 18.
[134] S. oben.
[135] „Tandem nova quaedam atque inexpectata lux oborta est unde minime sperabam: ex considerationibus scilicet mathematicis de natura infiniti. Duo sunt nimirum labyrinthi humanae mentis, unus circa compositionem continui, alter circa naturam libertatis, et ex eodem fonte infiniti oriuntur": Foucher de Careil, a. a. O. (De libertate).
[136] „Ut etiam revera unum contingens non est causa alterius, etsi nobis ita videatur": Couturat, Opuscules, S. 19.
[137] „R e q u i s i t u m est conditio natura simplicior, seu ut vulgo vocant natura prius. C o n d i t i o est, quo remoto aliquid tollitur": Leibniz, Fragmente zur Logik, S. 481. — Für die begründete Annahme der Unerläßlichkeit genügt, daß die Weg-

physischen Betrachtung kein Ding imstande ist, einem anderen Ding Wirksamkeit und Tätigkeit zu verleihen — „in rigore Metaphysico dici potest nullam substantiam creatam in aliam exercere actionem metaphysicam seu influxum"[138] —, mit der Begründung, daß nicht plausibel gemacht werden kann, wie eine positive Bestimmung, etwa die Tätigkeit, von einem Ding zum anderen überspringen kann, um nach diesem Transitus ein Konstitutivum dieses zweiten Dinges abzugeben, und daß bereits erwiesen wurde, daß aus der Vorstellung (notio) eines jeden Dinges alle zukünftigen Zustände und Handlungen dieses Dinges von einem bis in die feinsten Details dringenden und selbst die entferntesten Faktoren berücksichtigenden Geist vorausgesagt werden könnten — „Nam ut taceam non posse explicari quomodo aliquid transeat ex una re in substantiam alterius, jam ostensum est ex uniuscujusque rei notione jam consequi omnes ejus status futuros"[139] —, schließt er diese Bemerkung mit dem Satz ab: „Et [dici potest] quae causas dicimus esse tantum requisita comitantia in Metaphysico rigore"; „es läßt sich auch sagen, daß die Dinge, die wir als Ursachen bezeichnen, nur unerläßliche begleitende Existenzbedingungen sind". In dem vorausgegangenen Absatz hatte allerdings Leibniz zugegeben, daß jedes Ding, jede Einzelsubstanz auf alle übrigen Einzelsubstanzen ein physisches — wenn auch kein metaphysisches — Tun und Leiden ausübt, d. h. einen Eindruck hinterläßt, der weder in dem Produzieren, noch in dem Annihilieren eines Teils des inneren Prinzips der Tätigkeit bestehen kann, jedoch bereits vorliegende Tätigkeiten einzuschränken oder eingeschränkten, unterdrückten Tätigkeiten durch Einschränkung des Unterdrückenden Gelegenheit zur Manifestation und Steigerung zu geben vermag: „Omnis substantia singularis creata in omnes alias physicam actionem et passionem exercet"[140].

Die Verneinung der Möglichkeit, auf der Ebene der strengen philosophischen Reflexion, die sich mit einem für die Praxis zuweilen ausreichenden Als-Ob nicht zufrieden geben kann, die Ausübung einer actio meta-

---

nahme des als unerläßliche Voraussetzung Angesehenen die Aufhebung von etwas anderem nach sich zieht, was wiederum bedeutet, daß der Leibnizsche Begriff der conditio sine qua non nur eine vollständigere Verbalisierung dessen ist, was er hier einfach conditio nennt; innerhalb der Leibnizschen Systematik wird der Begriff der conditio sine qua non bei der Interpretation des Bösen wichtig.

[138] Couturat, Opuscules, S. 521.
[139] Couturat, Opuscules, S. 521.
[140] a. a. O., S. 521 — Der influxus physicus und die physica actio sind offensichtlich auseinanderzuhalten: Jener wird von Leibniz abgelehnt, weil er ein direkter ist, diese wird, weil sie als eine indirekte gedacht werden kann, anerkannt.

physica (= influxus) anzunehmen, ist gleichbedeutend mit einer Kritik an der effizienten, die Produktion eines absoluten Novums implizierenden Kausalität. Das Scheitern dieser Weise des Hervorbringens vor der Instanz des reflektierenden philosophischen Bewußtseins verbietet uns, die unendliche Reihe der Ursachen, die sich bei der (tendenziell) vollständigen Zergliederung der Vorstellung des Kontingenten ergibt, uns als eine unendlich weit sich erstreckende Kette von Wirkursachen vorzustellen. Die Kritik an der linearen, effizienten Kausalität versperrt uns darüber hinaus die Möglichkeit, den äußersten Grund der Dinge (= die ultima ratio rerum), der das einzige metaphysisch notwendige Wesen (Ens necessarium) ist und der, wie Leibniz hinzufügt, mit einem Wort „Gott" genannt zu werden pflegt, einfach als die höchste Wirkursache und somit als das höchste Seiende, gleichsam als ein Überding auszulegen und Heideggers Interpretation, deren Intention der Ausweis des Leibnizschen Satzes vom Grund als frühe, gleichwohl eminente Gestalt des Gesetzes der effizienten Kausalität ist, als richtig anzuerkennen. Heideggers Interpretation und Intention dokumentieren sich an den zwei Stellen, an denen er „eine der tiefsten unter den schweren späten Abhandlungen von Leibniz" bespricht. In der ersten dieser Stellen heißt es: „Der Austrag ist ein Kreisen, das Umeinanderkreisen von Sein und Seiendem. Das Gründen selber erscheint innerhalb der Lichtung des Austrags als etwas, das i s t, was somit selber, als Seiendes, die entsprechende Begründung durch Seiendes, d. h. die Verursachung und zwar durch die höchste Ursache verlangt."[141] Und in der zweiten wird ergänzend gesagt: „Das Wesensganze des Seienden bis zur prima causa, zu Gott [das heißt bis zu dem, was Heidegger die höchste Ursache genannt hatte und was Leibniz, den von Heidegger gebrauchten Ausdruck „prima causa" bezeichnenderweise vermeidend, als ultima ratio rerum bezeichnet], ist vom principum rationis durchwaltet. Der Geltungsbereich des Satzes vom Grund umfängt alles Seiende bis zu seiner ersten seienden Ursache, diese mit eingeschlossen. Durch diesen Hinweis wird das Großmächtige des principium rationis deutlicher. Aber so genommen, zeigt es doch erst nur den Umfang seines Geltungsbereichs. ... Inwiefern gilt jedoch der Satz vom Grund? Wenn der Satz vom Grund das großmachtende Prinzip ist, dann liegt in seinem Machten eine Art von Wirken. In der Tat spricht Leibniz in der genannten Abhandlung (n. 2) davon, daß den obersten Sätzen ein Wirken, ein eficere zukommt. Alles Wirken verlangt jedoch (nach dem Satz vom Grund) eine Ursache.

---

[141] Heidegger, Identität und Differenz, S. 68.

Die erste Ursache aber ist Gott. Also gilt der Satz vom Grund nur, insofern Gott existiert."[142]

Eine derartige Auslegung würde, abgesehen davon, daß sie wegen der referierten Kritik an dem Ursachebegriff undurchführbar ist, auf zwei Hauptschwierigkeiten stoßen. Sie würde Leibniz die Inkonsequenz in der Anwendung des Prinzips vom Grund zumuten und ihm die Meinung unterstellen müssen, daß die Kette der linear aneinandergereihten Wirkursachen irgendwo jäh abbricht und daß es auf diese Weise ein Ding — allerdings ein höchstes, „Gott" genanntes Ding — gibt, bei dem man bei dem Verfolgen der Reihe rückwärts ankommt, das aber seinerseits keine Ursache hat, sondern im Unterschied zu den unendlich vielen abkünftigen Dingen selbstherrlich und völlig unabhängig seine Aseität genießt, während Leibniz betont, daß jenes große Prinzip keine Ausnahme duldet, da es sonst entscheidend abgeschwächt werden würde[143]. Sie würde zweitens den Satz vom Grund mit einem Sinn versehen müssen, der es ihm unmöglich machen würde, sich mit der Kontingenz und Freiheit jedes einzelnen Wirklichen und jeder einzelnen Handlung zu vereinigen, da die Abhängigkeit von Wirkursachen sich nicht mit dem Auch-Nichtseinkönnen vermitteln läßt — es sei denn, daß man von dem Gedanken des Auch-Nichtseinkönnens der ersten Wirkursache und der durch sie exponierten Ganzheit der Reihe Gebrauch macht. Die genannten Schwierigkeiten verschwinden, wenn man das bedenkt, was Heidegger in seiner Erörterung des Satzes vom Grund unerwähnt läßt, nämlich daß die Gründe keine Dinge sind, sei es materielle, sei es immaterielle, sondern in erster Linie Differenzen von konkurrierenden Intensitäten rivalisierender Tendenzen, und daß dementsprechend die ultima ratio rerum der Titel ist, unter dem Leibniz die als Quintessenz aller (im räumlichen und zeitlichen Sinn) partiellen Tendenzen sich ergebende Tendenz denkt. Der direkte Hinweis auf diesen Sachverhalt liegt in der Deutung des festlegenden Grundes (raison déterminante) als eines vorherrschenden, überwiegenden Grundes (raison prévalente), und in der Bemerkung, daß der überwiegende Grund das Resultat aller Gründe ist, d. h. die Tendenz darstellt, die übrig bleibt, nachdem alle augenblicklichen partiellen Tendenzen in zwei Gruppen eingeteilt wurden, die durch eine jeweils entgegengesetzte Richtung gekennzeichnet sind, und nachdem die eine Gruppe von der anderen abgezogen wurde: „quand on parle de la plus grande inclination de la volonté, on

---

[142] Heidegger, Der Satz vom Grund, S. 53 und 55.
[143] Theod. § 44. Hier macht Leibniz noch eine Invektive: „Nichts ist schwächer als jene Systeme, wo alles schwankend und voller Ausnahmen ist" (a. a. O., § 44).

parle du résultat de toutes les inclinations."[144] Obwohl Leibniz die Lehre von der Gleichsetzung der raison déterminante mit der raison prévalente meistens im Hinblick auf die Verläufe formuliert, die dem (menschlichen oder göttlichen) Willen und Bewußtsein immanent sind, so ist sie doch als eine durchgängig geltende Aussage zu verstehen, wie sich bei der Darstellung der Leibnizschen Möglichkeitstheorie und bei der Erläuterung der Rolle, die die mit den Graden der Möglichkeit korrelativen Grade der Vollkommenheit bei der originatio radicalis rerum spielen, zeigt. Die Prävalenz einer der vielen — schließlich einer der beiden — Tendenzen darf daher nicht auf den psychologischen Befund der Präferenz reduziert und als Auswählen zwischen disparat auf einer Ebene liegenden Möglichkeiten gedeutet werden, sondern als das in dem Vorziehen in Erscheinung tretende und über die Sphäre des Bewußtseins hinaus jedes Wirkliche tragende Dominanzverhältnis.

Für Heideggers Neigung, den Leibnizschen Satz vom Grund als Vorboten und zugleich als prägnanteste Gestalt des von der effizienten Kausalität und letzten Endes von der Effizienz des eigenen Machens und dem Sichumgebenwollen mit Gemächte angeblich beherrschten neuzeitlichen Denkens zu sehen, ist übrigens die Vorliebe für die knappe lateinische Formulierung des Satzes vom Grunde charakteristisch: „R a t i o est in Natura, cur aliquid potius existat quam nihil"; in Heideggers Übersetzung: „G r u n d ist in der Natur, warum etwas vielmehr existiert als nichts."[145] Hier sieht es noch so aus, als ob etwas überhaupt und völliges Nichts einander gegenüberständen, und daß aliquid mit „(selbst) irgendetwas" (und nicht mit „irgendeines") und nihil nur mit dem Nichts im emphatischen substantivischen Sinn übersetzbar seien. Aus den erläuternden Angaben des Satzes vom Grund geht jedoch hervor, daß vor allem einmal „dieses da" im Unterschied zu „jenem dort", das Sosein im Unterschied zu dem Anderssein gemeint sind, und daß die Polarität von „(selbst) irgendetwas" und „(reines, nicht mehr im Sinne der konkreten Negation verstandenes) Nichts" nur einen Grenzfall darstellt, den die philosophische Reflexion schließlich thematisieren kann, von dem sie aber nicht ausgegangen ist. Eine dieser weniger knappen und daher nicht so schillern-

---

[144] Theod. § 43, vgl. a. a. O., § 44 f.; in ähnlicher Weise wird in den Nouveaux Essais das Wirkliche transparent gemacht: „Mehrere Perzeptionen und Tendenzen wirken zusammen, um einen endgültigen Willensakt, der das Ergebnis ihres Widerstreites ist, hervorzubringen" („Plusieurs perceptions et inclinations concourent à la volition parfaite, qui est le résultat de leur conflit"), GP V 178.
[145] Heidegger, Der Satz vom Grund, S. 52.

den Formulierungen lautet: „L'autre p r i n c i p e est celui de la r a i s o n
d é t e r m i n a n t e : c'est que jamais rien n'arrive, sans qu'il y ait une
cause ou du moins une raison déterminante, c'est à dire quelque chose qui
puisse servir à rendre raison a p r i o r i , pourquoi cela est existant plutôt
que non existant, et pourquoi cela est ainsi plutôt que de toute autre
façon. Ce grand principe a lieu dans tous les événements, et on ne don-
nera jamais un exemple contraire: et quoique le plus souvent ces raisons
déterminantes ne nous soient pas assez connues, nous ne laissons pas
d'entrevoir qu'il y en a ... Il y a toujours une raison prévalente qui porte
la volonté à son choix, et il suffit pour conserver sa liberté, que cette
raison incline, sans nécessiter."[146] Die Opposita sind hier: „dieses ist
existierend — dieses ist nicht existierend", „dieses existiert so — dieses
existiert anders". Durch diese neue Nuance wird deutlich, daß nicht
ständig und von vornherein das Ganze des Universums in Frage gestellt wird, sondern das Sichereignen der Einzelbegebenheiten innerhalb
der Welt, so daß das Nichts (nihil) nicht das reine, völlig inhaltlose
und leere Nichts bedeutet, sondern das Ersetztsein durch einen — graduell oder inhaltlich — verschiedenen Inhalt. Der Sinn des Satzes vom
Grund ließe sich auf diese Weise also paraphrasieren: Nichts ist un-
ersetzlich, obgleich das jeweils Wirkliche sich stets gegen andere Prä-
tentionen auf diesen Platz in der Wirklichkeit erst hat durchsetzen müssen: „L'inclination prévalente réussit toujours."[147] Gerade mit der Ablehnung der effizient-produktiven Kausalität ist die Aufstellung des Satzes vom überwiegenden Grund gekoppelt, denn beide sind Aspekte des
Ausschließens eines Entstehens aus dem Nichts. Jene Ablehnung eliminiert
das unerklärliche Entstehen einer Tätigkeit bei einem Ding, das überhaupt keine hatte, und das lediglich mit der tätigen Ursache in Berührung gekommen ist; und diese Aufstellung beruht auf der These, daß in
dem lückenlos in sich gestuften Bereich der Möglichen zu allen Zeiten alles
enthalten ist, und daß die in dem Nacheinander sich abspielenden Verläufe in der Wirklichkeit aus diesem irgendwo gleichbleibenden Reservoir
gespeist werden, aus dem das Spiel der Kräfte die jeweils zu verwirklichenden Inhalte befördert, und zwar irgendwann die vollkommeneren
Inhalte im Vergleich zu dem bislang Verwirklichten und immer wieder
die einen noch nie dagewesenen Vollkommenheitsgrad repräsentierenden.

---

[146] Theod. § 44 f. In einer der neueren Ausgaben der Theodizee (Paris 1962) ist leider diese wichtige Stelle, wegen eines Versehens, verstümmelt abgedruckt worden.
[147] Theod. § 53.

V. Ergebnis der Vereinigung von Kontingenz und Determination: Die Überwindung der Alternative von libertas contradictionis und libertas contrarietatis

Zusammenfassend kann man sagen, daß die Verbindung von Determination, die Leibniz auch als von der Sache her gerechtfertigte Gewißheit (certitude objective) bestimmt[148] und Kontingenz nicht auf dem Umstand beruht, daß jedes einzelne Glied in der Kette der Wirkursachen und jede binnenweltliche Einzelbegebenheit mit unausweichlicher Notwendigkeit eintreten, während die Reihe als Ganzes und das Weltganze selbst auch ein Anderes sein könnten, wenn das erste Glied ein anderes wäre, und daß lediglich derivierterweise, d. h. qua Leerstelle eines inhaltlich anders ausgefüllten Ganzen das Einzelne den Charakter des Kontingenten hat. Eine solche Interpretation würde auf die Tautologie hinauslaufen: Ein durchgängig anderes Ganzes (= hinsichtlich aller seiner unter sich mit fataler Notwendigkeit zusammengehaltener Teile anderes Ganzes) ist hinsichtlich aller seiner Teile ein anderes. Außerdem betont Leibniz, sich auf die Diskussion zwischen den Molinisten (oder „modernen Jesuiten")[149] und den Prädeterminationisten, zu denen die Dominikaner und die (von ihren Feinden „Jansenisten" genannten)[150] Schüler des hl. Augustinus gehörten, einlassend[151]: „Da alles von vornherein aufeinander abgestimmt ist, ist es nur die sogenannte und von allen anerkannte hypothetische Notwendigkeit, die es mit sich bringt, daß nichts geändert werden kann, nachdem Gott die ganze Abfolge sich vergegenwärtigt und ihre Verwirklichung beschlossen hat. Trotzdem bleiben die einzelnen Ereignisse, jeweils für sich genommen, kontingent. Denn ... das einzelne Ereignis hat nichts an sich, das es zu einem Notwendigen macht und das uns nicht den Fall uns vorzustellen erlaubt, daß irgendetwas von ihm Verschiedenes an seiner Stelle hätte stattfinden können"[152]. Die Möglichkeit,

---
[148] Theod. § 44.
[149] Theod. § 39.
[150] Theod. § 41.
[151] a. a. O., § 39 ff.
[152] „Ainsi tout étant reglé d'abord, c'est cette nécessité hypothétique seulement dont tout le monde convient, qui fait qu'après la prévision de Dieu, ou après

sich das Einzelne als ein durch ein anderes Ersetztes oder Ersetzbares vorzustellen, ohne den Zusammenhang zwischen den (wenn auch nicht im Sinne der effizienten Ursachen bestimmenden) Ursachen und den Wirkungen in Abrede stellen zu wollen, ist das Resultat des Unterschieds zwischen incliner (Geneigtmachen, Vorherrschen einer Tendenz) und nécessiter (eindeutig und massiverweise herbeiführen)[153], zwischen geneigt machender und eindeutig herbeiführender Determination (détermination inclinante und nécessitante), zwischen eindeutig herbeiführender und nicht eindeutig herbeiführender Prädetermination[154], wobei anzumerken ist, daß Leibniz die letztere annimmt und sich in dem eben präzisierten Sinne als Prädeterminationist versteht[155]. Und diese Unterscheidung ist das Resultat der Einsicht in die Tatsache, daß jede Handlung, jede Veränderung und jedes Entstehen lediglich einem Überwiegen des Grundes für das Eintreten dieser Begebenheit über den Grund für ihr Nichteintreten zu verdanken ist. Denn aus dem Durchdenken jenes Überwiegens ergibt sich, daß zwei Ereignisse, die einander entgegengesetzt zu sein scheinen, es im Grunde nicht sind, da ihnen dieselben Gründe bzw. Faktoren zugrunde liegen: In beiden Fällen sind beide einander entgegengesetzten Gründe am Werk. Lediglich deren Anteil innerhalb der stets komplexen Grundlage des Wirklichen ist ein jeweils verschiedener. Wenn der eine Grund, sagen wir der des Entstehens, auch um ein Geringes überwiegt, entstehen die Dinge, die Veränderungen, die Entschlüsse und die Handlungen, wenn aber der zweite um eine Kleinigkeit überwiegt, entstehen sie nicht. Mit anderen Worten: Auf der Oberfläche gilt das Alles-oder-nichts-Gesetz. Im Untergrund verbleiben zwei Kräfte im permanenten Ringen. Sie wirken nach dem Schema physikalischer Kräfte, d. h. erst und nur das sich aus ihrer Addition Ergebende bestimmt das Bild der Wirklichkeit. Da es sich allerdings um rivalisierende Kräfte, also Kräfte mit entgegengesetzter Richtung handelt, hat die Addition den Charakter

---

sa résolution, rien ne saurait être changé: et cependant les événements en eux-mêmes demeurent contingents. Car (mettant à part celle supposition de la futurition de la chose, et de la prévision ou de la résolution de Dieu, supposition qui met déjà en fait que la chose arrivera, et après laquelle it faut dire": „Unumquodque, quando est, oportet esse, aut unumquodque, siquidem erit, oportet futurum esse") l'événement n'a rien en lui qui le rende nécessaire, et qui ne laisse concevoir que toute autre chose pouvait arriver au lieu de lui": Theod. § 53.

[153] a. a. O., § 53.
[154] a. a. O., § 43.
[155] a. a. O., § 43.

einer Substraktion. Die durch die Substraktion ermittelte Differenz ist das letztlich Festlegende und Verwirklichende.

Die eben durchgeführte Auslegung und Rekonstruktion findet indirekt ihre Bestätigung in der Vernachlässigung der Unterscheidung zwischen der libertas contradictionis und der libertas contrarietatis durch Leibniz, der nirgends und in keiner Weise diese Distinktion in seine vielfach auf scholastische Distinktionen zurückgreifenden Argumentationen einführt. In der Schulphilosophie des 17. und 18. Jahrhunderts pflegte man nämlich die Ursache in die notwendige und in die frei wirkende (causa necessaria und causa libera) einzuteilen, und die zweite entweder in die mit einer libertas contradictionis oder mit einer libertas contrarietatis ausgestattete — eine Differenzierung des Freiheitsbegriffs, dem noch in den Streitschriften zwischen Hobbes und Bramhall eine wichtige Rolle zukommt. Eine erhellende, mit Phänomenen belegende Erläuterung dieser Begriffe finden wir in dem Artikel „Causa" des Philosophischen Lexikons von Walch.

Die causa ist: „Entweder necessaria, oder libera. Die causa necessaria, die nothwendige, welche auch naturalis heisset, muß wirken, wenn alle zur Wirkung nothwendige Stücke vorhanden sind, z. B. wenn das Feuer zum Stroh kömmt, so muß es brennen, wofern es nicht durch ein Hindernis zurück gehalten wird. Die causa libera, die freye, mag alle nothwendige Stücke beysammen haben, und kann die Wirkung doch wohl nachbleiben, z. E. ein Mensch, der einen bequemen Tisch, Feder, Tinte, Papier, gute Augen und geschickte Hände hat, der bey dem hellen Fenster sitzet, und den Brief vor sich siehet, darauf er antworten möchte, der hat alles, was man zum Schreiben bedarf, doch wenn er nicht Lust hat, so kann ers dennoch bleiben lassen. Diese ist wieder gedoppelter Art. Denn entweder ist es libertas contradictionis, da man eine Sache thun oder lassen kann; oder contrarietatis, wenn unterschiedene Sachen gegen einander gesetzt sind, davon man nach Belieben eines erwählen kann, z. E. ich kann schreiben und nicht schreiben; ich kann einen Brief schreiben, ich kann auch in einem Buch lesen. Diese letztere heißt sonsten auch libertas specificationis, weil gewisse Dinge nach einander specificiret werden, dabey man sich der Freiheit gebrauchen und eins nach Belieben auslesen kann."[156]

Für denjenigen, der den Leibnizschen Standpunkt nachzuvollziehen bestrebt ist, ist die Tatsache relevant, daß Leibniz nicht den Einwand vorbringt, die libertas contrarietatis sei bei der libertas contradictionis immer

---

[156] J. G. Walch, a. a. O., Bd. I, Sp. 534.

bereits im Spiel, was zum Beispiel Jean Le Clerc, ein Zeitgenosse von Leibniz, gegen die scholastische Unterscheidung einwendet, indem er der Ansicht war, „man habe nicht nötig, die Freiheit contradictionis und contrarietatis zu teilen, weil die Actus der letzteren schon in der ersteren begriffen"[157]. Die Kritik Leibnizens an dieser Einteilung würde nämlich, wie wir auf Grund des über die Gleichsetzung des festlegenden Grundes mit dem überwiegenden Grund (und letzten Endes mit der übrig bleibenden Differenz) und auf Grund des über die Permanenz des unterschwelligen Ringens von zwei einander entgegengesetzten Gründen Gesagten rekonstruieren können, viel weiter reichen und die Durchstreichung beider Begriffe verlangen. Denn sowohl der Verschiedenheit der Handlungen, die kontradiktorisch entgegengesetzt sind, wie das Tun und das Nicht-tun, als auch der Verschiedenheit der Handlungen, die konträr entgegengesetzt sind, wie das Tun von diesem und das Tun von jenem, liegt der verschiedene Anteil von zwei Komponenten oder Faktoren an einem und demselben Ganzen zugrunde. Die inhaltlich-qualitative Verschiedenheit der Handlungen, d. h. die Verschiedenheit, die sich durch das Zukommen oder das Fehlen von begrifflichen Merkmalen angeben läßt und die rein diskursiv beschreibbar und bestimmbar ist, reduziert sich auf diese Weise auf ein Mehr und Weniger, da in beiden modellhaft angesetzten Fällen — seien sie kontradiktorisch oder seien sie konträr einander entgegengesetzt — beide Faktoren virulent sind und bleiben. Von diesem höheren Standpunkt aus gesehen unterscheiden sich die scheinbar einander entgegengesetzten Handlungen nicht wie das Eine gegenüber dem Anderen, sondern wie verschiedene Exponenten verschiedener Grade der Intensität einer und derselben strukturierten Tendenz. Die Integration der verschiedenen Handlungen, Verwandlungen und Veränderungen in die jeweiligen Reifeprozesse, und die Reduktion der verschiedenen Verläufe dieser Prozesse auf die Fluktuation zwischen einem Mehr und einem Weniger hinsichtlich des Festgelegtseins durch die jeweilige Haupttendenz ist das, was es Leibniz ermöglicht zu sagen, daß die gegenwärtig wirkliche Einzelbegebenheit nichts an sich hat, das uns verbieten könnte, sie uns durch etwas anderes ersetzt vorzustellen, und daß die künftig

---

[157] Cf. J. G. Walch, a. a. O., Bd. 1, Sp. 1421; hier gibt Walch eine Übersicht über die Hauptpunkte in Le Clercs Pneumatologia, sect. 1, cap. 3 § 10 ff. Le Clerc, Theologe und Professor in Amsterdam, war Herausgeber der Bibliothèque universelle et historique. Ein französisch geschriebener Brief Leibnizens an ihn (ohne Datum), in dem ihn Leibniz begrüßt und Korrespondenz mit ihm wünscht, ist erhalten (cf. Bodemann, Briefwechsel, S. 133, Nr. 536).

wirkliche ausbleiben und als eine ausbleibende vorgestellt werden könne, ohne daß wir uns deswegen in einen logischen Widerspruch verwickeln würden[158]. Jede Verwirklichung und jedes Existierende repräsentieren nämlich eine der unendlichen Nuancen zwischen einem „Alles" und einem „Nichts", wobei „Alles" die vollkommene und ganz ungetrübte Erreichung des von der Haupttendenz jedes Prozesses angesteuerten Telos bedeutet, und „Nichts" die völlige Tilgung der Haupttendenz durch die mit ihr korrelative Gegentendenz. Die beiden Extremfälle ereignen sich nie und nirgends. Die kontinuierliche Gradation der Determination, die aus der dynamischen, Bezüge zu den entferntesten Begebenheiten implizierenden Konkurrenz der Faktoren resultiert, bringt auf diese Weise die Durchstreichung der scholastischen Unterscheidung zwischen libertas contradictionis und libertas contrarietatis und die Verbindung und Versöhnung von Determination und Kontingenz mit sich.

Die Diskrepanz zwischen der gewöhnlichen Meinung, die unvermittelte und klar abgrenzbare Qualitäten von Handlungen einander gegenüberstellt und der stets vermittelnde Intensitätsgrade, nuancierte Übergänge und fließende Grenzen hinzudenkenden philosophischen Betrachtung, kommt übrigens nicht dadurch zustande, daß in dem zweiten Fall eine selbständig-autarke Hinterwelt hinter der Welt der Erscheinungen aufgebaut und die Kluft zwischen Sein und Schein aufgerissen wird. Auch dieser Unterschied läßt sich nämlich vermitteln und zwar wenn man in Erwägung zieht, daß die zwei antagonistischen Faktoren oder Tendenzen, deren Anteil an dem Produkt sich kontinuierlich verschiebt, zuweilen Knotenpunkte erreichen, bei deren Passieren dem bei dem Erscheinungsbild Stehenbleibenden Sprünge und unvorbereitete Entstehungen neuer Qualitäten sich zu ereignen scheinen. Ein derartiger, auf die Kontinuität reduzierbarer Sprung findet in erster Linie dann statt, wenn die Anteile der Faktoren sich der Hälfte nähern und wenn die ein wenig unterhalb der Hälfte (oder Mitte) sich befindende Tendenz durch einen geringen Zuwachs, dem ein geringer Verlust auf der anderen Seite kor-

---

[158] In den alten, seit Aristoteles' Kapitel über „die Seeschlacht, die entweder morgen stattfinden wird oder nicht stattfinden wird" (cf. Aristoteles, De interpretatione, Kap. 9) stets neu aufflammenden Streit um die futura contingentia eingreifend, schreibt Leibniz in der Theodizee: „Cependant la certitude objective ou la détermination ne fait point la nécessité de la vérité déterminée. Tous les philosophes le reconnaissent, en avouant que la vérité des futurs contingents est déterminée, et qu'ils ne laissent pas de demeurer contingens. C'est que la chose n'impliquerait aucune contradition en elle-même, si l'effet ne suivait pas; et c'est en cela que consiste la c o n t i n g e n c e " (Theod. § 44).

respondiert, sich in die vorherrschende und tonangebende verwandelt, während die bislang überwiegende in ihr Gegenteil umschlägt und zur unterlegenen wird. Das, was Leibniz „erscheinende Sprünge" und „abschließende musikalische Zusammenfassungen im Sinne von Skandierungen und Rhythmisierungen in den Phänomenen" nennt, sind als plötzliche Veränderungen von der eben beschriebenen Art anzusehen, wie aus der Tatsache erhellt, daß er im Rahmen einer Erörterung der durchgängig Intensitätsgrade durchlaufenden Entstehungsprozesse und einer Erläuterung seines Gesetzes der Kontinuität[159] darauf zu sprechen kommt. „Alles ereignet sich in Intensitätsgraden", führt er an dieser Stelle aus, „und nichts sprunghaft; und diese hinsichtlich der Veränderungen geltende Regel ist ein Teil meines Gesetzes der Kontinuität. Gleichwohl verlangt die Schönheit der Natur, die von einander abgegrenzte Perzeptionen braucht, scheinbare Sprünge und gleichsam abschließende musikalische Refrains in dem Bereich des Sinnlich-Wahrnehmbaren"[160].

Durch die Ansetzung eines überall in einer komplexen Grundlage wurzelnden Grundes kann jetzt die Konzeption der Möglichen, die eine Gradation ausmachen und nach der Verwirklichung verlangen, konkretisiert werden. Die Grundlage ist stets durch die jeweilige Haupttendenz und eine ihr entgegenwirkende, ihrerseits in antagonistische Kräfte analysierbare Tendenz strukturiert. Zu jedem Augenblick und zu jeder Phase des Reifungsprozesses, den nicht nur das Lebende, sondern jedes Wirkliche und sogar jeder Gedanke durchmachen, lassen sich zwei Extreme hinzudenken: das ausschließliche Dasein der Haupttendenz und die völlige Negierung der Haupttendenz durch die Gegentendenz. Den Intensitätsgraden, die die jeweils verwirklichte Gestalt der Konstellation der beiden Faktoren flankieren und zwischen dieser Gestalt und den beiden Extremen vermitteln, entsprechen in der ontologischen Betrachtung der Ver-

---

[159] In Bezug auf dieses Gesetz behauptet mit Recht Guhrauer, das ganze System Leibnizens, sowohl im Physischen als auch im Moralischen, beruhe gewissermaßen auf dem Gesetz der Kontinuität (G. E. Guhrauer, G. W. Freiherr von Leibniz, Bd. 1, S. 67 des Anhangs); er präzisiert jedoch diese Behauptung nicht, zeigt vor allem nicht, in welcher Weise der Zusammenhang zwischen dem Gesetz der Kontinuität und dem Satz vom (überwiegenden) Grund in der Leibnizschen Ontologie zu denken ist.

[160] „Tout va par degrés dans la nature, et rien par saut, et cette règle à l'égard des changements est une partie de ma loi de la continuité. Mais la beauté de la nature qui veut des perceptions distinguées, demande des apparences de sauts, et pour ainsi dire des chutes de musique dans les phénomènes": GP V, S. 455.

änderung die Grade der Möglichkeit, die im logisch-ontologischen Sinn zwischen dem Möglichen und dem Unmöglichen bzw. zwischen dem Mittleren zwischen Sein und reinem Nichts auf der einen Seite und reinem Nichts auf der anderen vermitteln. Die Bloßmöglichen (purs possibles), die nie in der Wirklichkeit — weder in der vergangenen, noch in der gegenwärtigen, noch in der zukünftigen — angetroffen werden, haben als Inhalt die Verwirklichung der in dieser oder in jener Phase des Prozesses tatsächlich nicht verwirklichten Gestalten der Konstellation. Da diese Gestalten oder Modifikationen stets unendlich viele sind, ist das Wirkliche permanent von unendlich vielen Bloßmöglichen unterlaufen, die wegen ihrer geringeren Vollkommenheit, d. h. ihrer geringeren Tauglichkeit, sich in das am reichsten strukturierte, aus Ausführung und Resultat, Weg und Ziel bestehende Ganze einzufügen, sich sozusagen nicht bis zur Wirklichkeit haben durchsetzen können.

Aus der herausgestellten Korrespondenz zwischen dem auf die Intensitätsgrade der Veränderung sich beziehenden Aspekt der Leibnizschen lex continuitatis und der Lehre von der Gradualität der Möglichkeit ergibt sich, wie ausdrücklich noch hinzugefügt werden muß, daß die die Verwirklichung fordernden bzw. die zu der Wirklichkeit tendierenden Möglichen nicht mit den konkurrierenden Gründen, Kräften oder Tendenzen gleichzusetzen sind, obgleich deren Berücksichtigung unumgänglich ist für die Theorie, die das Entstehen der Dinge auf die komplexe Kausalität und den stets dichotomisch verstandenen und in causa agens und causae concurrentes differenzierten[161], jedoch immer auf ein einziges Resultat sich zuspitzenden Grund zurückführt. Eine zweite naheliegende Mißdeutung der Formulierungen von Leibniz, die jetzt thematisiert und eliminiert werden kann, betrifft die Ableitung der Dinge aus ihrer Wurzel oder ihrem Ursprung, d. h. die originatio radicalis rerum. Die Interpretation der Verbindung von Determination und Kontingenz und des Zusammenhanges zwischen der Aufstellung des Gesetzes der Kontinuität und der Anwendung des Denkmittels der Variabilität — wie man mit einem Ausdruck von Lasswitz, der zwischen dem Denkmittel der Substanzialität und dem der Variabilität unterscheidet, sagen könnte — auf die Möglichkeit hat gezeigt, daß die Entstehung der wirklichen Dinge aus den Möglichen von Leibniz nicht als ein einmaliges Ereignis gemeint ist und daß sie demnach nicht als Ersetzung der christlichen Schöpfungslehre durch eine philosophische Kosmogonie anzusehen ist. Das Wirk-

---

[161] Causa Dei § 105, GP VI 454.

liche entsteht vielmehr aus dem Möglichen — einem jeweils anderen und immer wieder vollkommeneren Möglichen — an jedem Ort und immerfort in jedem Augenblick, wenn sich auch das einzelne Wirkliche als integriert in dem System der Wirklichen, das wir mit Leibniz „Welt" oder „Universum" nennen und das einzelne Mögliche als integriert in der Kombination der Möglichen, auf die Leibniz mit dem Ausdruck „mögliche Welt" hinweist, denken läßt — und in einer höchsten Reflexion auch gedacht werden muß. Es handelt sich vielmehr um den Entwurf einer Philosophie des permanenten Konflikts und der in fruchtbare Interferenzen eingehenden Konflikte.

Die Bestimmung des Kontingenten als desjenigen Ereignisses, dessen Gegenteil möglich ist[162], kann Leibniz beibehalten. Bei der Einordnung dieser überlieferten Definition in das Gesamtsystem wird sichtbar, daß er sowohl das „Gegenteil" als auch die Möglichkeit des Gegenteils in einer Weise versteht, die die Definition zur alten Hülle werden läßt, die mit neuem Inhalt gefüllt wird: Das „Gegenteil" wird weder als das kontradiktorische, noch als das konträre Gegenteil, sondern als Variation des Bestehenden, genauer gesagt als das Integral der widerspruchsfrei denkbaren Variationen des Bestehenden verstanden; entsprechend wird jeder dieser Variationen, die nur hinsichtlich der Widerspruchsfreiheit völlig übereinstimmen, ein verschieden großer Abstand von der jeweils bestehenden Wirklichkeit und somit irgendein geringerer Grad der Möglichkeit zugebilligt. Die komplementäre Seite dieses Vorgehens ist die Behandlung von „kontingent" und „existent" (oder „wirklich") als koextensive Begriffe und die Aufstellung der Lehre von der **in jedem Einzelfall** sich ereignenden Verbindung von Kontingenz und Determination.

---

[162] „L'événement, dont l'opposé est possible, est contingent — comme celui dont l'opposé est impossible, est nécessaire": Theod. § 282.

VIERTES KAPITEL

Die Freiheitstheorie

I. Vorbemerkung

Die Erörterung der Freiheitstheorie von Leibniz nach der Behandlung der für diese Theorie fundamentalen Lehren, nämlich der Thesen über die Intensitätsgrade der Möglichkeit und über die Verbindung der Determination mit der Kontingenz, weckt den Anschein, daß das, was wir geneigt sind als freie Tat oder freien Entschluß zu bezeichnen, nach Leibniz lediglich ein im Mikrokosmos des menschlichen Bewußtseins wiederkehrender, durchgängig im Kosmos anzutreffender genetischer Vorgang sei. Nach einer solchen Auffassung würde es sich bei dem mit dem Wort „Freiheit" angezeigten Geschehen um eine auch im außermenschlichen Bereich verbreitete Struktur handeln, die nur durch ihre Ansiedlung in dem Bereich der Vorstellungsvermögen der Menschen und ausschließlich durch die Andersartigkeit des Mediums, von dem sie umgeben ist, eine neue und abgrenzbare Weise des Entstehens konstituiert. Die „Kausalität der Freiheit" und die „Kausalität der Natur" wären in diesem Fall strukturell identisch. Der Philosophie von Leibniz könnte mit Recht die Fähigkeit abgesprochen werden, das Spezifische in dem — im Sinne des stoischen „tonos" verstandenen — gespannten Ausgerichtetsein des Menschen auf das Gute, das, wenn auch stets situationsbezogen, sich in das wirklich Gute und das nur scheinbar Gute (das agathon phaenomenon des Aristoteles) einteilen läßt, anzugeben.

Dieser Eindruck verstärkt sich und die Gedankenfreiheit (liberté de l'esprit) — und im Gefolge die von der Freiheit des Tuns unterscheidbare Freiheit des Wollens (liberté de vouloir)[1] — scheinen gefährdet angesichts der Ausführungen, die wir in dem XXI. Kapitel „Über das Vermögen und über die Freiheit" der Nouveaux Essais sur l'entendement humain finden. Mit folgenden Worten wird hier die Determination auch bei der Entstehung der Gedanken geltend gemacht: „Wenn man unter ‚Notwendigkeit' das gewisse Festgelegtsein des Menschen verstünde, das ein vollkommener Geist auf Grund der vollkommenen Erkenntnis der Umstände der sowohl in dem Menschen als auch außerhalb des Menschen

[1] GP V 160 f.

stattfindenden Geschehnisse voraussehen könnte, da die Gedanken ebenso festgelegt sind wie die Bewegungen, die sie in dem Bewußtsein vertreten d. h. auf die sie sich, als Vorstellungen, die sie sind, beziehen, würde jeder freie Akt ein notwendiger sein".[2] Bevor wir dazu übergehen, die Leibnizsche Position von den ihr gegenüberstehenden Positionen abzuheben, um die im Dialog entfaltete Lehre und die bei dieser Entfaltung durch die Opposition der Gegner provozierte Klärung der Eigentümlichkeit der hier behandelten Freiheitstheorie darzustellen, bemerken wir vorwegnehmend, daß die Verlegung des getrennten innerweltlichen genetischen Vorgangs überhaupt in den Mikrokosmos des menschlichen Bewußtseins zwar richtig ist, aber zur Beschreibung der als von Einsicht begleitete Selbständigkeit („spontaneitas intelligentis") definierten Freiheit nicht ausreicht. Denn die Beseitigung des hemmenden Hindernisses, die in den außermenschlichen Prozessen die hinzukommenden dritten Kräfte leisten und welche die Erreichung des Reifezustands oder die Annäherung an ihn mit sich bringt, liegt auch bei dem Vollbringen einer freien Handlung vor, die Negierung des Negativen und Hemmenden wird jedoch hier nicht durch ein Drittes bewerkstelligt, sondern durch das Gehemmte und Unterdrückte selbst und zwar dank der zu dem Selbstbewußtsein und der Reflexion gehörenden eigentümlichen Fähigkeit, sich auf sich selbst zu beziehen. Die Reflexion wird von Leibniz als Konzentration der Aufmerksamkeit auf irgendeinen Inhalt unserer Vorstellungsvermögen verstanden: „La réflexion n'est autre chose qu'une attention à ce qui est en nous."[3] Freiheit ist demnach nichts anderes als der Prozeß der Selbstbefreiung, den man auch mit Hegels Worten „Zu-sich-selbst-kommen" nennen könnte. Wir werden sehen, daß und in welchem Sinne dieser Prozeß der Selbstbefreiung auf das Befreien des Anderen (im Sinne eines genetivus objectivus) angewiesen ist. Bereits jetzt halten wir aber fest: Durch die Koppelung der Befreiung von sich selbst mit der Befreiung des Anderen ist die Leibnizsche Freiheitstheorie mit jeglichem die bloße Enthem-

---

[2] „Si par la nécessité on entendait la détermination certaine de l'homme, qu'une parfaite connaissance de toutes les circonstances de ce qui se passe au dedans et au dehors de l'homme, pourrait faire prévoir à un Esprit parfait, il est sûr que les pensées étant aussi déterminées que les mouvements qu'elles représentent, tout acte libre serait nécessaire": GP V 164.

[3] NE, Vorrede. — Belaval legt den Schwerpunkt auf die Bestimmung der reflexio als agere in se ipsum, uns scheint aber diese Aktion eher das Resultat der punktualisierend intensivierenden Zusammenziehung der Aufmerksamkeit (attentio) zu sein, die das Primäre darstellt (vgl. dazu: Yvon Belaval, Das Problem der Reflexion bei Leibniz).

mung postulierenden Irrationalismus und irrationalistischem Voluntarismus unverwechselbar geworden, wobei anzumerken ist, daß dieser Voluntarismus manifest sein kann, wie der dem Freiheitsbegriff der Existenzphilosophie anhaftende, oder latent, wie im Falle der nur phänomenologisch den Kampf und Konflikt beschreibenden und den Begriff des Kampfes völlig undifferenziert und unpräzisiert lassenden Denkrichtung.

II. Die vierfache Abgrenzung des Leibnizschen Freiheitsbegriffs

Für das Eindringen in das Spezifische der Freiheitstheorie von Leibniz und zugleich in das Eigentümliche des Befreiungsprozesses, der auf der Ebene der mit Vernunft begabten Wesen stattfindet, ist die Abgrenzung gegen andere mögliche Auslegungen des freien Verhaltens des Menschen zu sich selbst und zu seiner Umwelt und letzten Endes gegen andere Antworten auf die Frage, ob ein solches Verhalten überhaupt möglich ist, erforderlich. Es wird daher unsere erste Aufgabe sein, die fünffache Abgrenzung der Leibnizschen Freiheitstheorie, den verstreuten Hinweisen Leibnizens selbst folgend, vorzuführen. Unter Verwendung von in dem heutigen Sprachgebrauch bekannten Bezeichnungen läßt sich sagen, daß Leibniz seine Position durch eine fünffache Kritik konsolidiert, nämlich

erstens, an der fatalistischen Auffassung des Menschen;

zweitens, an einem existentialistisch-erlebnisorientierten Freiheitsbegriff;

drittens, an einem existentialistisch-praxisorientierten dezisionistischen Freiheitsbegriff;

viertens, an einem pragmatischen Freiheitsbegriff und

fünftens, an der dualistischen Weltauslegung, die als eine zur Reflexion über sich selbst übergegangene pragmatische Einstellung aufgefaßt werden kann.

Die Tatsache, daß die vier letzten Positionen in dem vom Fatalismus unbesetzt gelassenen Raum stehen und sich in zwei Gruppen zusammenfassen lassen, von denen die eine von der Selbstauslegung des isolierten Ich und die andere von der Sorge um die Sicherung der Möglichkeit des technisch-praktischen, politisch-praktischen und moralisch-praktischen Tuns geleitet ist, erlaubt uns zu sagen, daß Leibniz seine Freiheitstheorie nach allen Seiten hin definiert und ringsherum umschrieben hat, obgleich noch viele Zwischenlösungen und Kompromisse zwischen den angeführten, grundsätzlich voneinander verschiedenen, den Kreis um Leibnizens Position markierenden Standpunkten, denkbar sind.

1. Die Kritik an der fatalistischen Einstellung der argos logos

Die erste, gegen den Fatalismus gerichtete Kritik nimmt bei Leibniz die Gestalt der Auseinandersetzung mit dem argos logos der Alten, mit dem als ignava ratio bekannt gewordenen Schluß an. Leibniz nennt diese Argumentation, sich eines Ausdrucks der Rechenmeister, wie er sagt, bedienend, die „faule Regel"[4]. In Ciceros Schrift „De fato" wird der die ignava ratio ausmachende Gedankengang ausführlich besprochen und mit folgendem Schluß exemplifiziert:

„Wenn es für dich vom Fatum bestimmt ist, von dieser Krankheit zu genesen, wirst du genesen, ob du einen Arzt beiziehst oder keinen;

und umgekehrt: Wenn es dein Fatum ist, daß du aus dieser Krankheit nicht genesen sollst, wirst du nicht genesen, ob du nun einen Arzt beiziehst oder nicht;

und eines von beiden ist dein Fatum: folglich ist es sinnlos, einen Arzt zu bemühen."[5]

Um den Gebrauch des Wortes „Fatum" innerhalb der Argumentation selbst zu vermeiden, könnte man sich auf die These berufen, daß jeder Aussagesatz entweder wahr oder falsch ist und folgendermaßen umformulieren: „Wenn der Satz: ‚Du wirst von dieser Krankheit genesen, ob du einen Arzt beiziehst oder nicht' von Ewigkeit her wahr gewesen ist, dann wirst du genesen; und umgekehrt: Wenn der Satz: ‚Du wirst von dieser Krankheit genesen, ob du einen Arzt beiziehst oder nicht' von Ewigkeit her falsch gewesen ist, dann wirst du nicht genesen" usw.[6]. Richtig wird durch Cicero herausgestellt, daß wir im Leben überhaupt keine Tat vollbringen würden, wenn wir diesem Gedankengang Glauben schenken und seiner Konklusion folgen würden[7], woraus erhellt, daß dieser logische Schluß, gemäß welchem jede Aktivität, Anstrengung, Anspannung und Initiative sinn- und zwecklos sein würde, zu Recht den Namen „faul" und „tatenlos" trägt[8].

In dem zitierten frühen Entwurf zur Theodizee ist die Kritik an der ignava ratio noch nicht überzeugend, denn hier bringt Leibniz lediglich

---

[4] Deutscher Entwurf zur Theodizee, § 12.
[5] Cicero, De fato, XII 29.
[6] a. a. O.
[7] „Nec nos inpediet illa ignava ratio, quae dicitur: appellatur enim quidam a philosophis argos logos, cui si pareamus, nihil omnino agamus in vita": a. a. O., XII 28.
[8] „Recte genus hoc interrogationis ignavum atque iners nominatum est, quod eadem ratione omnis e vita tolletur actio": a. a. O., XIII 29.

das zweifache Gegenargument vor, daß es bei mir stehe, was an meinem Willen liege und daß die Sünde nur bei Vorliegen der der Tat vorausgehenden bewußten und willentlichen Intention wirklich da ist, d. h. daß die „Sünde nur im Willen steht — denn ein schlafender, ein trinkender, wenn kein Wille da, sündigt nicht"[9]. Die direkte und uneingeschränkte Macht über das eigene Wollen kann aber angezweifelt werden, sie wurde auch tatsächlich in den Abhandlungen des reifen Leibniz verneint, wenn auch die vermittelte Macht, wie wir noch sehen werden, bestehen bleibt und expliziert wird. Bezeichnenderweise widerlegt Leibniz in dem § 55 der Theodizee von 1710 den fraglichen Schluß nicht durch den Rückzug auf die These von der absoluten Verfügungsgewalt über die eigenen Willensintentionen und Absichten, sondern gerade durch den Hinweis auf die Verkettung der Ursachen und Folgen. Nachdem er hier den faulen Trugschluß (sophisme paresseux, logos argos) auf die kurze Formel gebracht hat, daß das von mir Gewünschte auch dann eintreten wird, wenn ich nichts unternehmen werde, vorausgesetzt, daß es eintreten muß, und daß es selbst dann ausbleiben wird, wenn ich mir die größte Mühe gebe, seine Verwirklichung herbeizuführen, vorausgesetzt, daß es ausbleiben muß — und eine dieser beiden Voraussetzungen müsse doch für wahr gehalten werden, da sie kontradiktorisch einander entgegengesetzt sind —, macht er darauf aufmerksam, daß die Notwendigkeit, die mit Hilfe dieses Trugschlusses in die Ereignisse hineinprojiziert wird, eine das jeweils isolierte Ereignis betreffende, die Ursachen und den zwischen Ursachen und Folgen bestehenden Nexus außer acht lassende Notwendigkeit ist. Zu den Ursachen wären nämlich auch die von mir zur Abwendung oder Hervorbringung des Ereignisses ergriffenen Maßnahmen zu zählen, so daß die Bagatellisierung meines im negativen oder positiven Sinne stattfindenden Eingriffs auf die Streichung des Grund- und Folgeverhältnisses überhaupt (und nicht nur auf eine Verneinung der effizienten Kausalität) hinausläuft.

Aus diesem Grund kann Leibniz sagen, daß der Zusammenhang der Ursachen mit ihren Wirkungen das ist, was uns von der Zumutung des faulen Trugschlusses und der Neigung zu der Annahme der Fatalität aller Ereignisse befreit, während es zunächst so zu sein scheint, als ob die adamantine Kette der Ursachen und Wirkungen für die Geltung des Schlusses und die Akzeptierung der Fatalität spräche. „Die Antwort",

---

[9] Deutscher Entwurf § 12.

führt Leibniz aus, „liegt auf der Hand. Da das Bewirkte festgelegt ist, ist es auch die Ursache, die es hervorbringen wird; und wenn die Wirkung sich einstellt, so wird es nur durch eine ihr angemessene Ursache sein. Ihre Faulheit wird es auf diese Weise vielleicht dazu bringen, daß sie nichts von dem von ihnen Erwünschten bekommen, und daß sie Ungelegenheiten haben werden, die sie vermieden hätten, wenn sie umsichtig gehandelt hätten. Daraus ist zu ersehen, daß der Zusammenhang der Ursachen mit den Wirkungen nicht jene unerträgliche Fatalität mit sich bringt und daß er vielmehr das begriffliche Instrument liefert, um sie aufzuheben"[10]. Zur Erläuterung der zunächst paradox aussehenden Behauptung, daß die Besinnung auf den Kausalnexus uns von dem Alptraum der fatalen Unentrinnbarkeit befreit, führt Leibniz das deutsche Sprichwort „Der Tod will immer einen Grund haben" an: Der Tag, an dem ich sterben werde, liegt zwar fest, aber der Tod wird zu diesem Zeitpunkt nur deswegen eintreten, weil ich zuvor das (frei) getan haben werde, was ihn (notwendig) herbeiführt[11].

Der Schein der Paradoxie, welcher der Widerlegung der ignava ratio durch den Hinweis auf den Kausalnexus anhaftet, verschwindet dann, wenn man bedenkt, daß die Zugrundelegung des Kausalnexus mit der Kritik an der effizienten Kausalität einhergeht, d. h. mit der These, daß die Ursache und der Grund stets ein komplexes Ganzes darstellen, in dem sowohl die Aktivität des Menschen als auch das Unterlassen von Aktion und Initiative einen Teilgrund ausmachen. Durch den Eingriff des Menschen kann nämlich einer Tendenz zum Negativen, die ebenfalls die ihr eigentümliche Prozessualität und Progressivität hat und ihren eigenen höchsten Reifegrad zu erreichen trachtet, Einhalt geboten werden, durch einen anderen Eingriff des Menschen in das Geschehen kann der höchste Reifegrad, der potentiell und virtuell bereits da ist, dessen Verbleiben in der Virtualität jedoch durch eine Störung bedingt ist und zur Zerstörung der Anlage führen kann, manifest gemacht und in die sinnlich-wahrnehmbare Wirklichkeit hinübergeleitet werden.

---

[10] „Mais la réponse est toute prête; l'effet étant certain, la cause qui le produira l'est aussi; et si l'effet arrive, ce sera par une cause proportionnée. Ainsi, votre paresse fera peut-être que n'obtiendrez rien de ce que vous souhaitez, et que vous tomberez dans les maux que vous auriez évités en agissant avec soin. L'on voit donc que la liaison des causes avec les effets, bien loin de causer une fatalité insupportable, fournit plutôt un moyen de la lever": Theod. § 55, vgl. dazu Causa Dei § 107.
[11] Theod. § 55.

Diese Deutung findet ihre Bestätigung in der Art und Weise, in der Chrysipp an dem faulen Trugschluß Kritik übte und die wieder Cicero in De fato also wiedergibt: „Dieses Schlußverfahren wird von Chrysipp beanstandet. Es gibt nämlich, so sagt er, in Wirklichkeit manches, was einfach ist, und anderes, das auf Verknüpfung beruht. Einfach ist z. B.

,Sokrates wird an jenem Tag sterben'.

Ihm ist ja, mag er nun etwas dazutun oder nicht, der Todestag durch Gerichtsbeschluß festgesetzt. Wenn aber das Fatum so lautet:

,Es wird dem Laios ein Sohn Ödipus geboren werden',

wird man nicht sagen können:

,ob er nun einer Frau beiwohnte oder nicht';

denn das ist eine aus mehreren Schicksalsbezügen verbundene Sache: So nämlich nennt er dies, weil es mit dem Fatum: ,Laios wird seiner Ehefrau beiwohnen und aus ihr den Ödipus zeugen' ebenso steht, wie dann, wenn der Spruch lautete:

,Milon wird bei den Olympischen Spielen ringen'.

Wenn da einer entgegnen wollte:

,Er wird also ringen, ob er nun einen Gegner hat oder nicht',

wäre er im Irrtum. ,Er wird ringen' ist nämlich ein solcher Fall von Koppelung, weil es ohne Gegner keinen Ringkampf geben kann. Es lassen sich also alle Trugschlüsse dieser Art auf die gleiche Weise widerlegen; und der Satz:

,Ob du einen Arzt beiziehst oder nicht: du wirst genesen'

ist ein solcher Trugschluß: Es ist ja das Beiziehen eines Arztes nicht minder vom Fatum bestimmt als die Wiedergenesung. — Dies also bezeichnet Chrysipp, wie ich sagte, als Abhängigkeit von mehreren Schicksalszusammenhängen."[12]

Die von Chrysipp eingeführte Unterscheidung zwischen einfachen und in einer Verknüpfung bestehenden Begebenheiten (zwischen simplicia und copulata-in rebus), denen im Unterschied zu der Fatalität des Einfachen eine zusammengesetzte Fatalität zukommt und die deshalb „confatalia" genannt werden, ist die Vorform der Leibnizschen Lehre von dem komplexen Charakter des Grundes, der auf dieser Komplexität beruhenden Verbindung von Determination und Kontingenz und der Benutzung des Kausalverhältnisses zur Zerstreuung des von der ignava ratio ausgehenden lähmenden Scheins der fatalen Notwendigkeit.

---

[12] Cicero, De fato, XIII 30.

2. Die Kritik an der unmittelbaren Evidenz des Freiheitsgefühls
(Leibniz contra Descartes)

An der zweiten Front der den Freiheitsbegriff angehenden Polemik wird die existentialistisch-erlebnisorientierte Auslegung der Freiheit abgewehrt. Bei Descartes findet Leibniz die Lehre, nach welcher die Unabhängigkeit unserer freien Handlungen durch die Evidenz des Gefühls, das uns jene Unabhängigkeit kund tut, nahegelegt und bewiesen wird. In dem § 50 der Theodizee wendet er sich gegen diese These, nachdem er im vorangehenden Paragraphen gesagt hatte, daß ein Engel, zumindest Gott stets den Grund für einen Entschluß, den der Mensch gefaßt hat, angeben könnte, indem er (nämlich der besagte Engel oder Gott) ihm eine — zu dem Entschluß — hinführende Ursache oder einen hinführenden Grund zuzuordnen vermag, und zwar einen Grund, der den Menschen tatsächlich (d. h. nicht nur in der Gestalt eines gleichsam aus dem Nichts auftauchenden und in dem Bewußtsein anwesenden Motivs) dazu gebracht hat, den fraglichen Entschluß zu fassen, obgleich dieser Grund meistens unendlich kompliziert und uns selber gar nicht gegenwärtig ist, denn die Verkettung der miteinander zusammenhängenden Ursachen hat so viele Verzweigungen, daß sie für uns unübersichtlich ist[13].

Die große Kompliziertheit des Grundes kann insbesondere in der Zusammengesetztheit des Grundes aus unendlich vielen unendlich kleinen partiellen Gründen bestehen. Deswegen trägt Leibniz anschließend seine Kritik an der auf der Evidenz des Freiheitsgefühls aufbauenden Freiheitslehre vor: „Aus diesem Grund hat das Argument, das Herr Descartes erwogen hat, um die Unabhängigkeit unserer freien Handlungen durch das angebliche lebhafte innere Gefühl zu beweisen, keine Beweiskraft. Wir können nicht eigens unsere Unabhängigkeit gewahren, und wir sind uns nicht immer der (oft unmerklichen) Ursachen bewußt, von denen unsere Entscheidung abhängt."[14] Um diese These zu konkretisieren, konstruiert Leibniz den Fall, in dem die sich nach Norden drehende Magnetnadel mit Bewußtsein begabt ist und bei dieser Drehung sich unabhängig fühlt und den Eindruck hat, daß sie frei und unabhängig von irgendwelchen anderen Begebenheiten eine Handlung vollzieht, während sie den un-

---

[13] „Un ange, ou Dieu au moins, pourrait toujours rendre raison du parti que l'homme a pris, en assignant une cause ou une raison inclinante, qui l'a porté véritablement à le prendre, quoique cette raison serait souvent bien composée et inconcevable à nous-mêmes, parce que l'enchaînement des causes liées les unes avec les autres va loin": Theod. § 49.

[14] Theod. § 50.

merklichen, ihrem Bewußtsein unzugänglich bleibenden Bewegungen des magnetischen Stoffes — des magnetischen Feldes würden wir heute sagen — unterliegt[15]. Mit einem Wort: Descartes übersieht, daß das Gefühl und seine Evidenz zuweilen trügerisch sind und daß die auf ihnen beruhende Vergewisserung meiner Freiheit oft einen illusionären Charakter hat. Dabei ist anzumerken, daß Kants Berufung auf das „Faktum der praktischen Vernunft" und auf die mit diesem Faktum identifizierte Freiheit in gleicher Weise wie Descartes' evidentes Gefühl von Leibnizens Kritik getroffen wird; nach Kant nämlich ist das Bewußtsein des kategorischen Imperativs ein Faktum der (reinen praktischen) Vernunft, „weil man es nicht aus vorhergehenden Datis der Vernunft herausvernünfteln kann"[16], und die objektive Realität eines reinen Willens „oder, welches einerlei ist, einer reinen praktischen Vernunft ist im moralischen Gesetze [genauer gesagt: im Bewußtsein des moralischen Gesetzes] a priori gleichsam durch ein Faktum gegeben"[17], so daß sich dadurch die Sic-volo-sic-iubeo-Freiheit ankündigt[18], und die reine Vernunft als ursprünglich gesetzgebend geltend macht.

Bevor wir die Kommentierung dieser Kritik verlassen, ist noch hinzuzufügen, daß die Art und Weise, in der Leibnizens Ausführungen über die nach Norden sich drehende Magnetnadel in Hegels Geschichte der Philosophie referiert werden, unvollständig und irreführend ist. Im Verlauf seiner Kritik an dem Leibnizschen Freiheitsbegriff und an der Definition der Freiheit als spontaneitas intelligentis, die Hegel mit „(nur) bewußte Spontaneität" unzutreffend ins Deutsche übersetzt, den Unterschied zwischen Bewußtsein (apperceptio) und Einsicht (intelligentia) mißachtend, versäumt nämlich Hegel darauf hinzuweisen, daß die Magnetnadel nur die Funktion der Konkretisierung einer gegen Descartes' Freiheitslehre gerichteten Kritik hat und keineswegs der Darstellung der eigenen Freiheitstheorie von Leibniz dient. Hegel unterstellt jedoch Leibniz die zuletzt genannte Absicht, wie aus dem Kontext, in dem die Stelle sich befindet, hervorgeht, denn wir lesen darin wörtlich: „Die Freiheit ist die Spontaneität, daß, was sich in jeder Monade entwickelt, ihre immanente Entwicklung ist; Freiheit ist nur bewußte Spontaneität. D i e

---

[15] a. a. O., § 50.
[16] Kr. d. pr. V., 56.
[17] a. a. O., 96.
[18] a. a. O., 56. Bei dem autonomen Befehl sind freilich der Autor und der Adressat des Befehls identisch, außerdem hat der Inhalt des Befehls keinen individuell subjektiven, sondern einen schlechthin intersubjektiven Charakter.

Magnetnadel hat Spontaneität. Er sagt: Die Natur der Magnetnadel ist, sich nach Norden zu richten, hätte sie Bewußtsein, so würde sie sich vorstellen, daß dies ihre Selbstdetermination sei, — so hätte sie den Willen, sich nach ihrer Natur zu gerieren."[19] Hegel funktioniert zu eigenwillig die Ausführungen über die Magnetnadel in einen Beleg für die Richtigkeit seiner Kritik an der als „(nur) bewußte Spontaneität" aufgefaßten Freiheit um. Der Grund des lapsus liegt in dem Umstand, daß durch die Anreicherung der Spontaneität mit der Einsicht (intelligentia) das gesamte Geschehen der Spontaneität eine höhere Stufe erreicht, indem es sich jetzt nicht nur um ein Hervorquellen aus der jeweils eigenen Natur handelt, sondern um das Zustandekommen eines polyzentrischen Systems, das sich nicht nur selber durch eine Rückkoppelung (feed back) reguliert, sondern sich selbstregulierend zu steigern und zu potenzieren vermag; während Hegel das Hinzukommen der Einsicht bzw. des Bewußtseins auf eine bloße Verdoppelung des spontanen Geschehens reduziert: das, was bislang einfach in der Wirklichkeit sich abspielte, spielt sich von nun an doppelt ab, weil es erstens — wie zuvor — in der sinnlich wahrnehmbaren Wirklichkeit und zweitens in der in dem Bewußtsein sich spiegelnden Wirklichkeit und somit auf der Ebene der Apperzeption angetroffen wird.

Mit der Reduktion auf die bloße Verdoppelung ist die unterschwellig bleibende Absicht Hegels verbunden, den Leibnizschen Freiheitsbegriff auf den Spinozischen zurückzuführen. Für Spinozas Freiheitsbegriff ist das Stehenbleiben bei der Unterscheidung zwischen innerer Notwendigkeit (necessitas) und äußerem Zwang (coactio) und die einfache Entgegensetzung von Freiheit und Zwang charakteristisch. Für die Angabe des Spezifischen der Freiheit spart er sich lediglich den Gedanken des Wirkens aus der Notwendigkeit der eigenen Natur, d. h. des spontanen Wirkens, der Selbsttätigkeit, auf. In der VII. Definition des ersten Teils der Ethik legt er nämlich fest: „Ea res libera dicitur, quae ex sola suae naturae necessitate existit, et a se sola ad agendum determinatur: necessaria autem, vel potius coacta, quae ab alio determinatur ad existendum et operandum certa ac determinata ratione." Leibniz notiert sich in seinen

---

[19] Hegel, Vorlesungen über die Geschichte der Philosophie, 3. Bd., Jubiläumsausgabe, S. 470, die Hervorhebung ist von uns. Hegel hat sich wahrscheinlich hier gutgläubig auf die entsprechenden Ausführungen in Tennemanns Geschichte der Philosophie verlassen.

Exzerpten aus Spinozas Ethik, ohne Kommentar: „Definit. 7 res libera quae ex suae naturae necessitate existit et ad agendum determinatur, res coacta quae ab alio determinatur ad existendum et operandum."[20] Im Unterschied zu Spinoza betont jedoch der reife Leibniz die Differenzen: zwischen Spontaneität (= Wirken aus der Notwendigkeit der eigenen Natur) und Freiheit, zwischen Notwendigkeit und Determination bzw. zwischen nötigender Determination (détermination nécessitante), die mit dem Zwang zusammenfallen könnte, und hypothetischer Notwendigkeit, die mit der die Neigung zu etwas und die Entscheidung für etwas hervorbringenden, mit der Kontingenz vereinbaren Determination (détermination inclinante) koinzidiert, schließlich zwischen physischem und moralischem Zwang. Die erste Weise des Zwanges wird durch den Menschen exemplifiziert, der gegen seinen Willen in das Gefängnis abgeführt wird, und die zweite durch den Menschen, der sich für das kleinere Übel entscheidet, um einem noch größeren Übel auszuweichen und der durch das größere Übel gleichsam gezwungen wird, obgleich die Handlung des das kleinere Übel wählenden Menschen nicht aufhört, eine willentlich ergriffene zu sein. Als eine Variante des moralischen Zwanges führt Leibniz sogar den Fall des Versuchtwerdens an, nämlich die Hinführung eines Menschen zu einer bestimmten Entscheidung durch Vorgaukelung eines sehr großen Vorteils; Pression und Werbung — heute spricht man gelegentlich auch vom „Konsumzwang" — würden demnach Spielarten des moralischen Zwanges ausmachen, wenn man auch, wie Leibniz bemerkt, die zuletzt genannte Spielart nicht als „Zwang" zu bezeichnen pflegt[21].

3. Die Kritik an dem pragmatistischen Freiheitsbegriff (Leibniz contra Locke)

Die pragmatistische, lediglich auf die erzielten Erfolge und die greifbaren Resultate ausgerichtete Freiheitslehre findet Leibniz bei John Locke, dem er innerhalb der Dialoge der Nouveaux Essais unumwunden sagt: „Wenn sie von ‚Freiheit' sprechen, meinen Sie (ausschließlich) die Freiheit des Tuns."[22] Die präzise Fassung dieser Lehre hat allerdings nicht Locke

---

[20] GP I 140.
[21] Cf. N. E., GP V 165. Eine ausführliche Diskussion der ersten Spielart finden wir bei Bayle, Réponse, Kap. 139, S. 784.
[22] „C'est de la liberté de faire que vous parlez": GP V 160. — Der Freiheit des Tuns setzt Leibniz, wie wir schon erwähnt haben, die Freiheit des Wollens zur Seite.

geliefert, sondern Voltaire, und zwar indem er die These prägte: Frei sein, heißt t u n können, was man will, nicht w o l l e n können, was man will.²³ Locke wird von Voltaire auch namentlich als Quelle angegeben: „Ou je me trompe fort, ou Locke le définisseur a très bien défini la liberté p u i s s a n c e."²⁴ Die Anspielung auf den Lockeschen Freiheitsbegriff ist von Leibniz in das XXI. Kapitel der Nouveaux Essais eingeflochten worden, das der Auseinandersetzung mit dem entsprechenden Kapitel des 2. Buches der Essays on human understanding gewidmet ist. Leibniz läßt dort den den Lockeschen Standpunkt vertretenden Gesprächspartner sagen: „Freiheit ist das Vermögen, das ein Mensch hat, eine bestimmte Handlung durchzuführen oder nicht durchzuführen — gemäß dem von ihm Gewollten"; „La l i b e r t é est la puissance qu'un homme a de faire ou de ne pas faire quelque action conformement à ce qu'il veut"²⁵. Die Menschen, antwortet Leibniz darauf, die fragen, ob der Wille oder das Entscheidungsvermögen (arbitrium) frei sei, würden eine von vornherein absurde Frage stellen, wenn sie dem Wort „Freiheit" lediglich die von Locke skizzierte Bedeutung zuordnen würden. Das pure Faktum, daß die Frage gestellt wird, zwingt uns zu der Annahme, daß das fragliche Wort auch einen anderen Sinn hat, wodurch allerdings keine Vorentscheidung hinsichtlich der Beantwortung der Frage selbst getroffen wird.

Die Auseinandersetzung mit Lockes Definition muß in erster Linie die Gestalt der Auseinandersetzung mit Lockes These annehmen, daß „Wille" und „Freiheit" als zwei verschiedene und selbständige Fähigkeiten oder Kräfte nichts miteinander zu tun haben, und daß die Frage, ob der Menschen Wille frei ist oder nicht, eine unvernünftige, weil unverständliche und uneinsichtige Frage ist; diese Frage sei nach Locke genau so bar jeden Sinnes, wie die Frage, ob der Schlaf des Menschen schnell oder seine Tugend quadratisch ist²⁶, die Bezeichnung des Willens als von der Tätig-

---

Einen Ansatz zur Einteilung von dieser in zwei Arten, der sich an die zitierte Stelle anschließt, läßt er jedoch fallen, wahrscheinlich weil er gemerkt hat, daß es sich eher um zwei Deutungen der Freiheit des Wollens als um zwei Arten handelte.

²³ In dem Artikel „Liberté" seines Dictionnaire philosophique definiert Voltaire in ähnlicher Weise: „Votre volonté n'est pas libre, mais vos actions le sent. Vous êtes libre de faire quand vous avez le pouvoir de faire" (Voltaire, Dict. Philos. S. 276). Vgl. dazu GP V 165.

²⁴ Voltaire, a. a. O., S. 564. Mit Leibniz übereinstimmend bezeichnet Voltaire die Freiheit der (absoluten oder vagen) Indifferenz als Unsinn, un mot destitué de sens: a. a. O., S. 277.

²⁵ N. E., GP V 165.

²⁶ Cf. Locke, Essays, 2. Buch, Kap. XXI, § 14.

keit des Vorziehens und Wählens separates Vermögen (faculty) des Vorziehens — etwa als facultas nuda —, und nicht: als Fähigkeit (ability) und Kraft (power) des Vorziehens in Einem, als von dem Tun untrennbare und auf kein isolierbares dingliches Substrat verweisende Fähigkeit etwas zu tun, verdecke und vertusche allerdings den Unsinn[27]. Der Versuch, diese These von Locke anzugreifen, veranlaßt Leibniz, einen neuen Begriff einzuführen, nämlich den der Freiheit des Geistes, womit nicht die Freiheit eines Freigeistes oder eines esprit fort, sondern die dem geistigen, in miteinander zusammenhängende und ineinander übergehende Kräfte differenzierten Wesen als Ganzes zukommende Freiheit gemeint ist. Man fragt dabei nicht, entgegnet Leibniz, ob die Beine der Menschen frei oder seine Ellbogen ungehindert sind, sondern ob er im Hinblick auf den Geist frei ist, oder worin diese Freiheit besteht; „On ne demande pas, s'il a les jambes libres, ou les coudées franches, mais s'il a l'esprit libre, et en quoi cela consiste"[28].

Mit der Umformulierung der Frage nach der Freiheit des Willens oder des Entscheidungsvermögens in die Frage nach der Freiheit des Geistes kündigt bereits Leibniz die Art und Weise an, in der er das Freiheitsproblem, das, wie er sagt, viele verborgene Falten hat[29], entfalten und lösen wird. Denn in dem Geist, d. h. in dem in seiner Ganzheit betrachteten geistigen Wesen läßt sich eine Dualität von Zentren ansiedeln, nämlich die Zweiheit von Verstand und Willen, die in eine Wechselwirkung und ein Kreisen geraten und durch das gegenseitige Hochtreiben das vernunftbegabte Wesen selbst und als Ganzes von seiner Befangenheit in Meinungen und Verhaltensschemata, die von außen kommen und die es unreflektiert übernommen hat, und von dem zunächst fraglos und stumm es treibenden Leidenschaften in ihm zu befreien vermögen. Es kündigt sich die Tatsache an, daß die Freiheit des Willens von der Freiheit des Geistes absorbiert wird und daß die Kritik an den Vorurteilen und Idolen und die Gewinnung von Distanz zu jeglicher Unmittelbarkeit, d. h. (sich auch selbst in Frage stellender) Non-Konformismus und beherrschte Leidenschaftlichkeit — nicht Leidenschaftslosigkeit — die beiden komplementären Aspekte eines Verhaltens sind, das als Konstitutivum der Freiheit anzusprechen ist, wenn sich auch das Geschehen der Freiheit nicht darin erschöpft.

[27] a. a. O., § 17.
[28] N. E., GP V 166.
[29] a. a. O., S. 168.

4. Die Kritik an dem dezisionistischen Freiheitsbegriff: Die Auseinandersetzung mit der Äquilibrium-Theorie

Den klassischen Beleg für eine dualistische Weltauslegung, die, auf eine Beschreibung sich beschränkend, innerhalb der spekulativen Philosophie bei der Unterscheidung zwischen der Sphäre der Erscheinungen und der Sphäre des Ansichseienden stehen bleibt und die innerhalb der praktischen Philosophie an die jedermann mögliche Vergegenwärtigung des eigenen sittlich überformten Freiheitsgefühls und Freiheitsbewußtseins, dieses „Faktums der reinen praktischen Vernunft" appellieren muß, finden wir erst im postrationalistischen Zeitalter, nämlich bei Kant, und zwar in der Antinomienlehre der Kritik der reinen Vernunft und in der Analytik der Kritik der praktischen Vernunft. Die grundsätzlichen Schwierigkeiten, auf die ein Denken dieser Art stößt, sind bereits anläßlich der Leibnizschen Kritik an der Unterbrechung der Kette der Ursachen und Wirkungen und der hinzugefügten Kritik an den Versuchen, in die Leibnizsche Philosophie einen dichtotomischen Seinsentwurf hineinzuprojizieren und die Lösung der dritten Kantschen Antinomie mit Hilfe der Überformung der effizienten Kausalität zu interpretieren, erörtert worden. Wir können daher jetzt zu Leibnizens Auseinandersetzung mit dem dezisionistischen Freiheitsbegriff, den man auch als die theoretische Gestalt eines existentialistischen praxisorientierten Freiheitsverständnisses bezeichnen könnte, übergehen. Die frühe Form dieses Freiheitsverständnisses repräsentiert die in der Spätscholastik und im Rahmen der Theologie des Jesuitenordens entwickelte Lehre von der indifferentia pura und der Identifizierung der Freiheit mit der Indifferenz des Gleichgewichts, d. h. mit der Fähigkeit, aus einem Gleichgewichtszustand aus eigener Kraft, spontan herauszukommen, und somit eine Veränderung ins Leben zu rufen, für welche kein Grund angegeben werden kann, da alle äußeren und inneren Gründe in zwei (gemischten) Gruppen zusammengefaßt waren und, jeweils in die entgegengesetzte Richtung treibend bzw. zu der entgegengesetzten Richtung lockend, sich die Waage hielten.

Es hat zunächst den Anschein, als ob Leibniz gerade auf Grund seiner dynamischen, überall ein Aufeinanderstoßen von in entgegengesetzter Richtung wirkenden Kräften annehmenden Theorie auch den Zustand der völligen Ruhe und der Unbestimmtheit annnehmen müßte, da der Fall denkbar ist, bei dem zwei Kräfte solcher Art genau die gleiche Intensität haben und sich infolgedessen kompensieren und die jeweiligen Äußerunen gegenseitig neutralisieren. Mit anderen Worten: Leibniz scheint durch seine Gesamtkonzeption dazu prädestiniert zu sein, die Freiheit als eine absolute Indifferenz aufzufassen, vorausgesetzt, daß diese absolute Indifferenz nicht in der frühchristlich verstandenen Gelassenheit (akedia) und der absoluten Gleichgültigkeit, d. h. in einem Fehlen von jeglichem Bestimmungsgrund oder Motiv und von jeglicher Triebfeder bestehen würde, sondern in dem Gleichgewichtszustand, den die beiden Kräfte herbeiführen, von denn die eine das Negative zu der anderen (und umgekehrt) darstellt und die gleich stark sind. Es ist jedoch zu bedenken, daß der Freiheit in diesem Fall die Fähigkeit und Rolle zufallen würde, diesen Gleichgewichtszustand zu überwinden durch spontanes Eingreifen und Schaffung eines Übergewichts auf der einen der beiden Seiten. Wenn jedoch die Freiheit als eine dritte, von den beiden den Gleichgewichtszustand herbeiführenden Kräften verschiedene Kraft soll gelten können, so muß sie als etwas gedacht werden, daß ohne irgendeinen Grund das Übergewicht und das Sinken entweder der einen oder der anderen Waagschale hervorbringt, da zuvor die Gesamtheit der tätigen Gründe, Kräfte und Motive berücksichtigt und in zwei Gruppen eingeteilt worden war, nämlich in die beiden Gruppen, die die auf den beiden Schalen der im Gleichgewicht verharrenden Waage liegenden Gewichte ausmachen. Eine Freiheitstheorie, in der die Freiheit als Überwinderin des Gleichgewichts vorkommt, würde demnach zugleich eine Theorie sein, in der die universale und durchgängige Geltung des Satzes vom Grund bestritten wird.

In der Philosophie von Leibniz ist der Satz vom festlegenden Grund das ausnahmslos geltende große Prinzip; und entsprechend: durch nichts manifestiert sich die Unvollkommenheit einer Philosophie eindeutiger, als durch den Umstand, daß der Philosoph sich genötigt sieht einzugestehen, nach seinem System geschehe etwas, für das es überhaupt keinen Grund gibt (cf. Theod. § 340). Die Einführung der Freiheit als Überwinderin des Geichgewichts würde daher die Vernichtung der Konsistenz der Philosophie von Leibniz bedeuten. Es ist demzufolge nicht überraschend, daß Leibniz seit seinen frühen Entwürfen bis zu seinen späten Schriften immer wieder gegen die Auslegung der Freiheit als absolute Indifferenz polemisiert. Bereits in seinen Exzerpten aus Spinozas Ethik distanziert er sich von der Definition des kontingent Wirklichen und des durch die freie Tat Hervorgebrachten als des Dinges oder der Begebenheit, die so vorkommen, daß in keiner Weise der Grund angegeben werden kann, warum sie sich eher in der Gestalt ereigneten, in der wir sie vor uns sehen, und nicht vielmehr in einer anderen, und deren Ursache in gleicher Weise geneigt war, zu handeln und nicht zu handeln, nachdem alle unerläßlichen Bedingungen des Handelns (und zwar sowohl die außerhalb der Ursache lokalisierten als auch die der Ursache immanenten unerläßlichen Bedingungen) zusammengekommen und gesetzt waren[30]; dieses Theorem war, wie Leibniz zur Unterstützung seiner ablehnenden Haltung bemerkt, sowohl Aristoteles als auch den anderen Autoren und dem wirklichen, in dem Leben sich abspielenden Geschehen unbekannt gewesen, bis es die Scholastiker erfunden haben[31]. Die Art und Weise allerdings, in der die absolute Indifferenz kritisiert wird, wandelt sich. Während Leibniz zunächst nur die Notwendigkeit ins Feld führt, zwischen äußeren und inneren oder immanenten Erfordernissen der Handlung zu unterscheiden, dazu neigend, die inneren Erfordernisse als zu den äußeren Erfordernissen notwendig hinzukommende Erfordernisse, und zwar als die mit ihrem notwendigen, unentrinnbaren Hinzukommen ausschlaggebenden Requisiten anzusehen, operiert er in seinen späten Schriften mit seiner Theorie von der Prävalenz des festlegenden Grundes und der ihr korrespondierenden Unterscheidung zwischen incliner und nécessiter bzw. hinführender und zwingender Festlegung. Die erste Version der Kritik läßt nämlich, streng genommen, für die Freiheit keinen Platz, wie auch Leibniz selber zugibt, wenn er sagt, daß er vor der vor kurzem entdeckten Wurzel der Kontingenz, d. h. der Gradualität des Möglichen, der Argumentation von Hobbes und Spinoza für die alles durchwaltende, fatale, keinen Spielraum für Variationen zulassende Notwendigkeit nichts wirklich Überzeugendes entgegenzusetzen hatte. Bezeichnenderweise begnügt er sich, nach der Ausarbeitung seiner Thesen über das Mögliche und die Kontingenz, nicht mehr mit einer in der bloßen Weglassung von „inneren Erfordernissen" bestehenden Korrektur der molinistisch-spätscholastischen Definition des Entscheidungsvermögens (liberum arbitrium). In der Confessio philosophi nämlich ersetzt er lediglich die Bestimmung der Freiheit als „das Vermögen, das handeln und nicht handeln kann, wenn alles zum Handeln Erforderliche gegeben ist und zwar alles Erforderliche außerhalb wie innerhalb des Handelnden in gleicher Weise"[32], durch die Definition: „das Vermögen zu handeln oder

---

[30] „Eo quod contingit, sic ut ratio reddi non possit ullo modo cur sic potius evenerit quam aliter, et cujus causa positis omnibus requisitis tam intra quam extra ipsam, aeque disposita fuit ad agendum quam non agendum": GP I 148.

[31] a. a. O., S. 148.

[32] „potentia quae potest agere et non agere positis omnibus ad agendum requisitis (omnibusque extra intraque agentem existentibus paribus)": Confessio philosophi, ed. Saame, S. 80.

nicht zu handeln, wenn alles — gemeint ist alles äußere — zum Handeln Erforderliche gegeben ist"; „potentia agendi, aut non agendi, positis omnibus ad agendum requisitis, scil: externis"[33].

In der der zitierten Passage der Confessio philosophi beigegebenen Anmerkung tendiert allerdings Saame dazu, bereits hier den endgültigen Freiheitsbegriff von Leibniz zu finden, denn er schreibt: „Die nachfolgende ‚berichtigte' Definition des freien Willens betont, daß zum Vollführen oder Unterlassen einer Handlung nur alles zum Handeln äußerlich Erforderliche gegeben sein muß (genauer formuliert müßte es heißen: Daß bei dem Vorliegen der Alternative, die das Vollführen und das Unterlassen einer Handlung ausmachen, nur alles zum Handeln äußerlich Erforderliche gegeben sein d a r f). Das Prinzip der Handlung liegt in dem Handelnden selbst."[34] Der reife Leibniz würde sich jedoch nicht mehr mit den zu demselben Kontext gehörenden Sätzen identifizieren: „Aber gesetzt, wir halten etwas für gut, so ist es unmöglich, daß wir es nicht auch wollen; gesetzt, wir wollen es und kennen zugleich die uns zu Gebote stehenden äußeren Hilfsmittel, so ist es unmöglich, daß wir es nicht ausführen."[35]

Zur Bestätigung verweisen wir auf seine Auseinandersetzung mit King, in der er sich gegen die ihm unterstellte Annahme der Lehre, gemäß welcher der Wille stets das letzte Urteil der „praktischen Vernunft" befolgt, und immer dieses Urteil befolgend, sich determiniert, wehrt und seinen Standpunkt erläutert, um dem Einwand zu entgehen, der gegen alle Anhänger der erwähnten Lehre vorgebracht werden kann, nämlich sie beseitigten die Freiheit und beschränkten sich auf die Unterscheidung zwischen einer in der sinnlich wahrnehmbaren Wirklichkeit und einer in dem Bereich der psychischen Phänomene und der Vorstellungen stattfindenden absoluten und zwingenden Determination. „Was mich betrifft," schreibt Leibniz in den aufschlußreichen und die Leibnizschen Thesen präzisierenden „Bemerkungen zu dem Buch über den Ursprung des Bösen, das kürzlich in England veröffentlicht wurde"[36]: „ich nötige nicht den Willen immer das Urteil des Verstandes zu befolgen, denn ich grenze dieses Urteil gegen die Motive[37], die aus den unmerklichen Empfindungen und

---

[33] a. a. O., S. 80.
[34] a. a. O., S. 172, Anm. 125.
[35] „Sed posita intra nos opinione bonitatis non velle, posita voluntate suppetentibusque simul adminiculis externis cognitis non agere impossibile est": a. a. O., S. 82.
[36] S. Theod. III. Anhang.
[37] Für das im weiten Sinn verstandene Motiv, das sowohl die Urteile des Verstandes als auch die aus der Sinnlichkeit stammenden Antriebe umfaßt, hatte Leibniz zuvor

Die Kritik an dem dezisionistischen Freiheitsbegriff

(unmerklichen) hinführenden Determinationen (inclinations) kommen, ab"[38]. Mit dem daran sich anschließenden Satz führt Leibniz diesen Gedanken positiv aus und deutet zugleich an, daß zwischen seiner frühen und seiner reifen Position kein Hiatus besteht, denn der Gedanke des ständigen Befolgens der — nicht immer deutlichsten — vorteilhaftesten Vorstellung ist das zwischen beiden Positionen Vermittelnde. Er fährt nämlich mit den Worten fort: „Gleichwohl bin ich der Ansicht, daß der Wille stets die vorteilhafteste Vorstellung des Guten und des Bösen befolgt, sei es, daß diese Vorstellung deutlich, sei es, daß sie verworren ist; und zwar die Vorstellung, die sich aus der Zusammenfassung der dem Verstand entspringenden Gründe (raisons), der unreflektiert treibenden naturwüchsigen Kräfte (passions) und der hinführenden Determinationen (inclinations) ergibt. Der Wille kann allerdings zuweilen Motive finden, um seine Entscheidung aufzuschieben. Der Tätigkeit des Willens — auch der in dem Aufschieben der Entscheidung bestehenden Tätigkeit — liegen indessen immer Motive zugrunde."[39] Auf Grund der hier dargelegten Position kann Leibniz seine Einstellung zu der Äquilibrium-Theorie auf die Formel bringen: „Quoique nous ayons une liberté d'indifférence qui nous sauve de la nécessité, nous n'avons jamais une indifférence d'équilibre, qui nous exempte des raisons déterminantes."[40] Es gibt eine auf Indifferenz beruhende Freiheit, die es mit sich bringt, daß wir beim Einschlagen dieses oder jenes Weges nicht der Notwendigkeit unterworfen sind; aber es gibt niemals eine völlige Indifferenz und ein indifferentes Gleichgewicht, das heißt einen Zustand, wo wir der Reichweite der festlegenden Gründe entrückt wären und wo die Bedingungen auf beiden Seiten vollständig gleich sind, so daß keine stärkere Tendenz zu der einen Seite vorhanden ist.

Die in der Möglichkeitstheorie erarbeiteten Grade der Möglichkeit und Vollkommenheit, denen in dem Bereich der Vorstellungen die Grade der Deutlichkeit korrespondieren, und die Ansetzung eines permanenten

---

auch den Ausdruck der Zweckursache oder impulsiven Ursache (cause finale ou impulsive) gebraucht: Remarques sur le livre de l'origine du Mal usw., § 12.

[38] a. a. O., § 13.

[39] „Pour moi, je n'oblige point la volonté de suivre toujours le jugement de l'entendement, parce que je distingue ce jugement des motifs qui viennent des perceptions et inclinations insensibles. Mais je tiens que la volonté suit toujours la plus avantageuse représentation, distincte ou confuse, du bien et du mal qui résulte des raisons, passions et inclinations, quoiqu'elle puisse aussi trouver des motifs pour suspendre son jugement. Mais c'est toujours par motifs qu'elle agit": a. a. O., § 13.

[40] GP III 402, vgl. Theod. §§ 46 und 48.

Konflikts der Kräfte erlauben Leibniz jetzt zwei verschiedene, simultan wirkende Arten von Motiven — die nichts anderes als in der Dimension des Bewußtseins angesiedelte Kräfte sind — anzunehmen (= raisons und passions) und anschließend zwei wichtige Unterscheidungen zu treffen: einmal zwischen der vorteilhaftesten, d. h. lebhaftesten Vorstellung auf der einen Seite und der an sich selbst deutlichsten und letzten Endes vorteilhaftesten, nicht nur mit dem Schein des Vorteilhaftesten umgebenen Vorstellung auf der anderen; sodann zwischen dem einfachen Ausbleiben der den Willen bestimmenden Kräfte und der eigens vollzogenen Suspension des Urteils der praktischen Vernunft. Aus der Aufschiebung des Urteils und der darauf beruhenden Entscheidung resultiert nämlich ein Ausbleiben der bestimmenden Kräfte, das aber im Unterschied zu dem bloßen Ausbleiben oder Nichtvorhandensein und der in diesem Fall sich einstellenden Gleichgültigkeit die Folge einer vorläufigen und vielleicht befristeten Eliminierung der Kräfte ist, und zwar einer Eliminierung, deren Motiv in dem Sichbestimmenlassenwollen von der wirklich (und nicht nur augenblicklich und scheinbar) stärkeren Kraft, d. h. von der sowohl vorteilhaftesten als auch deutlichsten Vorstellung besteht. Das Bestimmtwerden durch Motive und Kräfte schließt nach der definitiven Theorie von Leibniz auch den Spezialfall des motivierten und befristeten Entfernens der Motive und des sich daraus ergebenden vermittelten Übergehens zu dem Zustand der Indetermination ein und erweist sich somit als eine im Vergleich zu den frühen Arbeiten von Leibniz entscheidend differenziertere, wenn auch zu ihnen in keinem schroffen kontradiktorischen Gegensatz stehende Theorie.

Es ist bemerkenswert, daß Leibniz in den Nouveaux Essais die Lockesche Theorie über das absolute Festgelegtsein des Wollens durch die in dem Verstand des Wollenden präsente Vorstellung, auf dem Wege der Besinnung auf das Vermögen, die Entscheidung aufzuschieben, revidiert und somit im Grunde eine durch die Einsicht in die Möglichkeit der Suspension des Urteils bedingte Selbstkritik liefert. Lockes These nämlich lautet: „(Sur quoi) je crois que l'homme ne sauroit être libre par rapport à cet acte particulier de Vouloir une action qui est en sa puissance, lorsque cette action a été une fois proposée à son esprit. La raison en est toute visible, car l'action dépendant de sa Volonté, il faut de toute nécessité, qu'elle existe ou qu'elle n'existe pas, et son existence ou sa non-existence ne pouvant manquer de suivre exactement la détermination et le choix de sa volonté, il ne peut éviter de vouloir l'existence ou la non-existence de cette action". Leibniz erwidert darauf: „Je croirais qu'on peut suspendre son choix, et que cela se fait bien souvent, surtout lorsque d'autres pensées interrompent la délibération: ainsi, quoiqu'il faille que l'action, sur laquelle on délibère, existe ou n'existe pas, il ne s'en suit point, qu'on en doit résoudre nécessairement l'existence ou la non-existence, car la non-existence peut arriver encore faute de résolution."[41] Lediglich ein erster Ansatz zu dieser Kritik an Locke, die zugleich eine Art Selbstkritik ist, ist keimhaft bereits in dem frühen Dialog Confessio philosophi enthalten, nämlich in den Worten: „Um das Privileg des freien Willens aufrechtzuerhalten, genügt es, daß wir an den Scheideweg des Lebens versetzt sind, dergestalt, daß wir nur das tun können, was wir wollen, und daß wir nur das wollen können, was wir für gut halten; **daß wir aber bei umfassendstem Gebrauch der Vernunft aufspüren können, was als gut anzusehen ist.**"[42] Die Tatsache, daß es sich bei der Berufung auf den umfassendsten Gebrauch der Vernunft nur um einen ersten Ansatz zu einer Revision des absolut festlegenden psychologischen Determinismus handelt, erhellt daraus, daß Leibniz den Einwand, den er an dieser Stelle gegen sich selbst formuliert, oder der eher von einem Leser des Manuskriptes vorgebracht wurde, daß nämlich die auf den Gebrauch oder Nichtgebrauch der Vernunft sich beziehende Freiheit als die Freiheit der absoluten Indifferenz verstanden werden kann und muß, nicht mehr in einer ausgearbeiteten Weise zurückweisen kann. An den Rand des Manuskripts hat nämlich hier Leibniz notiert: „E i n w a n d : Aber wenn zum Aufspüren auch der freie Wille erforderlich ist? Entweder also lobt man die höchst umfassende Gabe der Vernunft umsonst oder man muß die Freiheit, sie zu gebrauchen, zulassen. A n t w o r t : Als ob jemand im Ernst diese Freiheit, sie zu gebrauchen, leugnete! Ich verstehe die Vorstellungen nicht, die sich der Kritiker gebildet hat, als er dies las"[43]. Der Verfasser der Confessio philosophi beruft sich nur auf einen consensus omnium und wirft seinerseits dem Zensor das Befangensein in nicht nachvollziehbaren Vorstellungen vor. Die Gefahr der Polarisierung, so daß die von dem Willen an die Vernunft

---

[41] NE, GP V 167.
[42] „Sufficit ad tuendum liberi arbitrii privilegium ita nos in bivio vitae collocatos esse, ut non nisi quae volumus facere, non nisi quae bona credimus velle; quae autem bona habenda sint amplissimo dato rationis usu indagare possimus": Confessio philosophi, S. 82.
[43] „Rs. at si ad indagandum etiam requiritur arbitrium? vel ergo frustra laudatur amplissimum rationis donum, vel admittenda utendi eo libertas. Rs. RRs. quasi vero hanc libertaten utendi quisquam neget. Non capio imaginatines quas censor sibi haec legens finxit": a. a. O., S. 82.

gerichteten Anweisungen auf Grund einer absoluten Indifferenz erteilt werden, während die Annahme des von der gesteigerten Vernunft Präsentierten von seiten des Willens mit absoluter Notwendigkeit geschieht, konnte er, da er noch nicht die Theorie des Konflikts und der Prävalenz des Grundes ausgearbeitet hatte, nicht abwenden[44].

Der frühe Leibniz sieht sich durch seine Kritik an der Freiheit der Indifferenz des Gleichgewichts teils in das Lager der die Freiheit Verneinenden zurückgeworfen, teils zum Pendeln zwischen Kontingenziariern (= Verfechtern der absoluten Indifferenz) und Fatalisten (= Verfechtern der absoluten Notwendigkeit) gedrängt. Das Bemühen und schließlich die Leistung des reifen Leibniz bestehen darin, daß er jetzt imstande ist, das Pendeln durch einen durchdachten und auf einer neuen Ontologie basierenden Zweifrontenkrieg zu ersetzen, d. h. einerseits an der Ablehnung der absoluten Indifferenz festzuhalten, andererseits den Unterschied zwischen absolut festlegender oder nötigender Determination und einen Hof von Variationen zulassender Determination einzuführen und im Gefolge die Kontingenz zu retten und die Eigentümlichkeit des die menschliche Praxis ausmachenden Geschehens plausibel darzustellen. Die Schwierigkeit liegt vor allem in dieser doppelten Kritik, denn gegen die absolute Indifferenz allein kann man leicht unter Berufung auf die Geltung des Satzes vom Grund polemisieren, obgleich selbst diese Berufung ihre eigene Schwierigkeit hat, da sie eine unzulässige petitio principii zu sein scheint: Die Aufstellung der Lehre von der absoluten Indifferenz ist de facto eine Negierung der durchgängigen Geltung des Satzes vom Grunde; bei jener Berufung würde man den Streit entscheiden, indem man das zu Beweisende (= die durchgängige Geltung des Satzes vom Grund) voraussetzt. Im Blick auf die Rekonstruktion der

---

[44] Diese Polarisierung ist es, was die eigentliche Schwäche der Freiheitstheorie von Descartes in der vierten Meditation ausmacht und was sich in der These kundtut, daß sich der Bereich des Willens weiter (latius) als der des Verstandes erstreckt. In seinen Bemerkungen zu den „Prinzipien" von Descartes (Animadversiones in partem generalem Principiorum Cartesianorum) hat Leibniz auch an den Paragraphen Kritik geübt, in denen die Freiheitstheorie der „Meditationen" wieder aufgenommen wird, um mit besonderem Nachdruck den erwähnten Punkt zurückzuweisen. „Was die Meinung Descartes' anbetrifft", schreibt er hier, „daß sich der Wille weiter als der Verstand erstreckt: sie ist eher als genialisch zu bezeichnen, aber nicht als wahr. Es handelt sich um schöne Worte für das breite Publikum, denn wir wollen nie etwas anderes als das, was sich dem Verstand zeigt" („Et quod dicitur, voluntatem esse latiorem intellectu, argutum est magis quam verum, verbo dicam: ad populum phalerae. Nihil volumus quin intellectui obversetur": Animadversiones, Zu den Artikeln 31—35 des ersten Teiles der Principia philosophiae).

Kritik an der absoluten Indifferenz müssen wir daher fragen: erstens, ob in Leibnizens Schriften Ansätze zu einem Beweis des Satzes vom Grund enthalten sind, und zweitens, ob Leibniz auch einen zweiten Weg zur Widerlegung des molinistisch-spätscholastischen Freiheitsbegriffs einschlägt und ob und wie die beiden Wege zusammenhängen.

Auf die Notwendigkeit, diese Fragen zu erörtern, spielt er wohl an, wenn er ein wenig ungehalten 1704 in einem Brief an Jaquelot, diesen hartnäckigen Kritiker des Leibnizschen Freiheitsbegriffs und Exponenten der weit verbreiteten Meinung, daß Leibnizens Zurückweisung der absoluten Indifferenz mit der totalen Durchstreichung der Freiheit gleichzusetzen ist, bemerkt, daß da die wiederholt vorgebrachten Argumente gegen die Freiheit der absoluten Indifferenz offenbar nicht ausreichen, um Jaquelot zu überzeugen, man viel weiter ausholen müßte. „Ich sehe mein Herr", schreibt er im Herbst 1704, „daß Sie noch weit davon entfernt sind, in mein System in angemessener Weise einzudringen, denn Sie geruhten nicht, sich die Mühe zu geben zu erwägen, warum der Fall von Buridans Esel — womit der zwischen zwei gleich entfernten Strohhaufen sich befindende Esel gemeint ist, der verhungern müßte, wenn er nicht die in der absoluten Indifferenz bestehende Freiheit hätte, das Gleichgewicht der Ruhe zu zerstören und völlig grundlos sich dem einen jener Haufen zuzuwenden — nach meiner Auffassung ein reines Hirngespinst und in Widerstreit mit dem System der Dinge ist, obwohl ich den Grund dafür genügend angegeben habe. Es würde eine zu große Weitschweifigkeit und Geduld erforderlich sein, um alles denjenigen zu erläutern und mundgerecht zu machen, die aus der vorgefaßten Meinung gegen ein philosophisches System darauf aus sind, es eher zu kritisieren als zu begreifen"[45]. In den darauf folgenden kurzen Sätzen faßt Leibniz das Wesentliche seiner Position also zusammen: „Die Spontaneität reicht zweifelsohne nicht aus, um die Freiheit zu konstituieren, sie ist aber ein in dem Freiheitsbegriff enthaltenes Moment; man muß ihr die Wahl hinzufügen. Mein System steigert die Spontaneität (hier in dem Sinne, daß sie allen Veränderungen und Prozessen in der Welt zugrunde gelegt wird) und vermindert nicht die Wahl"; „Sans doute la spontanéité ne suffit pas pour établir la liberté, mais elle y est requise. Il y faut ajouter le choix. Mon système augmente la spontanéité, et il ne diminue point le choix"[46].

Einen förmlichen Beweis des Satzes vom Grund und seiner durchgängigen Geltung gibt Leibniz nicht. Erst Christian Wolff hat versucht, syl-

---

[45] GP VI 571.
[46] GP VI 571.

logistisch den Satz vom Grund abzuleiten, und zwar von dem tatsächlich verwandten Gedanken, daß aus nichts nichts werden kann (nihil ex nihilo fit), mit anderen Worten von der Ablehnung der Entstehung von Etwas aus dem reinen Nichts[47]. Leibniz hält offensichtlich einen solchen Beweis für unmöglich. Trotzdem erhärtet er den Satz, indem er darauf hinweist, daß man nirgends eindeutige Instanzen gegen seine Geltung vorbringen kann; und vor allem darauf, daß gezeigt werden könnte, daß die Leugnung des Satzes vom Grund die Leugnung des zweiten großen Prinzips, nämlich des Satzes vom Widerspruch impliziert. Auf den Vorwurf nämlich von Clarke, daß er eine petitio principii begeht, indem er unter Berufung auf den Satz vom Grund den Fall nicht akzeptiere, daß vernunftbegabte Wesen angesichts zwei völlig gleicher und gleichzeitiger Veranlassungen zu handeln sich doch entschließen können, sich von dem Nichthandeln zu dem Handeln überzuführen[48], antwortet Leibniz gegen

---

[47] Cf. M. Wundt, Die deutsche Schulphilosophie im Zeitalter der Aufklärung, S. 162. — Diese Ableitung beruht auf der vorgängigen stillschweigenden Reduzierung des Satzes vom Grund auf die Negierung des Entstehens aus dem reichen Nichts, sie mündet daher in eine Tautologie — deren Vehikel der Satz vom Widerspruch ist. Dieser Umstand wiederum hat dazu geführt, daß zuweilen behauptet wird, Wolff habe den Satz vom Grund vom Satz des Widerspruchs abgeleitet, was dann — und zwar hinsichtlich des Formalen mit Recht — kritisiert wird (cf. Hans Lüthje, Christian Wolffs Philosophiebegriff, in: Kant — Studien, Bd. XXX, H. 1/2). Dieselbe Verwechslung der — richtigen — Reduktion des Satzes vom Grund auf die Ablehnung des Entstehens aus dem Nichts mit der Deduktion aus dem Satz vom Widerspruch schimmert auch in der These von Rudolf Zocher durch, nach welcher es keinem Zweifel unterliegen kann, daß Leibniz Versuche macht, den Satz vom Grunde auf den des Widerspruchs zurückzuführen (s. Rudolf Zocher, Zum Satz vom zureichenden Grunde bei Leibniz, S. 76).

[48] „But intelligent beings are Agents... they have active powers and do move themselves... sometimes where things are absolutely indifferent. In which latter case, there may be very good reason to act, though two or more ways of acting may be absolutely indifferent. This learned writer always supposes the contrary, as a Principle; but gives no proof of it, either from the nature of things, or the perfections of God": 4. Schreiben von Clarke, § 1 und 2. — Die scheinbar subtile Distinktion zwischen Vorhandensein des Grundes zum Handeln — im Sinne des Verwirklichens von diesem oder jenem Ziel — und grundlosem Entschluß zum Handeln auf diese oder jene Weise bzw. auf diesem oder jenem Wege, die Clarke eingeführt hatte, um in den Bereich der Mittel und Wege und im Hinblick auf das Ergreifen des einen von ihnen, einen Rest der absoluten Indifferenz zu retten, wird übrigens durch Leibniz zerstört, und zwar durch das Argument, daß jede Aktion, sobald sie als eine aktuell durchgeführte und nicht als bloße Möglichkeit vorgestellt wird, eine individuelle und konkrete und keine allgemeine und von ihren Begleitumständen losgelöste ist, und als eine einzelne und individuelle irgendeinen bestimmten Weg erfordert und impliziert, auf dem sie durchgeführt wird, so daß die Art und Weise des Vorgehens nicht als etwas (der Möglichkeit nach) Grundloses dem durch

Schluß seines letzten Schreibens an Clarke „On a prétendu d'abord que je commets une petition de principe. Mais de quel principe, je vous en prie? Plût à Dieu qu'on n'eût jamais suposé des principes moins clairs. Ce principe est celui de besoin d'une raison suffisante, pour qu'une chose existe, qu'un évènement arrive, qu'une vérité a lieu. Est-ce un principe qui a besoin de preuve? ... Me nier ce grand Principe, c'est faire encore d'ailleurs comme Epicure, réduit à nier cet autre grand Principe, qui est celui de la contradiction, savoir que toute énonciation intelligible doit être vraie ou fausse. Chrysippe s'amusait à le prouver contre Epicure, mais je ne crois pas d'avoir besoin de l'imiter; quoique j'ai déjà dit ci-dessus ce qui peut justifier le mien, et quoique je puisse encore dire quelque chose là-dessus, mais qui serait peut-être trop profond pour convenir à cette présente contestation."[49]

Die Überlegung, die, wie Leibniz sagt, zu tief ist, um im Rahmen der Auseinandersetzung mit Clarke durchgeführt zu werden, und deren Durchführung eine größere Weitschweifigkeit und Geduld im Vergleich zu der für die Diskussion mit Jaquelot angemessenen erfordern würde, ist mit den Worten skizziert, die Leibniz im Anschluß an die Zurückweisung des Versuchs von Clarke, sich den Bereich der Mittel und Wege zur Ansiedlung der absoluten Indifferenz vorzubehalten, in dem § 18 seines 5. Briefes an Clarke geschrieben hatte: Die Natur der Dinge bringe es mit sich, daß jedes Ereignis seine ihm vorausgehenden und der Verwirklichung der fraglichen Begebenheit angemessenen Bedingungen, Erfordernisse und Dispositionen hat. Die Existenz aller dieser das Ereignis ankündigenden Vorbereitungen macht den zureichenden Grund des Ereignisses aus, dessen Verwirklichung nicht ausbleiben kann, wenn und sobald die Gesamtheit jener Vorbereitungen existiert. „Il est bien étrange de m'imputer que j'avance mon principe du besoin d'une raison suffisante, sans aucune preuve tirée ou de la nature des choses, ou des perfections divines. Car la nature des choses porte que tout évènement ait préalablement ses conditions, requisits, dispositions convenables, dont l'existence en fait la raison suffisante."[50] Diese Worte verweisen auf die Notwendig-

---

Gründe herbeigeführten Entschluß zu handeln entgegengesetzt werden kann. Daraus ergibt sich: „Immer dann, wenn man zureichende Gründe für eine Handlung hat, hat man sie auch für alle Erfordernisse dieser Handlung" („Toutes les fois qu'on an des raisons suffisantes pour une action singulière, on en a pour tous des requisits"): 5. Schreiben an Clarke, § 17.

[49] 5. Schreiben von Leibniz an Clarke, § 125 und § 130.
[50] 5. Schreiben an Clarke, § 18.

keit der Ablehnung der Entstehung von etwas aus dem reinen Nichts (entweder durch sich selbst, oder durch das Wirken einer innerweltlichen oder überweltlichen causa efficiens), die, wie bereits gesagt worden ist, sowohl für die V e r n e i n u n g der effizienten Kausalität als auch für die Aufstellung des Satzes vom Grunde das Fundament abgibt. Symptomatisch für den Umstand, daß der Satz vom Grund auf diesem Fundament ruht und dafür, daß der Nachweis dieses Zusammenhangs eine Art Beweis des Satzes vom Grund ist, den Heidegger irrtümlicherweise als Zeichen der B e j a h u n g der effizienten, durch das pure Nacheinander von Substanzen oder Eigenschaften beschreibbaren Kausalität deutet, ist die Tatsache, daß der Satz vom Grund innerhalb des Leibnizschen Systems stets der Satz des überwiegenden Grundes (raison prévalente) ist, d. h. des Grundes, der seit jeher anwesend war, aber immer mit einem Gegengrund gekoppelt ist und eine bleibende Konstellation von zwei Gründen ausmacht, so daß die Veränderung nur in einer Verschiebung im Kräfteverhältnis besteht: in dem einander Ablösen der Gründe in der Vorherrschaft und in der Verschiedenheit der Größe und Art der ausschlaggebenden Differenz zwischen dem jeweils dominierenden und dem jeweils unterlegenen Grund, die sowohl in antagonistischen als auch in nichtantagonistischen Unterordnungsverhältnissen als Relata fungieren. Wie hätte sich auch überhaupt, wenn es anders wäre, Leibniz eine Originalität hinsichtlich der Aufstellung des Satzes vom Grund zumessen können, da bereits Cicero in dem 2. Buch von De divinatione geschrieben hatte „nihil fieri sine causa potest, nec quicquam fit, quod fieri non potest" und Archimedes die Lehre von dem Verharren der im Gleichgewicht sich befindenden schweren Körper im waagerechten Stand entwickelt hatte?[51]

Die Anführung des Satzes vom Grund als der kritischen Instanz, vor der die absolut unbestimmte Indifferenz (l'indifférence absolument indéfinie)[52] sich nicht aufrechterhalten läßt, ist daher die positive Version der Kritik, die mit der Notwendigkeit operiert, die Entstehung aus dem Nichts als etwas durchaus Nichtnachvollziehbares, letzten Endes Widersprüchliches zu leugnen. Der zuletzt genannte Aspekt dieser Kritik ist bereits besprochen worden, als wir den Passus interpretierten, der die Erläuterung des Satzes enthält: „Behaupten, daß die Festlegung von etwas einer absolut unfestgelegten, völligen Indifferenz entstamme, läuft auf die Behauptung hinaus, daß jene Festlegung natürlich — d. h. hier: ohne ein

---

[51] Vgl. dazu: 2. Schreiben an Clarke, § 1.
[52] Theod. § 308.

Wunder — dem Nichts entstamme"; „Vouloir qu'une détermination vienne d'une pleine indifférence absolument indéterminée, est vouloir qu'elle vienne naturellement de rien"[53].

Das Unterlaufensein des Satzes vom festlegenden Grund durch den Satz vom überwiegend festlegenden (und deswegen nur hinführenden, nicht zwingenden) Grund drückt sich auch in der Art und Weise aus, in der Leibniz den Trugschluß Buridans entlarvt. Nach Leibniz müßte zwar der Esel, der zwischen den beiden von ihm gleich entfernten Bündeln Heu steht und von ihnen gleich stark angezogen wird, verhungern, aber der Fall ist ohne Rücksicht auf die Natur der Dinge und der Welt konstruiert und somit illusionär. Weder die Welt kann nämlich vollkommen symmetrisch aufgeteilt werden, indem man über die Mitte des Esels und senkrecht zu seiner Längsachse eine Ebene errichtet, die die ganze Welt in zwei durchgängig und vollkommen gleiche Hälften teilt, noch kann — infolgedessen — die jeweilige Gesamtheit der Gründe in zwei Gruppen mit genau derselben Intensität der Determination aufgegliedert werden[54]. Die Welt ist nicht vollkommen symmetrisch aufgebaut; und eine Äquivalenz von Kraft und Gegenkraft, von Grund und Gegengrund, so daß ein völliges Gleichgewicht durch gegenseitige Neutralisierung eintritt, ist aus diesem Grund unmöglich. Die Verfechter der Ansicht, daß das freie Entscheidungsvermögen in der Fähigkeit besteht, (grundlos) aus der absoluten Indifferenz und dem völligen Gleichgewicht herauszutreten, und die demnach Buridanische Esel konstruieren, die nicht verhungern, weil sie von jener Fähigkeit Gebrauch machen, geben sich demnach einer Illusion und Chimäre hin, abgesehen von der Ungereimtheit, in die sie verfallen, indem sie das Entstehen von Etwas — nämlich die Entstehung der Überwindung des völligen Gleichgewichts — aus dem Nichts annehmen.

So wie es nie einen einzigen Grund gibt, dessen Tendenz völlig ungetrübt bleibt und der die Verwirklichung von etwas ganz unangefochten festlegt, so gibt es auch nie eine völlige Neutralisation und Kompensation

---

[53] Theod. § 320.
[54] „L'univers ne saurait être mi-parti par un plan tiré par le milieu de l'âne, coupé verticalement suivant sa longueur, en sorte que tout soit égal et semblable de part et d'autre; comme une ellipse et toute figure dans le plan, du nombre de celles que j'appelle a m p h i d e x t r e s, peut être mi-partie ainsi, par quelque ligne droite que ce soit qui passe par son centre. Car ni les parties de l'univers, ni les viscères de l'animal ne sont pas semblables, ni également situées des deux côtés de ce plan vertical. Il y aura donc toujours bien des choses dans l'âne et hors de l'âne, quoiqu'elles ne nous paraissent pas, qui le détermineront à aller d'un côté plutôt qu de l'autre": Theod. § 49, vgl. § 307.

von aufeinander stoßenden Gründen, Kräften, Motiven und Tendenzen. Alles Geschehen ist irgendwo an einer Stelle des unendlich variablen Zwischenbereichs eingeräumt. Mit anderen Worten: Es gibt überall — mag es sich um die Schicht des Anorganischen, des Organischen, des Lebens oder des Bewußtseins handeln — einen (nur) überwiegend festlegenden, das heißt im labilen Zustand der Dominanz festlegenden Grund.

Das Ausschließen der völligen Symmetrie des Universums und der völligen Neutralisation der Kräfte (in dem einzelnen vernunftbegabten Wesen und im ganzen Universum), das, wie noch hinzugefügt werden muß, auch als eine erweiterte Fassung und Anwendung des principium identitatis indiscernibilium verstanden werden könnte, ergibt sich d i r e k t aus dem Satz vom Grund. Denn die Akzeptierung der Äquivalenz würde eine völlig grundlose Störung und Beseitigung der Äquivalenz implizieren, damit überhaupt Veränderung stattfindet, nachdem sich einmal die durch das Gleichgewicht bedingte Stagnation eingestellt hat. Die Annahme der Äquivalenz der zwei Gruppen, die sich in zwei gegensätzliche Faktoren zusammenfassen lassen und die bei der Entstehung eines jeden Dinges, jeden Zustandes und jeden Vorganges rivalisieren, würde auf diese Weise die Bejahung der Durchbrechung der universalen und durchgängigen Geltung des Satzes vom Grund — und die Bejahung der Entstehung von etwas aus dem Nichts — bedeuten. Aus der Vergegenwärtigung dieser Geltung läßt sich die Tatsache deduzieren, daß sie in keinem Seinsbereich und weder manifest noch latent vorliegt; und daß die Phasen, die uns wie Phasen der Ruhe, des Gleichgewichts und der Stagnation vorkommen, Phasen der Annäherung an den Zustand des Gleichgewichts oder des Zögerns und Oszillierens um diesen Idealpunkt sind, wie auch aus der von Leibniz zitierten Beobachtung erhellt: „Man hat umsomehr Mühe sich auf die eine oder die andere Entscheidung festzulegen, je mehr die entgegengesetzten Gründe (= stimuli) sich dem Punkt der Gleichheit nähern, wie ja auch die Waage sich viel schneller festlegt (= sich viel schneller erneut stabilisiert), wenn zwischen den Gewichten ein großer Unterschied besteht."[55]

---

[55] „On a d'autant plus de peine à se déterminer, que les raisons opposées approchent plus de l'égalité, comme l'on voit que la balance se détermine plus promptement lorsqu'il y a une grande différence entre les poids": Theod. § 324. — Im Hinblick auf das von Leibniz anvisierte Phänomen kann man sagen, daß um so mehr die Veränderung den Charakter der nur quantitativen Veränderung annimmt, je mehr sich das Kräfteverhältnis dem kritischen Punkt, nämlich dem Punkt der Gleichheit, der nur mit einem qualitativen Sprung passiert wird, nähert.

Die Fluktuationen der Übermacht des übermächtigen Grundes und die Umkippungen, die das Verhältnis der rivalisierenden Gründe zueinander durchmacht, sind selbst Vorgänge, die einen Grund haben. Auch dieser Grund ist stets ein komplexer. Er muß als ein aus der Hauptursache (causa agens) und den aktualisierenden Nebenursachen (causae concurrentes)[56] zusammengesetzter gedacht werden. Der Beitrag der letzten besteht in dem — eigens oder nur naturnotwendig vollzogenen — Abbau des Hindernisses, welches mit dem einen der beiden rivalisierenden Gründe gleichzusetzen ist und welches das Agieren der causa agens, die mit dem anderen der beiden rivalisierenden Gründe identisch ist, bewußt oder nur naturnotwendig hemmt.

---

[56] Cf. Causa Dei, § 105.

III. Die Freiheit als Revolution der Denkungsart

1. Die Lösung des gordischen Knotens der Freiheit durch die steigernde Wechselwirkung von Wille und Verstand

Angesichts der Opposition Leibnizens gegen den Spinozischen Fatalismus muß zum Schluß noch einmal die Frage gestellt werden: Hat die echte Freiheit, also die Freiheit, die sich nicht letzten Endes in der bloßen Spontaneität erschöpft, oder was dasselbe ist, die nicht auf das Ausbleiben des äußeren Zwanges und das Unterworfensein unter die innere Notwendigkeit — die man auch als inneren Zwang bezeichnen könnte — zurückführbar ist, in dem Gedankensystem von Leibniz aber wirklich einen Platz? Wie läßt sich das, was Leibniz unter Freiheit versteht, darstellen, ohne daß diese Darstellung bei dem Zusammentragen und Gruppieren der Leibnizschen Formulierungen stehenbleibt? Die zuerst gestellte Frage und ihre negative Beantwortung ist so alt wie die Leibnizsche Philosophie selbst. In seinem fünften Schreiben an Clarke drückt Leibniz seinen Unwillen über den häufigen Versuch aus, ihm zu unterstellen, er verträte die Notwendigkeit und die Fatalität, „obwohl vielleicht niemand besser und gründlicher, als ich es in der Theodizee gemacht habe, den wahren Unterschied zwischen Freiheit, Kontingenz, Spontaneität, auf der einen Seite und absoluter Notwendigkeit, Zufall, Zwang auf der anderen erklärt hat"[57]. Und ungehalten, ob der wiederholten Mißdeutung seines Systems fügt er hinzu, er wisse zwar noch nicht, ob diese Unterstellungen aus fester und böser Absicht seiner Kritiker geschähen und seine Äußerungen aus diesem Grund unbeachtet blieben oder ob sie, vom guten Glauben getragen, ihren Grund in der Vernachlässigung der genauen Erwägung seiner Meinungen hätten. Er schließt verstimmt: „Ich werde bald erfahren, was ich auch davon zu halten habe und werde mich danach richten."[58]

Leibniz distanziert sich ausdrücklich von der Reduktion der Freiheit

---

[57] 5. Schreiben an Clarke, § 2.
[58] a. a. O.

auf die nur scheinbare Spontaneität (spontanéité apparente)[59] oder die Unabhängigkeit, die nur dem Scheine nach da ist. In seiner Kritik an der Schrift von Wittichius „De providentia Dei actuali" wirft er dem Verfasser vor: „Herr Wittichius scheint geglaubt zu haben, daß in Wirklichkeit unsere Unabhängigkeit nichts anderes als eine scheinbare ist... er läßt den freien Willen darin bestehen, daß wir in einer solchen Weise zu den Vorstellungen neigen, die sich unserer Seele zeigen, um bejaht oder verneint, geliebt oder gehaßt zu werden, dergemäß wir überhaupt nicht das Gefühl haben, daß irgendeine äußere Kraft uns bestimmt"[60] und nach welcher wir schließlich das Gefühl und die auf die Evidenz des Gefühls sich berufende Meinung haben, daß überhaupt keine äußere Kraft uns bestimmt. Wittichius erkennt die Tatsache, daß w i r handeln, daß selbst unser Willensakt ein Produkt unserer selbst ist: „Stets sind wir diejenigen, die den Willen produzieren, ob den guten oder den bösen, denn er ist unsere Aktion; es gibt dennoch immer Gründe, die uns agieren machen, und zwar ohne daß sie unserer Spontaneität und unserer Freiheit Abbruch tun"[61]; die Produktion unseres Willens durch uns selbst darf allerdings nicht so verstanden werden, als ob wir in einer direkten, unvermittelten und Umwege sich ersparenden Weise eine Herrschaft über unseren Willen ausübten — aber auch nicht so, als ob die Wollungen, um ein von Hegel verwandtes Bild zu gebrauchen, einfach wie Luftblasen aus unserem Inneren aufstiegen[62].

In der Tatsache, daß genau dieselbe Kritik, die Leibniz an der These von Wittichius übt, Kant gegen Leibniz vorbringt, anläßlich der Auseinandersetzung mit dem Begriff des durch Vorstellungen betriebenen Automaten (automaton spirituale), bekundet sich bereits die Schwierigkeit der hier gestellten Aufgabe, da selbst Kant nicht umhin konnte, Leibniz etwas zu unterstellen und auf Grund dieser Unterstellung seine Polemik gegen

---

[59] Theod. § 300; Leibniz versteht die nur scheinbare Spontaneität als eine „unvollkommene Freiheit" (liberté imparfaite), wie aus der Erläuterung hervorgeht, die er von dieser gibt: die unvollkommene Freiheit ist lediglich des äußeren Zwanges (contrainte) enthoben (s. Theod. § 75). Er meint jedoch genauer: Die Gleichsetzung des Fehlens des Zwanges mit der Freiheit zeugt von einem unvollkommenen, unvollständigen Begriff der Freiheit.

[60] Theod. § 298, vgl. § 300.

[61] „C'est nous toujours qui la produisons (= la volonté), bonne ou mauvaise, car c'est notre action: mais il y a toujours des raisons qui nous font agir, sans faire tort à notre spontanéité ni à notre liberté" (Theod. § 298, vgl. § 300).

[62] „Il est vrai que nous ne sommes pas les maîtres de notre volonté directement, quoique nous en soyons la cause; car nous ne choisissons pas les volontés, comme nous choisissons nos actions par nos volontés" (Theod. § 301).

und seine Abhebung von Leibniz vorzutragen. Kant spricht in diesem Zusammenhang, wie wir bereits in dem Vorwort gesehen haben, von der „Freiheit eines Bratenwenders", die nicht grundsätzlich verschieden wäre von der Freiheit des Menschen, wenn diese angeblich der Leibnizschen These gemäß in einer nur vordergründigen Freiheit und Unabhängigkeit, in der bloßen Spontaneität und deren Bewußtsein sich erschöpfte.

Anläßlich der Besprechung der Antinomie, die sich aus der Zugehörigkeit des Menschen zum Geltungsbereich des „Naturgesetzes der Kausalität" u n d seiner unaufhebbaren moralischen Zurechnungsfähigkeit und Verantwortung ergibt, geht Kant noch weiter und vergleicht den Menschen, dem nur die im komparativen Sinn verstandene Freiheit zukommt, mit einem geworfenen und im Fluge sich befindenden Stein, indem er sagt: „Eine Ausflucht (= aus der genannten Antinomie) darin suchen, daß man bloß die A r t der Bestimmungsgründe seiner Kausalität nach dem Naturgesetze einem k o m p a r a t i v e n Begriffe von Freiheit anpaßt (nach welchem das bisweilen freie Wirkung heißt, davon der bestimmende Naturgrund i n n e r l i ch im wirkenden Wesen liegt, z. B. das, was ein geworfener Körper verrichtet, wenn er in freier Bewegung ist, da man das Wort Freiheit braucht, weil er, während daß er im Fluge ist, nicht von außen wodurch getrieben wird, oder wie wir die Bewegung einer Uhr auch eine freie Bewegung nennen, weil sie ihren Zeiger selbst treibt, der also nicht äußerlich geschoben werden darf, ebenso die Handlungen des Menschen, ob sie gleich durch ihre Bestimmungsgründe, die in der Zeit vorhergehen, notwendig sind, dennoch frei nennen, weil es doch innere, durch unsere eigenen Kräfte hervorgebrachte Vorstellungen, dadurch nach veranlassenden Umständen erzeugte Begierden und mithin nach unserem eigenen Belieben bewirkte Handlungen sind), ist ein elender Behelf, womit sich noch immer einige hinhalten lassen und so jenes schwere Problem mit einer kleinen Wortklauberei aufgelöst zu haben meinen, an dessen Auflösung Jahrtausende vergeblich gearbeitet haben, die daher wohl schwerlich so ganz auf der Oberfläche gefunden werden dürfte"[63].

Bei diesem schweren Vurwurf des „elenden Behelfs" und der Wortklauberei, mit dem Kant die in der Wolffschen Philosophie verflachte Form der Leibnizschen Freiheitslehre einer vernichtenden Kritik unterzieht, wird übersehen, daß es bei der Frage nach derjenigen Freiheit, die allen moralischen Gesetzen und der ihnen gemäßen Zurechnungsfähig-

---

[63] Kr. d. pr. V. 171 f.

keit zugrunde gelegt werden muß, nicht gleichgültig ist, „ob die nach einem Naturgesetze bestimmte Kausalität durch Bestimmungsgründe, die i m Subjekte oder a u ß e r ihm liegen, und im ersteren Fall, ob sie durch Instinkt oder mit Vernunft gedachte Bestimmungsgründe notwendig" ist[64]; genauer gesagt: es wird übersehen, daß innerhalb des Begriffs der psychologischen Kausalität, die Kant von der mechanischen unterscheidet, um hinsichtlich des Grundsätzlichen beide auf einen Nenner zu bringen, eine Differenzierung anzubringen ist, nämlich zwischen der linearen und der kreisenden „psychologischen Kausalität", wobei das Kreisen als das Wechselspiel zwischen dem über das theoretisch Gute und Böse (= das Wahre und das Falsche) urteilenden Vorstellungsvermögen und dem über das praktisch Gute und Böse urteilenden Vorstellungsvermögen, das heißt zwischen dem Verstand und dem vernünftigen Teil des Willens (= praktische Vernunft, liberum arbitrium) gedacht werden muß. Nachdem nämlich dieses Wechselspiel durch einen Bestimmungsgrund, der außer dem Subjekt liegt, in Gang gekommen ist, ergibt sich eine Tendenz zu der stets engeren Verflechtung und somit Steigerung der beiden Vermögen. Es ist durchaus legitim, den Komplex, der aus der genannten Tendenz selbst und aus dem Reflektieren über die Entstehung der Tendenz besteht, genauer gesagt aus der Tendenz selbst und der Transformation der Reflexion über die Tendenz in das Bestreben, die Tendenz abzuschirmen, damit sie ihr Telos erreichen kann, als einen Vorgang aufzufassen, der ein Novum aufweist und als „Freiheit" (bzw. Kausalität durch Freiheit) anzusprechen — obgleich hier die Freiheit als eine notwendig und unabwendbar die Gradation der Steigerung durchlaufende und der unvorbereiteten, „freien" Sprünge unfähige Freiheit angesetzt werden muß.

Auf die Frage, ob Leibniz die eigentliche „transzendentale" Freiheit in sein System aufnimmt und aufzunehmen vermag, ist auf Grund des eben Ausgeführten zu antworten: ja und nein. Diese doppelte Antwort würde nicht viel besagen, wenn sie lediglich meinen würde, daß Leibniz die Freiheit im Sinne der „moralischen Notwendigkeit" akzeptiert, sie jedoch im Sinne der absoluten und vagen Unbestimmtheit (indifférence vague) oder der als Gleichgewicht verstandenen Gleichgültigkeit (indifférence d'équilibre) ablehnt[65]; diese Präzisierung gibt Leibniz formelhaft

---

[64] a. a. O., 172.
[65] „Il ne faut pas s'imaginer que notre liberté consiste dans une indétermination ou dans une i n d i f f é r e n c e d ' é q u i l i b r e ; comme s'il fallait être incliné également du côté du oui et du non, et du côté des différents partis. lorsqu'il y en a plusieurs à prendre. Cet équilibre en tout sens est impossible; car si nous étions

des öfteren selbst. Die doppelte Antwort hätte nur dann eine Chance, für das heutige philosophische Bewußtsein relevant zu werden, wenn sie den Versuch zum Ausdruck bringen würde, hinter die verbale Oberfläche der Formel „moralische Notwendigkeit" bzw. hinter die Festigkeit der terminologischen Unterscheidung zwischen Geneigtmachen (incliner) und mit Notwendigkeit Bestimmen (nécessiter) vorzudringen, um die lebendige Bedeutung in der von diesen Formulierungen, die zunächst nichts anderes als einfache Versicherungen sind, gemeinten Struktur zu reproduzieren.

Mit Nein ist die gestellte Frage zu beantworten, wenn man die Wahlfreiheit als das grundlose Wählenkönnen bei der Konsumption fertiger und nebeneinander liegender, gleich guter und gleich brauchbarer Produkte versteht, implizit Wille und Verstand schroff voneinander trennt, und, auf Grund dieser schroffen Trennung, schließlich einander entgegensetzt und letztlich den Willen als Widersacher der Vernunft und den Geist als Widersacher der Seele bestimmt. Formaler und grundsätzlich gesprochen: jene Frage ist mit Nein zu beantworten, wenn unter Freiheit:

a) die Freiheit von nur e i n e m Vermögen verstanden wird, das heißt hier: als Eigenschaft eines in sich Einzigen, Einfachen, in sich Homogenen und darüber hinaus in keiner Weise Differenzierten; und zugleich

b) wenn die Freiheit als die dieses Vermögen auszeichnende Fähigkeit verstanden wird, etwas aus der Dimension des reinen Nichts, das heißt hier der völligen Unwirksamkeit (und nicht: der völligen Immaterialität), in den Bereich der Wirklichkeit und Wirksamkeit überzuführen; mit anderen Worten, wenn unter Freiheit eine Fähigkeit verstanden wird, die einem in sich Einzigen (namentlich dem Willen) zukommt und die sich auf ein dem reinen Nichts Gehörendes und somit ebenfalls — im ontologischen Sinn — in sich Einziges und Ungemischtes bezieht.

Den ersten dieser Punkte berührt Leibniz (Théophile) in seiner fingierten Diskussion mit Locke (= Philalethes) in den Nouveaux Essais sur l'entendement humain. Philalethes macht darauf aufmerksam, daß es üblich ist, von dem Verstand und dem Willen als von zwei Vermögen

également portés pour les partis A, B et C, nous ne pourrions pas être également portés pour A et pour non A. Cet équilibre est aussi absolument contraire à l'expérience, et quand on s'examinera, l'on trouvera qu'il y a toujours eu quelque cause ou raison qui nous a incliné vers le parti qu'on a pris, quoique bien souvent on ne s'aperçoive pas de ce qui nous meut; tout comme one ne s'aperçoit guère pourquoi, en sortant d'une porte, on a mis le pied droit avant le gauche, ou le gauche avant le droit" (Theod. § 35).

(facultés) der Seele zu sprechen, was ziemlich bequem ist und auch gestattet werden könnte, wenn man bei dem Gebrauch des Wortes „Vermögen" auf das Vermeiden einer naheliegenden Mißdeutung und Verwirrung achten würde. Nach der Ansicht von Philalethes hat jedoch die Rede von dem Willen als dem oberen Vermögen der Seele, das die Sachen (effektiv) ordnet, entweder frei oder nicht frei ist und welches das Diktum der Vernunft befolgt, dazu verführt, daß sich viele Menschen die verworrene Vorstellung von zwei Tätern (agents) gebildet haben, die, jeder für sich, in uns tätig seien[66]. Mit dieser Bemerkung erklärt sich Théophile einverstanden. Er bekräftigt die Ablehnung von verschiedenen wirklichen Tätern (agents réels) in uns durch die Aufstellung der Formel: Nicht die Vermögen oder Qualitäten handeln, sondern die Substanzen — d u r c h die Vermögen[67].

In diesem Zusammenhang erinnert er auch daran, daß die Frage nach der distinctio realis zwischen der Seele und ihren Vermögen, und zwischen den Vermögen unter sich, in der Philosophie der Scholastik lange kontrovers gewesen war, daß die Realisten sie bejahten und die Nominalisten sie verneinten und daß Episcopius ihr so große Bedeutung zumaß, daß er die Freiheit des Menschen als unverträglich mit dem Dasein der Vermögen der Seele als wirkliche Wesen, als wirklich voneinander verschiedene Wesen hielt[68].

Nur im Falle der harten Entgegensetzung von Passivität und Tätigkeit und der anschließenden Verteilung auf eindeutig voneinander abgegrenzte Phasen im Leben des Verstandes und des Willens hält Leibniz die Freiheit für eine Chimäre und weist ihr keinen Platz in seinem System an. Bei genauerem Zusehen wird jedoch deutlich, daß der eigentliche Grund für diese Ablehnung die ablehnende Haltung Leibnizens gegenüber dem Gedanken des Entstehens und der Schöpfung aus dem Nichts ist. Die Schöpfung aus dem Nichts ist nämlich in jener Entgegensetzung und der mit ihr korrelativen Freiheitskonzeption impliziert. Denn die völlige Absonderung des tätigen Verhaltens von dem leidenden und seine Auffassung als eine ganz eigenständige Qualität des Verhaltens führt, in der Verlängerung, zu der Ansetzung eines höchsten Grades der Tätig-

---

[66] GP V 159.
[67] „Ce ne sont pas les facultés ou qualités, qui agissent, mais les substances par les facultés" (GP V 160).
[68] Der Theologe Simon Episcopius (1583—1643) ist in Leyde und Amsterdam tätig gewesen; Arminianer, einer der Vorkämpfer des Gedankens der Toleranz; Verfasser der Disputationes theologicae.

keit, und zwar zu der Ansetzung des eminent Aktiven als Täter, der durch seine Tätigkeit etwas ins Sein bringt, indem er es aus dem polaren Gegensatz zum Sein und aus einer ganz anderen Qualität: aus dem reinen Nichts hervorholt. Die Übernahme der Lehre, daß die universale Ursache (Gott) bei der Schöpfung der Welt selbst die Materie hervorbringt, darf uns nicht dazu verleiten, Leibniz die Annahme des Gedankens von der creatio ex nihilo zu unterstellen, denn, wie Leibniz immer wieder betont: Mit Gott koexistent und koeternell ist die Region der ewigen Wahrheiten, die, wenn auch immateriell, so doch nicht unwirksam sind, da sie das göttliche Wollen und Tun zu bestimmen vermögen, eine Anziehungskraft ausübend und der Allmacht Schranken setzend; der Bereich der Wesenheit ist daher gleichsam eine ideelle Materie: „Die Region der ewigen Wahrheiten ist das, was an die Stelle der Materie gesetzt werden muß, wenn es sich um das Aufsuchen der Quelle der Dinge handelt."[69] Auch aus dem immanenten Zusammenhang des Systems ist zu ersehen, daß Leibniz die Schöpfung aus dem Nichts verneinen muß, denn wenn und sobald er das Gesetz der Kontinuität aufgestellt und nur das Zulassen des vermittelten Umschlags des Einen in das Andere bejaht hat, läßt sich der sprunghafte, jähe und unvermittelte Übergang vom reinen Nichts zur existentia, von der völligen Unwirksamkeit zur Wirklichkeit nicht mehr aufrechterhalten; durch die Ausarbeitung der Lehre von der compossibilitas wird von Leibniz die Schöpfung aus dem Nichts entschiedener als je zuvor in der griechischen Philosophie abgelehnt, denn durch diese Lehre wird nachgewiesen, daß ein Denkinhalt (realitas) weder von

---

[69] „C'est la Région des vérités éternelles, qu'il faut mettre à la place de la matière, quand il s'agit de chercher la source des choses" (Theod. § 20). — Leibniz faßt die Region der ewigen Wahrheiten geradezu als die universalste, wenn auch nur „ideale" Ursache auf: „Cette région est la cause ideale du mal (pour ainsi dire) aussi bien que du bien" (a. a. O., § 20). Die These von Jalabert: „Ce rôle des possibles dans la création ne doit pas être considéré comme un obstacle à la thèse de la création ex nihilo. Le possible appartient à un tout autre plan que l'existence; il n'en est que la condition sine qua non. Là où il n'y avait rien d'existent, Dieu fait surgir un univers par la seule efficacité de sa volonté. Telle est la création ex nihilo". (Jalabert, Le Dieu de Leibniz, Paris 1960, S. 188), beruht auf der Auffassung des Möglichen nur als conditio sine qua non des Wirklichen und auf dem Abblenden der Forderung nach Existenz (exigentia existentiae oder praetensio ad existentum), oder der Tendenz zur Existenz, die nach Leibnizens „De rerum originatione radicali" allen Möglichen zukommt. Jalabert hätte recht, wenn man das Wirksame auf das die Sinne Affizierende beschränken würde. Diese philosophische Position, die man vielleicht aus Kants Lehre über Möglichkeit und Wirtlichkeit herausschälen könnte, wäre aber der von Leibniz ganz und gar entgegengesetzt.

dem reinen Nichts noch von dem ontologischen Status der Möglichkeit (possibilitas) zu dem der Wirklichkeit (existentia) übergeht oder übergeführt wird, sondern von dem an der Wirklichkeit angrenzenden oberen Rand des Bereichs der Möglichkeit, das heißt von der compossibilitas.

Die Ungültigkeit der Hypothese des Entstehens aus dem Nichts erstreckt sich nach Leibniz auch auf das Entstehen der Freiheit selbst. Daraus ergibt sich, daß er die Freiheit verneint, wenn diese als Fähigkeit verstanden wird, die entweder angeboren ist und immer mit sich selber gleichbleibend da ist, oder erworben wurde, und zwar indem sie aus ihrem direkten Gegensatz, das heißt hier aus der völligen Unfreiheit plötzlich aufgetaucht ist bzw. aus der völligen Unfreiheit mit einem Schlag hervorgebracht oder hervorgeholt wurde und seitdem ein der Steigerung unfähiges Attribut des (freien) Wesens darstellt; anders gewendet: wenn der Begriff „Freiheit" nicht die Möglichkeit bietet, sie mit dem Prozeß der Befreiung, namentlich der Selbstbefreiung, zusammen zu denken und als notwendig und im Grunde kontinuierlich sich konstituierendes Fundament jenes Prozesses anzusetzen. „Selbstbefreiung" bedeutet in diesem Zusammenhang: Erhebung des denkenden Wesens, der intelligenten Substanz, durch eigene Kräfte und ohne irgendeine direkte Hilfe von außen zu einem größeren Grad der Vollkommenheit, zu einem höheren Niveau seines Daseins; zu einem Niveau, auf dem es eine vielfältigere Wirksamkeit und Aktivität zu entfalten vermag.

Bei diesem Prozeß der Selbstbefreiung ist zwar ein Helfendes, nämlich der Verstand, der aber nicht außerhalb der denkenden Substanz sich befindet. Er hilft, indem er den Widerstand beseitigt, und er beseitigt den Widerstand, indem er antizipiert: indem er das Aufgehaltenwerden des zu dem vollkommeneren Zustand strebenden Wesens durch das Hindernis vorwegnimmt. Dadurch bewirkt er das Umgehen des Hindernisses und ermöglicht die von der Einschaltung des Umwegs abhängige Erreichung des Zieles. Das unmittelbare, unreflektierte Wollen wird von Leibniz mit der Tendenz des fallenden Steines verglichen, der den geradesten, aber nicht immer den besten Weg zur Erdmitte hin einschlägt, ohne voraussehen zu können, daß er sehr bald auf Felsen aufschlagen und dort zersplittern wird, während er sich seinem Ziele mehr genähert hätte, wenn er den Geist und somit das Mittel gehabt hätte, seine Bahn von der Geraden abzulenken[70]. Nur die denkende Substanz ist in der Lage, dank des Zusammenspiels von Wille und Verstand, Herz und Kopf,

---

[70] GP V 175.

von für Rat empfänglichem Drang und zur Beratung drängendem und voraussehendem Vorstellen, von vornherein Umwege einzuschalten und auf diese Weise sich selber zu befreien oder zu entwickeln — durch k ü n s t l i c h e Umwege ihre N a t u r zu verwirklichen.

Die Frage nach der Gültigkeit des echten, sowohl von dem äußeren Zwang als auch von der unabwendbaren metaphysischen (wenn auch inneren) Notwendigkeit abgehobenen Freiheitsbegriffes, nach seiner Prüfung durch den philosophischen Verstand, wird von Leibniz bejahend beantwortet, wenn:

a) unter „Freiheit" der Charakter eines Wesens verstanden wird, das, innerlich differenziert, eine Vielfalt in sich birgt, namentlich die Dualität von zwei Vermögen, die komplementär sich zueinander verhalten, ohne jedoch in eine Polarität zu geraten; zwei solche Vermögen müßten aus denselben Bestandteilen zusammengesetzt und nur durch eine Nuance voneinander unterschieden sein, indem bei dem einen Vermögen der eine Bestandteil und bei dem anderen der andere überwiegt. Als zwei solche Vermögen versteht Leibniz das Streben (conatus bzw. appetition), das heißt das ausgreifende praktische Sichbeziehen auf ein noch nicht Existierendes und das Vorstellen oder Perzipieren, das heißt das (theoretische) zusammenfassende Vergegenwärtigen. Sowohl in dem Willen als auch in dem Verstand sind beide Momente enthalten, allerdings nicht als gleichwertige, denn beim Willen überwiegt das Moment des Strebens und bei der Vernunft das Moment des Vorstellens. Die Vernunft (und der Verstand) strebt n a c h Vorstellungen, genauer nach der Steigerung der Deutlichkeit der Vorstellungen und somit nach der die Verwirklichung der Ideen einleitenden Beratung des Willens, wobei die Realisierung und die mit ihr gekoppelte Verifizierung, Falsifizierung und Revidierung im Dienst der Steigerung der Klarheit und Deutlichkeit der Vorstellung steht; Leibniz bestimmt das Denkende oder bewußt Vorstellende folgendermaßen: „Cogitans est repraesentans, et conans quatenus repraesentans."[71] Der Wille strebt a u f G r u n d von Vorstellungen; er strebt auf Grund von Vorstellungen nach der Wirklichkeit und Verwirklichung der den Vorstellungen entsprechenden Gegenstände, daher kann Leibniz die Definition aufstellen: „Voluntas est conatus intelligentis."[72] Beide zusammen, perception und appétition machen die Monade schlechthin, diese

---

[71] Textes inédits, ed. Grua, S. 538.
[72] Opuscules et fragments inédits, ed. Couturat, S. 498.

metaphysischen Punkte und Atome von Substanz aus[73]; die über die „actes réflexifs"[74] und somit über apperception und Bewußtsein (conscience)[75] verfügenden Monaden, die intelligenten Substanzen, bestehen aus Verstand und Willen;

b) unter „Freiheit" das komplexe Vermögen verstanden wird, einem potentiell Daseienden zur Wirklichkeit zu verhelfen; genauer gesprochen: das Vermögen, dem virtuell und punktuell Intensiveren, das nichts anderes als das der reinen Intensität nach Intensivere ist, zum Sieg über das lediglich hinsichtlich der Extension — oder Diffusion — der Intensität Intensivere zu verhelfen;

c) wenn die Wirksamkeit dieses potentiell Daseienden nicht ausschließlich als Aussichhinausstreben, als Anstrengung, die Aktualität zu erlangen, verstanden wird, sondern zugleich als eine Art Anziehungskraft, nämlich als Wecken und Fördern der Tendenz, sich mit dem am meisten dem Verstand Gemäßen zu assimilieren, und zwar durch den Beistand beim Verlassen des Status der Potentialität.

Gegen die strenge Scheidung des Wollens vom Denken, des Begehrungsvermögens vom erkennenden Vorstellungsvermögen wendet sich Leibniz, indem er die Meinung kritisiert, nach der der Wille das aktive und souveräne Vermögen par excellence und zugleich durch die abschließende souveräne Aktivität charakterisiert ist, ohne die Beimischung irgendeines Moments, das auf Passivität und Leiden hinweisen könnte. Er spricht von der Gewohnheit, den Willen (= d i e volonté) als eine auf ihrem Throne sitzende Göttin sich zu denken, deren Kanzler der Verstand ist und deren Höflinge die Leidenschaften sind, die durch ihren Einfluß und ihre Einflüsterungen über den Rat des Kanzlers oft den Sieg davontragen. Man sei geneigt anzunehmen, daß der Verstand nur auf den Befehl dieser Königin hin das Wort ergreift, daß also die Aktivität (qua reine Aktivität) im ausschließlichen Besitz des Willens, personifiziert in der Königin, gedacht wird, während das dem Verstand eigentümliche Agieren, das Raten und lenkende Sprechen, eigentlich kein Agieren, sondern nur ein Reagieren im Anschluß an das Empfangen des Befehls des Willens ist. Die Königin sei in der Lage, zwischen den be-

---

[73] „L'état passager, qui enveloppe et représente une multitude dans l'unité ou dans la substance simple n'est autre chose que ce qu'on appelle P e r c e p t i o n... L'action du principe interne, qui fait le changement ou le passage d'une perception à une autre, peut être appelée A p p é t i t i o n " (Monadologie, § 14 f.).
[74] Monadologie, § 30.
[75] a. a. O., § 14.

gründeten Vorschlägen des Kanzlers und den (auf Begründung verzichtenden) Einflüsterungen der Favoriten abzuwägen; sie sei sogar in der Lage, sowohl den einen als auch die anderen zum Schweigen zu bringen und ihnen nach Belieben, ohne irgendeine Begründung, Audienz zu gewähren oder nicht.

Die eben geschilderten üblichen Personifizierungen seien aber, nach Leibniz, einer kleinen Mißdeutung entsprungen. Wenn der Wille urteilen soll, entgegnet er, oder die Begründungen und die Neigungen, die der Verstand und die Sinne nahelegen, zur Kenntnis zu nehmen vermag, dann wäre dazu noch ein zweiter Verstand in dem Willen selbst erforderlich, der das Vorgelegte verstehen könnte — damit auf Grund des Verstehens die Beurteilung stattfinden und die Entscheidung getroffen werden könnte. Leibniz läßt sich auf diese Weise zunächst auf das schematische Verständnis des Verhältnisses ein, um es immanent zu kritisieren, indem er den in ihm enthaltenen Widerspruch aufzeigt, einen Widerspruch, der durch die implizite schließliche Verdoppelung des Verstandes aufkommt und in dem Nebeneinander der zwei Thesen besteht: das rein agierende und das reagierend agierende Vermögen — Wille und Verstand bzw. Königin und Kanzler — sind unvermittelt voneinander geschieden und stellen zwei verschiedene Entitäten dar; sodann: die Bereiche des Verstandes (als des Ratgebers) und des Willens (als des dem Ratgeber Befehlenden und den Rat Erwägenden) überschneiden sich und lassen auf diese Weise eine Vermittlung zu.

In seiner positiven Erwiderung auf die besprochene Fiktion, die der philosophischen Kritik nicht standhält, spricht Leibniz bezeichnenderweise nicht mehr vom Willen, sondern von der Seele oder der denkenden Substanz. Sie ist das, was die Begründungen hört und die Neigungen fühlt und was sich selbst bestimmt, sich nach der übermächtigen Vorstellung richtend: entweder nach der die Begründungen enthaltenden oder nach der die Gegenstände der Leidenschaften meinenden Vorstellung. Die Begründungen, mit deren Hilfe sich die denkende Substanz aktiv bestimmt und die Neigungen oder Leidenschaften, durch welche sie sich im Status der Fremdbestimmtheit beläßt bzw. zum Status der Heteronomie degradiert, indem sie sich treiben läßt, prägen das Vermögen des praktischen Strebens, je nachdem die einen oder die anderen vorherrschen. Sie modifizieren die tätige Kraft der denkenden Substanz, um die Aktion, die Praxis, auf eine Richtung und auf einen Punkt festzulegen: „La vérité est que l'âme ou la substance qui pense entend les raisons et sent les inclinations, et se détermine selon la prévalence des représentations qui modifient sa force active pour spécifier l'action."[76] Die Verschränkung von Wille und Verstand hat eine doppelte Gestalt. Sie ist realisiert sowohl als verständiger Wille als auch als strebender Verstand. Die Vernünftigkeit des Willens hat sich bereits bei der Durchdenkung der Beziehung zwischen „Königin" und „Kanzler" gezeigt. Die zweite Gestalt der Verschränkung und die damit zusammenhängende Tatsache, daß die Freiheit nur als Verhaltensweise eines komplexen, strukturierten, organisierten Gebildes zu verstehen ist, und daß demzufolge die Freiheitstheorie in einer rationalen Theorie der Selbstbefreiung gipfelt, kommt am deutlichsten in den Ausführungen des 64. Paragraphen der Theodizee zur Sprache. Darin stellt Leibniz die Behauptung auf, daß in seiner philosophischen Theorie, und nur in ihr, der Seele die größtmögliche Unabhängigkeit (indépendance) gewährt wird. Er fügt aber sofort die Präzisierung hinzu: Alles, was in der Sphäre der Seele geschieht, hängt zwar von ihr ab, aber es hängt nicht immer von ihrem Willen ab; das wäre zuviel verlangt: „Tout ce qui arrive à l'âme dépend d'elle, mais il ne dépend pas toujours de sa volonté; ce serait trop."[77] Die These, daß dem Wollen die absolutistische Alleinherrschaft abgeht, wird durch den Hinweis darauf erhärtet, daß das Wollen selbst Gegenstand und Zielpunkt einer innerseelischen, von dem Verstand und dem Denken ausgehenden Aktivität werden kann, denn, obwohl unser Akt des Wollens nicht in direkter Weise Objekt unseres Willens ist und obwohl die Rede vom Wollen des Wollens — als angeblicher Sitz der Freiheit — des Sinnes ermangelt, da man sonst ein Wollen des Wollens des Wollens ansetzen könnte und in eine endlose Iteration geraten würde, kann der Akt des Wollens indirekter- und vermittelterweise zu einem Objekt des auf Veränderung hinzielenden Strebens werden: man pflegt zuweilen geeignete Maßnahmen zu ergreifen, um sein eigenes Wollen nach und nach zu ändern und um zukünftig das zu wollen, was man gegenwärtig nicht will oder, mit anderen Worten, um die Verwandlung des zur Zeit nur im Lichte des Sollens Erscheinenden in ein Gewolltes herbeizuführen[78].

In ähnlicher Weise wird in einem Brief an Coste vom 19. Dezember 1707 zwischen den gegenwärtigen Wollungen und Entschlüssen, über die

---

[76] GP VI 416; die Hervorhebung ist von uns.
[77] Theod. § 64.
[78] Theod. § 64.

wir jetzt machtlos sind, und den zukünftigen unterschieden. Auch über die zuletzt genannten verfügen wir nicht mit einer absoluten Macht, dennoch können wir zu ihrer Gestaltung einen Beitrag leisten, wenn der Wille, von ersten Ahnungen des Verstandes gereizt, die entsprechenden Anweisungen an den empfehlend-befehlenden Verstand erteilt: „Cependant quoique notre choix ex datis sur toutes les circonstances internes et externes prises ensemble, soit toujours déterminé, et que pour le présent il ne dépende pas de nous de changer la volonté; il ne laisse pas d'être vrai, que nous avons un grand pouvoir sur nos volontés futures, en choisissant certains objets de notre attention, et en nous accoutumant à certaines manières de penser: et par ce moyen nous pouvons nous accoutumer à mieux resister aux impressions (= des choses externes), et à mieux faire agir la raison, enfin nous pouvons contribuer à nous faire vouloir ce qu'il faut."[79]

Aus der zweiten Weise der Verschränkung resultiert bereits die Interdependenz. Wegen der Vernünftigkeit des Willens kann allerdings die Dependenz des Verstandes und der Vernunft von dem Willen eine ganz spezifische, inhaltliche Form annehmen. Leibniz deutet sie an der Stelle an, an der daran erinnert wird, daß Verstehen und Denken, der Verstand und dessen urteilende Aktivität, wiederum zum Gegenstand und Zielpunkt des Wollens werden können und sogar zu einem solchen Objekt gemacht werden müssen. Indem er an das Wort von Cicero erinnert, daß, wenn unsere Augen die Schönheit der Tugend sehen könnten, wir sie mit Inbrunst lieben würden, bemerkt er, daß die Niederlagen des Geistes in seinem Kampf mit dem Fleisch darauf zurückzuführen seien, daß der Geist von den Vorteilen und Vorzügen, mit denen er ausgestattet ist, nicht den vollen Gebrauch macht. Wenn er sich seiner Vorteile richtig bedienen würde, würde er mit Glanz triumphieren[80]. Daraus ergibt sich, daß die Überführung des dem Geist eigentümlichen Vermögens zur Tätig-

---

[79] GP III 403.
[80] „Si l'esprit usait bien de ses avantages, il triompherait hautement" (GP V, 172). — Thematischer ist dieser Gedanke in folgendem Entwurf behandelt: „Nous sommes libres autant que nous raisonnons juste, et esclaves en tant que nous sommes maîtrisés par les passions qui viennent des impressions intérieures. Mais bien raisonner (dites vous) ne dépend pas de nous. Je réponds qu'il est en notre pouvoir, puisque nous avons une méthode infaillible pour raisonner juste, pourvu que nous voulions nous en servir. Il ne faut que vouloir". (Textes inédits, ed. Grua, S. 327). In dem § 289 der Theodizee stellt Leibniz die Gleichungen auf: Tatsächlicher Gebrauch der Vorteile der Vernunft = Einsicht = deutliche Erkenntnis = Gewahren der Schönheit der Tugend = Angezogenwerden von einem vernünftig-überindividuellen Gehalt — allein wegen seiner (deutlichen) Präsenz im Bewußtsein.

keit und der volle und richtige Gebrauch der Waffe, die er besitzt, zu einem Objekt des Wollens werden können und auch zu werden haben, damit die zunächst immer sich einstellenden Niederlagen des Geistes aufhören und er schließlich siegt.

Durch Berücksichtigung der dargestellten Aspekte der Verschränkung und der Dependenz wird sichtbar, daß eine gegenseitige Beeinflussung von Wollen und Denken zustandekommt, welche die Hebung der denkenden Substanz auf das höhere Niveau bewerkstelligt, die aber zugleich die grundsätzliche Homogenität der die denkende Substanz konstituierenden zwei Elemente (Wille und Verstand) voraussetzt. Der Umstand, daß die Hebung auf Grund der wechselseitigen Beeinflussung stattfindet, erlaubt es, das Erreichen der höheren Stufe als ein Sichhinaufwinden zu bezeichnen.

Der Verstand, der von dem Gültigeren und Wahreren, entweder von dem in Wahrheit Wahreren oder dem, was ihm ein solches zu sein scheint, und schließlich von dem Gedanken der Durchbrechung des „bloßen Scheins" angezogen wird, als Angezogenwerdendes nur eine reaktive Tätigkeit entfaltend, nachdem er jenen Gedanken kraft des ihm zukommenden originären und „naturnotwendigen", aber hinsichtlich der Intensität fluktuierenden Strebens anvisiert hat, treibt zugleich den Willen vorwärts — irgendwann auch zum Wollen des klareren und deutlicheren Denkens. Dieses Treiben scheint eher ein Mitziehen und Mitreißen zu sein, denn der Teil des Verstandes, der in dem Willen verstreut ist[81], bewegt das Andere nur, indem er selber die Bewegtheit des für sich seienden Verstandes übernimmt. Und dieser ist auf der höheren Stufe der Bewegtheit, wenn, sobald und solange er angezogen wird; solange er die von seinen Objekten und Vorstellungen ausgestrahlte Anziehungskraft erleidet. Beide Modelle sind jedoch letzten Endes unbefriedigend. Es handelt sich hier weder um ein Treiben oder Stoßen, noch um ein Ziehen oder Reißen, sondern um die Wegräumung von Hindernissen, die den Weg einem zunächst blind Vorwärtsstrebenden, dem Willen, versperren, wobei allerdings zu bedenken ist, daß die Wegräumung des Widerstandes, die Enthemmung, auch die Gestalt der Ablenkung von der Geraden, auf der die Hindernisse sich befinden, haben kann. Als ein eminentes derartiges Hindernis ist die Knechtschaft unter den Leiden-

---

[81] Dieser in dem Willen verstreute und als Moment in dem Willen verborgene Verstand ist der eigentliche Sinn des Wortes „entendement pratique", praktischer Verstand (oder praktische Vernunft); der Terminus „entendement pratique" wird von Leibniz im § 310 der Theodizee und im § 11 des 5. Schreibens an Clarke verwendet.

schaften anzusehen, obwohl diese Knechtschaft, unter Umständen, erfinderisch machen und eine gesteigerte Aktivität auslösen kann, wenn nämlich die zur Befriedigung tauglichen Mittel erst gesucht oder erfunden werden müssen; der die Leidenschaften stets begleitende und den immer leidend-rezeptiv sich verhaltenden Sinnen entstammende Gedanke ist zwar stets ein verworrener[82], dennoch kann er trotz seiner Verworrenheit lebhaft sein und eine Dynamik entfalten.

Das, was zunächst den für sich seienden Verstand und schließlich auch den als Moment im Willen enthaltenen Verstand anzieht, ist das Motiv. Im Hinblick auf die Motivation des Willens stellt Leibniz eine doppelte These auf. Sie besagt zunächst: der Wille agiert immer durch Motive, ein gänzlich unmotiviertes Wollen etwa in der Gestalt einer „puissance élective", die Leibniz ironisch „cette puissance magique" nennt und in Zusammenhang mit der rein zufälligen Abweichung der Atome von ihrer Bahn bei Epikur und dem Menschenbild der spätgriechischen Akademie — namentlich des Karneades — bringt[83], ist völlig undenkbar, woraus sich auch die Undenkbarkeit der als pure, absolute oder vollkommene Indifferenz aufgefaßten Freiheit ergibt. Er formuliert kategorisch: „c'est toujours par motifs, qu'elle agit", gemeint ist la volonté, der Wille[84]. Die Motive ihrerseits werden „dispositions à agir", Dispositionen (vorbereitend-veranlassende Grundlagen) zum Handeln genannt[85].

Als komplementärer Teil jener doppelten These über die Freiheit muß das Theorem hinzugefügt werden: Die Substanz, die denkt, das heißt das mit Vernunft begabte Wesen, wird stets von zwei einander entgegengesetzten Motiven zugleich bestimmt und stets zu zwei einander ausschließenden Haltungen veranlaßt[86]. Die denkende Substanz kommt zu der Entscheidung, indem die zwei — stets verschieden starken

---

[82] Cf. Theod. § 289. Diese verworrenen Gedanken sind das Naturwürdige und stets das zeitlich Erste, wie Leibniz betont, wenn er sagt, daß das, was wir den Eindrücken zuschreiben, die von den Dingen außer uns stammen, von den verworrenen Vorstellungen in uns hergeleitet werden muß, die jenen Eindrücken korrespondieren und die n i e in einer ersten Lebens- und Bewußtseinsphase ausbleiben können — „auf Grund der prästabilierten Harmonie, der wiederum die Beziehung jeder Substanz zu allen anderen Substanzen zugrunde liegt": cf. GP III 403. — Vgl. unten Anm. 97.
[83] Theod. § 308, 320, 322.
[84] GP VI 413.
[85] 5. Schreiben an Clarke, § 15.
[86] „Jamais la volonté n'est portée à agir, que par la représentation du bien, qui prévaut aux représentations contraires" (Theod. § 45).

— Motive algebraisch addiert werden, und, nach dem Abzug des schwächeren von dem stärkeren, der übrigbleibende Teil des letzten ausschlaggebend wird. Jede Handlung ist auf diese Weise als action mixte, als eine gemischte Handlung anzusehen, worunter man allerdings nur die bewußte Wahl des geringeren Übels in Notsituationen verstand, zum Beispiel das Überbordwerfen der Ladung, um das Schiff im Sturm zu retten, dank des Sieges der Liebe zum Leben über die Liebe zum Besitz[87].

Die graduelle Differenz der Motive, die nie bis zur völligen Gleichheit und totalen Indifferenz, bis zu dem Gleichgewicht der Motive abnimmt, denn das würde bereits der universalen Gültigkeit des Leibnizschen principium identitatis indiscernibilium widersprechen, noch bis zu dem Punkt sich steigert, bei dem das eine der beiden Motive verschwindet und das andere über den Geist eine Alleinherrschaft ausübt, hat eine permanente und latente Ambivalenz zur Folge. Die latente Ambivalenz ist Ergebnis der Prävalenz. Leibniz spricht nämlich auch im Rahmen der Analyse der Wahl und der Entscheidung von der raison prévalente, der représentation prévalente oder auch inclination prévalente[88]. Die denkende Substanz wird zu ihrer Entscheidung und zum anschließenden Handeln stets durch das Dominieren der dominierenden Vorstellung des erscheinenden Guten geführt, und zwar sicher und unausbleiblich, aber nicht notwendigerweise, das heißt, es geschieht durch Gründe, die sie geneigt machen, ohne sie einem äußeren oder inneren Zwang zu unterwerfen, die sie inklinieren aber nicht necessitieren, da das Motiv, das sich als Schwächeres erwiesen hat, im Hintergrund bestehen bleibt[89]. Auf Grund der Einsicht, daß die Wahl kein einfaches Vor- und Herausziehen des Passenden aus einer auf einer Fläche ausgebreiteten Menge, sondern Ergebnis des Vorsprungs des einen Motivs vor den anderen hinsichtlich der Grade der Stärke des Bestimmens ist, ist Leibniz in der Lage, auch hinsichtlich der Sphäre des Bewußtseins den durchgängigen Determinismus zu bejahen, ohne daß aus dieser Bejahung die Übernahme des Fatalismus resultiert. Aus demselben Grunde sind im Sprachgebrauch von Leibniz das „Determinierte" und das (metaphysisch, geometrisch, logisch oder absolut) „Notwendige"[90] nicht mehr gleichbedeutend; das (objektiv) Ge-

---

[87] Theod. § 324.
[88] GP VI 414.
[89] a. a. O.
[90] Theod. § 282; das Determinierte ist lediglich das objektiv Gewisse (Theod. § 36). In dem Tentamen Anagogicum unterscheidet Leibniz zwei Weisen der Determiniertheit: eine geometrische und eine architektonische; entsprechend zu der Unterschei-

wisse bzw. gewiß Voraussehbare (le certain) erschöpft sich nicht mit dem gewiß voraussehbaren Fortbestehen des absolut Notwendigen; das Notwendige (qua hypothetisch Notwendiges) und das Kontingente sind vereinbar. Die Bemerkung von Leibniz, das Unendliche sei die Wurzel der Kontingenz und der Freiheit, wird jetzt nachvollziehbar: Die unendlich vielen Grade, die den unendlich vielen Modifikationen entsprechen, welche die Mischung der zwei kollidierenden Gründe oder Motive haben kann, verwandeln den G r a t zwischen Sein und Nichtsein in einen B e r e i c h , machen die Aufgliederung des Nichts in das reine Nichts (nihil negativum) und das privative Nichts (nihil privativum) konkret und plausibel und lassen auf diese Weise das Kontingente und das Freie möglich ist. Der geringere Grad, sei es der geringere Grad an sich selbst, sei es der geringere Grad im Hinblick auf den Stellenwert der jetzigen Situation innnerhalb des gesamten Reifeprozesses, ist nämlich das privative Gegenteil des höheren, und das privative Gegenteil bildend, ist er und bleibt er möglich.

Die eine Unendlichkeit von Graden implizierende Gradation des Möglichen ist die Wurzel der Kontingenz. Und die Kontingenz der Dinge, Entscheidungen und Handlungen ist die radix libertatis. Über die Wurzel (oder Basis) der idealtypisch, das heißt der als göttliche Freiheit verstandenen Freiheit schreibt Leibniz: „Radix libertatis in Deo est rerum possibilitas sive contingentia, qua fit ut innumera reperiantur quae neque sunt necessaria neque impossibilia, ex quibus Deus illa eligit quae ad gloriam suam testandam maxime faciunt."[91] Die unendlich vielen Grade der Möglichkeit bilden eine unsichtbare Tiefenschicht, mit welcher jedes Wirkliche behaftet ist; j e d e s Wirkliche ist daher kontingent[92]. Bei

dung zwischen metaphysischer, logischer oder geometrischer Notwendigkeit, auf der einen Seite, und hypothetischer oder moralischer auf der anderen („Les déterminations géometriques importent une nécessité absolue, dont le contraire implique contradiction, mais les architectoniques n'importent qu'une nécessité de choix, dont le contraire importe imperfection" (GP VII 278). — Unter absoluter Notwendigkeit versteht Leibniz stets den Fall, bei dem das Gegenteil einen Widerspruch in sich schließt und somit unmöglich ist. Er nennt sie auch metaphysische, geometrische, logische oder auch: „necessitas consequentis" (Textes inédits, ed. Grua, S. 306). Entsprechend die ihr entgegengesetzte hypothetische oder moralische Notwendigkeit: „nécessité de liaison" (a. a. O., S. 478), Notwendigkeit des Zusammenhangs oder „necessitas consequentiae".

[91] Textes inédits, ed. Grua, S. 298.
[92] „...absolument parlant t o u t e c h o s e d e f a i t , tout le Monde et tout ce qui y arrive est contingent et sans nécessité absolue, et l'on peut dire que toutes les choses du monde sont sans nécisuté absolue, mais elles ne sont pas sans toute nécessité hypothetique ou de liaison" (Textes inédits, ed. Grua, S. 478).

dem Spezialfall jedoch, bei dem die Bildung dieser Tiefenschicht aus der Verbindung von Spontaneität und Denken resultiert, haben wir es mit einer besonderen Art von Kontingenz zu tun: mit der „contingentia rationalis"[93], das heißt der Freiheit.

Die menschliche Freiheit ist die unvollkommene Seinsweise der idealtypischen oder „göttlichen". Ihre Wurzel ist die imago divina: „Radix libertatis in homine est imago divina, quod Deus scilicet eum voluit creare liberum, et fecit ut non nisi a boni proprii qua talis consideratione moveretur, quemadmodum Deus in eligendo non nisi gloriae suae rationem habet. Hoc tantum discrimen est, quod homo ex defectu originali creaturae cuiuscunque falli potest, Deus non potest."[95]

Die verbreitete und durch Autoritäten wie Kant, Hegel und Schelling gestützte Meinung, daß Leibniz ein in geläufigem Sinne zu verstehender, also die Freiheit verneinender Determinist sei, allerdings mit der Besonderheit, daß er eine innere und ideelle Determination annimmt, indem er die nächsten bestimmenden Ursachen der Handlung und noch eine lange Reihe derselben zwar als innerlich ansieht, die letzte und höchste aber doch als gänzlich in einer fremden Hand befindlich versteht, beruht auf der Neigung, bei der Herausstellung der Präsenz von determinierenden Gründen stehen zu bleiben und die präzisierende These über die Prävalenz der determinierenden Gründe und der ausschlaggebenden Vorstellungen zu übersehen; der Grund wiederum für die Vernachlässigung der Lehre von der Prävalenz liegt offensichtlich in deren Beschränkung auf die psychologische Dimension und in der Umdeutung der Prävalenz in eine Präferenz, die mit der Notwendigkeit der absoluten Unabwendbarkeit aus einer psychologischen Kausalität entspringt. In der Lehre von der Prävalenz des jeweils festlegenden Grundes ist jedoch der Schlüssel zum Verständnis der Freiheitstheorie von Leibniz verborgen. Er selbst schließt bezeichnenderweise die Darstellung seiner Konzeption von der raison oder représentation prévalente, die er als Explikation seines Prinzips von der Unausbleiblichkeit des zureichend festlegenden Grundes anbringt, indem er sein Bedenken über die Chance äußert, den gordischen Knoten der Kontingenz und der Freiheit zu lösen, wenn die „genotypische" doppelte Bestimmung des Geistes und die „phänotypische" Determination allein durch die Differenz der Intensitäten der

---

[93] S. Bodemann, Handschr., S. 121.
[94] Textes inédits, ed. Grua, S. 298; vgl. a. a. O., S. 300: „Radix libertatis humanae est in imagine Dei in homine".

Motive übersehen wird. Den Gedanken der Gradation und Kombination der Gründe, diesen Hauptgedanken seiner gesamten Philosophie (nicht nur seiner Anthropologie) zusammenfassend und anschließend auf ihn rückblickend, schreibt er: „Cependant, lorsqu'en faisant l'analyse de la vérité proposée, on la voit dépendre des vérités dont le contraire implique contradiction, on peut dire qu'elle est absolument nécessaire; mais lorsque, poussant l'analyse tant qu'il vous plaira, on ne saurait jamais parvenir à de tels éléments de la vérité donnée, il faut dire qu'elle est contingente, et qu'elle a son origine d'une raison prévalente qui incline sans nécessiter. Cela posé, l'on voit comment nous pouvons dire, avec plusieurs philosophes et théologiens célèbres, que la substance qui pense est portée à sa résolution par la représentation prévalente du bien ou du mal, et cela certainement et infailliblement, mais non pas nécessairement, c'est à dire par des raisons qui l'inclinent sans la nécessiter... Et sans cette considération que nous venons de faire, je ne sais s'il serait aisé de résoudre le noeud gordien de la contingence et de la Liberté."[95]

2. Die Herausstellung der Selbstbestimmung des geistigen Wesens in der Kontroverse zwischen Leibniz und Clarke

Den immer präsenten und einander entgegengesetzten Motiven entsprechen zwei Vorstellungen verschiedener Qualität und verschiedenen Ursprungs: „Notre connaissance est de deux sortes, distincte, ou confuse. La connaissance distincte ou l'intelligence a lieu dans le véritable usage de la Raison; mais les sens nous fournissent des pensées confuses."[96] Die dem einen Motiv zugrunde liegende Vorstellung faßt das stets übersichtlich gegliederte Urteil der praktischen Vernunft zusammen; ihre Einheit ist die des Systems, des organisierten Ganzen. Die Vorstellung, die dem zweiten Motiv zugrunde liegt, besteht aus einer Menge von unendlichen Teilvorstellungen und von Quanta von Neigungen (oder leidenschaftlichen Tendenzen), die so klein sind, daß sie, jedes Quantum für sich genommen, der Vernunft unfaßbar und unvorstellbar sind, aber zugleich so viele, daß sie zuweilen das wirksamere Ganze abgeben; ihre Einheit ist die des Aggregats, des Haufens, dessen Teile verselbständigt und beliebig in eine größere oder kleinere Anhäufung eintreten können. Die aus einer Menge unmerklicher Teilvorstellungen bestehende Vorstellung und

---

[95] GP VI 414.
[96] Theod. § 289.

das sie begleitende Motiv haben in der ersten Phase des Lebens des Geistes immer die Oberhand[97]. Irgendwann wird das entgegengesetzte Motiv dominant. Eine erneute Umkippung bleibt aber danach stets möglich. Es kommt vor, daß ein deutliches Vernunfturteil durch eine verworrene, aus unmerklichen Teilvorstellungen zusammengesetzte und erst nach dem Fällen dieses Urteils sich einstellende Vorstellung hinsichtlich des Grades der Klarheit übertroffen wird. Daher definiert zwar Leibniz das Wesen des Willens als die Anstrengung und Tendenz nach dem Urteil der Vernunft und diesem Urteil gemäß zu handeln[98]; er braucht aber nicht zuzugestehen, daß der Wille immer das letzte praktische Urteil der Vernunft bzw. das letzte Urteil der praktischen Vernunft b e f o l g t und kann sich von dieser thomistischen These, die vor allem durch das Buch des Kardinals Bellarmin über die menschliche Freiheit bekannt wurde, distanzieren[99]. In seinen „Bemerkungen zu dem Buch über den Ursprung des Bösen, das kürzlich in England veröffentlicht wurde", das von dem gelehrten Pastor King verfaßt worden war und das er als eine schöne Gelegenheit begrüßt, um einige Schwierigkeiten in der Problematik von Freiheit und Kontingenz zu beheben, in einem Gebiet, „in dem man sich leicht verläuft, wenn man nicht das ganze System im Blick hat und wenn

---

[97] „J'ai montré ailleurs qu'en prenant les choses dans un certain sens metaphysique, nous sommes toujours dans une parfaite spontaneité, et ce qu'on attribue aux impressions des choses externes, ne vient que des perceptions confuses en nous, qui y répondent, et q u i n e p o u v a i e n t p o i n t m a n q u e r d e n o u s ê t r e d o n n é e s d ' a b o r d en vertu de l'Harmonie préetablie, qui fait le rapport de chaque substance à toutes les autres": GP III 403, die Hervorhebung ist von uns.

[98] „l'effort d'agir après de jugement" (Theod. § 311).

[99] Leibniz hat sich mit der Schrift Bellarmins „De gratia et libero arbitrio", wie aus seinen erhaltenen Auszügen und den kommentierenden Bemerkungen, in denen er seinen eigenen Standpunkt erarbeitet, hervorgeht, ausführlich auseinandergesetzt (Textes inédits, ed. Grua, s. S. 292—302). Aus dem 9. Kapitel dieser Schrift notiert sich Leibniz folgenden Gedanken: „Voluntas in eligendo libera est, non quod non determinetur necessario a judicio ultimo et practico rationis, sed quoniam istud ipsum judicium ultimum et practicum in potestate voluntatis est" (Textes inédits, ed. Grua, S. 296). Durch die Zuordnung der verworrenen, dem praktischen Urteil der Vernunft widerstreitenden Vorstellung zu der Sinnlichkeit ist Leibniz in der Lage, noch einen Schritt weiterzugehen und die ständige Präsenz dieses Urteils, zugleich aber die permanente Möglichkeit des Ausbleibens seiner Befolgung anzuerkennen. — Auch aus dem dreibändigen Werk Bellarmins „Disputationes de controversiis christianae fidei adversus huius temporis haereticos", das zuerst 1586 in Ingolstadt, hernach an vielen Orten des öfteren (1619/20 in Köln) aufgelegt wurde, hat sich Leibniz Exzerpte gemacht (s. a. a. O., S. 292 ff.). Bellarmin war nach Bayle (Dictionnaire historique et critique) die beste Feder seiner Zeit in der gelehrten Auseinandersetzung, „la meilleure plume de son temps en matière de controverse". — Vgl. oben.

man sich nicht die Mühe gibt, streng zu räsonnieren"[100], umreißt er das Eigentümliche seiner Konzeption mit den Worten: „Was mich anbetrifft, ich nötige keineswegs den Willen, immer das Urteil der Vernunft zu befolgen, denn ich unterscheide dieses Urteil von den Motiven, die von den unmerklichen Vorstellungen und Neigungen stammen."[101]

Auch das Aufschieben des Urteils, nicht nur seine Änderung, läßt sich auf Grund der Leibnizschen Theorie als Ergebnis einer Superposition, einer Überlagerung von Motiven deuten[102]. Es ist weder das Zeichen eines unmotivierten Schwundes des ursprünglichen Motives noch eines neutralisierenden Konfliktes, sondern der weiteren Überformung des bereits über einem anderen Motiv lagernden und bislang ausschlaggebenden Motivs durch ein neues und komplexeres: „Unser Wille befolgt nicht immer präzis die praktische Vernunft, weil er Gründe haben — oder inzwischen gefunden haben — kann, um seine Entscheidung bis zu einer späteren Diskussion aufzuschieben"[103], wobei festzuhalten ist, daß die Diskussion im Hervorbringen und Prüfen der Gründe für das Für und Gegen besteht.

Im Rahmen der Lehre von der komplexen Struktur der Motivation und der Prävalenz des Grundes (freilich nicht immer des vernünftigen) wird das Motiv aber nicht als bloße Gegebenheit verstanden. In seinem fünften und letzten Schreiben an Clarke sieht sich Leibniz gezwungen, diesen Punkt besonders zu unterstreichen. Clarke hatte nämlich Leibniz unterstellt, daß er (Leibniz) die mit Vernunft begabten Wesen durch seine These von der durchgängigen Motivation des Geistes und Willens zu nur passiven Wesen macht, und polemisiert, indem er schreibt: „Aber intelligente Wesen sind tätige Wesen; sie sind nicht passive, durch Motive, Beweggründe in Bewegung gesetzte, wie die Waage es ist, die durch die Gewichte in Bewegung gesetzt wird."[104]

An der Stelle seines Antwortschreibens, an der Leibniz auf diesen Einwand eingeht, nimmt er seine These von der durchgängigen Motivation nicht zurück. Er verdeutlicht und vertieft sie durch den Hinweis: „Es muß außerdem in Erwägung gezogen werden, daß genau gesprochen

---

[100] GP VI 400.
[101] GP VI 413.
[102] Mit dieser Überlegung wendet sich wohl Leibniz gegen die Gleichsetzung von Freiheit und Vermögen der Suspension der Entscheidung durch Malebranche (vgl. dazu J. Jalabert, La théorie leibnizienne de la substance, Paris 1947, S. 239).
[103] 5. Schreiben an Clarke, § 11.
[104] 4. Schreiben von Clarke an Leibniz, § 1 und 2.

die Motive keineswegs in der Weise auf den Geist wirken, in der die Gewichte auf die Waage wirken; der Geist ist vielmehr dasjenige, was wirkt, und zwar durch die Motive hindurch (en vertu des motifs), die nur vorbereitende Anordnungen (dispositions) zum Handeln, disponierende Vorstellungen sind"[105]; bereits in der Theodizee hatte Leibniz das von Bayle verwendete Gleichnis der Waage korrigiert und mit Rücksicht auf das maßgebende Wirken des Geistes durch das Bild der nach allen Seiten drängenden, die Stelle der größten Leichtigkeit bzw. des geringsten Widerstandes suchenden, die Umhüllung durchbrechenden und ins Freie gelangenden Kraft ersetzt[106]. Wenn der Geist das ist, was in ester Linie wirkt und wenn die Motive nur Medien seines Wirkens sind, dann gehört zu der denkenden Substanz auch die Fähigkeit der partiellen Erschaffung der für das Handeln erforderlichen und zum Handeln disponierenden Vorstellung und somit ein dem Handeln vorhergehendes Bearbeiten der sich präsentierenden, immer verschieden starken Motive. Erst nach dieser sich auf die Motive beziehenden Arbeit des Geistes ist die Intensität der Motive ausschlaggebend und wird das Motiv zu einem den Geist und Willen Determinierenden.

Das Bestimmtwerden des denkenden Wesens ist stets begleitet und unterlaufen durch eine Autodetermination, eine echte Selbstbestimmung. Leibniz vertritt die aktive Reflexion und reflexive Tätigkeit des denkenden Wesens ganz offen, wenn er, seinen eigenen Standpunkt erläuternd, ausführt: „Wenn wir sagen, daß eine intelligente Substanz durch die Güte ihres Objekts bewegt wird, behaupten wir nicht, daß dieses Objekt notwendigerweise ein außerhalb der denkenden Substanz existierendes Seiendes ist. Es genügt uns, daß dieses existierende Seiende denkbar und somit möglich ist, denn die Vorstellung von ihm ist das, was in der Substanz wirkt, oder besser gesagt: die Substanz wirkt auf sich selbst, sofern sie von dieser Vorstellung geneigt gemacht und gereizt wird"; „la substance agit sur elle même, autant qu'elle est disposée et affectée par cette représentation"[107].

In dem vorangehenden Paragraphen derselben „Bemerkungen" stellt Leibniz vier Ungleichungen auf, die den Prozeß der Selbstbestimmung detaillierter vorführen und in dem Nachweis gipfeln, daß die **ausschlaggebende** Intensität der motivierenden Vorstellung ihr durch

---

[105] 5. Schreiben an Clarke, § 15.
[106] Theod. § 325.
[107] GP VI 423.

die Vernunft verliehen wird; es sei denn, die entscheidend motivierende Vorstellung ist eine verworrene, aus den Sinnen entsprungene. In der ersten Ungleichung wird bestritten, daß ausschließlich den freien Wesen Aktivität zukommt, denn alle Substanzen, das heißt alle einfachen Wesen und alle Seienden, die aus Substanzen zusammengesetzt sind, seien aktiv; Leibniz nennt in diesem Zusammenhang die Tiere, die, ohne frei zu sein, dennoch aktive Seelen haben — „vorausgesetzt, daß man nicht mit den Kartesianern zusammen sich vorstellt, daß sie reine Maschinen sind"[108]. Mit der Aktivität, die von der Freiheit getrennt werden kann, ist von Leibniz die einfache Spontaneität gemeint, die er, im Anschluß an Aristoteles, auf die Innerlichkeit des Prinzips unserer Handlungen zurückführt und die sich, wenn die Spontaneität in der Gestalt der Freiheit abgeblendet wird, damit erschöpft. Die Tatsache allein, daß das Prinzip der Handlungen ein inneres ist, braucht noch nicht zu bedeuten, daß das Prinzip ein autonom gesetztes oder ein autonom zu einer entscheidenden Intensität gesteigertes ist. In dem Zeitalter, in dem in der Bewegungslehre die Impetustheorie endgültig überwunden und das Trägheitsgesetz formuliert wurde, war das eine Einsicht, die sich dem Bewußtsein besonders klar aufdrängen mußte und aus der bereits Leibniz, vor Kant, die philosophischen Konsequenzen gezogen hat.

In der zweiten Ungleichung wird in Abrede gestellt, daß man, um aktiv zu sein, a u s s c h l i e ß l i c h durch sich selbst determiniert sein müsse, daß etwas ausschließlich unter dem Einfluß des die Spontaneität ausmachenden inneren Prinzips unserer Handlungen stehen müsse: „Il n'est point nécessaire aussi que pour être actif on soit seulement déterminé par soi-même, puisqu'une chose peut recevoir de la direction sans recevoir de la force."[109] Mit anderen Worten, zur Aktivität, zum Verrichten von Handlungen aus eigenem Antrieb und natürlicher Weise gehört zwar die Innerlichkeit des Prinzips der Handlungen, aber nicht das Fehlen jedes Einwirkens von außen. Denn eine Sache kann die Richtung empfangen, die Kraft jedoch in sich und von sich aus (wenn auch nicht als eigens und bewußt gesetzte) haben. Leibniz bringt hier als Beispiel das Pferd, das in irgendeiner Richtung davonsprengen würde, das aber vom Reiter regiert wird und von ihm die schließliche Richtung empfängt, und das Schiff, das von sich aus irgendwohin treiben würde, aber vom Steuerrad

---

[108] GP VI 421.
[109] GP VI 421.

und Steuermann in die modifizierte, korrigierte, schließliche, in die richtige Richtung gebracht wird[110].

In der dritten Ungleichung wird die Meinung abgelehnt, daß eine aktive und darüber hinaus intelligente Substanz, sofern sie durch nichts anderes als durch sich selbst determiniert ist, in keiner Weise durch die Objekte bewegt wird. „Denn", entgegnet Leibniz, „die der Substanz innewohnende **Repräsentation des Objekts** ist das, was zu der Determination beiträgt"[111], und zwar indem sie zur Aktualisierung der Autodetermination reizt. Die Einmischung der von den Repräsentationen der Objekte ausgehenden Wirkung tut der Spontaneität, die der denkenden Substanz hinsichtlich deren Handlungen zukommt, keinen Abbruch, da ein Unterschied zwischen Stoßen und Anziehen, zwischen veranlassendem Anstoß und unerläßlichem anziehendem Entwurf besteht. Das Stoßen zeichnet das Wirken der Wirkursachen, der causae efficientes, aus; es wird nur im Bereich der vordergründigen mechanischen Kausalität angetroffen. Wenn jedoch die Objekte, genauer die in Repräsentationen von Objekten bestehenden Vorstellungen auf das denkende Wesen wirken, dann wirken sie als Zweckursachen, Entwürfe oder Ziele; und diese sind durch das geistige oder moralische Anziehen ausgezeichnet. Leibniz spricht in diesem Fall von einer motion spirituelle et morale, einem geistigen und moralischen Bewegen. Und auf die scholastische Einteilung der Ursachen sich stützend, formuliert er: „Les objets n'agissent point sur les substances intelligentes comme causes efficientes et physiques, mais comme causes finales et morales."[112]

Die vierte Ungleichung wendet sich dem Geschehen zu, das die Aktualisierung der Autodetermination einleitet. Sie besagt: Selbst dann und selbst sofern das freie Vermögen, das heißt die aktive und intelligente Substanz nicht durch die Objekte bestimmt ist, ist sie nicht gleichgültig dem Wirken gegenüber in dem Augenblick, der dem Wirken unmittelbar vorausgeht; „Enfin, quand la puissance libre ne serait point déterminée

---

[110] Das Beispiel von dem Pferd und dem Reiter scheint eine Reminiszenz eines Gleichnisses von Horaz zu sein: „... animum rege, qui nisi paret / imperat; hunc frenis, hunc tu compesce catena. / fingit equum tenera docilem cervice magister / ire viam qua monstret eques"; („Bezähme die Triebe! / Bringst Du sie nicht zum Schweigen, dann werden sie deine Beherrscher! / Leg ihnen an die Kandare. Leg sie in eherne Ketten! / Das gelehrige Pferd unterweist der Meister, mit weichem Nacken unter des Reiters Händen zu gehen", in der Übers. v. Georg Dorninger aus Horaz, Episteln, 2.).
[111] GP VI 421 f.; die Hervorhebung ist von uns.
[112] GP VI 422.

par les objets, elle ne saurait pourtant jamais être indifférente à l'action lorsqu'elle est sur le point d'agir"[113]. Während die dritte Ungleichung auf die Unterscheidung zwischen momentanem, veranlassendem Stoßen und permanentem Anziehen hinauslief, wird hier der Unterschied zwischen dem völligen Fehlen der Bewegung und dem Vorhandensein des bloßen, noch latenten Druckes ins Feld geführt; oder mit anderen Worten: zwischen dem reinen Nichts im Hinblick auf die Bewegtheit und der Bewegtheit im Status des bloßen Strebens nach Bewegung. Mit der vierten und letzten Ungleichung wehrt Leibniz insbesondere eine mögliche unrichtige Interpretation der dritten ab. Bei einer vorschnellen und fragmentarischen Deutung dieser könnte es nämlich so aussehen, als ob sich das denkende Wesen irgendwann plötzlich dazu entschließen würde, sich selber zu bestimmen, und, weil dieses nur auf dem Umweg über die Vorstellung sich ereignen kann, eine Vorstellung produziert, ihr die Kraft des Motivierens verleiht, und von nun an sich von dieser motivierenden Vorstellung bestimmen läßt. Eine solche Interpretation der Autodetermination würde aber erneut, gleichsam durch die Hintertür, den Gedanken der ursprünglichen Unmotiviertheit und mit ihm das vollkommene Gleichgewicht, die Freiheit als indifférence absolue, indéfinie, pure, vague oder parfaite einführen. Deswegen betont Leibniz abschließend, daß selbst die Aufstellung der Vorstellung, die das Gesetz für die weiteren Handlungen der denkenden Substanz abgibt, nicht g ä n z l i c h unvorbereitet und unmotiviert: nicht im Sinne der Produktion von etwas aus dem reinen Nichts geschieht[114].

Bei jener Aufstellung der Vorstellung und vor ihrem Vollzug ist jedoch die bestimmende Vorstellung noch nicht als bestimmende Vorstellung da. Sie kann demnach nicht als das den Ausschlag gebende Motiv

---

[113] GP VI 422.
[114] Im Hinblick auf die Ablehnung der völligen Unmotiviertheit und Grundlosigkeit — und des ihr zugrunde liegenden Entstehens aus dem Nichts — stimmt Leibniz dem Werk Spinozas zu. Allerdings nur im Hinblick darauf, denn: „Spinoza a raison d'être contre un pouvoir absolu de se déterminer, c'est à dire, sans aucun sujet; il ne convient pas même à Dieu. Mais il a tort de croire qu'une âme, qu'une substance simple, puisse être produite naturellement" (Theod. § 372). Spinoza hätte demnach nur insofern einen Fehler begangen, als er hinsichtlich der einfachen Substanzen selbst, namentlich der Seelen, einen Übergang von dem ontologischen Status der Potentialität zu dem der Aktualität, das heißt ein natürliches Entstehen qua Emanation aus der Gottheit ansetzt. Als ein anderer Aspekt dieses Fehlers ist das Beharren bei der „nécessité fatale, absolue ou sans choix", das Leibniz dem Spinoza, dem Hobbes und ihren Schülern vorwirft, zu verstehen. (Textes inédits, ed. Grua, S. 486).

angesetzt werden. Sie ist aber auch nicht aus dem Nichts (oder aus einem beliebigen Etwas, was auf dasselbe hinausläuft) hervorgebracht worden. Denn die Handlung oder das Wirken, oder wie man auch sagen kann: die Kausalität der Ursache, selbst der als intelligente Substanz verstandenen Ursache, entsteht stets aus einer Disposition zum Wirken, nicht aus dem Nichts oder dem ganz Anderen zum Wirken, zur Wirksamkeit und Wirklichkeit. In Leibnizens Worten: „Il faut bien que l'action y naisse d'une disposition d'agir."[115]. Und er gibt folgenden indirekten Beweis dieser These, die Unannehmbarkeit des Entstehens eines Beliebigen aus einem Beliebigen voraussetzend: „autrement on fera tout de tout, q u i d v i s e x q u o v i s, et il n'y aura rien d'assez absurde qu'on ne puisse supposer."[116] Er spricht anschließend mit leiser Ironie von dem Charme der reinen Indifferenz, der durch die Unterlegung der Disposition zum Wirken unter die Aktion bereits gebrochen ist. Angenommen nämlich, das denkende Wesen gibt sich selber jene Disposition, dann wäre eine andere Prädisposition erforderlich, die dem Akt jenes Gebens unterlegt werden muß bzw. als Grundlage jenes Aktes anzusetzen ist, so daß man nie, mag man noch so weit die Reihe der Prädispositionen zurückverfolgen, eine reine Indifferenz im geistigen Wesen antrifft[117]. Durch die Berufung auf die Tatsache, daß es kein Tätiges gibt, das tätig sein könnte, ohne für das von der Tätigkeit Geforderte, das heißt ohne für das die Tätigkeit Ausmachende vorbereitet zu sein — „Il n'y a point d'acteur qui puisse agir sans être p r é d i s p o s é à ce que l'action demande"[118] — deutet Leibniz an, daß das Prinzip vom zureichenden Grund auch und vor allem auf das Verhältnis der Ursache zu ihrer Kausalität und des Täters zu seinem Tun, des Vermögens zu seiner Ausführung, der Kraft zu ihrer Äußerung angewendet werden muß. Bei der Anwendung zeigt sich aber die Unhaltbarkeit der puren Indifferenz und darüber hinaus jedes sprunghaft geschehenden, sich nicht vorher irgendwie ankündigenden oder irgendwie vorbereiteten Sprunges — jeder Bewegung, die nicht zuerst als Druck oder Spannung, als Streben

---

[115] GP VI 422. Der hier zitierte Grundsatz: „Die Handlung des Handelnden kann nur aus einem Ausgerichtetsein auf das Handeln entstehen" hat nach Leibniz, über die psychologische oder praktische Handlungstheorie hinaus, die umfassendste Geltung. Er ist als eine andere Version des Satzes vom Grund anzusehen und hängt direkt zusammen mit der Uminterpretation der Substanz in eine bleibend sich transformierende Tendenz, die wir bereits besprochen haben.
[116] GP VI 422.
[117] GP VI 422.
[118] GP VI 416, vgl. Theod. § 46.

nach Bewegung dagewesen ist. Die Irrationalität, die der Beziehung zwischen der Wirkursache (causa efficiens) — sowohl der mechanischen als auch der „freien" — und ihrer Kausalität oder Aktion und demzufolge der Beziehung zwischen der Wirkursache und der Wirkung anhaftet, hat, wie wir bereits gesehen haben, Leibniz gezwungen, den Begriff des conatus, der für Leibniz gleichbedeutend mit „tendance" ist[119], dem der Ursache zu unterlegen und somit sowohl die Ursache als auch die Substanz durch den neu durchdachten Begriff der Kraft zu dynamisieren[120]. Er definiert: „Conatus est status, ex quo oritur alius status (qui nempe dicitur actus) nisi aliquid impediat"[121]; der Conatus ist der Zustand, aus dem ein anderer Zustand — das, was Aktion genannt wird und was streng genommen kein Zustand, sondern ein Geschehen ist — entspringt, wenn nicht etwas anderes hindert. Den Conatus denkt Leibniz in Übereinstimmung mit dieser Definition auch als „initium actionis"[122] und den Inhaber des Conatus, das Strebende, hält er immer für ein bereits in gewisser Hinsicht Agierendes, In-Bewegung-Seiendes[123].

Aus der zweifachen These, auf der einen Seite von der Deriviertheit der endgültigen Gestalt des ausschlaggebenden Motivs, auf der anderen von der Unmöglichkeit der Herkunft dieser Gestalt aus dem Nichts ergibt sich, daß die zunächst das schwächere Motiv abgebende Vorstellung das ist, dem sich das denkende Wesen, von ihm angezogen, zuwendet, jene Vorstellung in die Vorstellung verwandelnd, die das stärkere Motiv abgibt, und auf diese Weise die Rangordnung des Bestimmendseins der Vorstellungen und der ihnen entsprechenden Stärkegrade der Motive umkehrend; mit anderen Worten: daß es sich nur um eine Steigerung, einen zunächst nur graduellen Unterschied handelt. Diese Zuwendung und Verwandlung ist der die Aktualisierung der Autonomie einleitende Prozeß und macht die Freiheit des denkenden und freien Wesens aus. Aus

---

[119] Vgl. z. B. die Definition der „Wollung": „la Volition est l'effort ou la tendance (conatus) vers ce qu'on trouve bon et contre ce qu'on trouve mauvais" (GP V 159).
[120] Hegels Bemerkung, Leibniz fordere, nicht bei der causa efficiens stehenzubleiben, sondern zur causa finalis hindurchzudringen (Bd. 8, S. 285) ist zwar treffend, aber zu stark Mißdeutungen ausgesetzt. Die der als mechanische Wirkungsweise verstandenen Kausalität entgegengesetzte Finalität ist nämlich in erster Linie als Tendieren, Intension, Streben zu denken; deswegen ist auch das System der prästabilierten Harmonie geistesgeschichtlich gesehen nichts anderes als eine Überwindung des Occasionalismus und mit ihm zugleich der physikotheologisch aufgefaßten Finalität.
[121] Opuscules et fragments inédits, ed. Couturat, S. 474.
[122] Textes inédits, ed. Grua, S. 513.
[123] „Omnis conans quodam respectu est agens" (a. a. O., S. 538).

diesem Grund auch nennt Leibniz die Vernunft, den Verstand oder die Einsicht die Seele der Freiheit, während die Spontaneität ihr Körper und die Kontingenz ihre Basis ist[124].

3. Die Selbstbestimmung als Umkehrung der unmittelbar gegebenen Rangordnung der Bestimmungsgründe des Willens

Die die Umkehrung der Rangordnung vollziehende Zuwendung zu dem schwächeren Motiv wird allerdings von Leibniz nicht expressis verbis behauptet und dargestellt. Sie ist aber das, was die Kohärenz der Leibnizschen Theorie heischt und zugleich das, auf was folgende Ausführungen hindeuten: „Es muß zwar zugegeben werden, daß sich aus diesen Dispositionen (das heißt den dem Akt vorausgehenden und den Akt vorbereitenden Dispositionen, deren Annahme auf Grund des Prinzips erforderlich ist, daß die Handlung aus einem Ausgerichtetsein auf das Handeln entsteht[125]), lediglich die entscheidende Tendenz und keinerlei Zwang in der Seele ergibt. Die Dispositionen gehören nämlich für gewöhnlich den Objekten an, dennoch gibt es auch unter ihnen solche, die eine andere Herkunft haben, nämlich aus dem Subjekt („a subjecto") oder der Seele selbst, und die das Vorziehen des einen Objekts vor dem anderen oder die verschiedene Einstellung zu demselben Objekt zu jeweils verschiedener Zeit zustande bringen"; „Il est vrai que ces dispositions l'inclinent sans la nécessiter: elles se rapportent ordinairement aux objets, mais il y en a pourtant aussi qui viennent autrement a subjecto ou de l'Âme, même, et qui font qu'un objet est plus goûté que l'autre, ou que le même est autrement goûté dans un autre temps"[126].

Aus der Konfrontation der bisherigen Interpretation mit dem letzten Brief von Leibniz an Clarke ergibt sich jedoch ein scheinbarer Widerspruch. Auf Clarkes Bemerkung, daß die intelligenten Substanzen tätige Wesen sind und als solche tätige Kräfte besitzen und sich selber in Be-

---

[124] Theod. § 288, vgl. §§ 34, 302. — Die Übersetzung von „intelligence" mit „Intelligenz" (so in der Übersetzung von Buchenau, S. 320) ist unbefriedigend, weil man mit „Intelligenz" in erster Linie das Vermögen des Erkennens, Verstehens und Einsehens meint, während man mit „Einsicht" den Akt des Einsehens bezeichnet. Wollte man aber durch den Rückgriff auf ein Vermögen die Freiheit deuten, würde sich sofort die Frage aufdrängen, worin denn die Freiheit besteht, die für die Überführung des noch ruhenden Vermögens zu dem Verrichten der ihm eigentümlichen Tätigkeit zuständig ist.
[125] „Il faut bien que l'action y naisse d'une disposition d'agir": GP VI 422.
[126] GP VI 422.

wegung setzen, und zwar einmal angesichts stärkerer Motive, ein anderes Mal angesichts schwacher und zuweilen in Augenblicken, in denen die Dinge absolut indifferent sind[127], antwortet Leibniz, nachdem er an die Abhängigkeit der Motive — die er hier als „dispositions à agir" bezeichnet — von dem Geist und somit an die wechselseitige Abhängigkeit von Motiv und Geist und die ursprüngliche aber nur als Moment vorkommende Unabhängigkeit des Geistes erinnert hat: „Das zu wollen, was man hier will, nämlich daß der Geist manchmal die schwächeren Motive vor den stärkeren vorzieht, oder sogar das Gleichgültige, Indifferente vor den Motiven, bedeutet eine Trennung von Geist und Motiven, so, als ob diese außerhalb von jenem seien und sich in der gleichen Weise zu ihm verhielten, in der sich die von der Waage geschiedenen Gewichte zu der Waage verhalten; weiterhin so, als ob es in dem Geist auch andere Dispositionen — außer den Motiven — zum Wirken gäbe, Dispositionen, auf deren Grund der Geist die Motive verwerfen oder akzeptieren würde."[128] Da jedoch die Motive alle Dispositionen umfassen, die in dem Geist vorliegen, wenn dieser eigens einen Akt vollzieht, würde das Vorziehen der schwächeren Tendenz bzw. der nicht maßgebenden Dispositionen bedeuten, daß das vernunftbegabte Wesen (= der Geist), in einen Widerstreit mit sich selber geraten ist und so handelt, wie es nicht hätte handeln können und wie es nicht ausgerichtet war zu handeln. Daraus wird ersichtlich, daß die Clarkesche These eine Ungereimtheit in sich birgt, die von einem nur oberflächlichen Durchdenken des begrifflichen Instrumentariums zeugt[129].

Eine unmittelbare logische Konsequenz dieser Antwort ist die Weigerung von Leibniz, die Obstination, den Trotz und Eigensinn als eine Haltung anzusehen, in der sich die Freiheit des Menschen dokumentiert. Die lediglich die geläufige Meinung und Wertschätzung betreffende Umkehrung und das eigens ergriffene unvernünftige und widervernünftige Handeln ist nach Leibniz kein Beweis für die Macht und Freiheit des Geistes, keine Manifestation der eigenen Unabhängigkeit. In diesem Falle werden vielmehr die Vorteile den Kaprizen geopfert. Für das Vollziehen einer Handlung, die vernünftigerweise und in Übereinstimmung mit der zunächst vorherrschenden Inklination verabscheut wird, wird ein Motiv besonderer Art ausschlaggebend, nämlich der Wunsch, die eigene Seelen-

---

[127] 4. Schreiben von Clarke an Leibniz, § 1 und 2.
[128] 5. Schreiben an Clarke, § 15.
[129] a. a. O., § 15.

stärke, Unabhängigkeit und Freiheit als solche zu zeigen. Im Grunde handelt es sich hier um eine pervertierte Autonomie, denn der extravagant Handelnde unterliegt der Illusion, daß der genannte Wunsch nicht auf ihn determinierende Gründe verweist und daß er in völliger Unabhängigkeit aus dem eigenen Selbst durch das eigene Selbst hervorgerufen wurde. Als Beispiel für eine derartige Haltung wird von Leibniz die Geschichte von einem Instrukteur der Garde in Osnabrück erzählt, der den Arm über die Flamme gehalten hatte in der Absicht, sich eine unheilbare Brandwunde zuzuziehen und auf diese Weise zu demonstrieren, die Kraft seines Geistes sei größer als ein sehr scharfer Schmerz[130]. Anläßlich des Hinweises auf die Gefahr, dem bloßen Schein zum Opfer zu fallen und Trotz, Laune, Widerspruchsgeist und Obstination als negative Instanzen für die Theorie anzusehen, gemäß welcher immer festlegende (und auf weiter zurückliegende Gründe verweisende) Gründe vorhanden sind, versieht Leibniz die moralphilosophische Lehre von dem stets sub ratione boni sich entscheidenden vernunftbegabten Wesen mit einer wichtigen Modifikation, indem er sagt, daß der Mensch sich für das entscheidet, was ihn am lebhaftesten berührt hat („lorsque l'homme choisit, ce sera le parti qui l'aura frappé le plus")[131]. Dieses lebhafteste, das immer auch das irgendwo klarste ist, hat hauptsächlich vier Erscheinungsweisen. Es kann sein: a) das Deutlichste, das auch aktuell die entsprechende höchste Klarheit hat; b) ein Verworrenes, das (vorläufig) die höchste Klarheit hat; c) die Vorstellung, die sowohl ihres Inhalts als auch ihrer Herkunft nach verworren ist, aber (vorläufig) die höchste Klarheit hat; und d) das Deutlichste, das vorläufig nur potentiell die entsprechende höchste Klarheit hat. Bei dem freien Verhalten wenden wir uns dem an vierter Stelle, bei dem eigensinnigen dem an dritter Stelle, bei dem leidenschaftlichen dem an zweiter Stelle, nach dem Abschluß des jeweiligen Vollzugs eines freien Aktes dem an erster Stelle genannten zu[132].

---

[130] GP VI 431. Das komplementäre Phänomen und Theorem findet Leibniz in den Schriften von Nicole, des Mitarbeiters von Arnauld: Man hält es für unmöglich, daß ein weiser und würdiger Beamter vor aller Öffentlichkeit irgendeine große Extravaganz begeht, wenn er nicht geradezu den Verstand verloren hat, daß er zum Beispiel splitternackt durch die Straßen rennt, um Lachen zu erregen. Dennoch wird er dabei nicht als der fatalen Notwendigkeit unterworfen angesehen. Es wird ihm nicht wegen jener Unmöglichkeit die Freiheit abgesprochen, auch nicht gemindert zugesprochen (cf. Theod. § 282).
[131] GP III 402.
[132] Neuerdings hat der Soziologe Ernst Topitsch die Lehre, gemäß welcher der „wahre Wille" stets nur das Gute anstrebt, verteufelt und für das Aufkommen des anti-

Wenn das Abziehen der Motive voneinander als ein Abziehen des unmittelbaren vernünftigen Motivs von dem künstlich, vermeintlich rein willkürlich errichteten verstanden wird, das heißt, wenn die Lehre von der Kombination der Motive und ihrem permanent simultanen Einfluß vor dem Hintergrund des mit der Freiheit verwechselten Eigensinns steht, dann sieht sich Leibniz allerdings genötigt, sie zu kritisieren, obwohl er sie in seiner eigenen Theorie eingebaut hat. „Der Verfasser wünschte uns zu überzeugen", schreibt er in seinen Bemerkungen über das Buch von King, „daß man gewöhnlich, wenn sich unser Begehren oder unsere Aversion auf ein Objekt richten, das es nicht genugsam verdient, dieses Surplus an Wert oder Unwert, das von uns empfunden wird, selbst dem Objekt verliehen hat, und zwar durch das angebliche eigenständige Vermögen der Wahl (puissance élective), das die Dinge gut oder böse erscheinen läßt, wie man es gerade will. Man hat etwa ein natürliches Übel von 2 Graden; man gibt sich, man erfindet dazu durch das angebliche Vermögen, das ohne irgendeine Grundlage wählen kann, ein 6 Grade starkes künstliches Gutes: auf diese Weise wird man netto ein 4 Grade starkes Gutes haben. Wenn wir jedoch ein solches Vorgehen als möglich annehmen würden, würde es uns in eine Reihe von Schwierigkeiten verstricken"[133].

Um die Antwort von Leibniz an Clarke und seine Kritik an King richtig einzuordnen und mit seiner Lehre von dem Vorziehen des schwächeren Motivs in Einklang zu bringen, ist es erforderlich, genauer zu bedenken, daß die den Motiven zugrunde liegenden Vorstellungen jeweils einen Grad der Klarheit besitzen und daß jenes Vorziehen eigentlich in nichts anderem besteht, als in der Verwandlung der aktuell weniger klaren Vorstellung in die klarere; das, was wir im Vorherigen „jeweils verschiedene Qualität" der den entgegengesetzten Motiven zugrunde liegen-

---

demokratischen bzw. antiliberalen Denkens verantwortlich gemacht (s. Ernst Topitsch, Was ist des Menschen Wille? in: Die Welt, Ausgabe vom 5. April 1969). Während Topitsch eine Anmerkung in Kants Kritik der praktischen Vernunft paraphrasierend, die genannte Lehre pauschal ablehnt, begnügt sich Leibniz, wie wir gesehen haben, mit dem Anbringen einer Modifikation, eines präzisierenden Zusatzes. Im Hinblick auf den „wahren Willen" würde Leibniz zwar nicht sagen, daß er stets nur das (wahre) Gute anstrebt, er würde aber wohl der Formel zustimmen: „Der wahre Wille strebt stets danach, nur das (wahre) Gute anzustreben", das heißt: der „wahre Wille" ist potentiell und tendenziell nur auf das (wahre) Gute ausgerichtet. — Vgl. dazu Kant, Kritik der praktischen Vernunft, S. 103 und 104.

[133] GP VI 431; die Schwierigkeiten, auf die Leibniz hier anspielt, sind identisch mit den Schwierigkeiten, die der Theorie von der absoluten Indifferenz anhaften.

den Vorstellungen genannt haben, zeigt sich von einem entfernteren und eine globale Aussicht gewährenden Standpunkt gesehen, als ein gradueller Unterschied. In einem Zug stellt Leibniz auf der einen Seite den großen Unterschied (grande différence)[134] zwischen den deutlichen und den verworrenen Gedanken, das heißt zwischen diesen zwei Stufen des klaren Gedankens überhaupt heraus und wendet sich auf der anderen kritisch gegen die Gewohnheit, die verworrenen Gedanken als eine von den deutlichen Gedanken völlig verschiedene Gattung, als toto genere von den deutlichen Gedanken verschiedene aufzufassen[135]. In Wahrheit seien sie lediglich unmittelbarer und unentwickelter, wegen der großen Mannigfaltigkeit von zwar an sich selbst distinkten, aber sehr kleinen und für sich genommen nicht auffallenden und nicht abgrenzbaren Vorstellungen, die sie in sich bergen[136]; obwohl sie unwillkürlich sich einstellen, seien sie dennoch spontan[137], allerdings nur hinsichtlich des Aktes des Vorstellens selbst, nicht hinsichtlich des konkreten Inhalts; die Spontaneität umfasse nicht nur das Deutliche, sondern auch das Verworrene, allerdings ist sie im letzten Fall mit der Unwillkürlichkeit (vornehmlich im Sinne des aus der Kollision zweier Spontaneitäten resultierenden störenden Gehemmtwerdens, nicht nur im Sinne der Unbewußtheit und Unabsichtlichkeit) und im ersten mit der Willkürlichkeit gekoppelt. Die Herausstellung der ersten der beiden Perspektiven, der auf den großen Unterschied, braucht Leibniz, um die Freiheit der Seele, und mit ihr die Vollkommenheit, Kraft, Herrschaft und Tätigkeit der Seele als in den deutlichen Gedanken bestehend zu verstehen; und um entsprechend die Unfreiheit als Leiden (wobei allerdings dieses nicht bloß im Sinne des Empfangens, der Rezeptivität oder des Affiziertseins, sondern im Sinne des Gehemmtwerdens, des Durchkreuztwerdens in der eigenen Aktivität verstanden werden muß) und dieses als Übermacht der verworrenen Gedanken aufzufassen. Und die Herausstellung der zweiten Perspektive, der auf den bloß graduellen Unterschied, braucht er, um vermittelnde Gebilde zwischen dem Verworrenen und dem Deutlichen ansetzen und die Verwandlung des ersten in das zweite plausibel machen zu können.

Zum Verständnis des Umschlags der aktuell weniger klaren Vorstellung in die klarere ist zu berücksichtigen, daß Leibniz die kartesianische

---

[134] GP IV 575.
[135] GP VI 574 f., vgl. 563.
[136] GP IV 574.
[137] GP IV 564 f.

Unterscheidung zwischen Klarheit und Deutlichkeit der Gedanken teils beibehält, teils aufgibt. Indem er aber dieses Lehrstück der Kartesianischen Philosophie nicht nur übernimmt, sondern zugleich modifiziert und vornehmlich durch die Verlegung des Unterschieds zwischen dem Deutlichen (oder Distinkten) und dem Verworrenen (oder Konfusen) in die Sphäre des Klaren weiter ausbaut, bereits in seinem ersten rein philosophischen Aufsatz nach seiner Rückkehr aus Paris, in den „Meditationes de cognitione, veritate et ideis" (von 1684), gelangt er erst in den „Nouveaux essais", nach 1700 entstanden, zu der Auswertung seiner eigenen Theorie von den „pensées sourdes", die er auch cogitationes caecae nennt, also zu der Entdeckung der moralphilosophischen Implikationen der bislang wenig beachteten Theorie von den lautlos dumpfen oder unsichtbaren Gedanken; sie bildet das Gegenstück zu der Lehre von den petites perceptions, welche die verworrenen Wahrnehmungen ausmachen.

Nach der Theorie von den „lautlos dumpfen Gedanken" neigen wir stets dazu, wenn wir an „Gott", die „Tugend", die „Glückseligkeit" denken und von ihnen sprechen, einem Verbalismus zu verfallen. Wenn dieses geschieht, sprechen wir ohne zu denken, genauer gesprochen: wir denken, ohne ausdrücklich die Gedanken, Ideen und Begriffe vor uns zu haben, auf die Zeichen, die diese Ideen vertreten, die ganze Aufmerksamkeit richtend: „On raisonne souvent en paroles, sans avoir presque l'objet même dans l'esprit ... c'est ainsi que les hommes le plus souvent pensent à Dieu, à la vertue, à la felicité; ils parlent et raisonnent sans idées expresses."[138]. In diesem Fall räsonnieren wir gleichsam in einer Hieroglyphenschrift, deren Bedeutung uns nicht mehr präsent ist; wir lassen es bei den Worten oder Zeichen bewenden, denen es an aktueller Erläuterung (explication actuelle)[139] mangelt und die sich ähnlich verhalten wie die Zeichen, die dazu tendieren, unverständlich zu werden, wenn der ihnen zugrunde liegende Sinn, den wir früher einmal vollzogen und uns vergegenwärtigt haben, in die Vergessenheit versunken ist, nachdem er mehr und mehr verblaßte, weil den Zeichen die Funktion der Evokation des Bezeichneten lange nicht zugesprochen wurde.

Den Inhalt der lautlos dumpfen Gedanken haben wir uns allerdings n o c h n i c h t vergegenwärtigt. Die Ähnlichkeit mit dem halb in Vergessenheit Geratenen besteht nur darin, daß wir in beiden Fällen die ausdrückliche Idee, den dem Zeichen entsprechenden Sinngehalt, in dem Geist

---

[138] GP V 171 f.
[139] GP V 175.

haben könnten, wenn wir die dazu erforderliche Anstrengung auf uns nehmen würden. Leibniz betont im Rahmen der Erörterung der Eigenart der pensées sourdes den Unterschied zwischen der einfachen Abwesenheit der ausdrücklichen Idee und dem Zustand, in dem wir auf die Belehrung durch einen Fremden angewiesen sein würden, um uns die fragliche Idee anzueignen. Nachdem er nämlich bemerkt hat, daß die gedankliche Ausrichtung auf Gott, die Tugend, die Glückseligkeit und Ähnliches ohne den Besitz ausdrücklicher Idee stattfindet, fügt er hinzu: es bedeutet aber nicht, daß sie, die Menschen, nicht diese Ideen haben könnten; sie, die fraglichen Ideen, befinden sich nämlich in ihrem Geist; die Menschen geben sich aber nicht die Mühe, die Zergliederung vorzunehmen und vorwärtszutreiben[140].

Der lautlose Gedanke ist, von dem Standpunkt der Empfindung und des Gefühls gesehen, beinahe ein Nichts. Ihm fehlt die unmittelbare Lebhaftigkeit und mit ihr die Fähigkeit, uns zu berühren, zu rühren und zu bewegen. Dennoch ist er, im Unterschied zu dem aus den Sinnen stammenden und zunächst meistens — eigentlich zunächst immer — lebhafteren, ein an sich deutlicher Gedanke[141], das heißt ein Gedanke, der in eine Anzahl von relativ selbständigen und zugleich wechselseitig voneinander abhängenden Teilen, in eine Reihe von notwendig miteinander zusammenhängenden, eine Konstellation ausmachenden Glieder analysierbar ist; während der von den Sinnen stammende und zunächst lebhaftere, eindrucksvollere Gedanke diese Möglichkeit nicht bietet, da er die Konstituierung einer Menge aus unzählbaren, aber sehr kleinen, beliebig weiter teilbaren Bestandteilen — eben den petites perceptions — darstellt und aus diesem Grunde als ein verworrener Gedanke anzusprechen ist. Wenn wir jetzt an der bereits genannten Deutlichkeit des lautlosen Gedankens festhalten und zugleich die Lebhaftigkeit als Klarheit auffassen, wie Leibniz, seinen früheren Begriff von der Klarheit erweiternd, es tut, ergibt sich, daß die aktuelle Klarheit und die Deutlichkeit zunächst nicht miteinander gekoppelt vorkommen. Sie schließen vielmehr einander aus. Die deutliche Vorstellung in der Gestalt des lautlosen Gedankens ist jedoch eine potentiell klare, denn sie hat die Möglichkeit und

---

[140] „Ce n'est pas qu'ils n'en puissent avoir, puisqu'elles sont dans leur esprit. Mais ils ne se donnent point la peine de pousser l'analyse" (GP V 172).
[141] Wenn man zugleich in Erwägung zieht, daß die Deutlichkeit auch als höherer Grad innerhalb der Klarheit bzw. die Klarheit nicht nur als Lebhaftigkeit, sondern auch als in Verworrenheit und Deutlichkeit gegliederte Klarheit von Leibniz verstanden wird, könnte man auch sagen: ein an sich klarer Gedanke.

das Bestreben, eine klare zu werden; die klarere Vorstellung in der Gestalt der auf Grund ihrer Verworrenheit klaren — das heißt hier, wie gesagt: u n m i t t e l b a r lebhaften — Vorstellung, hat weder die Möglichkeit, noch das Bestreben, eine deutliche zu werden.

Die Systematisierung dieses Sachverhalts ist nicht von Leibniz durchgeführt worden. Sie wurde erst in der Leibniz-Wolffschen Philosophie des 18. Jahrhunderts geleistet, wobei allerdings die Querverbindungen zwischen der erkenntnistheoretischen und der moralphilosophischen Problematik verschüttet worden sind. In seiner Metaphysik (hier nach der ersten deutschen Übersetzung von Meier, Halle, 1766, zitiert) legt Baumgarten die Klarheit als einen größeren Grad der Erkenntnis fest, denn: „Wer sich eine Sache vorstellt und sie zugleich von anderen unterscheidet, der stellt sich mehr vor, als wer die Sache sich vorstellt ohne sie von anderen zu unterscheiden, wenn übrigens alles von beiden Seiten gleich ist. Folglich ist die Klarheit ein größerer, und die Dunkelheit ein kleinerer Grad der Erkenntnis, wenn übrigens alles gleich ist."[142] Das Unterscheiden einer Sache von anderen, das, wie Baumgarten eben gezeigt hat, „Klarheit" genannt werden kann[143], beruht aber auf der vorgängigen Unterscheidung der Merkmale der Sache voneinander; und die größere Klarheit der Vorstellung der Sache auf der größeren Klarheit der in der Vorstellung enthaltenen Merkmale: „Man setze zwei klare Vorstellungen, deren jede drei Merkmale hat, doch so, daß in der einen Merkmale klar sind, welche in der anderen dunkel sind: so ist jene klarer als diese, und die Klarheit einer Vorstellung wird also vermehrt durch die Klarheit der Merkmale."[144] Das eben Gesagte wird aber anschließend von Baumgarten für die Festlegung lediglich der einen der zwei Bedeutungen verwendet, die der Ausdruck „höherer Grad der Klarheit" haben kann; und zwar für das, was er die s t ä r k e r e K l a r h e i t, oder auch claritas intensive major nennt, im Unterschied zu der Lebhaftigkeit, oder claritas extensive major, oder dem Glanz der Gedanken (cogitationum nitor).

[142] Alexander Gottlieb Baumgarten, Metaphysik, § 383.
[143] Leibniz hatte in den „Betrachtungen über das Wissen, die Wahrheit und die Ideen" definiert: „Klar ist ein Wissen, wenn ich es so besitze, daß ich aus ihm die dargestellte Sache wiedererkennen kann, dieses ist wieder entweder verworren oder deutlich. Verworren ist das Wissen, wenn ich die Kennzeichen einzeln nicht aufzählen kann, die zur Unterscheidung der Sache von anderen hinreichen... Ein deutlicher Begriff ist aber ein solcher, wie ihn die Münzprüfer vom Golde haben, auf Grund von Kennzeichen und Proben, die zur Unterscheidung v o n a l l e n ähnlichen Körpern ausreichen" (die Hervorhebung ist von uns). Das Wiederkennen wird hier als absonderndes Auswählen des Gesuchten und bereits Bekannten verstanden.
[144] Baumgarten, Metaphysik, § 393.

Das Gegenteil zu der Lebhaftigkeit der Erkenntnis oder zu dem höheren Grad der Klarheit in extensivem Sinne wird als die Trockenheit der Erkenntnis (siccitas cogitationum) bestimmt[145]. Die „trockene Erkenntnis" ist nichts anderes als das, was Leibniz die „lautlosen Gedanken" (pensées sourdes) nennt. Und die bereits geschilderte, in den Nouveaux Essais berührte Diskrepanz zwischen Deutlichkeit und als unmittelbare Lebhaftigkeit verstandener Klarheit visiert Baumgarten mit den Worten an: „Eine lebhafte Vorstellung kann stärker sein als eine der Stärke nach klarere, und sollte die letzte auch gleich eine deutliche sein"[146], wobei anzumerken ist: „Die schwächeren Vorstellungen, wenn sie entstehen, verändern den Zustand der Seele weniger als die stärkeren."[147] Der eigentliche Unterschied zwischen den Ausführungen von Leibniz und denen von Baumgarten liegt lediglich darin, daß dieser nur die Möglichkeit des Auseinandergehens von Deutlichkeit und aktueller Klarheit zur Sprache bringt, während jener die (zeitweilige) Notwendigkeit herausstellt. Die Variation ist durch die Verschiedenheit der jeweiligen Intention bedingt. Bei Leibniz steht diese Betrachtung im Dienste der Erörterung der Freiheit; für Baumgarten gehört sie in die Psychologie, die den dritten Teil der in Ontologie, Kosmologie, Psychologie und Natürliche Gottesgelahrtheit gegliederten Metaphysik bildet.

Der Kampf zwischen Fleisch und Geist oder Leidenschaft und Verstand ist nach Leibniz nichts anderes als der Gegensatz verschiedener Tendenzen, die aus dem Unterschied zwischen verworrenen und deutlichen Gedanken resultieren; dabei ist anzumerken, daß der Inhaber des Kampfplatzes, der Wille, mit einem der Beteiligten, nämlich mit dem Verstand verwandt ist. Der größeren unmittelbaren Klarheit verworrener Vorstellungen ist der Sieg der Leidenschaft zuzuschreiben. Die verwandelnde Zuwendung des Verstandes zu dem zur Zeit weniger klaren, aber an sich

---

[145] „Der höhere Grad der Klarheit, welcher auf der Klarheit der Merkmale beruht, ist die stärkere Klarheit (claritas intensive major), derjenige aber, welcher aus der Menge der Merkmale entsteht, ist die Lebhaftigkeit (vividitas, claritas extensive major, cogitationum nitor), deren Gegenteil die Trockenheit der Erkenntnis genannt wird (siccitas cogitationum, spinosum cogitandi genus). Beide Arten der Klarheit heißen die Verständlichkeit (perspicuitas), welches also entweder eine lebhafte oder deutliche Verständlichkeit ist, oder beides zugleich": Baumgarten, Metaphysik, § 393. — Das Wort „perspicuitas" müßte eigentlich mit „Deutlichkeit" verdeutscht werden; daraus würde sich ergeben, daß wir einmal eine unmittelbare lebhafte, zum anderen eine deutliche Deutlichkeit haben — einmal eine scheinbare, zum anderen eine echte.
[146] a. a. O., § 394.
[147] a. a. O., § 379.

deutlichen und potentiell klaren Gedanken macht den Kern des Akts der Freiheit aus; sie ereignet sich dank der vermittelten Lebhaftigkeit des in seiner Unmittelbarkeit weniger lebhaften Gedankens. Indem Leibniz dem sokratisch-ciceronischen Grundsatz „Niemand ist willentlich ein Böser" eine relative Rechtfertigung[148] widerfahren läßt, umkreist er diesen Kern des Akts der Freiheit mit den Worten: „La source du peu d'application aux vrais biens, vient en bonne partie de ce que dans les matières et dans les occasions, où les sens n'agissent guère, la plupart de nos pensées sont sourdes pur ainsi dire (je les appelle cogitationes caecas en latin), c'est à dire vides de perception et de sentiment, et consistant dans l'emploi tout nû des caratères... Ce combat (entre la chair et l'esprit) n'est autre chose que l'opposition des différentes tendences, qui naissent des pensées confuses et des distinctes. **Les pensées confuses se font sentir clairement, mais nos pensées distinctes ne sont claires ordinairement qu'en puissance**: elles pourraient l'être si nous voulions nous donner l'application de pénétrer le sens des mots ou caratères, mais ne le faisant point, ou par négligence ou à cause de la brièveté du temps, on oppose des paroles nues ou du moins des images trop faibles à des sentiments vifs."[149]

Die erwähnte Zuwendung kann auch als eine Überwindung des Widerstandes der Seele gegen die Wahrheit, die sie kennt, verstanden werden. Anläßlich der Erörterung eines solchen Widerstandes und des langen Weges vom Geist zum Herzen fügt Leibniz hinzu: unsere Seele hat vor allem dann viele Mittel, gegen die Wahrheit, die sie kennt, zu widerstehen, wenn der Verstand zum guten Teil nur mit lautlosen Gedanken operiert, die kaum in der Lage sind, eine Veränderung in der Seele hervorzurufen — „wie ich es anderswo erklärt habe"[150]. Die in den

---

[148] Die These „oudeis hekôn poneros" ist bei Leibniz durch den Gedanken temperiert, daß wir den sensus summi boni, das Vernehmen des (irgendwann unwiderstehlichen) wahrhaft Guten entweder kultivieren oder unausgebildet und verkümmern lassen können. Wenn man die These in massiver Weise verstehen würde, würden übrigens, wie Leibniz in seinen Bemerkungen zu dem Enchiridion Ethicum (London 1668) von Henry More schreibt, Zurechnungsfähigkeit und Verantwortung nirgends angenommen werden können. Denn: „... si quis illum in se summi boni sensum extinxit, actiones postea gestae erunt excusandae omnes. Atopon." (Textes inédits, ed. Grua, 571).
[149] GP V 171 f.
[150] Theod. § 311; mit „anderswo" sind die Nouveaux Essais sur l'entendement humain gemeint.

Worten Medeas liegende Paradoxie — video meliora proboque, deteriora sequor —[151] läßt sich mit Hilfe dieser Überlegung auflösen.

In der Leibnizschen Theorie von den lautlosen Gedanken überschneiden sich eine terminologische Äquivokation und eine echte Dialektik. Die Äquivokation kommt auf, weil Leibniz die Kartesianische Definition der klaren Erkenntnis — „klar nenne ich die Erkenntnis, welche dem aufmerkenden Geiste gegenwärtig und offenkundig ist, wie man das klar gesehen nennt, was dem schauenden Auge gegenwärtig ist und dasselbe hinreichend kräftig und offenkundig erregt"[152] bzw. „une idée nous est claire, quand elle nous frappe vivement"[153] — verläßt und zwei Stufen i n n e r h a l b des Klaren annimmt: Das Verworrene und das Deutliche; in diese Modifikation, an ihr nicht konsequent festhaltend, wird aber im Verlauf ein zusätzliches Moment hineingetragen, indem der Kartesianische, auf die Lebhaftigkeit hindeutende Begriff der Klarheit nebenbei aufgenommen wird. Und die Dialektik kommt auf, weil zwei Phasen in dem Leben des Geistes unterschieden werden müssen und weil in der ersten, unmittelbar gegebenen Phase die größere Lebhaftigkeit (meistens) an dem Verworrenen haftet.

Die Umkehrung der Rangordnung der Motive und der Wirksamkeit der ihnen zu Grunde liegenden Vorstellungen, die Revolution der Denkungsart, wie Kant sie im Rahmen der Darstellung der Lehre von dem radikal Bösen in der „Religion innerhalb der Grenzen der bloßen Vernunft" nennt, sie allerdings als etwas Unbegreifliches hinstellend, ist, von der Theorie über die pensées sourdes her gesehen, keineswegs die eigensinnig-eigenwillige und grundlose, gleichsam heroische Verwandlung des eindeutig Schwächeren in das Stärkere, sondern die Promotion des b e r e i t s in einer Hinsicht (nämlich hinsichtlich der Deutlichkeit) Stärkeren, wenn auch vorerst nur auf der Ebene des An-sich, zu dem in beiden Hinsichten Stärkeren[154], sowohl hinsichtlich der Deutlichkeit, als auch hinsichtlich der Klarheit; und zugleich zu dem auf b e i d e n Ebenen Deutlichen: sowohl auf der Ebene der reinen Objektivität oder des Ansichseins, als auch auf der Ebene der Intentionalität, oder des Für-uns-seins.

---

[151] S. Theod. § 297, vgl. NE, GP V 171.
[152] Descartes, Principia philosophiae, I. Teil, § 45.
[153] Arnauld, La Logique ou l'art de penser, 9. Kap.
[154] Den Genüssen der Sinne, die verworren und bewegend (confus mais touchants) sind, setzt Leibniz die strahlenden und vernünftigen Genüsse (lumineux et raisonnables) entgegen. Der Glanz des Genusses entspricht der schließlichen Lebhaftigkeit bzw. Klarheit des Gedankens; und die Vernünftigkeit entspricht der Deutlichkeit (GP V 173).

Vor dem Hintergrund der Lehre von der Klarheit und Deutlichkeit der Ideen, insbesondere von der anfänglichen „Trockenheit" der an sich deutlichen Ideen, muß die sich auf die Ideenbildung beziehende Theorie interpretiert werden. Wenn Leibniz schreibt: „Wir bilden die Ideen nicht, weil wir sie bilden wollen; sie bilden sich in uns, sie bilden sich durch uns; aber nicht infolge von Willensakten, sondern unserer Natur und der Natur der Dinge gemäß"[155], dann ist auf zweierlei zu achten, wenn die richtige Interpretation nicht verfehlt werden soll. Erstens das Hinzusetzen des „Sichbildens durch uns" neben das „Sichbilden in uns" darf weder explikativ, noch als eine bloße Umformulierung verstanden werden. Im ersten Fall nämlich würden wir zu Hegels abschätzigem Urteil geführt werden, nach dem bei Leibniz die Freiheit nur bewußte Spontaneität sei, gleichsam die bloße Spiegelung eines mechanisch-automatisch und innerhalb des eigenen Bereichs verlaufenden Prozesses in dem Element der Bewußtheit und Geistigkeit; die Rolle des Bewußtseins würde sich in der Rolle des Spiegels erschöpfen, die Entwicklung des Geistigen schiene auf die Gesetze der Begierde reduziert[156], und man müßte der Hegelschen Interpretation zustimmen, dergemäß die Leibnizsche Monade aus ihr selbst ihre Vorstellungen entwickelt, aber ohne die erzeugende und verbindende Kraft zu sein, denn die Vorstellungen „steigen in ihr als Blasen auf — sie sind gleichgültig, unmittelbar gegeneinander und so gegen die Monade selbst"[157]. Man müßte schließlich Leibniz, den Vertreter des prononciertesten Rationalismus, als Vorläufer des Nietzscheschen irrationalistischen Vitalismus sehen, wie Hans M. Wolff es tut, der den Satz zitiert: „Wenn man auf diese Weise unter Notwendigkeit die gewisse Determinierung des Menschen verstehen würde — eine gewisse Determinierung, welche von einem vollkommen Geist auf Grund einer vollkommenen Kenntnis aller Umstände des innerhalb und außerhalb des Menschen sich Ereignenden, vorhergesehen würde —, so würde sicherlich jeder freie Akt ein notwendiger sein, da die Gedanken ebenso bestimmt

---

[155] Theod. § 403.
[156] In Hegels Darstellung der Ideenbildung heißt es: „Die Monade (nach Hegel auch die nichtschlafende Monade, also auch die intelligente freie Substanz) ist tätig, vorstellend, percipierend; diese Perceptionen, die ihr Universum ausmachen, entwickeln sich in ihr nach den Gesetzen der Tätigkeit. Wie die Bewegungen ihrer Außenwelt nach den Gesetzen der Körper sich entwickeln: so folgt die Entwicklung aus sich des Vorstellens in sich selbst, des Geistigen, den Gesetzen der Begierde" (Hegel, WW, Bd. 19, S. 469 f., die Klammer ist von uns).
[157] Hegel, WW., Bd. 4, S. 489.

sind wie die Bewegungen, die sie repräsentieren"[158], um anschließend fortzufahren: „ein Ergebnis, das in bezug auf das Leben der Seele den Gegensatz von Tätigkeit und Leiden endgültig aufhebt: Obwohl sie ihrer Natur nach ein tätiges Prinzip ist, verhält sie sich gegenüber ihrer eigenen Tätigkeit leidend, eben weil ihr jeder Einfluß auf ihr Denken wie auf ihr Vorstellen fehlt. Das von Nietzsche so nachdrücklich betonte Prinzip, daß ein Gedanke nicht kommt, wenn ‚ich' will, sondern wenn ‚er' will (‚Jenseits von Gut und Böse', § 17), daß somit bei genauer Anwendung der Begriffe das geläufige ‚ich denke' durch ein ‚es denkt' ersetzt werden müßte, ist Leibniz der Sache nach schon bekannt; nur insofern liegt ein Unterschied vor, als Nietzsche diesen beunruhigenden Gedanken nachdrücklich betont, während ihn Leibniz kaum mehr als andeutet."[159]

Um einzusehen, daß nach Leibniz echte Freiheit und Voraussehen der gewissen Determinierung von Seiten eines vollkommenen Geistes zusammengehen können, mit anderen Worten: daß der vollkommene Geist in diesem Fall voraussieht, wann dieser oder jener Mensch in den Sog des Deutlichen gerät und in diesen Sog geratend, f r e i dem Deutlichen die größere Klarheit verleiht, müßte man erstens, den Charakter der Freiheit als umkehrendes Verwandeln durchschaut, und zweitens, die a l l g e m e i n e Vereinbarkeit und Vereinigung von Kontingentsein und Determiniertsein (oder Inkliniertsein) berücksichtigt haben. Um den Charakter der Freiheit zu durchschauen und gleichzeitig diese allgemeine Vereinigung zu berücksichtigen, müßte man aber zuvor die Lehre von der permanenten doppelten Bestimmung, das heißt von der prévalence d'inclination[160] bzw. von der inclination prévalente (oder raison prévalente) nachvollzogen haben. Bei allen Interpreten jedoch, die Leibniz einen monolithischen Determinismus, die Annahme einer unüberwindlichen Notwendigkeit[161] unterstellen und, ausgesprochen oder nur der Sache nach, Leibniz von Nietzsche oder Spinoza her deuten, bleiben bezeichnenderweise diese Durchdenkung und das sich aus ihr Ergebende aus.

Bei der Rede von den Ideen, die unserer Natur gemäß von uns gebildet werden, ist ebenfalls zu beachten, daß mit dem Ausdruck „unsere Natur" Leibniz nicht ein völlig unveränderliches Etwas, ein in jeder Hin-

---

[158] GP V 164. — Die von Wolff gebrachte Übersetzung stimmt mit dieser nicht ganz überein.
[159] Hans M. Wolff, Leibniz, Bern 1961, S. 81; vgl. oben.
[160] GP VI 381. Vollständiger, von der „prévalence d'inclination pour le parti qu'on prend".
[161] „nécessité insurmontable": GP VI 380.

sicht mit sich selber gleichbleibendes Substrat meint. Er denkt dabei vielmehr an die nie ganz verlorengehende und nie ein letztes Maximum der Ausbildung erreichende Fähigkeit des Menschen, das zunächst weniger Wirksame aber Ergiebigere in das dominierend Wirksame zu verwandeln; eine Verwandlung durchzuführen, deren unausbleiblicher Reflex die graduelle Verwandlung, die Steigerung der Fähigkeit selbst ist. Die Perfektion unserer Natur, gleichsam die Natur unserer Natur, besteht nämlich in der Vernunft. Und die eigentümliche Bewegung der Vernunft und somit unsere natürliche Bewegung[162] ist jenes Verwandeln: das, was Leibniz „Freiheit des Geistes" nennt, wenn er davon spricht, daß wir nicht — und nie — die ganze Freiheit des Geistes haben, die zu wünschen wäre[163]. Wir sind daher manifest frei, als wir (nachhaltig) dazu bestimmt worden sind, der Perfektion unserer Natur, das heißt der Vernunft zu folgen; wir sind insofern geknechtet und nur latent frei, als wir den unreflektierten, von der Vernunft nicht eigens bejahten Antrieben folgen; mit anderen Worten: wenn und solange wir nur aus Trägheit die sich konservierenden Leidenschaften und die konservativen und sich konservierenden Gewohnheiten, Sitten, Bräuche und Traditionen gewähren lassen[164]. Unmittelbar sich einstellende Leidenschaften und unbesehen übernommene Gewohnheiten sind die zwei Gestalten des unreflektierten Antriebs, der impulsion indéliberée.

Indem Leibniz die Wegräumung des Hindernisses, das heißt die rationale Befreiung der an ihrer Äußerung behinderten und von sich aus einen Druck ausübenden Kraft in die Beförderung der zunächst nur potentiell klareren Vorstellung zur aktual klareren umdenkt, gewinnt er seinen eigenen Begriff von der Freiheit des Menschen und von dem Grenzwert, dem sie zustrebt — von dem, was er die „glückliche Notwendigkeit"

---

[162] Theod. § 289.
[163] „Nous pouvons dire que nous somme exempts d'esclavage, en tant que nous agissons avec une connaissance distincte; mais que nous sommes asservis aux passions, en tant que nos perceptions sont confuses. C'est dans ce sens que nous n'avons pas toute la liberté d'esprit qui serait à souhaiter": Theod. § 289.
[164] „il faut dire que nous sommes libres en tant que nous sommes déterminés à suivre la perfection de notre nature, c'est à dire la raison; mais que nous sommes esclaves en tant que nous suivons les passions et les coûtumes, ou les impulsions indéliberées que la raison n'a point formées auparavant à une habitude de bien faire" (Textes inédits, ed. Grua, S. 481; vgl. GP VII 109: „Eo major est libertas, quo magis agitur ex ratione, et eo major est servitus, quo magis agitur ex animi passionibus. Nam quatenus agimus ex ratione, eo magis sequimur perfectionem nostrae naturae; quo vero magis ex passionibus agimus, eo magis servimus potentiae rerum extranearum").

(nécessité heureuse) nennt[165]. Deutlich, ausführlich und systematisch hat leider Leibniz die Lösung dieser Gestalt des die Quelle der Kontingenz ausmachenden „wunderbaren Geheimnisses der Natur" nie vollzogen, obwohl er, wie uns folgende Worte offenbaren, lange gehofft hat, es eines Tages zu tun: „Mais il demeure toujours vrai enfin qu'il y a de la contingence dans nos actions[166] et que dans le fonds notre prédétermination est une inclination seulement, et non pas une nécessité. En quoi il y a un secret admirable de la nature, qui fait la source de la contingence, que les scholastiques cherchaient autrefois en traitant d e r a d i c e c o n t i n - g e n t i a e, et que j'éspère d'expliquer distinctement un jour[167]."

---

[165] Theod. § 374.
[166] In demselben Text hatte vorher Leibniz, den Gedanken der — sich bis zu dem vollkommensten Weisen bzw. bis zu Gott erstreckenden — Grade der Kontingenz einführend, präzise formuliert: „il est bien vrai toujours que notre l i b e r t é et celle de toutes les autres substances intelligentes jusqu'à Dieu lui même, est accompagnée d'un certain degré d'indifférence ou de contingence" (Textes inédits, ed. Grua, S. 480). — Zusammenfassend kann man sagen: Die Freiheit ist der höhere Grad der Spontaneität und zugleich die eine der zwei Weisen der Kontingenz überhaupt neben der einfachen Kontingenz, die allen einzelnen Dingen, die nicht mit Vernunft begabt sind, zukommt; sowohl die einfache als auch die „rationale Kontingenz" haben Grade.
[167] a. a. O., Grua, Textes, S. 482 f.

Literaturverzeichnis

I. Ausgaben der Schriften, Manuskripte und Briefe von Leibniz (Gesamtausgaben und zuweilen im Anhang erschienene Einzelveröffentlichungen).

„Antaios", Zeitschrift, Bd. VIII (1966), No. 2, Leibniz' Abhandlung über die chinesische Philosophie

Belaval, Y., Leibniz, Confessio philosophi, Paris 1961

Bodemann, Die Leibniz-Handschriften, Hannover 1889

Der Briefwechsel des G. W. Leibniz, Hannover 1895

Briefwechsel zwischen Leibniz und Chr. Wolff, Hrsg. von Gerhardt, Halle 1860

Buchenau, A., Übersetzung von Leibniz, Die Theodizee, 1925, neue Aufl. Hamburg 1968. Die Titel der bekannteren Schriften von Leibniz werden in Kurzfassung zitiert

Couturat, Opuscules et fragments inédits de Leibniz, Paris 1903, abgekürzt zitiert als Couturat Op.

Dutens, Leibnitii opera omnia, 6. Bde., Genf 1768

Erdmann, Leibnitii opera philosophica, Berlin 1840

Foucher de Careil, Lettres et Opuscules inédits de Leibniz, Paris 1854

Gerhardt, Die philosophischen Schriften von Leibniz (GP), Berlin 1875—1890
  Leibnizens mathematische Schriften, Berlin 1849—1863, 7 Bde., abgekürzt zitiert als GM

Glockner, H., Leibniz' Monadologie, Stuttgart 1948

Grua, Leibniz Textes inédits, Paris 1948, 2 Bde., mit fortlaufender Paginierung, abgekürzt zitiert als Grua, Textes

Jagodinsky, Leibnitiana. Elementa philosophiae arcanae, de summa rerum, Kazan 1913

Janke, W., Leibniz. Die Emendation der Metaphysik, Frankfurt a. M. 1963 (s. Anhang)

Lestienne, H., Leibniz, Discours de Métaphysique, édition critique, Paris 1907

Robinet, A., Malebranche et Leibniz, Paris 1955

Saame, O., Leibniz, Confessio philosophi, Frankfurt am Main 1967

Schmidt, F., Leibniz, Fragmente zur Logik, Berlin 1960

Schrecker, P., Opuscules philosophiques choisis, Paris 1954

Stein, L., Leibniz und Spinoza, Berlin 1890 (s. Anhang)

Trendelenburg, A., Historische Beiträge zur Philosophie 2 Bd., Berlin 1885 (enthält: Leibniz' de fato)

II. Bücher und Aufsätze, die der Leibniz-Forschung zugerechnet werden können oder in denen auf Leibniz ausdrücklich Bezug genommen wird.

Barber, W. H., Leibniz in France, From Arnauldt to Voltaire, Oxford 1955, insbesondere S. 86

Belaval, Y., Das Problem der Reflexion bei Leibniz (Vortrag auf dem Leibniz-Kongreß, Hannover 1966, vervielfältigt)
  Le problème de l'erreur chez Leibniz, in: Z. f. philos. Forschung, Bd. XX (1966) Heft 3 und 4

Cassirer, Ernst, Leibniz System in seinen wissenschaftlichen Grundlagen, Marburg 1902
  Freiheit und Form. Studien zur deutschen Geistesgeschichte, Berlin 1922

Le Chevalier, L., La morale de Leibniz, Paris 1933
Cresson, André, De libertate apud Leibnitium, Paris 1903 (sieht in der Freiheitstheorie von Leibniz nur Spitzfindigkeiten)
Couturat, Louis, La logique de Leibniz, Paris 1901
  Sur la métaphysique de Leibniz, in: Revue de Métaphysique et de Morale 10. Jg. (1902)
Dilthey, Wilhelm, Leibniz und sein Zeitalter (WW, III. Bd.)
Feilchenfeld, W., Leibniz und Henry More, in: Kantstudien, Bd. XXVIII (1923)
Feuerbach, Ludwig, Darstellung, Entwicklung und Kritik der Leibnizschen Philosophie, Ansbach 1837
Friedmann, Georges, Leibniz et Spinoza, 2. Aufl., Paris 1962
Gueroult, M., Dynamique et métaphysique Leibniziennes (suivi d'une note sur le principe de la moindres action chez Maupertius), Paris 1934
  Raum, Zeit, Kontinuität und Principium indisernibilium, in: Studia Leibnitiana, Sonderheft 1 (169)
Guhrauer, G. E., G. W. Freiherr von Leibniz. Eine Biographie, 2 Bde., Breslau 1846 (neue Aufl. Hildesheim 1966)
Hegel, Vorlesungen über die Geschichte der Philosophie (zitiert nach der Jubiläumsausgabe von Hermann Glockner)
Heidegger, Martin, Identität und Differenz, Pfullingen 1957
  Wegmarken, Frankfurt a. M. 1967
  Der Satz vom Grund, Pfullingen 1957
Heinekamp, Albert, Zu den Begriffen realitas, perfectio und bonum metaphysicum bei Leibniz, in: Studia Leibnitiana (s. oben)
  Rezension zu Leibniz, Die Theodizee. Übers. v. Artur Buchenau. Einf. Essay von Morris Stockhammer, Hamburg 1968, in: Studia Leibnitiana, Bd. I (1969), Heft 4
  Das Problem des Guten bei Leibniz, Kantstudien, Ergänzungsheft 98, Bonn 1969 (mit ausführlicher Bibliographie)
Hildebrandt, Kurt, Leibniz und das Reich der Gnade, Den Haag 1953
Holz, Hans Heinz, Schelling über Leibniz, in: Deutsche Zeitschrift für Philosophie, Jg. II (1954), Heft 4
Jalabert, Jacques, La théorie Leibnizienne de la substance, Paris 1947
  Le Dieu de Leibniz, Paris 1960
  Einleitung zu Leibniz, Essais de Théodicée, Paris 1962
Janke, Wolfgang, Die Emendation der Metaphysik, Frankfurt a. M. 1963
Kambartel, Friedrich, Der Satz vom zureichenden Grunde und das Begründungsproblem der Mechanik, in: Zeitschrift für philosophische Forschung, Bd. XX (1966), Heft 3 und 4
Kant, Kritik der praktischen Vernunft (zitiert nach der Originalausgabe)
Kaulbach, Friedrich, Das Labyrinth der Freiheit, in: Studia Leibnitiana, Supplementa, Bd. 1, Wiesbaden 1968
Kauppi, Raili, Einige Bemerkungen zum principium identitatis indiscernibilium bei Leibniz, in: Z. f. philos. Forschung (s. oben)
Kindermann, H., Schiller und Leibniz, in: Zeitschrift für den deutschen Unterricht, 30. Jg. (1916)
König, Josef, Das System von Leibniz, in: Vorträge der aus Anlaß seines 300. Geburtstages in Hamburg abgehaltenen wissenschaftlichen Tagung, Hamburg 1946
Lasswitz, Curd, Geschichte der Atomistik vom Mittelalter bis Newton, 2. Bd., Hamburg 1890
Mahnke, Dietrich, Leibnizens Synthese von Universalmathematik und Individualmetaphysik, Halle 1925 (neue Auflage Stuttgart 1964)

Market, Oswald, Freiheit und Vernunft im Leibnizschen Denken, in: Studia Leibnitiana (s. oben)
Martin, Gottfried, Leibniz. Logik und Metaphysik, 2. Aufl., Berlin 1967
Moreau, Joseph, L'Univers Leibnizien, Paris 1956
Naert, Emilienne, Mémoire et conscience de soi selon Leibniz, Paris 1961
Nourrisson, M., La philosophie de Leibniz, Paris 1860 (ouvrage couronné par l'Institut)
Parkinson, G. H. R., Leibniz on human freedom, Studia Leibnitiana, Sonderheft 2 (1970), insbesondere S. 53
Schelling, Zur Geschichte der neueren Philosophie, Münchener Vorlesungen (enthalten in Bd. V der Schröterschen Jubiläumsausgabe)
    Philosophische Untersuchungen über das Wesen der menschlichen Freiheit und die damit zusammenhängenden Gegenstände, Düsseldorf 1950
Schepers, Heinrich, Leibniz Arbeiten zu einer Reformation der Kategorien, in: Z. f. philos. Forschung (s. oben)
Sortais, Gaston, S. J., La philosophie moderne depuis Bacon jusqu'à Leibniz, 2. Bd., Paris 1922
Stein, Ludwig, Leibniz und Spinoza, Berlin 1890
Uslar, v., Leibniz' Kritik an Spinoza, in: Studia Leibnitiana, Supplementa, Bd. 5
Winhod, Wilhelm, Über den Freiheitsbegriff und seine Grundlagen bei Leibniz, Philos. Diss. Halle 1912, insbesondere S. 22
Wolff, Hans M., Leibniz' Allbeseelung und Skepsis, Bern 1961
Zocher, Rudolf, Zum Satz vom zureichenden Grund bei Leibniz, in: Beiträge zur Leibniz-Forschung, hrsg. von G. Schischkoff, Reutlingen 1947

III. Mit Leibnizens Werk nicht direkt zusammenhängende Schriften

Adorno, Th. W., Negative Dialektik, Frankfurt a. M. 1970
Althusser, Louis, Für Marx, Frankfurt a. M. 1968 (Originaltitel: Pour Marx, Paris 1965)
Aristoteles, Physik
    Metaphysik
    Nikomadische Ethik
Arnauld, Antoine, und Pierre Nicole, La logique ou l'art de penser, Paris 1662 (erneut erschienen Paris 1965)
    Neu herausgegeben und kommentiert von Freytag Löringhoff und Brehle, Stuttgart 1965—67
    Deutsche Übersetzung von Christos Axelos, Darmstadt 1972
Aubenque, Pierre, La prudence chez Aristote, Paris 1963
Baumgarten, Alexander G., Metaphysik (in der Übersetzung von G. Fr. Meier), Halle 1766
Bayle, Pierre Réponse aux questions d'un provincial (enthalten in: Œvre diverses, Den Haag 1727, 3. Bd., Nachdruck Hildesheim 1966)
    Dictionnaire historique et critique 1696
Bruno, Giordano, Della causa, principio et uno (Von der Ursache, dem Prinzip und dem Einen, erneut erschienen Leipzig 1955)
Cicero, De fato
    De finibus bonorum et malorum
    Academicae quaestiones
    De divinatione
Descartes, Meditationes de prima philosophia
    Principia philosophiae

Eucken, R., Geschichte der philosophischen Terminologie, Leipzig 1879, Hildesheim 1964
Garaudy, Roger, Die Freiheit als philosophische und historische Kategorie, Berlin 1959 (Originaltitel: La liberté, Paris 1955)
Geulinx, Arnold, Ethik, übers. und eingel. von Georg Schmitz, Meiner, Hamburg
Gilson, E., La liberté chez Descartes et la théologie, Paris 1913
Hartmann, Nicolai, Der Megarische und der Aristotelische Möglichkeitsbegriff, Berlin 1937
  Neue Wege der Ontologie, Stuttgart 1949
Hegel, Wissenschaft der Logik, 2 Bde., hersg. von Lasson, Hamburg 1951
Heidegger, Vom Wesen der Wahrheit, Frankfurt a. M. 1943
Heimsoeth, Heinz, Transzendentale Dialektik, 2. Teil, Berlin 1967
Hobbes, Thomas, De Corpore
  The Questions concerning liberty, necessity, and chance (enthalten in: The english works of Thomas Hobbes, London 1841, 5. Bd.)
Husserl, Edmund, Logische Untersuchungen, 4. Aufl., Halle 1928
Kant, Grundlegung zur Metaphysik der Sitten
  Anthropologie in pragmatischer Hinsicht
  Die Religion innerhalb der Grenzen der bloßen Vernunft
  Welches sind die wirklichen Fortschritte, die die Metaphysik seit Leibnizens und Wolffs Zeiten in Deutschland gemacht hat
  Kritik der praktischen Vernunft
  Kritik der Urteilskraft
Laptschinki, D., Das Freiheitsproblem in der Auffassung von Max Planck, in: Philosophia Naturalis 10 (1967)
Lenin, Philosophische Hefte, in: WW Bd. 38, Berlin 1964
Lüthje, Hans, Christian Wolffs Philosophiebegriff, in: Kant-Studien, Bd. XXX, Heft 1 und 2
Mann, Heinrich, Der französische Geist, zuerst veröffentlicht in der Zeitschrift „Aktion", 1912, Sp. 1607—1611
Marx, Karl, Differenz der demokritischen und epikureischen Naturphilosophie (nebst den Vorarbeiten dazu, enthalten in: Karl Marx: Texte zu Methode und Praxis I, Hamburg 1966)
Marx, Karl, und Fr. Engels, Deutsche Ideologie, Berlin 1953
Marx, Werner, The meaning of Aristotle's „Ontology", The Hague 1954
Most, Otto J., Nicolai Hartmanns Begriff der außerkausalen Determinante und seine geschichtlichen Ursprünge, in: Archiv für Begriffsgeschichte, Bd. XII (1968), Heft 2
Nietzsche, Jenseits von Gut und Böse
Pascal, Lettres provinciales
Popper, Karl, On the Theory of the Objective Mind, in: Akten des XIV. Internationalen Kongresses für Philosophie, Wien 1968
Pohle-Gierens, Lehrbuch der Dogmatik, 8. Aufl., Paderborn 1931
Praxis, Zeitschrift, Internationale Ausgabe, Zagreb 1967, Nr. 4
Rickert, Heinrich, Der Gegenstand der Erkenntnis, 6. Aufl., Tübingen 1928
Sartre, L'être et le néant, Paris 1943
Schiller, Friedrich, Über die ästhetische Erziehung des Menschen in einer Reihe von Briefen, hg. von Wolfhart Henckmann, München 1967
Specht, Rainer, Commercium mentis et corporis. Über Kausalvorstellungen im Cartesianismus, Stuttgart 1966
Spinoza, Ethik
  Kurze Abhandlung (Korte Verhandeling)

Steinhardt, Werner, Theorie der Kausalität in Kants Nova dilucidatio (1755), Manuskript, 1973
Strasser, Stephan, Endliche Freiheit in: Akten (s. oben)
Topitsch, Ernst, Was ist des Menschen Wille, in: „Die Welt", Ausgabe vom 5. April 1969
Trendelenburg, Adolf, Notwendigkeit und Freiheit in der griechischen Philosophie, in Beiträge zur Philosophie, 2 Bd., Berlin 1855, Nachdruck Darmstadt 1967
Tugendhat, Ernst, Der Wahrheitsbegriff bei Husserl und Heidegger, Berlin 1967
Voltaire, Dictionnaire philosophique, Paris 1954
   Candide ou L'optimisme, introduction et commentaire par André Morize, Paris 1957
Walch, Johann Georg, Philosophisches Lexicon, 2 Bde., Leipzig 1775, Nachdruck Hildesheim 1968
Wundt, M., Die deutsche Schulphilosophie im Zeitalter der Aufklärung, Tübingen 1945, Nachdruck Hildesheim 1964

IV. Ergänzende Literaturhinweise: in den Fußnoten zu dem Einführenden Essay, S. 37 ff.

Sachregister

Abstracta/concreta, 191
Actio
 physica, 288
 metaphysica, 288
Ähnlichkeit, 50
Aktives und Passives, 277, 288
Angemessenheit (convenance), 181
Appetitus rationalis, 76 f., 245
Arminianer (oder Remonstranten), 123
Atome, 4, 7
Atomisten/Plenisten, 200
Aufheben, Absorbieren, 267 f.
Ausdrücken/Darstellen/Vorstellen, 185
Automaton spirituale, 27

Bedingung, negative, 122, 287
Begleitumstand (parakolúthema), 53
Bewegung, gewaltsame, 128
Böses (physisches, metaphysisches, moralisches), 45, 49, 51, 68, 115, 117, 288, 369

Calvinismus, 241
Causa, 4, 8, 84, 255, 289, 295
Causa efficiens und deficiens, 253
Claritas
 intensive major, 366
 extensive major, 366
Cogitabilitas, 206
Compossibile, 230, 338
Conatus, 136 f., 282, 340, 358
Concinnitas, 39
Conditio sine qua non, 49
Confatalia, 310

Declinatio atomorum, 4
Determinatio maximi, 170, 174, 182
Determination, 68, 245, 264 f., 284, 356
Determiniertes, 105, 347
Determinismus, 11, 13, 323
Deus ex machina, 63
Dialektik, Leibnizsche, 188

Disposition, Prädisposition, 353, 357, 359
Dynamik, 133 f.

Einfachheit, 67, 178
Einsicht, 75
Eleaten, 231
Elite-Philosophie, 196 f.
Entitas, 206
Entelechie, 40, 135, 276
Entstehung aus dem Nichts, 6, 16, 17, 231, 326, 328, 337 ff., 356
Entstehung des Wirklichen aus dem Möglichen, 299 f.
Entwicklung (Progressus, Fortschritt), 69, 230, 279
Ereignisse, zukünftige (futura contingentia), 8, 297
Erkenntnis
 deutliche, 344 f., 361
 verworrene, 344 f., 363 f.
 Trockenheit der, 367, 370
Erklärung
 mechanische, 269
 architektonische, 269
Evidenz, 311, 333
Ewige Wiederkehr des Gleichen, 70
Existenz, Existierendes, 57, 80 ff.
Extensive Größe, 195

Facultas agendi (= potentia nuda), 136
Fatalismus, 93
Fatalismus, heidnischer, 61
Fatalisten, 56
Fatalisten und Kontingentianer, 87
Fatum, 55, 61
Freiheit des Wollens/des Tuns, 314, 319 f., 323
Freiheit, die drei Momente der, 75, 281, 359
Freiheit des Geistes, 372
Freiheit, großer Gegensatz der Notwendigkeit und der, 3

Sachregister

Freiheit
  kategoriale bzw. transzendentale, 263, 335
  sittliche, 263
Freiheit, psychologischer (komparativer) Begriff der, 247, 334
Freiwilliges, freiwillig, 29

Gattung und Individuum, 188
Gerechtigkeit
  rächende, 253
  heilende, 253
Gesetze, Gesetzmäßigkeiten, 144, 152, 278, 282
Gleichheit, Gleichartigkeit, 50
Gomaristen, 123
Gott, 77, 169, 194 f., 212, 239, 272, 289, 349
Grad, 179 f., 277
Grade der Determination, 251
Grade des Einsseins, 179
Grade der Deutlichkeit, 321
Grade der Freiheit, 116, 339
Grade der Kontingenz, 373
Grade der Möglichkeit, 177, 205, 224
Grade der Vollkommenheit, 164, 166 ff., 177 ff., 181 f., 193, 205
Grade der Wahrscheinlichkeit, 206
Gradualismus, 69
Gradualität, 78
Grund, Satz vom (= Prinzip des bestimmenden Grundes), 159 f., 162, 204 f., 245, 256, 277, 289, 292, 318, 324 ff., 349 f., 357, 371
Gutes und Böses, 214, 218

Handlung, gemischte, 172 f.
Harmonie, 39, 46, 49, 66 f., 257
Harmonie, prästabilierte, 41, 259 f., 346, 351, 358
Hindernis(ses), Aufhebung des, 139, 331, 372
Hindernis, äußeres, 128, 140, 164, 284, 339

Ignava ratio, 7, 58 f., 307 ff.
Indifferenz, absolute (= Indifferenz des Gleichgewichts), 16, 17, 75, 111 f., 173, 237 ff., 254 f., 257, 271 f., 315, 317, 321, 324 ff., 335, 356, 362
Inkompatibilität, 162 f.
Intelligentsia supramundana, 54

Intelligibilität, 108 f.
Jansenisten und Jesuiten, 240, 293
Jesuiten von Coimbra, 249

Kausalität, effiziente, 285 ff., 328
Kausalität
  der Natur, 244
  der Freiheit, 244
Kausalität, indirekte, 246
Knechtschaft, dreifache, 117 ff.
Kombination der Gesichtspunkte, 197
Kombinationen von Möglichen, 156, 165, 194
Kombinatorik, 67
Konfiguration, 49 f.
Konfliktsituation, 139
Kontingenz, 3, 19, 75, 83, 245, 274, 287, 297, 349
Konzil von
  Konstanz, 89, 119
  Sens, 89
  Dordrecht, 123, 240
  Florenz, 249
Kraft, 134, 282, 286, 329, 343
Kraft, gehemmte, 125
Kräfte, geheime, 130
Kräfte, unvernünftige, 130

Labyrinthe des menschlichen Geistes, 287
Leeres (Vacuum), 200
Libertas a coactione, 239, 247
Libertas
  contradictionis, 250, 295
  contrarietatis, 250, 295 f.
Liberty and freedom, 128
Logik des Port-Royal, 79, 81, 285, 369

Mangel, 182
Marxismus, 13
Materie, 68, 278, 338
Mechanismus, 26
Mechanismus, metaphysischer, 143, 161, 167 ff.
Megariker, 84, 89, 97, 101, 164
Meliorismus, 69, 230
Mittel und Ziel, 104, 117
Möglichkeit, Mögliches, 78 ff., 81 ff.
Monaden, Monadenlehre, 277, 370
Monismus, pantheistischer, 267 ff.
Moralphilosophie, neuzeitliche, 115
Motiv, Motivation, 319 f., 346 f., 352 f., 360

Sachregister

Nächstes Vermögen (pouvoir prochain), 121
Naturalismus, 55
Naturdinge/Kunstdinge, 215
Neigung/Inklination/Tendenz, 222, 229, 237 f., 242 f., 255, 290 f., 292
Nichts, 143
Nisus, 139
Nominalismus, 93, 98, 190 f., 248
Notwendiges und Gewisses, 242
Notwendigkeit, absolute, 8, 24 f., 32, 59, 75
Notwendigkeit, glückliche, 372
Notwendigkeit, hypothetische, 237, 293, 314, 348
Notwendigkeit, moralische, 23 f., 32
Neurospaston, 26

Occasionalismus, Occasionalisten, 41, 62, 358
Omega, 71
Ontologie
  usiologische, 134
  dynamologische, 134, 243
Ontologischer Gottesbeweis, 80 f., 207
Optimismus, 22, 64, 69, 164, 230
Orden
  der Dominikaner, 110
  der Jesuiten, 110
Ordnung, 66, 177
Ort, geometrischer, 193

Panlogismus, 159, 172
Philosophie, griechische, 267
Philosophie, kartesische, 80, 82
Philosophie, chinesische, 18 f.
Philosophie, scholastische, 113
Philosophie der Aufklärung, 21
Philosophie, theoretische und praktische, 3
Physikotheologie, 40
Positivismus/Neopositivismus, 95
Potentia plena, 85
Potentialität/Possibilität (Möglichkeit), 100 f., 120
Prädeterminationisten, 293
Principium identitatis indiscernibilium, 195 f., 202 ff.
Prinzip der Entwicklung, 47
Prinzip der Individuation, 223
Prinzip des geringsten Aufwandes, 197

Prinzip der Kontinuität, 47, 277, 298 f., 338
Prognose, Voraussehen, 239, 255 ff., 271 ff.
Protestantische Sekten, 123
Punkte
  geometrische, 282
  physische, 282
  metaphysische, 282
  dynamische, 282

Qualität, 50, 179 f., 182, 194
Quantität, 50, 179 f., 182
Quietisten, 58, 64

Rationalismus, 12
Raum und Zeit, 200 ff.
Realitas, 145, 207, 221
Reflexion, Aufmerksamkeit, 304
Regio idearum, 146 f.
Reich
  der Natur, 259 ff.
  der Gnade, 259 ff.
Relativitätstheorie, 198
Requisiten, 245 f., 287
Revolution (Umschwung), 70
Revolution der Denkungsart, 332, 369

Schönheit, 46, 66
Sein, ideales, 150
Sein und Grund, 157
Seinsgrund/Erkenntnisgrund, 166 f.
Selektion, natürliche, 170
Skeptiker, 93
Spontaneität, 27 f., 75 ff., 129 f., 246, 312 ff., 325, 332 f., 363, 373
Stoa, Stoiker, 21, 266 f., 303
Substanz, 133, 256, 283, 288, 337, 357
Substanz, individuelle, 184

Teil und Ganzes, 49
Teleologie, 40, 90 ff., 216 f., 269 f.
Tendenz der Möglichen, 169 ff., 338
Theologen, pietistische, 21
Theologie, dialektische, 257
Trägheitsgesetz, 128

Überlegung, 76
Uhrengleichnis, 260
Unmöglichkeit, 86
Unterschied zwischen dem Gefesselten und dem Lahmen, 125
Urform (= Li), 18

Urmaterie (= Ki), 18
Ursache, als Haupt- und Nebenursache, 284, 287, 331
Ursachen, die vier, 121

Verbindung von Einheit und Mannigfaltigkeit, 39, 43, 66, 71, 177 ff.
Verbindung von Freiheit und Notwendigkeit, 14
Verbindung von Kontingenz und Determination, 300
Vérités
  de Fait, 273
  de Raisonnement, 273
Vermögen und Tätigkeit des Vermögens, 132
Virtualität, 120 ff.
Vis activa primitiva, 133
Vollkommenheit (perfectio), 42, 46, 66 f., 69 ff., 107, 219
Voluntarismus, 305
Vorurteile, 217

Wahl, 77, 106, 108, 111 ff., 347
Welt, 69, 194
Welt, Kapazität der, 198 f.
Welten, mögliche, 142, 195
Weltseele, 54
Widerspruch, Satz vom, 7, 8, 326
Wille
  in sensu composito, 111
  in sensu diviso, 111
  vorhergehender, 174
  abschließender, 174
Wille und Verstand, 319, 324, 332 ff., 339 ff., 351
Wissen, mittleres (scientia media), 257

Zufall (als Ursachlosigkeit), Zufälliges, zufällig, 4 f., 132, 255, 275
Zusammenhang der Dinge (nexus universalis), 257, 273 ff., 277, 288
Zweiweltentheorie, 259 ff. 367

Personenregister

Abälard, 89, 92, 102 f.
Adorno, 265
Aegidius Hunnus, 241
Althusser, 265
Anaximander, 211
Angelus Silesius, 42
Andrea, 241
Aristoteles, aristotelisch, 38, 66, 76 f., 84, 112, 132, 136, 174, 191, 231 ff., 248, 281, 297, 303, 319
Arnauld, 62, 78, 118, 148 ff., 187, 241, 286, 361, 369
Aubenque, 53
Augustinus, 61, 146, 253, 293
Avicenna, 38

Basnage de Beauval, 29
Baumgarten, 366
Bayle, 10, 21, 29, 53, 77 ff., 99, 103 f., 114 ff., 119, 172, 176, 237, 248 ff., 259, 351
Belaval, 31, 37, 60, 304
Bellarmin, 77, 111, 114, 351
Bergson, 12
Bernoulli, Johann, 170
Bloch, 38, 92, 96
Boetius, 256
Boyle, 44
Bramhall, 123 ff., 139 f., 176
Brekle
Bruno, 38, 43 f., 45, 97
Buddäus, 22
Buridan, 325, 329

Campanella, 44 f., 55
Cassirer, 24, 31, 37
Chauvin, 180
Chrysipp, 8 ff., 28, 53, 59, 89, 310
Cicero, 4 ff., 9, 16, 53, 175 f., 242, 307, 328, 344
Clarke, 2,1 326, 350 ff.
Comte, 95
Conring, 253

Cordemo, 41
Cusanus, 46
Couturat, 37, 64, 159, 172, 180 f.

Darwin, 170
David, 258
Derham, 44
Descartes (Cartesius), 44 f., 48, 79 f., 96, 98, 128, 311 f., 324
Dilthey, 23, 31, 37 ff., 63 f., 66 f., 209
Diodoros, 89, 97
Driesch, 40
Duns Scotus, 16, 248 f.
Durand, 112

Eckhard, 207 f.
Einstein, 198
Empedokles, 43
Engels, 13
Epikur, 4, 6 f., 9, 17, 113, 242
Erdmann, 56, 143, 169
Eucken, R., 148

Fabricius, 44
Feller, 45
Feuerbach, 24, 31, 141
Fleckenstein, 37
Fonseca, 257 f.
Forge, Louis de la, 41
Foucher, 93
Freytag Lörringhoff, v.
Friedmann, G., 23, 43, 64 f., 93, 210, 217
Friedrich von Preußen

Galilei, 42 f.
Gandillac, de, 46
Garaudy, 11
Gassendi, 4, 175, 200
Gellius, 9, 53
Geulincx, 260
Gibieuf, 241
Gilson, 111
Glockner, 185

Personenregister

Gueroult, 197
Guhrauer, 298

Hamelin, 37
Hartmann, N., 12, 14, 97, 129, 263 ff.
Harvey, 40
Hegel, 3, 13, 27, 71, 267, 312 f., 349, 358, 370
Heidegger, 12, 135 ff., 139, 157 f., 289 ff.
Heimsoeth, 262 f.
Heinekamp, 180, 207, 242
Helmont, 44
Heraklit, 40
Herbart, 267
Hildebrand, K., 259
Hippokrates, hippokratisch, 283
Hobbes, 25, 44, 55, 84 ff., 93, 98, 101, 121, 123 ff., 139 ff., 176, 191, 241, 254, 319, 356
Horaz, 355
Husserl, 147

Itelson, 46

Jacobi, 23 f., 31
Jalabert, 18, 257, 338, 352
Jablonsky, 25
James, 95
Janke, 98, 136
Jansen, 37
Jaquelot, 21, 175 f., 325, 327
Jaspers, 145

Kambartel, 203
Kant, 7, 11, 14, 26, 28, 31, 46, 58, 122, 179, 243, 247, 255, 260, 262 f., 267, 317, 334, 338, 349, 362
Karneades, 8
Kaulbach, 31
Kauppi, 203
Kautsky, 12
Kepler, 128
King, 99, 112, 114
König, 197
Kristeller, 38

La Croze, 22
Lami, 21
Lange, J. J., 21 f.
Laplace, 256
Laptschinski, 271
Lasswitz, 282

Laurentius Valla, 256
Le Chevalier, 31, 37
Le Clerc, 296
Lenin, 24
Lessing, 23 f.
Lindau, 69
Lipsius, 9, 56
Locke, 46, 314 ff., 321, 336
Lukrez, 269
Lüthje, 326
Luther, 119, 241
Luttichau, 180

Mahnke, 37, 44, 46 f., 205 f.
Malebranche, 62 f., 118 f., 259, 352
Mao Tsetung, 265
Marc Aurel, 54
Market, 32, 238
Martin, G., 146, 259, 261, 268
Marx, K., 4 ff., 17
Maupertius, 197
Meister Eckhart, 148
Mendelssohn, 23
Mill, 12
Molina, 16, 110 f., 257 f.
Molinos, 58
Montaigne, 46
More, H., 368
Moreau, 270
Morbek, W. v., 45

Newton, 200
Nicole, 79, 286, 361
Nietzsche, 29, 371
Nizolius, 190
Nourrisson, 26

Ockham, 248

Pascal, 44, 121
Peirce, 95
Petersen, 37
Philodem, 53
Planck, 271
Platon, 66, 112, 259, 266 f., 279
Plessner, 40
Plotin, 66
Plutarch, 6, 53
Pohle-Gierens, 250
Popper, 150
Proklos, 45
Prometheus, 20

Pope, 22, 64
Ptolemäus, 38

Raynaud, 241
Reinhard, A. F., 64, 93
Ritter, P., 38
Riolon, 40
Russel, 24

Saame, 49, 59, 320
Sartre, 12, 14 f.
Scheler, 139, 209
Schelling, 24, 31, 141 f., 267, 349
Schepers, 82
Schiller, 243
Schmitz, G., 260
Schrecker, 144
Sophie Charlotte, 43, 278
Sortais, 140
Sparfvenfelt, v., 20
Specht, R., 246
Spinoza, Spinozisten, 21, 25, 52, 55, 64, 89 f., 98, 129, 207 f., 210 ff., 217, 228, 241, 313 f., 318 f., 356, 371
Stammler, 37
Stein, 24, 41, 43, 64, 180
Stoa, 9, 53
Straton, 55
Suisset, 44

Teilhard de Chardin, 71
Telesio, 55
Thomas von Aquin, 110 ff., 196, 239
Toland, 267
Topitsch, 361 f.
Torricelli, 144
Trendelenburg, 66, 266
Tugendhat, 12
Turenne, 275

Uffenbach, v., 44
Uslar, v., 98

Valerianus Magnus, 44
Vaucanson, 26
Virgil, 286
Voltaire, 22, 41, 62, 69, 270 f., 315

Walch, 280, 295 f.
Wiclef, 89, 119
Wittichius, 333
Wolff, Chr., Wolffianer, 21, 87, 228, 325 f., 334
Wolff, H. M., 29, 370
Wundt, M., 326

Zimmermann, 46
Zocher, 326